# Les mesures privatives de liberté avant jugement

**Logiques Juridiques**
*Fondée par Gérard Marcou*
*Dirigée par Jean-Claude Némery et Thomas Perroud*

Le droit n'est pas seulement un savoir, il est d'abord un ensemble de rapports et pratiques que l'on rencontre dans presque toutes les formes de sociétés. C'est pourquoi il a toujours donné lieu à la fois à une littérature de juristes professionnels, produisant le savoir juridique, et à une littérature sur le droit, produite par des philosophes, des sociologues ou des économistes notamment.

Parce que le domaine du droit s'étend sans cesse et rend de plus en plus souvent nécessaire le recours au savoir juridique spécialisé, même dans des matières où il n'avait jadis qu'une importance secondaire, les ouvrages juridiques à caractère professionnel ou pédagogique dominent l'édition, et ils tendent à réduire la recherche en droit à sa seule dimension positive. À l'inverse de cette tendance, la collection « Logiques juridiques » des éditions L'Harmattan est ouverte à toutes les approches du droit. Tout en publiant aussi des ouvrages à vocation professionnelle ou pédagogique, elle se fixe avant tout pour but de contribuer à la publication et à la diffusion des recherches en droit, ainsi qu'au dialogue scientifique sur le droit. Comme son nom l'indique, elle se veut plurielle.

# Dernières parutions

Jean LEFEBVRE, *Le droit du financement participatif (crowdfunding). Deuxième édition*, 2023.
Lucie CLUZEL-MÉTAYER et Arnaud SÉE (dir.), *Eléments de droit public du numérique*, 2023.
Komla BASSAH, *Le pouvoir de décision du Comité des droits de l'homme des Nations Unies, Entre légitimité, autorité et effectivité, 2023.*
Erick LWAMBA MAYANGA, *La passation des marchés publics infranationaux en RD Congo*, 2023.
Louis-Marie AUDRERIE, *Le droit hiérosolymitain dans l'Orient latin du XI^e^ au XVI^e^ siècle. Les « Assises de Jérusalem »*, 2023
Xavier LABBEE, *Le droit français et l'avènement du matriarcat*, 2023.
Togbé Agbessi ALANGUE, *Le Togo et les traités internationaux, La pratique conventionnelle togolaise de 1960 à nos jours*, 2023.
Paraclet NKUTI, *Le droit à la liberté religieuse en RD Congo. Étude juridique des fondements, implications et perspectives africaines*, 2023.

Guerby BLAISE

# Les mesures privatives de liberté avant jugement

Regard porté sur le droit haïtien à la lumière du droit français

*Préface de Raphaële Parizot*

*Avant-propos de Joseph Léon Saint-Louis*

L'Harmattan

Thèse présentée et soutenue publiquement le 16/12/2021 en vue de l'obtention du doctorat de **Droit privé et sciences criminelles** de l'Université Paris Nanterre sous la direction de **Madame Raphaële Parizot, Professeure à l'Université Paris Nanterre**

Jury :

| | | |
|---|---|---|
| Rapporteur : | M. Pascal Beauvais | Professeur à l'Université Paris 1 Panthéon - Sorbonne |
| Rapporteur : | M. Jérôme Bossan | Maître de conférences HDR à l'Université de Poitiers |
| Membre du jury : | Mme Elisabeth Fortis | Professeur émérite de l'Université Paris Nanterre |


**5-7, rue de l'École-Polytechnique – 75005 Paris**
www.editions-harmattan.fr

ISBN : 978-2-336-42585-6
EAN : 9782336425856

# Remerciements

Je demeure reconnaissant à la Professeure Raphaële Parizot, ma directrice de recherche. Il estvrai qu'il est difficile de trouver les mots justes pour la remercier, mais je tiens à lui exprimer ma gratitude pour la rigueur de son encadrement et surtout pour son énorme contribution à un héritage dont les juristes tiendront fierté et qu'ils voudront certainement enrichir. Je dois beaucoup aux professeures émérites Pierrette Poncela et Elisabeth Fortis de l'Université, qui m'ont permis de découvrir la passion de la recherche par le Master Recherche de Droit pénal et Procédure pénale qu'elles ont codirigé.

Je salue les sacrifices consentis par ma courageuse mère, Marie Alourdes Ranfort, dans des conditions extrêmement difficiles depuis mon enfance pour faire de moi ce que je suis aujourd'hui. Pour cela, je lui dédie ma thèse. Aussi, je dédie ma thèse à mes enfants, ainsi qu'à la mémoire de mon feu père Louissam Blaise et du Professeur Monferrier Dorval, lâchement assassiné le 28 août 2020, qui a mené une lutte ardue pour le respect des droits et libertés fondamentaux à Haïti.

Je remercie énormément Maîtres Léon Saint-Louis, Professeur et avocat au barreau de Port-au-Prince et Richard Sédillot, avocat à la Cour et Expert près le Conseil de l'Europe. Aussi, je tiens à remercier un ensemble de magistrats judiciaires haïtiens pour leurs remarques juridiques pertinentes.

De manière très spéciale, je remercie Madame Elisabeth Fortis pour la relecture de l'intégralité de la synthèse de mon travail, James Cadet, (un frère que la vie m'a donné), ministre haïtien de l'Environnement, pour son soutien incommensurable à ma recherche doctorale et Maître Wladimir Gassant, un très bon ami et conseiller.

Enfin, je remercie tous mes proches qui m'ont soutenu moralement pendant ces six longues années de recherche.

J'en profite pour féliciter mon fils, Kron Blaise, qui est actuellement étudiant en droit et souhaite devenir avocat. J'espère que mon travail de recherche le guidera sur ce chemin difficile mais enthousiasmant, et qu'il contribuera à renforcer l'équilibre entre la privation de liberté et la répression pénale au stade de l'avant-procès pénal.

# Préface

Peut-on tout comparer ? Peut-on en particulier comparer le droit pénal français et le droit pénal haïtien ? Si l'on peut penser que la comparaison de deux systèmes pénaux se justifie toujours, *a fortiori* quand il s'agit de deux pays liés par une histoire commune comme le sont la France et Haïti, encore faut-il que la comparaison soit possible, c'est-à-dire qu'elle puisse se réaliser à un même niveau dans chacun des droits à comparer. A côté de la loi, source première du droit pénal, les « formants » du droit[1] sont la doctrine, la jurisprudence et, au-delà, le contexte juridique bien sûr, mais aussi politique, social, culturel. De ce point de vue, le chemin doctoral de Monsieur Guerby Blaise se présente comme une aventure à la fois vaine et utile.

Vaine, l'odyssée qui suit l'est incontestablement en ce que la comparaison ne pouvait réussir : la connaissance de la pratique du droit à Haïti est compliquée tant d'un point de vue global (accès quasiment impossible à la jurisprudence ou à des statistiques ; absence de doctrine très élaborée) que d'un point de vue plus focalisé (difficultés presque insurmontables d'une étude de terrain en raison de la situation extrêmement difficile du pays sur un plan politique et social).

Mais inutile, le périple scientifique de Monsieur Blaise ne l'a pas été. Au contraire, nous sommes convaincue que ce travail est précieux. C'est tout d'abord un pas de côté qui est proposé par l'auteur pour désamorcer l'impossibilité de l'étude de droit comparé : il s'agit non pas d'une – véritable – étude de droit comparé mais d'une étude de droit haïtien à la lumière du droit français. Surtout, par-delà le regard porté sur ***Les mesures privatives de liberté avant jugement*** en droit haïtien à la lumière du droit français (sujet ô combien sensible, particulièrement dans les pays où la démocratie flanche), qui initie le lecteur français au droit pénal haïtien et à certains aspects très spécifiques de sa procédure pénale, l'étude réalisée est une manifestation de ce qu'il existe un réservoir prometteur et courageux dans la jeune doctrine haïtienne. Monsieur Guerby Blaise fait partie de ces étudiants haïtiens, venus se former en France (il a réalisé l'intégralité de ses études de droit à l'Université Paris Nanterre) qui, après plusieurs années passées à enseigner à Haïti, à y exercer comme avocat et à s'y investir comme

[1] Rodolfo Sacco, *La comparaison juridique au service de la connaissance du droit*, Paris, Economica, Coll. Etudes juridiques comparatives, 1991, p. 34.

citoyen engagé, a souhaité, malgré les difficultés inouïes auquel son pays et lui-même ont été – et sont encore – confrontés, aller plus loin encore en se lançant le défi de réaliser en France une thèse de doctorat, qui puisse servir Haïti, l'aider à tenir debout et, au-delà, lui permettre d'avancer sur un plan juridique. Là est à notre avis le plus grand mérite de cette thèse.

C'est donc forcément avec joie et fierté que sa directrice de recherches voit reconnues les qualités – de la thèse – de Monsieur Guerby Blaise, qui lui ont permis d'être publiée aujourd'hui.

Raphaële Parizot
Professeur à l'Université Paris Nanterre

# AVANT-PROPOS

Je remercie du plus profond de mon être mon jeune et brillant ami Docteur Guerby BLAISE d'avoir fait choix de mon humble personne pour rédiger quelques lignes introductives de l'œuvre gigantesque qu'il a réalisée à l'occasion du couronnement de ses études doctorales en sciences juridiques.

J'ai retrouvé dans ce livre, avec satisfaction, la nécessaire symbiose entre la procédure pénale et les droits humains fondamentaux, symbiose qui pourtant continue de défier la justice haïtienne, en dépit de la ratification des grands textes internationaux faisant une place de choix à la liberté individuelle (sûreté) et au respect du principe de la présomption d'innocence.

L'auteur conduit l'étude de la privation de liberté avant jugement dans le système pénal haïtien, à l'aune du droit français dans ses transformations évolutives sous l'influence de la jurisprudence de la Cour européenne des droits de l'homme. Ce choix est compréhensible étant donné que le droit haïtien est fondamentalement issu du droit français. On peut même avancer que, dans divers domaines, le premier est la reproduction fidèle du second.

Force est cependant d'admettre qu'avec le temps, il s'est creusé un énorme écart entre les deux systèmes juridiques, écart dû à l'obsolescence du droit haïtien et au développement incessant du droit français dans ses différentes branches.

En France, la loi du 15 juin 2000 renforçant la protection de la présomption d'innocence et les droits des victimes a amorcé une véritable révolution qui s'est poursuivie avec une extraordinaire profusion législative, alors qu'en Haïti la dernière intervention significative du législateur en matière de procédure pénale remonte à la loi sur l'appel pénal du 26 juillet 1979. Il ne s'est depuis lors manifesté aucune volonté de modernisation ni d'harmonisation du droit interne et le droit international.

La jurisprudence de la Cour interaméricaine des droits de l'homme qui aurait pu faire bouger les lignes n'a toujours pas retenu l'attention de nos magistrats.

Le droit à la présomption d'innocence, garantie par excellence de la liberté avant condamnation, n'est respecté en Haïti ni au stade de l'enquête ni à celui de l'information. Les enquêteurs de police agissent sans tenir compte de la différence entre enquête préliminaire (en principe non coercitive) et enquête de flagrance (coercitive). Des mesures dites de garde à vue sont exécutées sans référence légale ni délai, au mépris de la règle des 48 heures édictée par l'article 26 de la constitution de 1987 et vivement recommandée par le Haut-Commissariat des Nations Unies aux droits de l'homme.

Les privations de liberté avant procès, rarement légales, suivies de rétention excessive, constituent, dans la pratique, la plaque tournante du système pénal haïtien et le point de départ de toute enquête.

Quant à l'information, elle reste largement dominée par la détention provisoire, généralement décidée sans considération des normes internationales en vigueur.

Selon le Comité des droits de l'homme des Nations Unies, la détention provisoire doit être légale, raisonnable et nécessaire. La gravité d'une infraction ou la nécessité de poursuivre une enquête, considérée isolément, ne justifie pas le maintien en détention provisoire pendant une période trop longue (*Floresmilo Bolanose c. Équateur*, 26 juillet 1989). De son côté, la Cour européenne des droits de l'homme exige non seulement la nécessité de la mesure, mais estime en outre que le détenu a le droit de demander que la nécessité de sa détention soit examinée une seconde fois un mois après le premier contrôle (arrêt (Chambre) du 25 octobre 1989, affaire Bezicheri Italie). Ainsi, la détention provisoire n'est pas une mesure mécanique; l'adoption de cette mesure privative de liberté implique un minimum de réflexion et de débat. Le magistrat instructeur a donc pour obligation d'établir la nécessité de priver l'inculpé de sa liberté, pendant le déroulement de l'instruction préparatoire.

Il est regrettable que nos magistrats n'aient pas encore le réflexe de prendre en compte le caractère raisonnable et nécessaire que doit revêtir la détention provisoire.

À tout cela, il importe d'ajouter la méconnaissance totale du principe du délai raisonnable tant à la phase d'enquête qu'à celle de l'instruction préparatoire. Cette méconnaissance est malencontreusement encouragée par une loi dite loi de Lespinasse datée du 4 décembre 1893 dont l'article 1er dispose : '' passé le délai de deux mois, la détention préventive sera imputée sur la durée de toute peine temporaire correctionnelle ou criminelle; néanmoins, elle ne comptera que pour moitié en ce qui touche la peine des travaux forcés à temps''.

Cette vielle loi de 1893 peut bien servir à alimenter la thèse selon laquelle la privation de liberté avant procès serait un préjugement, une pré-condamnation.

Ces atteintes graves à la liberté individuelle et à la présomption d'innocence auraient pu être contenues par le recours en habeas corpus institué par les articles 26 et 26.1 de la constitution et 7 de la Convention américaine relative aux droits de l'homme. Ce recours, moyen idoine pour garantir la liberté, contrôler la légalité de la détention et l'intégrité physique de la personne détenue, ne peut objectivement être considéré comme effectif en Haïti, si l'on se réfère à la définition du recours effectif exprimée par la Cour interaméricaine des droits de l'homme dans l'arrêt du 25 novembre 2000 rendu entre Bamaca Velasquez et la République du Guatemala.

Tout compte fait, la privation de liberté avant jugement en Haïti, telle que pratiquée, est loin de répondre aux exigences des règles universelles protectrices des droits individuels.

Le livre du docteur Guerby BLAISE, rédigé dans un style clair et accessible, peut aider tout lecteur avisé à découvrir les lacunes, les incohérences et la vétusté du système pénal qui a encadré la liberté individuelle et la sauvegarde de l'ordre public depuis environ deux siècles.

Ce remarquable travail, fruit de six années de recherches, devrait pouvoir tirer de leur apathie les responsables politiques et les universitaires de haut niveau pour enfin engager la réforme du système pénal haïtien.

Mon grand souhait est que le livre du Docteur Guerby BLAISE reçoive du monde universitaire l'accueil digne de sa valeur scientifique et qu'il s'inscrive dans le patrimoine juridique haïtien comme la première référence en matière de conciliation du droit à la sûreté et la protection de l'ordre public.

Joseph Léon SAINT-LOUIS,
Avocat au Barreau de Port-au-Prince,
Professeur de droit aux Universités

# Principales abréviations

| | |
|---|---|
| Chambre criminelle | Crim. |
| Chambre de l'application des peines | CHAP. |
| Code d'instruction criminelle | CIC. |
| Code de procédure pénale | CPP. |
| Code pénal | CP. |
| Conseil d'État | CE. |
| Comité des droits de l'Homme | CDH. |
| Commission interaméricaine des droits de l'homme | CIDH. |
| Cour américaine relative aux droits de l'Homme | CADH. |
| Convention européenne de sauvegarde des droits de l'homme | CESDH. |
| Conseil de Justice de l'Union européenne | CJUE. |
| Conseil de l'Europe | CE. |
| Cour de cassation | Cass. |
| Cour de Justice de la Communauté européenne | CJCE. |
| Cour de justice de l'Union européenne | CJUE. |
| Cour de Justice internationale | CIJ. |
| Cour européenne des droits de l'homme | CEDH. |
| Cour interaméricaine des droits de l'homme | CIADH. |
| Cour pénale internationale | CPI. |
| Déclaration des droits de l'homme et du citoyen | DDHC. |
| Déclaration universelle des droits de l'homme | DUDH. |
| Décision du Conseil constitutionnel | Décision. |
| Espace de liberté, de sécurité et de justice | ELSJ. |
| Juge de l'application des peines | JAP. |
| Pacte international relatif aux droits civils et politiques | PIDCH. |
| Réseau national de défense des droits humains | RNDDH. |
| Revue de Science Criminelle et de Droit Pénal Comparé | RSCDPC. |

« Le droit pénal est le plus théâtral de tous les droits ; c'est lui qui peut remuer l'opinion, susciter un quatorze juillet et en lui les pouvoirs politiques tiennent leur instrument suprême de commandement.
Aussi est-il changeant plus que d'autres : le théâtre appelle les coups de théâtre ; l'opinion est inconstante et les volte-face font partie de l'art politicien ».

Jean CARBONNIER, *Droit et passion du droit sous la Ve République*, Essais, Flammarion, 2008.

# SOMMAIRE

# INTRODUCTION GÉNÉRALE

**1.** L'avant jugement en matière pénale s'entend de la phase préparatoire du procès pénal dans laquelle les autorités publiques peuvent recourir à des mesures coercitives à l'encontre de la personne mise en cause. C'est dire que la notion d'avant jugement précède la fonction de rétribution de la peine, c'est-à-dire avant la tenue de l'audience pénale. Les expressions « avant-procès pénal » et « phase préparatoire du procès pénal » seront fréquemment employées dans notre étude.

**2.** Au sein de toute société démocratique, le droit à la sûreté est l'un des éléments indicateurs forts de l'existence de l'État de droit et semble être sans doute le premier des droits qui doivent être respectés dans le processus judiciaire. Bien que l'État soit tenu de garantir la protection à l'ordre public, il n'en demeure pas moins que la puissance publique doit s'exercer dans le strict respect des droits et libertés de l'individu. C'est dire que la politique criminelle doit articuler les pouvoirs de l'accusation avec le respect des droits de la personne mise en cause.

Ces inégalités sont fréquemment constatées dans l'articulation entre le respect des droits et la répression pénale à la phase préparatoire du procès pénal. À ce propos, Montesquieu fut le précurseur de cet équilibre des droits au travers de son célèbre ouvrage en affirmant : « La liberté politique consiste dans la sûreté, ou du moins dans l'opinion que l'on a de sa sûreté. Cette sûreté n'est jamais plus attaquée que dans les accusations publiques ou privées : c'est donc de la bonté des lois criminelles que dépend principalement la liberté des citoyens »[1].

Les législations pénales française et haïtienne incarnent la théorie de Montesquieu dans leur système judiciaire, en ce sens que la privation de liberté se conçoit comme une exception au droit à la sûreté.

**3.** La question de la liberté se répand dans le système régionaliste européen et celui américain dont sont coiffés respectivement les droits français et haïtien. Dans cette optique, la notion de liberté se place au cœur de la politique du Conseil de l'Europe, dont la Cour européenne des droits de l'homme est un organe essentiel, et de l'Union européenne, placée sous le contrôle juridique de la Cour de justice de l'Union européenne (CJUE). C'est ainsi que le principe de la liberté des personnes est consacré tant par la Convention européenne de sauvegarde des droits de l'homme (CESDH)[2] qu'au sein de l'Union

---

[1] Montesquieu, *De L'Esprit des lois*, livre XII, chap. II, in Œuvres complètes, Paris, Galimard, « Bibliothèque de la Pléiade », 1951, p. 431.

[2] Art.5, CESDH.

européenne[1]. Ainsi, la politique criminelle française doit être conforme, pour citer Juliette Tricot, aux normes de « ces deux Europes »[2].
Dans la même lignée, le droit haïtien s'inscrit dans le régionalisme américain, consacré par la Convention américaine relative aux droits de l'homme (CADH) dont les règles sont contrôlées par la Cour interaméricaine des droits de l'homme (Cour IADH).
À l'instar de ses homologues européens, le droit interaméricain préconise le principe de la liberté[3]. Ainsi, la Cour interaméricaine a-t-elle consacré ce principe à l'occasion de l'affaire Neptune[4]. En l'espèce, la Cour était saisie notamment du caractère arbitraire de la privation de liberté de l'ancien Premier ministre haïtien, Yvon Neptune, à la suite de sa détention pour son implication présumée dans des « actes criminels d'État » en 2004. Malgré la profusion des hypothèses de détention préventive dont connaît le droit répressif haïtien, il est surprenant que la Cour interaméricaine n'ait rendu que l'arrêt précité durant les deux dernières décennies. Nous proposons d'y revenir ultérieurement.
**4.** La Constitution française reconnaît à l'autorité judiciaire le statut de « gardien de la liberté individuelle »[5]. Toutefois, la question de la qualité de l'autorité judiciaire ne semble pas être complètement tranchée ni par le droit français ni par le système régionaliste européen. La jurisprudence de la Cour de cassation française affirme que le parquet ne présente pas la double condition « d'indépendance et d'impartialité » vis-à-vis du pouvoir exécutif au sens de l'article 5§3 de la Convention européenne de sauvegarde des droits de l'homme relatif au droit à la liberté et à la sûreté. La Haute juridiction estime que « le ministère public ne peut être considéré comme une « autorité judiciaire au sens de la Convention européenne de sauvegarde des droits de l'homme »[6]. Pourtant, dans une affaire similaire concernant la remise d'un ressortissant croate dans le cadre de l'exécution d'un mandat d'arrêt européen sur le territoire français, la chambre criminelle de la Cour de cassation a déduit de la Constitution croate « l'indépendance

[1] Art. 3, paragraphe 2, TUE ; Art. 21, TFUE et 45, Charte des droits fondamentaux de l'Union européenne.
[2] J. Tricot, « Chronique de droit et de jurisprudence de l'Union européenne », RSCDC, 2018, n° 4, pp : 1015-1054.
[3] Art. 7.1, CADH.
[4] CIADH, 6 mai 2008, *Neptune c. Haïti.*
[5] Au sens de l'article 66 de la Constitution de 1958, le parquet a le statut de l'autorité judiciaire au même titre que le juge judiciaire.
[6] Crim., 15 décembre 2010, n° 10-83.674.

et l'impartialité » qui confèrent au parquet croate le « statut de l'autorité judiciaire »[1].

Cette solution pourrait faire écho à l'article 66 de la Constitution française qui reconnaît la qualité de l'autorité judiciaire à l'ensemble des magistrats judiciaires, d'autant que cette consécration est confirmée par le Conseil constitutionnel. À cet égard, le Conseil constitutionnel consacre le statut de l'autorité judiciaire dans sa jurisprudence en déclarant que « l'autorité judiciaire comporte à la fois des magistrats professionnels du siège et ceux du parquet »[2]. Le Conseil a énoncé, dans sa décision n° 2002-461 DC du 29 août 2002 relative à la Loi d'orientation et de programmation pour la justice (cons. 18), que « L'article 66 de la Constitution ne s'oppose pas à ce que soient dévolues à la juridiction de proximité des compétences en matière pénale dès lors que ne lui est pas confié le pouvoir de prononcer des mesures privatives de liberté ». Il en ressort que l'autorité judiciaire doit être un professionnel au sens de l'article 66 de la Constitution française.

**5.** Le Conseil constitutionnel a ainsi établi sa jurisprudence en la matière en considérant que, sur le fondement du premier alinéa de l'article 64 de la Constitution de 1958, « Le Président de la République est garant de l'indépendance de l'autorité judiciaire. Il découle de l'indépendance de l'autorité judiciaire, à laquelle appartiennent les magistrats du parquet, un principe selon lequel le ministère public exerce librement, en recherchant la protection des intérêts de la société, l'action publique devant les juridictions pénales »[3]. Il en déduit que, au même titre que le juge judiciaire, le parquet français dispose du pouvoir de privation de liberté dans les procédures d'enquête et d'information judiciaire, ce que Raphaële Parizot entend comme « gardien précaire de la liberté individuelle » en raison du rôle de chef de l'action publique du parquet et du lien hiérarchique qui lie ce dernier à l'exécutif[4].

La décision des Sages semble vraisemblablement influencer le législateur français en tant que ce dernier a institué l'autonomie et l'indépendance dans la mission du parquet au travers de la loi n° 2013-

---

[1] Crim., 7 janvier 2020, n° 19-87.741.

[2] Décision n° 93-326 DC du 11 août 1993, Loi modifiant la loi n° 93-2 du 4 janvier 1993 portant réforme du code de procédure pénale, cons. 5 : l'autorité judiciaire « comprend à la fois les magistrats du siège et ceux du parquet ».

[3] Décision n° 2016-555 QPC du 22 juillet 2016.

[4] R. Parizot, « La jurisprudence du Conseil constitutionnel sur l'autorité judiciaire gardienne de la liberté individuelle », Titre VII, Cahiers du Conseil constitutionnel, n° 7, octobre 2021.

669 du 25 juillet 2013 relative aux attributions du garde des sceaux et des magistrats du ministère public en matière de politique pénale et de mise en œuvre de l'action publique. Cette loi a abrogé le pouvoir d'instructions individuelles du garde des sceaux aux magistrats du ministère public dans le cadre de l'action publique et impose un devoir d'impartialité au ministère public.

**6.** La controverse française se prolonge dans le régionalisme européen quant à la reconnaissance du statut de l'autorité judiciaire en faveur du parquet. La Cour européenne des droits de l'homme relève que le ministère public ne peut être considéré comme une autorité judiciaire en raison de son lien de subordination au pouvoir exécutif[1], tandis que le droit de l'Union européenne lui reconnaît cette qualité par la décision de la Cour de justice de l'Union européenne le 12 décembre 2019, JR et YC, n° 37104/06 (cons.59).

**7.** Le système juridique haïtien, contrairement au droit français, ne consacre pas « l'autorité judiciaire » mais un « pouvoir judiciaire ». La Constitution haïtienne place le « pouvoir judiciaire » au rang des trois pouvoirs de l'État. C'est dire que le pouvoir judiciaire est l'une des trois branches de l'État avec le pouvoir exécutif et celui législatif au sens de l'article 59 de la Constitution du 29 mars 1987.

Bien que le législateur haïtien n'attribue pas formellement au commissaire du Gouvernement, équivalent du procureur français de la République, le rôle de « gardien de la liberté individuelle », l'article 173 de la Constitution haïtienne de 1987 confère à ce dernier le statut de « pouvoir judiciaire » au même titre que les juges du siège. Néanmoins, la question de « gardien de la liberté individuelle » apparaît confuse dans le droit haïtien. Car selon l'article 24 de la Constitution du 29 mars 1987, incombent à l'État la garantie et la protection de la liberté individuelle. Cette disposition constitutionnelle présente un flou juridique puisqu'au regard de l'article 59 de ladite Constitution, l'État se compose de trois pouvoirs dont le pouvoir judiciaire qui est indépendant des deux autres branches.

**8**. La controverse relative au statut du parquet ne se pose à ce jour ni dans le droit répressif haïtien ni dans le régionalisme américain, d'autant que le mécanisme d'harmonisation de la justice pénale à l'européenne n'est pas encore institué dans le droit interaméricain.

---

[1] CEDH, 23 novembre 2010, *Moulin c. France*, n° 37104/06, cons. 59. ; Voir aussi CEDH (GC), 29 mars 2010, *Medvedyev et autres c. France*, n° 3394/03.

Afin de faciliter la compréhension des analyses, nous ferons usage de l'expression « l'autorité judiciaire » en référence aux magistrats judiciaires haïtiens. L'emploi de cette expression permettra l'uniformisation de la notion de magistrat judiciaire dans le cadre de l'application des mesures privatives de liberté dans cette étude. Il convient de délimiter le sujet afin de démontrer la conception des expressions « privation de liberté » et « phase préparatoire » dans le procès pénal (Section 1), avant de présenter l'intérêt de cette étude comparative (Section 2).

## Section 1

## La notion de privation de liberté

**9.** La notion de privation de liberté avant jugement renvoie à la privation de liberté de la personne mise en cause aux phases d'enquête et d'instruction. À cet égard, la privation de liberté consiste en la confiscation de la liberté d'aller et venir dans les procédures pénales. Cela suppose l'impossibilité pour l'individu d'exercer sa liberté dès lors qu'il est suspecté ou poursuivi, et ce, afin de protéger l'ordre public. La conciliation entre la protection de l'ordre public et le respect des droits de la personne mise en cause peut alors se révéler difficile.

**10.** La privation de liberté résulte d'un ensemble de textes répressifs conçus dans le but de contrebalancer les intérêts opposés dans le processus judiciaire. La combinaison de ces textes vaut aussi bien pour la législation pénale haïtienne que pour le système répressif français. Ainsi, la « privation de liberté » revêt-elle un caractère pluridimensionnel dans les procédures pénales haïtienne et française. Elle repose essentiellement sur le droit à la sûreté, c'est-à-dire l'obligation des pouvoirs publics d'assurer la protection de l'ordre social. Cependant, aucune des deux législations pénales ne propose littéralement de définition de cette notion. Cette carence législative nous pousse à analyser la privation de liberté à l'aune de la conception nationale (§ 1), puis régionale et internationale (§ 2) avant d'élucider la notion de phase préparatoire (§ 3).

## § 1 – La conception nationale de la notion de privation de liberté

**11.** Dans le Dictionnaire Robert, le mot « liberté » venant du latin *libertas* renvoie à l'indépendance et à la liberté de mouvements de la personne physique dans ses actions. Il en déduit que la liberté peut s'entendre du droit de toute personne de rester libre dans une société démocratique. De même, la liberté vise l'absence de contrainte dans les agissements de toute personne physique[1]. Celle-ci consiste en la capacité de l'homme pour agir en toute liberté sans l'intervention d'un tiers. Dans ce cadre, le mot « liberté » peut s'entendre d'un principe indérogeable. C'est ainsi que Muriel Fabre-Magnan s'interroge sur la corrélation entre l'interdit et la liberté[2].

Gérard Cornu propose diverses définitions concernant la liberté, mais seule celle qui se rapporte à l'aspect pénal de la question sera analysée. L'auteur se fonde sur le Préambule et l'article 2 de la Constitution de 1958 pour légitimer sa proposition relative à la définition de la notion de liberté. Il entend par liberté « situation garantie par le droit dans laquelle chacun est maître de soi-même et exerce comme il le veut toutes ses facultés »[3].

**12.** Au sens juridique, certains auteurs s'accordent sur la conception du libéralisme de la répression pénale[4] en ce qu'ils affirment que la notion de liberté traduit le respect des droits et garanties judiciaires reconnus par l'État à l'individu pour exercer ses activités à l'abri des pressions extérieures[5], à l'exception de la protection de l'ordre public ou d'une autre liberté. Cette approche s'aligne sur la conception des jurisprudences du Conseil d'État et du Conseil constitutionnel français qui proclament le principe de la liberté et le caractère exceptionnel des mesures répressives. Dès lors, la privation de liberté peut se définir comme « le droit de faire tout ce qui n'est pas défendu par la loi »[6].

**13.** La liberté individuelle est constituée des droits et devoirs de l'homme et se subdivise en plusieurs libertés qui se recoupent. Elle

---

[1] H. Laborit, « Ce que nous appelons liberté, c'est la possibilité (...) de réaliser notre projet sans nous heurter au projet de l'autre », Éloge de la fuite, essais, folio, 1976.

[2] M. Fabre-Magnan, *L'institution de la liberté*, PUF, 2018.

[3] G. Cornu, *Vocabulaire juridique*, 12e Éd., PUF 2018.

[4] R. Théry, Libéralisme pénal : Principes, contradictions et enjeux d'une institution non idéale, Thèse, Univ. Panthéon-Assas, 18 déc. 2018.

[5] D. Allant et S. Rials, *Dictionnaire de la Culture juridique*, PUF, 2003.

[6] S. Guinchard, *Lexique des termes juridiques* 2018-2019, 26e Éd., Dalloz 2018..

reflète le refus des privations de liberté arbitraires de l'individu à la phase préparatoire du procès pénal. Ce refus constitue le premier des droits de l'homme et impose un frein aux décisions arbitraires des autorités publiques dans la privation de liberté avant procès. Sa consécration est empruntée à *l'habeas corpus* institué en Angleterre par la Magna Carta de 1215, et dont l'objectif est la protection de l'individu contre les détentions arbitraires de l'État.

Il en ressort que la conception de la notion de privation de liberté se fonde sur l'articulation entre la liberté et l'intervention de l'autorité judiciaire, qui est considérée comme « gardienne de la liberté individuelle ».

**14.** L'expression « gardienne de la liberté individuelle » renvoie au mot « garde » qui se rapporte à la surveillance et au contrôle de la liberté de l'individu. La mission de l'autorité judiciaire, gardienne de la liberté individuelle, est clairement définie dans la jurisprudence du Conseil constitutionnel. Le Conseil a décidé que cette mission s'exerce, à la lumière de l'article 66 de la Constitution, « dans les conditions prévues par la loi » et que, « dans l'exercice de sa compétence, le législateur peut fixer des modalités d'intervention de l'autorité judiciaire différente selon la nature et la portée des mesures touchant à la liberté individuelle qu'il entend édicter ; qu'il a la faculté de ne pas soumettre à des règles identiques une mesure qui prive un individu de toute liberté d'aller et venir et une décision qui a pour effet d'entraver sensiblement cette liberté »[1]. C'est ainsi que l'article préliminaire, III du code de procédure pénale français encadre le pouvoir de la privation de liberté dont dispose l'autorité judiciaire à la phase préparatoire du procès pénal.

**15.** Le Conseil constitutionnel a ainsi rappelé le législateur français à ses devoirs dans le cadre de la prolongation automatique des détentions provisoires instituée par l'article 16 de l'ordonnance n° 2020-303 du 25 mars 2020 portant adaptation des règles de procédure pénale durant la période de l'état d'urgence sanitaire. Le Conseil, se fondant sur l'article 66 de la Constitution, a estimé que « l'effacement systématique du juge des libertés et de la détention (JLD), sans l'exercice de contrôle judiciaire sur la mesure de détention provisoire, par la prolongation automatique de la détention provisoire durant la période de l'état d'urgence sanitaire, porte atteinte au principe de nécessité de la privation de liberté ».

---

[1] Décision n° 2020-878/879 QPC du 29 janvier 2021, *M. Ion Andronie R. et autre* (Prolongation de plein droit des détentions provisoires dans un contexte d'urgence).

Le Conseil a affirmé que la période de l'état d'urgence sanitaire ne peut pas priver la personne détenue de son droit au recours effectif en matière de détention indigne. Celui-ci a déclaré qu'« il incombe au législateur de garantir le droit au recours effectif pour les personnes placées en détention provisoire afin de saisir le juge pour qu'il puisse mettre fin à des conditions de détention indignes»[1]. Les Sages étendent ainsi ce droit au recours effectif contre les détentions indignes de détention aux personnes condamnées[2].

**16.** Raphaële Parizot a ainsi rappelé les critères liés à la notion de « garde » de l'autorité judiciaire en matière de liberté individuelle[3]. L'auteure a retenu trois critères qui correspondent à la notion de garde à la lumière de la jurisprudence constitutionnelle. Elle a d'abord évoqué le caractère direct de la garde en rappelant la jurisprudence du Conseil constitutionnel en la matière à propos de la fonction de police judiciaire. Elle a ainsi rappelé que « la chaîne de contrôle ne doit pas être distendue, un autre pouvoir, particulièrement l'exécutif, ne devant pas interférer dans le contrôle de l'autorité judiciaire ». Elle en a déduit que les mesures de police judiciaire, comme les actes d'enquête, sont attentatoires à la liberté individuelle et nécessitent l'intervention de l'autorité judiciaire. Ensuite Raphaële Parizot a estimé que la garde est liée à la « rapidité » et ce, à la lumière de la jurisprudence du Conseil constitutionnel. En ce sens, elle a rappelé que le Conseil considère que l'autorité judiciaire, en matière de privation de liberté, doit intervenir « dans les meilleurs délais » en cas de maintien durable d'un étranger en zone de transit et qu'elle « conserve la possibilité d'interrompre à tout moment la prolongation du maintien en rétention, de sa propre initiative ou à la demande de l'étranger, lorsque les circonstances de droit ou de fait le justifient ».

Quant à la privation de liberté avant procès, l'exigence de « célérité » s'applique à la garde à vue *ab initio* ou à une mesure d'isolement dans le cadre d'un placement en garde à vue. Enfin, l'auteure a évoqué le caractère effectif qui est attaché à la notion de garde en rappelant l'exigence constitutionnelle du contrôle opéré par l'autorité judiciaire dans le cadre de la privation de liberté avant procès. Il en est ainsi du

---

[1] Décision n° 2020-858/859 QPC du 2 octobre 2020, *M. Geoffrey F. et autre* (Conditions d'incarcération des détenus).

[2] Décision n° 2021-898 QPC du 16 avril 2021.

[3] R. Parizot, « La jurisprudence du Conseil constitutionnel sur l'autorité judiciaire gardienne de la libertéindividuelle », op. cit.

contrôle exercé par le juge des libertés et de la détention en matière de prolongation de la garde à vue au-delà du délai initial de quarante-huit heures[1]. À ce propos, le Conseil constitutionnel a déclaré que « le juge des libertés et de la détention doit avoir accès à l'ensemble des éléments de la procédure dans le cadre du contrôle qu'il exerce pour être réputé effectif »[2].

**17.** À la lumière de la jurisprudence du Conseil constitutionnel, la notion de « gardienne de la liberté individuelle » dispose donc du pouvoir de contrôle et de surveillance conféré à l'autorité judiciaire, c'est-à-dire à l'ensemble des magistrats du siège et du parquet, sur les garanties judiciaires dont dispose la personne détenue à la phase préparatoire du procès pénal et ce, afin d'assurer l'équilibre des procédures pénales. Pour citer Raphaële Parizot dans son étude susmentionnée, la jurisprudence du Conseil constitutionnel, « bien qu'elle soit riche, apparaît décevante » puisqu'elle subordonne en partie la liberté de la personne suspectée ou poursuivie à la discrétion du magistrat du parquet qui est, en réalité, dominé par le pouvoir exécutif. Dans cette même lignée, la notion de privation de liberté est encadrée aussi bien dans le droit français que dans le droit haïtien.

**18. Le fondement de la notion de privation de liberté dans le droit français.** L'expression « privation de liberté » dans le droit français se puise dans des règles constitutionnelles et légales sur le plan interne, ainsi que dans des normes européennes relatives au sens du principe de la liberté. Le fondement constitutionnel du droit à la liberté était reconnu pour la première fois dans le droit français par la décision du Conseil constitutionnel n° 76-75 DC du 12 janvier 1977 relative à la loi autorisant la visite des véhicules en vue de la recherche et de la prévention des infractions pénales (fouilles des véhicules). Cette décision était rendue, à la lumière de l'article 66 de la Constitution de 1958, à l'occasion de la contestation d'une disposition qui conférait aux officiers et agents de police judiciaire « le pouvoir de procéder à la visite de tout véhicule ou de son contenu » qui se trouve sur une voie ouverte à la circulation publique en dehors de l'intervention de l'autorité judiciaire. Par cette décision, le Conseil constitutionnel a consacré une conception large du principe de la liberté individuelle en ce qu'il a déclaré que « La liberté individuelle constitue l'un des principes

---

[1] Art. 706-88, CPP en matière de criminalité organisée.

[2] Décision n° 2019-778 DC du 21 mars 2019, Loi programmation 2018-2022 et de réforme pour la justice.

fondamentaux garantis par les lois de la République, et proclamés par le Préambule de la Constitution de 1946, confirmé par le Préambule de la Constitution de 1958 (cons.1) » et que « l'article 66 de la Constitution, en réaffirmant ce principe, en confie la garde à l'autorité judiciaire ». Le Conseil a ainsi considéré que cette fouille de véhicules constitue un acte de police administrative dès lors qu'elle ne vise pas la recherche d'une infraction.
Cette conception large de la notion de liberté a perduré dans la jurisprudence du Conseil constitutionnel jusqu'aux années 1990 en ce que le Conseil avait considéré que « toutes les libertés dont dispose l'individu constituent la liberté individuelle qui regroupe la liberté d'aller et venir, la vie privée, la liberté de mariage, etc. ».
**19.** Cette conception large de la notion de liberté est abandonnée par la jurisprudence du Conseil constitutionnel dans les années 1990 au motif que la liberté individuelle se traduit par des mesures privatives de liberté de l'individu au sens *d'habeas corpus*. C'est ainsi que le Conseil constitutionnel a décidé que la privation de liberté à la phase de l'avant-procès pénal relève de l'article 66 de la Constitution. Les Sages ont estimé que la privation de liberté constitue une incarcération partielle à des fins judiciaires[1]. Dans ce cadre, le législateur doit « fixer des modalités d'intervention de l'autorité judiciaire différentes selon la nature et la portée des mesures affectant la liberté individuelle qu'il entend édicter »[2]. Le Conseil a affirmé, sur le fondement de l'article 16 de la Déclaration des droits de l'homme et du citoyen de 1789, les droits procéduraux de la personne gardée à vue en rappelant le droit et les modalités d'accès au juge dont bénéficie la personne détenue[3]. Le Conseil a ainsi confirmé la notion du droit au juge en faveur des personnes privées de liberté concernant les mesures législatives en période d'état d'urgence sanitaire au sens de l'article 66 de la Constitution qui instaure le droit à la liberté[4].
Il en résulte que le régime de la privation de liberté est rattaché à l'article 2 de la Déclaration des droits de l'homme et du citoyen de 1789 et à l'article 66 de la Constitution. Celui-ci s'entend d'une « garantie

[1] Décision n° 2016-561/562 QPC du 9 septembre 2016, écrou extraditionnel ; Décision n° 2016-602 QPC du 9 décembre 2016 : incarcération lors de l'exécution d'un mandat d'arrêt européen.
[2] Décision n° 2010-71 QPC du 26 novembre 2010, cons. 13.
[3] Décision n° 2020-851/852 QPC du 3 juillet 2020, paragr. 13 à 15.
[4] Décision n° 2020-800 DC du 11 mai 2020, Loi prorogeant l'état d'urgence sanitaire et complétant ses dispositions, paragr. 25 à 44, paragr. 89.

pour l'individu de ne pas pouvoir faire l'objet des mesures arbitraires et illégales de la puissance publique pouvant le priver de sa liberté de mouvements ; autrement dit, de ne pas l'arrêter ou le détenir illégalement et arbitrairement »[1].

**20.** Le législateur français a introduit la liberté individuelle dans le code de procédure pénale par la loi n° 57-1426 du 31 décembre 1957 portant institution du code de procédure pénale. Par cette loi, la répression des infractions est entourée des garanties judiciaires en faveur des personnes privées de liberté dans les procédures d'enquête et d'information. Cet encadrement juridique est renforcé par la loi n° 2000-516 du 15 juin 2000 renforçant la protection de la présomption d'innocence et les droits des victimes. L'article préliminaire, III du code de procédure pénale permet à l'autorité judiciaire de procéder à la privation de liberté de la personne mise en cause dans les procédures d'enquête et d'instruction dans le strict respect des principes de nécessité et de proportionnalité. Aux termes de cette loi, la véritable préoccupation du législateur réside dans l'équilibre entre la protection de la paix sociale et les droits de la personne suspectée ou poursuivie. L'article 62-2 du code de procédure pénale institue le placement en garde à vue de l'individu dans la procédure d'enquête, et l'article 137 du même code autorise la privation de liberté de la personne poursuivie dans le cadre de l'information judiciaire. À ce propos, le législateur entoure la privation de liberté des garanties judiciaires dont l'appréciation relève de l'autorité judiciaire.

Dès lors, le principe de la liberté se relativise dans la procédure pénale française en ce que le législateur encadre l'application de la privation de liberté avant procès par l'intervention de l'autorité judiciaire aux fins d'épargner aux personnes mises en cause des décisions arbitraires de l'État.

Au même titre que le droit français, la relativisation du principe de la liberté est consacrée dans la procédure pénale haïtienne aussi bien par la Constitution que par la loi.

**21. Le fondement de la notion de privation de liberté dans le droit haïtien.** La notion de « privation de liberté » est connue au sein de la procédure pénale haïtienne comme la protection de l'ordre social. Le législateur l'a intégrée dans le code d'instruction criminelle de 1835 avant que celle-ci ne soit consacrée par la Constitution de 1987. Le

---

[1] E. Putman et M. l Giacopelli, Les droits fondamentaux des personnes privées de liberté, mare & martin, 2015.

choix est donc de présenter la légalité de ce concept avant de démontrer sa consécration constitutionnelle.
Les articles 10 et 12 combinés du code d'instruction criminelle (CIC) autorisent les officiers de police judicaire à procéder à la privation de liberté de l'individu à la suite de l'arrestation. Le pouvoir d'arrestation conféré aux agents de la police rurale et urbaine par le dernier alinéa de l'article 10 du CIC peut déboucher sur la privation de liberté de l'individu dans les locaux des services de police afin d'être entendu avant sa présentation devant le juge. De même, le délai de trois jours imparti inséré à l'article 12 du même code pour déférer la personne arrêtée devant la juridiction de jugement traduit le pouvoir de privation de liberté dont disposent les juges de paix.
**22.** Les articles 30, alinéa 1er , 46, 77 et 80, alinéa 1er du CIC combinés relativisent le principe de la liberté en autorisant à titre exceptionnel les mesures attentatoires à la liberté individuelle dans les procédures d'enquête et d'instruction. Ainsi, le législateur encadre la privation de liberté avant procès dans la procédure pénale haïtienne par l'instauration des garanties liées à la liberté individuelle, tels le délai de présentation de la personne gardée à vue devant le juge, les droits de la défense dans le cadre de la détention provisoire etc. Ces droits seront développés ultérieurement.
**23.** Sous l'angle constitutionnel, le droit à la liberté est consacré dans le droit haïtien par la Constitution de 1987 à la lumière de la Convention américaine relative aux droits de l'homme qui proclame le droit à la sûreté. L'article 24 de la Constitution haïtienne précise : « La liberté individuelle est garantie et protégée par l'État ». Cette disposition généralise le droit à la liberté, mais ne délimite pas celui-ci dans la matière pénale. C'est dire que l'atteinte à la liberté individuelle se subdivise en privation de liberté et restriction de liberté. Toutefois, on déduit des articles 24.1, 24.2 et 25 de ladite Constitution que la liberté individuelle se circonscrit à l'arrestation et la détention dans la justice pénale haïtienne. L'absence de la jurisprudence constitutionnelle empêche de délimiter la notion de la liberté individuelle dans la procédure pénale haïtienne. Mais ces dispositions constitutionnelles subordonnent la privation de liberté avant procès au respect des droits dont bénéficie la personne dans les procédures d'enquête et d'information judiciaire.
**24.** Ces développements démontrent que les mesures privatives de liberté avant jugement sont encadrées par la Constitution et la loi dans les procédures pénales française et haïtienne. Dans cette perspective, le

fondement du droit à la liberté repose aussi bien sur la loi que sur la Constitution dans les politiques criminelles française et haïtienne. L'acception de la notion de privation de liberté intègre également le système régional européen et le droit interaméricain (§ 2).

## § 2 - La conception régionale et internationale de la notion de privation de liberté

**25.** La question de la liberté individuelle préoccupe la justice pénale dans les continents européen et américain. Il est formellement institué une harmonisation en matière de privation de liberté avant jugement dans les espaces européen et américain. C'est ainsi que la Convention européenne de sauvegarde des droits de l'homme et la Convention américaine relative aux droits de l'homme proclament des garanties judiciaires au bénéfice de la personne mise en cause dans les procédures d'enquête et d'instruction.

**26. L'européanisation du principe de la liberté.** Le fondement européen de la notion de privation de liberté s'inspire du caractère libéral du droit pénal institué dans la Déclaration des droits de l'homme et du citoyen de 1789, la Convention européenne de sauvegarde des droits de l'homme et la Charte des droits fondamentaux de l'Union européenne au sens du concept d'h*abeas corpus* institué en Angleterre. Il est instauré dans l'espace européen une harmonisation de la justice pénale dont le but est la protection des droits des personnes privées de liberté dans les procédures d'enquête et d'information. Pour cela, la liberté individuelle, c'est-à-dire le droit à la liberté, est considérée par la Cour européenne des droits de l'homme et le droit de l'Union européenne comme le premier des droits dont bénéfice la personne à la phase de l'avant-procès pénal.

**27.** Les pays européens s'accordent sur le principe de la liberté à la phase de l'avant-procès pénal en ce que l'article 5 § 1 de la Convention européenne proclame : « Toute personne a droit à la liberté et à la sûreté ». Afin de s'assurer du respect des engagements pris par les États membres en matière de liberté individuelle, la Cour européenne des droits de l'homme a été créée pour connaître de la violation des droits consacrés par la Convention en faveur des personnes dans les procédures d'enquête et d'instruction. C'est ainsi que le droit de saisine directe de la Cour européenne fut reconnu aux citoyens dans le droit français en 1981 : tout individu se trouvant sur le territoire français a le droit de saisir directement la Cour européenne des droits de l'homme

pour statuer sur la violation des droits liés à la liberté individuelle. Pour conforter ce droit, l'article 5 de la Convention confère à l'autorité judiciaire le pouvoir d'appréciation de l'opportunité de la privation de liberté dans les procédures d'enquête et de l'information. Cette disposition conventionnelle subordonne l'arrestation et la détention aux principes de nécessité et de proportionnalité. À cet égard, la privation de liberté avant procès peut se fonder sur la dangerosité et le risque. Mireille Delmas-Marty a abondé dans ce sens en matière de privation de liberté de l'individu dans les procédures pénales[1].
Il ressort de l'article 5 § 1 de la Convention que la privation de liberté se conçoit, au sens de la Convention, comme une exception, la liberté étant le principe.

**28.** Cette conception libérale dans la répression pénale à la phase de l'avant-procès pénale a conduit la Cour européenne à adopter une jurisprudence constante pour condamner et interdire les arrestations et détentions arbitraires au sein des États membres de la Convention. La jurisprudence de la Cour européenne des droits de l'homme interdit simplement la privation de liberté arbitraire et illégale à la phase préparatoire du procès pénal. Dans ce cadre, la Cour estime que la privation de liberté se différencie de la restriction de liberté[2] en instituant un certain nombre de critères à la base de cette distinction comme par exemple, la durée[3] et la proportionnalité[4] de la mesure. Dans cette perspective, la première traduit la perte totale de la liberté de mouvements de la personne physique, tandis que la seconde vise essentiellement la liberté d'aller et venir s'analysant comme une partie de perte d'autonomie de la liberté de déplacements. C'est ainsi que la jurisprudence de la Cour européenne impose aux États d'encadrer strictement la privation de liberté d'un certain nombre de garanties judiciaires liées au droit à la sûreté personnelle et exige que les mesures privatives de liberté avant jugement respectent les principes de nécessité et de proportionnalité. La Cour limite ainsi la liberté individuelle au sens de l'article 5 §1, qui proclame le droit à la liberté et à la sûreté afin d'éviter toute confusion dans la privation de liberté avant procès. Elle a eu l'occasion de se prononcer sur cette conception

---

[1] M. Delmas-Marty, Libertés et sûreté dans un monde dangereux, Éd., Seuil, 2010.

[2] X. Bioy, Droits fondamentaux et libertés publiques, op. cit., n° 1178, p. 637.

[3] CEDH, 4 décembre 2014, n° 17110/10 et 17301/10, *Ali Samatar c. France* : concernant une garde à vue de plus depuis 4 jours et une vingtaine d'heures.

[4] CEDH, 16 mai 2012, n° 39474/98, *D.G. c. Irlande* : dans le cas d'un mineur en détention provisoire dans un établissement pour adultes.

restrictive de la liberté individuelle en précisant que « L'expression contenue au paragraphe 1« liberté et sûreté » doit être lue comme un ensemble et donc le mot « sûreté » doit se comprendre dans le contexte de la « liberté »[1]. Selon la Cour, « en proclamant le droit à la liberté, le paragraphe 1 de l'article 5 vise la liberté individuelle dans son acception classique, c'est-à-dire la liberté physique de la personne »[2].
Il en résulte que la liberté individuelle se traduit par la liberté d'aller et venir. La jurisprudence de la Cour européenne des droits de l'homme conçoit la privation de liberté comme « l'enfermement sans consentement de la personne suspectée ou poursuivie »[3] et « l'internement d'une personne dans un certain espace restreint pendant un laps de temps non négligeable »[4].

**29.** Par cette conception restrictive de la Cour, les remises ou restitutions extraordinaires de l'individu par un État à un autre État s'assimilent à une privation de liberté[5] au sens du droit à la liberté et à la sûreté. À ce titre, selon les critères jurisprudentiels de la Cour européenne des droits de l'homme, ces procédés doivent être entourés des garanties judiciaires. La Cour subordonne la privation de liberté à la proportionnalité de la durée de la mesure, au motif de celle-ci, ainsi qu'au caractère adéquat et approprié du lieu et des conditions de détention afin d'éviter des détentions arbitraires. C'est ainsi que Joël Andriantsimbazo a affirmé : « La jurisprudence de la Cour européenne des droits de l'homme interprète le droit à la liberté et à la sûreté au sens de la protection de la liberté individuelle »[6]. Tout en tenant compte des difficultés auxquelles l'État peut être confronté dans l'exercice de sa mission de préservation de l'ordre public et de la sécurité nationale, la Cour circonscrit rigoureusement les mesures privatives de liberté et protège vigoureusement les droits des personnes privées de liberté.
La protection du droit à la liberté ne se limite pas à la jurisprudence de la Cour européenne des droits de l'homme dans l'espace européen, mais

---

[1] CEDH, 14 décembre 1973, *Asiatiques d'Afrique orientale c. Royaume-Uni*, n° 4403/70 et autres, p. 95, § 220.

[2] CEDH, 8 juin 1976, *Cour plénière, Engel et autres c. Pays-Bas*, n° 5100/71 et autres, § 58.

[3] CEDH, 26 février 2002, *H.M c. Suisse*, n° 39187/98, § 45 à 47.t

[4] CEDH, Grande Chambre, 16 juin, *Storck c. Allemagne*, n° 61603/00, § 74.

[5] CEDH, Grande Chambre, 13 décembre 2012, *El Masri c. Ex-République Yougoslavie de la Macédoine*, n° 39630/09, § 240.

[6] « J. Andriantsimbazo, « Le droit à la liberté et à la sûreté dans la jurisprudence de la Cour européenne des droits de l'homme », Titre VII, Cahiers du Conseil constitutionnel, N°7, octobre 2021.

celle-ci intègre également la jurisprudence de la Cour de justice de l'Union européenne.

**30. La « privation de liberté » dans la jurisprudence de la Cour de justice de l'Union européenne.** La notion de droit à la liberté et à la sûreté intègre expressément l'ordre juridique de l'Union européenne par l'article 6 de la Charte des droits fondamentaux de l'Union européenne avec l'entrée en vigueur du Traité de Lisbonne le 1er décembre 2009. Aussi, l'espace de liberté, de sécurité et de justice (ELSJ) instaure la protection de la liberté dans le droit de l'Union.

Le principe de la liberté dans le droit de l'Union tend essentiellement à la protection de l'individu contre la détention arbitraire. À cet égard, la mission de la Cour de justice consiste à apprécier la notion de privation de liberté à l'aune du principe de la liberté. La Cour a ainsi affirmé que « le placement d'un mineur dans un établissement fermé à des fins éducatives constitue une mesure privative de liberté au sens du droit à la liberté »[1]. À l'inverse, elle a considéré qu'« une assignation à résidence la nuit assortie du port d'un bracelet électronique et d'une obligation de se présenter quotidiennement au commissariat s'apparente à une simple restriction de liberté qui échappe à l'article 6 de la Charte »[2].

Pour distinguer la privation de liberté de la restriction de liberté, la Cour de justice se réfère généralement à la formule de la jurisprudence de la Cour européenne qui lie la privation de liberté au droit à la liberté, et distingue la restriction de liberté de la liberté d'aller et venir. L'intégration de la notion de privation de liberté dans le droit de l'Union européenne ne diffère pas de la conception restrictive de la jurisprudence de la Cour européenne en la matière. À ce propos, la privation de liberté individuelle se circonscrit à l'incarcération partielle de la personne mise en cause à la phase préparatoire du procès pénal. Le contrôle de cette incarcération relève de l'autorité judiciaire afin de tenir en échec les détentions arbitraires des autorités publiques.

Empruntée à la jurisprudence de la Cour européenne, la conception de la notion de privation de liberté avant procès se conçoit à l'aune de cette même rigueur dans le droit interaméricain.

**31. L'américanisation de la notion de privation de liberté.** Certains pays dans le continent américain suivent les traces de leurs voisins européens pour instaurer un régime commun de protection des droits de

---

1 CJUE, 26 avril 2012, *Health Service Executive*, n° C-92/12, pt. 111.

2 CJUE, 28 juillet 2016, *J. Z., C-294/16 PPU*, pt. 57.

l'homme à la phase préparatoire du procès pénal dans le droit interaméricain. Lors de l'adoption de l'Organisation des États américains, à l'occasion de la Déclaration américaine des droits et des devoirs de l'homme (DADDH) le 30 avril 1948, ces pays ont proclamé que la liberté s'inscrit dans la protection des droits de l'homme au sens de l'article 1er de ladite Déclaration. Lors de la conférence panaméricaine de Bogota le 2 mai 1948, ils ont proclamé la Déclaration américaine des droits et des devoirs de l'homme, ainsi que l'Organisation des États américains (OEA). Au sein de la Charte de Bogota, instrument créateur de l'Organisation des États américains, il est reconnu implicitement que les droits de l'homme, notamment le principe de la liberté, doivent être respectés au sein des États membres à la Déclaration américaine des droits et des devoirs de l'homme.

**32.** La première mission de l'Organisation de l'OEA consiste en la prévention de la sécurité et de la paix dans le continent américain. Cette entente commune sur la prévention ne peut être envisageable sans penser d'abord à assurer la sécurité des citoyens de ces États. C'est dans cet esprit que l'article 17 de la Charte de l'OEA exige des États membres de ne pas violer « les droits de la personne humaine et les principes de la morale universelle ». De façon sous-jacente, le droit à l'autonomie individuelle est greffé sur la mission primaire de l'Organisation des États américains.

Avec l'avènement de la Convention américaine relative aux droits de l'homme le 22 novembre 1969, le principe de la liberté est consacré formellement dans l'application de la privation de liberté avant jugement en tant que l'article 7.1 de la Convention prévoit que « Tout individu a droit à la liberté et à la sécurité de sa personne ». Ici, l'expression « tout individu » renvoie nécessairement à la personne mise en cause dans les procédures d'enquête et d'information.

**33.** Cette mission relative à la protection des droits de l'homme est conférée à la fois à deux institutions : la Commission interaméricaine des droits de l'homme et la Cour interaméricaine des droits de l'homme. Alors que la première a une mission d'organe administratif en matière de promotion et de défense des droits humains, la seconde joue un rôle d'organe judiciaire dans le cadre du respect des droits et libertés fondamentaux au sein de chaque État. À l'instar de la Convention européenne, le droit à la liberté s'analyse, au sein de la Convention américaine, comme l'obligation des États d'assurer la sécurité collective et de respecter les droits des personnes privées de liberté à la phase de l'avant-procès pénal. Néanmoins, la Convention n'entend pas écarter la possibilité des atteintes à la liberté individuelle. Aux termes de la Convention, des atteintes au droit à la liberté sont admises dès lors qu'elles s'inscrivent dans le strict respect de la loi. Les limites imposées à l'État contre les arrestations et détentions arbitraires se trouvent à l'article 7 de la Convention. Sur la base de ces limites, la Cour interaméricaine des droits de l'homme estime que l'article 7 de la Convention vise principalement la protection de la liberté individuelle vis-à-vis de la puissance publique. Dans cette perspective, la perte de liberté de l'individu doit être encadrée, mais ce dernier ne doit pas nuire à la liberté d'autrui. À l'instar de l'article 5 de la Convention européenne, l'article 7 de la Convention américaine assure la protection du droit à la liberté et à la sûreté. Cette disposition européenne comporte une particularité en tant qu'elle liste les cas dans lesquels la privation de liberté est admise, tandis que celle américaine se réfère aux autorisations déjà prévues par les législations nationales des États membres, ce qui peut engendrer un flou juridique à défaut d'une interprétation extensive jurisprudentielle. Ce flou juridique interaméricain peut avoir des incidences sur le droit haïtien dans la conception de la privation de liberté.

**34.** Le droit haïtien s'inspire du droit interaméricain en matière de privation de liberté avant procès en ce que l'article 7.1 de la Convention s'aligne sur la protection des droits de l'homme dans la conception du principe de la liberté. Néanmoins, la Convention laisse l'autonomie de la typologie de « privation de liberté » aux États membres. La lettre de l'article 24.1 de la Constitution haïtienne montre le calquage des rédacteurs de la Constitution haïtienne sur l'article 7.2 de la Convention quant à la conception américaine de la notion de privation de liberté avant procès. Au lieu de lister exhaustivement les situations dans lesquelles la puissance publique peut porter atteinte à la liberté individuelle, la Constitution haïtienne reprend mot pour mot l'article 7.2 de la Convention. Le texte interne, tout en précisant le caractère exceptionnel de la privation de liberté avant procès, renvoie au législateur le soin de déterminer les conditions d'applicabilité des mesures privatives de liberté avant jugement. La Cour interaméricaine a ainsi déclaré que la privation de liberté est autorisée dès lors que la nécessité l'exige[1]. Il en est ainsi de la jurisprudence de la Cour de

[1] CIADH, 21 septembre 2006, *Servellôn Gracia y otros c. Honduras*, série C n° 152, §86. : dans cet arrêt, la Cour évoque que « le droit à la sécurité doit être respecté de façon simultané avec le droit à la sûreté en exprimant la notion « d'équilibre ».

Strasbourg[1] où seules les arrestations et détentions illégales et arbitraires sont interdites[2].

Il en déduit que le régionalisme américain et le droit haïtien convergent vers le courant libéral en matière de privation de liberté avant procès. Dans ce cadre, la mise en œuvre de la privation de liberté avant procès est subordonnée à l'existence des garanties judiciaires au bénéfice de la personne mise en cause. Cet encadrement juridique est également exigé dans le droit international.

**35. La conception internationale de la privation de liberté.** La conception internationale de la « privation exceptionnelle de liberté » doit son origine à la Magna Carta de 1215 qui a instauré *l'habeas corpus* dont l'article 39 interdit toute entrave à la liberté de mouvements de l'individu avant d'établir sa culpabilité par un jugement. C'est ainsi que l'article 3 de la Déclaration universelle des droits de l'homme du 10 décembre 1948 précise : « Tout individu a droit à la vie, à la liberté et à la sûreté de sa personne ». Cette disposition institue un équilibre entre le « principe de la liberté » et la « sécurité publique ». Dans cette perspective, l'article 3 de la Déclaration universelle des droits de l'homme et l'article 9 du Pacte International relatif aux droits civils et politiques (PIDCP) proclament le principe de la liberté au sein d'une société démocratique, et la privation de liberté est l'exception.

**36.** Les Nations unies jouent ainsi un rôle considérable en matière de privation de liberté avant jugement. En témoigne d'ailleurs la mise en place d'un Groupe de travail qui se penche annuellement sur les détentions arbitraires pratiquées dans certains pays membres de ladite Organisation[3]. Le rapport de 2014 de ce Groupe de travail peut servir de référence en la matière en ce sens qu'il a précisé : « Bien que les États disposent d'une marge d'appréciation importante dans le choix de leur politique pénale, le droit à la liberté d'une personne (…) leur impose de n'avoir recours à la privation de liberté que dans la mesure où cela est nécessaire pour répondre à un besoin sociétal urgent, et ce, de façon proportionnée ».

Par cette mise en place de ce Groupe de travail, les Nations unies témoignent de l'importance du droit à la liberté des citoyens des États membres. Sur la base du droit international des droits de l'homme, les

---

[1] CEDH, 11 avril 2002, *L'allement c. France*, requête n. 46044/99, §§ 18 et 23.

[2] CIADH, 21 janvier 1994, *Gangaram Panday c. Surinam*, série C n°16.

[3] Rapport du Groupe de travail sur les détentions arbitraires du 30 juin 2014, A/HRC/27/48, § 72, tiré de : L. Hennebel et H. Tigroudja, *Traité de droit international des Droits de l'homme*, 2e Éd. A. PEDONE, p. 951.

travaux du Groupe de travail des Nations unies reposent sur l'articulation entre la sécurité publique et le principe de la liberté. Le droit international des droits de l'homme instaure ainsi un équilibre entre les garanties judiciaires et les mesures privatives de liberté avant jugement, ainsi que le respect de la souveraineté pénale des États[1].

**37.** La notion du droit à liberté a franchi une étape internationale considérable en 1945 au travers de la Charte de l'Organisation des Nations unies qui proclame : « À nouveau notre foi dans les droits fondamentaux de l'homme, dans la dignité et la valeur de la personne humaine, dans l'égalité des droits des hommes et des femmes, ainsi que des Nations, grandes et petites ». Par la suite, l'internationalisation du principe de la liberté est entérinée par la Déclaration universelle des droits de l'homme de 1948 qui précise : « 1. Chacun peut se prévaloir de tous les droits et de toutes les libertés proclamés dans la présente Déclaration, sans distinction aucune, notamment de race, de couleur, de sexe, de langue, de religion, d'opinion politique ou de toute autre opinion, d'origine nationale ou sociale, de fortune, de naissance ou de toute autre situation.

2. De plus, il ne sera fait aucune distinction fondée sur le statut politique, juridique ou international du pays ou du territoire dont une personne est ressortissante, que ce pays ou territoire soit indépendant, sous tutelle, non autonome ou soumise à une limitation quelconque de souveraineté ».

**38.** L'internationalisation de la notion de privation de liberté se conçoit de façon large, en ce sens que ce n'est pas simplement dans les poursuites et des condamnations pénales que la détention et l'arrestation s'analysent. La privation de liberté s'étend ainsi aux interrogatoires dans les locaux de police, aux fouilles ou interpellations par la police, au placement dans des zones de transit d'aéroport, aux assignations à domicile, ainsi qu'aux détentions effectuées dans le cadre des contrôles d'immigration. Toutes ces mesures doivent être entourées des garanties judiciaires liées aux atteintes à la liberté individuelle. Dans cette perspective, le droit international laisse à l'appréciation des États l'autonomie de définir la notion de privation de liberté, en se contentant tout simplement de vérifier si ces États instituent au sein de leur législation un régime protecteur des atteintes à la liberté individuelle. C'est dire que l'internationalisation de la privation de liberté n'entend

[1] L. Hennebel et H. Tigroudja, *Traité de droit international des Droits de l'homme*, op. cit.

pas se substituer au système répressif des États, mais vise tout simplement à lutter contre les détentions arbitraires et illégales à l'encontre des individus, ce que Michel Foucault appelle « la pénalité moderne »[1].

**39.** Les Nations unies considèrent que la liberté demeure le principe au stade préparatoire du procès pénal au sein de toute société démocratique, la détention étant l'exception. La privation de liberté avant procès occupe donc une place considérable dans la justice pénale internationale. Sur le plan international, pour citer Christophe Deprez, la « confiscation de liberté » n'est pas interdite[2]. Toutefois, les atteintes sont tellement importantes que le droit international entoure la privation de liberté des garanties judiciaires en faveur de l'individu. C'est sur cet aspect protecteur que le droit pénal international distingue le droit carcéral de la privation de liberté à la phase préparatoire du procès pénal dont la notion mérite d'être élucidée dans notre étude (§ 3).

### § 3 - La notion de « phase préparatoire »

**40.** La notion de « phase préparatoire » se distingue du procès pénal et renvoie aux principes directeurs de la procédure pénale dans la mise en œuvre des mesures privatives de liberté dans les procédures d'enquête et d'instruction préparatoire. Le terme « procédure » vient du mot latin *procedere* signifiant progresser, aller de l'avant[3]. À cet égard, la procédure consiste en un ensemble de formalités à remplir dans le but d'aboutir à une solution dans le cadre d'un litige. Dans le lexique des termes juridiques, la « procédure » s'entend de la difficulté de fait ou de droit soumise à l'examen d'un juge ou d'un arbitre. Il en ressort que la procédure pénale renvoie au procès où des parties s'opposent dans le but de découvrir la vérité judiciaire, qui se manifeste par la mise en œuvre de l'action répressive à l'encontre de la personne mise en cause dans le processus judiciaire. Ce processus judiciaire est mis en œuvre devant une juridiction répressive, soit par la mise en mouvement de l'action publique, soit par l'exercice de l'action civile devant la justice pénale. Le déclenchement de l'action publique est exercé dans l'intérêt de la société afin d'apporter des réponses pénales proportionnées à

---

[1] M. Foucault, *Surveiller et punir*, Paris : Gallimard, 1975, pp. 268-269.

[2] Ch. Deprez, La Cour pénale internationale à l'épreuve du droit à la liberté, Coll. Droit & Justice, Anthémis, 2017 ; D. Scalia, Droit international de la détention, Des droits des prisonniers aux devoirs des États, Helbing Lichtenhahn, Bâle, 2015, p. 518.

[3] F. Desportes et L. Lazerges-Cousquer, *Traité de Procédure pénale*, Économica, 2016.

l'acte antisocial de la personne mise en cause. Ce processus peut être initié concurremment par la victime et le parquet.

**41.** La phase préparatoire constitue l'avant jugement au stade duquel les autorités publiques disposent des armes de la répression en vue de recourir à la privation de liberté de l'individu pour obtenir la vérité judiciaire[1]. Puisque cette vérité ne peut être déterminée qu'après avoir établi la culpabilité de l'individu au travers d'un jugement, les réponses pénales décidées en amont sont strictement liées au principe de la présomption d'innocence. Cette délimitation incarne les principes directeurs du concept de « phase préparatoire » du procès pénal dans les systèmes juridiques français et haïtien.

**42. La phase préparatoire dans le droit français.** La phase préparatoire dans la législation pénale française recouvre les mécanismes d'enquête et d'instruction. Selon l'alinéa 2 de l'article préliminaire du code de procédure pénale, le procès pénal repose sur trois phases distinctes. D'abord, l'enquête pénale permet de recueillir des informations permettant au ministère public d'envisager ou non la mise en mouvement de l'action publique. Elle constitue ainsi la première étape du procès pénal. Ensuite, une fois cette enquête déclenchée, la loi confère au parquet la possibilité, soit d'engager la poursuite, soit de procéder au classement sans suite de l'affaire.

**43.** Dans certains cas, le parquet dispose des prérogatives de prendre sur lui pour opérer un « arbitrage judiciaire » par la mise en œuvre des alternatives aux poursuites, tels l'avertissement pénal probatoire (l'ancien rappel à la loi), la médiation pénale, la composition pénale etc. Le parquet apporte ainsi des réponses pénales à certaines infractions sans passer par le filtrage de l'instruction. Sur la base de ces prérogatives, celui-ci se charge de la recherche des preuves pour consolider l'accusation devant la juridiction de jugement lorsque l'enquête préliminaire se déroule sous son autorité.

En revanche, s'il envisage de poursuivre, deux voies peuvent se présenter : la saisine du tribunal correctionnel s'il s'agit d'un délit ou la saisine du cabinet d'instruction dans des cas d'infractions de nature correctionnelle complexe ou si l'affaire est de nature criminelle. Dans le cadre de l'ouverture d'une information judiciaire, le juge d'instruction est tenu de rendre une ordonnance de règlement à la fin de son instruction. La recherche de la vérité judiciaire s'effectue en fonction de la découverte des « indices de culpabilité » par les

---

[1] A. Binet-Grosclaude, L'avant-procès pénal : étude comparée Angleterre-France, op.cit.

constations matérielles, qui justifient l'imputation des faits reprochés à la personne mise en cause. À ce titre, si le juge opte pour une ordonnance de renvoi, il saisira la juridiction de jugement correctionnelle ou criminelle.

Enfin, la procédure de jugement constitue la troisième étape du procès pénal dont le tribunal varie selon que l'on est en matière contraventionnelle devant le tribunal de simple police, délictuelle devant le tribunal correctionnel, criminelle devant la Cour d'assises ou le tribunal pour enfants ou la cour d'assises des mineurs dans le cadre du régime dérogatoire du droit pénal des mineurs. Cette phase emporte la fonction de rétribution de la peine, c'est-à-dire le prononcé de la peine.

L'architecture de la procédure pénale française est similaire à celle instituée dans le droit haïtien en ce que le législateur haïtien distingue, dans un plagiat figé de l'ancien droit français (code napoléonien), la phase préparatoire de celle du jugement dans le procès pénal.

**44. La procédure pénale haïtienne : un plagiat figé.** Le législateur haïtien souffre de manque d'inspiration depuis l'adoption du code d'instruction criminelle en 1835 en raison de l'absence d'originalité dans l'instauration des instruments juridiques à la phase de l'avant-procès pénal. La procédure pénale haïtienne est ainsi considérée comme la sœur jumelle de celle française par imitation de l'architecture procédurale française. Dans cette perspective, la loi du 12 juillet 1920 modifiant certaines dispositions du code d'instruction criminelle a institué le principe de la séparation des fonctions de poursuite, d'instruction et de jugement.

**45.** La procédure pénale haïtienne demeure l'élève paresseux qui peine à disposer de son originalité pour faire évoluer son droit en fonction de l'évolution de la société. Le droit français a ainsi une influence automatique sur la pratique judiciaire haïtienne du fait que celle-ci est en grande partie calquée sur le droit français. Cependant, le principe séparatiste des fonctions judiciaires dans la procédure pénale haïtienne cantonne dans le plagiat de l'ancien droit français. C'est ainsi que le législateur haïtien détermine le statut d'inculpé sur la base de la simple ouverture de l'information judiciaire au sens de l'article 77 du code d'instruction criminelle, en n'apportant aucune précision sur ce concept.

Le législateur haïtien se soucie ainsi simplement des faits reprochés à la personne poursuivie pour envisager les mesures de contrainte exercées pour l'interroger. Le statut d'inculpé peut se déduire de l'article 77 du code d'instruction criminelle, qui lie vraisemblablement ce concept à la simple ouverture de l'information judiciaire. Cette disposition dispense le juge d'instruction d'entendre la version des faits de l'individu dans la détermination de son statut juridique. Or, le principe de la présomption d'innocence exige de l'autorité judiciaire la possibilité en faveur de la personne mise en cause de contrebalancer les charges retenues contre elle à la phase préparatoire du procès pénal. Ces contrepoids à l'accusation ne peuvent se réaliser qu'à l'occasion de l'interrogatoire de l'intéressé.

**46.** Pourtant, l'article 77 susmentionné permet de déterminer systématiquement le statut d'inculpé de la personne poursuivie dans la procédure de l'information sans permettre à cette dernière de prouver sa non-imputation aux faits poursuivis. Ce raisonnement sera développé ultérieurement. En pareil cas, cette disposition légale méconnaît le sens du principe de la présomption d'innocence. En l'état actuel du droit haïtien, le statut d'inculpé est lié strictement à l'ouverture de l'information judiciaire par le juge d'instruction.

Il existe par ailleurs une similitude entre l'architecture procédurale pénale haïtienne et celle du droit français, à l'exception de larges différences d'évolutions législatives en France. Alors que la dénomination du magistrat du parquet français est le « procureur de la République », le « commissaire du Gouvernement » est la dénomination retenue pour le parquet dans l'ordre judiciaire haïtien. Il existe ainsi une différence terminologique, mais ces deux homologues du parquet remplissent les mêmes fonctions au stade de l'enquête pénale. Cette différence procédurale s'explique notamment dans le particularisme procédural pénal haïtien.

**47. Le particularisme procédural pénal haïtien.** Dans un souci d'équilibre, le législateur français exige l'appréciation de certains actes posés au stade de l'instruction sous forme de double degré de juridiction. Ainsi, la Chambre de l'instruction française peut connaître des ordonnances du juge d'instruction. Au contraire, le droit haïtien ne consacre pas ce deuxième regard judiciaire au stade de l'instruction pour procéder à un nouvel examen sur les actes effectués par le juge d'instruction. À ce propos, les ordonnances rendues dans le cadre de l'information judiciaire ne sont susceptibles de recours que devant la cour d'appel[1], juridiction supérieure au second degré dans l'ordre judiciaire haïtien. Donc le juge d'instruction ne remplit pas la fonction d'une juridiction à part entière. Car ses ordonnances ne sont pas susceptibles de recours devant une juridiction du second degré à cette phase. À cet égard, le juge d'instruction constitue l'unique juridiction d'instruction en première instance. Il découle de cette architecture procédurale que la cour d'appel joue le double rôle : juridiction de rejuger et juridiction d'instruction supérieure. Dans son premier rôle, la cour d'appel, censée être un tribunal de remaniement des décisions de justice issues du tribunal de première instance, homologue du tribunal judiciaire en France, saisie de l'appel de l'intéressé, est amenée à rejuger en fait et en droit un jugement du tribunal de première instance. En revanche, le deuxième rôle conduit celle-ci à apprécier la régularité des actes de procédure dans le cadre de l'instruction.

**48.** Ce contexte appelle deux précisions. Si l'appel consiste à contester une ordonnance de clôture, la cour d'appel peut procéder à une nouvelle instruction, et elle devient, à ce titre, une véritable Chambre de l'instruction à la française. Si l'appel vise la contestation d'une ordonnance, autre que celle de clôture, la compétence de la juridiction d'appel confine dans l'appréciation de la régularité ou de la légalité de l'acte contesté dans le cadre de l'information judiciaire. Il en est ainsi de l'appel de l'ordonnance de placement en détention provisoire. L'exercice de ce recours est peu exploité par les juristes haïtiens, qui semblent nier la compétence juridictionnelle de la cour d'appel pour statuer sur la légalité ou la régularité d'un ordre de dépôt du juge d'instruction.

**49.** Les analyses montrent que le droit haïtien n'évolue pas en matière de privation de liberté à la phase préparatoire de l'avant-procès pénal en ce que la notion de privation de liberté avant procès est calquée sur le code napoléonien. Ainsi, le droit à la liberté dans la procédure pénale haïtienne ne répond pas aux critères de la justice pénale moderne, en particulier la présomption d'innocence. Les éléments analytiques prouvent que la privation de liberté avant procès occupe une place considérable dans les régionalismes européen et américain, ainsi que la justice pénale internationale. La Convention européenne de sauvegarde des droits de l'homme, la Convention américaine relative aux droits

[1] L'article 13 de la loi du 29 juillet 1979 sur l'appel pénal précise : « Lorsqu'il est interjeté appel d'une ordonnance autre qu'une ordonnance de clôture, le juge d'instruction poursuit son information, sauf décision contraire de la cour d'appel. »

de l'homme et les Nations unies instituent une conciliation entre la nécessité de la protection de la paix sociale et le respect des garanties judiciaires dont bénéfice la personne mise en cause. L'organisation mondiale et les régionalismes européen et américain exigent de toute société démocratique de subordonner la fonction politique de la justice aux principes de nécessité et de proportionnalité dans l'application de la privation de liberté envisagée au stade préparatoire du procès pénal.

**50.** Le manque d'inspiration des pouvoirs publics haïtiens pour faire évoluer leur droit en fonction de l'évolution de la société impacte le principe de la présomption d'innocence quant à la détermination du statut d'inculpé et le droit au recours contre les mesures coercitives décidées à la phase de l'information judiciaire.

En conséquence, nous proposons dans notre étude une harmonisation entre les dispositions constitutionnelles et légales en matière de privation de liberté avant procès et l'instauration d'une juridiction supérieure au niveau de la juridiction d'instruction dans la procédure pénale haïtienne pour connaître des mesures privatives de liberté à la phase de l'avant-procès pénal au sens de la séparation des fonctions judiciaires dans le procès pénal. La nécessité de cette avancée dans le droit haïtien traduit l'intérêt de cette étude comparative (Section 2).

## Section 2

## Intérêt de l'étude comparative

**51.** Nos travaux de recherche consistent à porter un regard sur le droit haïtien à la lumière du droit français en ce qui concerne la privation de liberté à la phase préparatoire du procès pénal. D'emblée, il faut noter que la phase de l'avant-procès pénal ne comporte pas exclusivement des mesures privatives de liberté. L'avant-jugement est constitué tant des mesures privatives de liberté que des mesures restrictives de liberté. D'ailleurs, la notion de restriction de liberté s'apparente dans le droit haïtien comme la privation de liberté en raison de sa durée indéterminée. De même, ce ne sont pas simplement à la phase préparatoire du procès pénal que se trouvent des mesures privatives de liberté, en ce sens que certaines d'entre elles, comme la détention provisoire, s'étendent à l'issue de la condamnation pénale au premier degré et en appel. Bien que la question de la privation de liberté semble être mieux encadrée dans la procédure pénale française, elle comporte des similitudes avec celle haïtienne. Le caractère privatif de certaines mesures de milieu ouvert se justifie par leur sévérité. Il en est ainsi de la mesure d'assignation à résidence et de certaines obligations liées au contrôle judiciaire. Ces mesures judiciaires seront développées ultérieurement.

**52.** Ces considérations juridiques justifient la diversité que comporte la notion de privation de liberté dans les politiques criminelles française et haïtienne. Il apparaît alors nécessaire de départager ces diverses mesures privatives de liberté afin de contextualiser notre étude. Cette contextualisation permettra de dégager l'originalité de la procédure pénale haïtienne et découvrir les ressemblances et différences que comportent ces deux législations criminelles en matière de privation de liberté avant procès. Il importe donc d'exposer les diverses raisons du choix du sujet (§ 1), avant de démontrer la pertinence de la comparaison (§ 2) entre ces deux procédures pénales.

## § 1 - Le choix du sujet

**53.** L'exercice de l'adéquation entre l'action répressive et la liberté individuelle s'avère complexe. L'équilibre entre ces deux droits repose sur l'encadrement des mesures attentatoires à la liberté. À cet égard, la question des garanties judiciaires au bénéfice des personnes mises en cause se place au cœur de la phase de l'avant-procès pénal. La recherche de ce difficile exercice est intemporelle et se fait de plus en plus présente dans le contentieux des mesures privatives de liberté avant jugement dans les procédures pénales haïtienne et française. Pour cette raison, l'intervention de l'autorité judiciaire est fondamentale en matière de mesures privatives de liberté dans les procédures d'enquête et d'instruction. Le droit de regard de l'autorité judiciaire permet à ce stade de veiller au respect de l'équilibre des droits des parties.

**54.** L'exigence de cet équilibre des droits n'est pas nouvelle dans la justice pénale. L'ancien code napoléonien consacra la notion d'équilibre des droits des parties au stade de l'avant-procès pénal. À cet égard, le procès de *l'Iliade* reposa sur l'égalité des armes entre les parties. À cette époque, la phase préparatoire du procès pénal se caractérisa par le respect des droits de la défense. De même, le principe du contradictoire fut repris du droit romain au Moyen-Âge dans lequel l'équilibre des droits des parties se plaça sous l'autorité du juge. La procédure pénale se fonda sur un procès triangulaire dans lequel s'opposèrent trois acteurs : un accusateur, un accusé et un juge. En qualité d'arbitre, le rôle du juge consista à concilier les droits des parties par « l'invention magistrale ». Cette figure triangulaire constitua le précurseur du système inquisitoire dans le procès pénal français dans lequel les droits de la personne mise en cause relevèrent de l'autorité judiciaire. Celle-ci confina ainsi la recherche de la manifestation de la vérité dans l'équilibre entre l'efficacité du procès et la garantie des droits de la défense.

**55.** Depuis l'avènement de la justice pénale contemporaine, toutes les parties disposent d'un statut juridique à la phase préparatoire du procès pénal, et l'autorité judiciaire veille au respect de l'équilibre de leurs droits. Désormais, la phase de l'avant-procès se caractérise par la conciliation entre la protection de l'ordre social et le respect des garanties au bénéfice des personnes privées de liberté. Cet équilibre est familier aux juristes et recouvre l'univers de la procédure pénale contemporaine. Celui-ci est institué dans la justice pénale moderne en vue d'éviter considérablement des détentions arbitraires et de garantir l'efficacité du procès pénal et les intérêts des victimes. Il est donc reconnu aux parties le droit de discuter l'accusation à la phase préparatoire du procès pénal par sa participation personnelle à la recherche de la manifestation de la vérité. Cette conciliation des droits semble être édictée relativement dans les politiques criminelles haïtienne et française dont les apports se partagent.

**56.** Le choix de traiter ce sujet est strictement lié au lien historique entre ces deux pays en raison de la colonisation de l'île d'Haïti dans le passé par la France. Ce lien entraîne la philosophie pénale commune que dégagent ces deux systèmes juridiques en matière de mesures privatives de liberté avant jugement. C'est sur la base de ce lien historique que la justice pénale haïtienne se traduit par l'imitation systématique de la procédure pénale française. La ressemblance procédurale entre ces deux systèmes juridiques repose sur la conception de l'équilibre judiciaire dans le cadre de la recherche de la manifestation de la vérité à la phase de l'avant-procès pénal. C'est dire que l'autorité judiciaire doit concilier les droits des parties dans les procédures d'enquête et d'information.

Notre travail n'est pas dénué d'imperfection eu égard à la complexité de l'étude comparative de deux législations pénales. Comparer deux systèmes juridiques permet de relever à la fois des similitudes et différences doctrinales, juridiques, voire culturelles.

**57.** Les difficultés dans la comparaison de la conception de la notion de privation de liberté entre le droit français et celui haïtien relèvent de la frontière importante entre l'évolution doctrinale française et l'inexistence de la doctrine haïtienne dans la matière pénale. Cette carence doctrinale entraîne des incidences si importantes sur le système judiciaire haïtien qu'elle risquerait sans doute d'être l'un des éléments à l'origine d'une potentielle justice populaire vindicative que le pays n'ait jamais connue. Avec un législateur effacé et disparu, avec un Conseil constitutionnel mis au placard depuis l'amendement constitutionnel de 2011, il n'existe à ce jour aucune doctrine pour interpréter objectivement un texte normatif à la lumière des principes directeurs de la procédure pénale.
Malgré le décalage considérable entre la procédure pénale française et celle haïtienne, ces deux systèmes juridiques peuvent se compléter. L'évolution du droit français peut constituer des apports considérables à la modernisation de la politique criminelle haïtienne. L'inverse est tout aussi vrai puisqu'en dépit de son archaïsme, le droit haïtien présente des avantages non négligeables par rapport au droit français. Le choix du sujet s'explique donc par ses apports aux droits français et haïtien.
**58. Les apports du sujet aux droits français et haïtien.** Les apports de cette thèse au droit haïtien s'avèrent utiles à la nécessité d'adapter la procédure pénale haïtienne à la justice pénale moderne. Les analyses démontreront que la législation criminelle haïtienne comporte des lacunes importantes en matière d'équilibre des droits des parties, notamment entre le magistrat du ministère public et la personne mise en cause dans le cadre de l'application des mesures privatives de liberté avant jugement. Les développements illustreront des inégalités au sens de la stigmatisation du principe de la présomption d'innocence en faveur de la personne mise en cause et le caractère ineffectif du contrôle institutionnel des mesures privatives de liberté. L'évolution de la justice pénale française peut ainsi constituer un éclairage à la modernisation de la politique criminelle haïtienne. Il apparaît que la lumière du droit français peut servir de guide au législateur haïtien pour parvenir au nécessaire rééquilibrage des droits des parties afin d'être en conformité avec le respect du principe de la liberté dans la matière pénale dans les procédures d'enquête et d'instruction préparatoire.
**59.** Les analyses révèleront que le droit haïtien semble mieux garantir les droits de la défense par la consécration constitutionnelle du droit obligatoire à l'assistance d'avocat dans l'interrogatoire des personnes

privées de liberté dans les procédures d'enquête et d'information judiciaire. Le législateur français, au contraire de son homologue haïtien, permet à la personne mise en cause de se défendre seule au sens de l'article 6 de la Convention européenne de sauvegarde des droits de l'homme. De même, les analyses montreront que le droit haïtien répond mieux à l'appréhension des justiciables sur l'effectivité de la justice pénale en raison de la consécration de larges prérogatives aux officiers de police judiciaire (OPJ) à la phase d'enquête en matière de réponses pénales immédiates pour procéder à l'arrestation des individus, qui se trouvent à proximité de la commission de l'infraction reprochée (arrimages). Ces larges pouvoirs semblent répondre au laxisme évoqué par des citoyens français en matière de justice pénale et pourraient contribuer à une meilleure sécurisation du procès pénal. Il en est ainsi de la rigidité de la répression au stade de l'instruction préparatoire dans le droit haïtien, ce qui reflète la quête de confiance des citoyens français dans la justice au sens de la loi n° 2021-1729 du 22 décembre 2021 pour la confiance dans l'institution judiciaire.

**60.** L'existence d'un système judiciaire égalitaire continue à soulever des débats en plein XXIe siècle aussi bien dans le droit français qu' haïtien de telle sorte que les pouvoirs publics peinent à concilier le respect des droits de l'individu et l'ordre public. Le manque d'évolution dans le droit pénal haïtien confine le juge d'instruction dans une totale confusion pour avoir recours à la doctrine française pour élucider des textes normatifs et les principes directeurs de la procédure pénale dans le respect de la protection des droits et libertés fondamentaux. L'archaïsme de la politique criminelle haïtienne ne correspond pas au rythme de l'évolution de la justice pénale moderne. Dans cette perspective, le droit français peut servir d'inspiration aux pouvoirs publics haïtiens, c'est-à-dire aux pouvoirs législatif et exécutif, pour faire évoluer la procédure pénale haïtienne.

**61.** Sous la pression populaire, une multitude de réformes ne cessent de se succéder pour tenter de proposer une justice satisfaisante dans les deux systèmes juridiques. L'évolution de la société a conduit la France, depuis plusieurs décennies, à faire tourner sa justice pénale autour de différentes réformes, tandis que la législation haïtienne tente timidement d'accumuler des Commissions de réformes pour se conformer aux nouvelles approches de la justice pénale moderne. Ni l'un ni l'autre ne sembleraient aboutir à l'objectif escompté. D'un côté, les citoyens français sont de moins en moins convaincus dans l'efficacité des réponses pénales proposées par les pouvoirs publics[1]. D'un autre côté, les Commissions présidentielles et ministérielles haïtiennes n'arrivent, à ce jour, à proposer aucune réforme pénale pertinente en fonction de l'évolution de la société[2]. Il importe donc de se demander si ces différentes réformes ou différentes tentatives de réformes parviendraient à proposer aux justiciables français et haïtiens des solutions pénales équilibrées dans le cadre de l'avant-procès pénal. Toutefois, ces difficultés n'empêchent pas que les procédures pénales haïtienne et française comportent des ressemblances qui justifient la pertinence de la comparaison (§ 2).

## § 2 – La pertinence de la comparaison

**62.** La pertinence de la comparaison entre les procédures pénales française et haïtienne ressort déjà de certains éléments qui affleurent dans la délimitation du sujet. Nous démontrerons dans cette étude les similitudes et différences juridiques qui marquent ces deux systèmes juridiques, tout en relevant le particularisme qui forme leur originalité. Cette démarche tend à effectuer une analyse comparative entre ces deux politiques criminelles afin d'évaluer le droit haïtien. Cette analyse comparative s'explique par des liens historiques et d'héritage qui relient ces systèmes juridiques sur l'origine du procès pénal.

**63.** Les traces de la colonisation subsistent au travers de la vie sociale de certaines colonies même à l'issue de leur indépendance. Même si des colonisations se sont succédé à Haïti après la découverte de l'île en 1492, la sociologie de la politique française s'y pérennise largement par rapport aux autres colonisateurs comme l'Espagne et les États-Unis. Ce témoignage ne prétend pas à faire l'apologie de la perfection d'un système colonial par rapport à d'autres, mais vise à démontrer que les ancrages institutionnels français constituent le ciment de la construction de l'organisation sociale haïtienne. Cette imitation coloniale se diversifie dans plusieurs disciplines, dont l'éducation, la langue, le droit etc. C'est précisément dans le domaine du droit que nos raisonnements

---

[1] ONDRP, « rapport d'activité 2019, INHESJ » : Selon le rapport d'une étude réalisée par l'Observatoire National de la délinquance et des réponses pénales, près des deux tiers des Français sont insatisfaits de l'action de la justice, notamment sur les durées trop courtes de privation de liberté des délinquants.

[2] « Arrêté présidentiel sur la Réforme de la Justice », Le Moniteur 18 février 2009 ; « Arrêté présidentiel sur la Réformede la Justice », 4 janvier 2012.

analytiques se cantonneront en vue d'exposer les tendances doctrinales similaires dans ces deux systèmes juridiques.

Du point de vue historique, le droit haïtien ne semble pas se détacher de celui de la France. Celui-ci est, au contraire, la transposition du droit français, ce qui permet de dégager la compréhension commune des politiques criminelles haïtienne et française sur le concept de la privation de liberté et de questionner la comparaison de cette étude.

**64. Compréhension commune des politiques criminelles haïtienne et française sur le concept de « privation de liberté ».** L'action répressive et la liberté se contrastent puisque d'un côté, l'autorité judiciaire peut attenter à la liberté individuelle, et cette dernière détient le bâton de la défense de cette liberté, d'un autre côté. Ce contraste semble n'être pas pris en compte par le juge constitutionnel et le juge judiciaire français en confrontant l'ordre public et la liberté individuelle. Car les incivilités devraient être soumises à la sanction de l'État du fait qu'elles impactent le fonctionnement du corps social. En se référant à la conception de Pascal, la liberté apparaît comme « voisin » de la discipline sociale[1]. Il en déduit que la déviance humaine n'incombe qu'à l'État en tant que garant et responsable de l'organisation de la justice sociale et protecteur de la liberté[2].

De cette conception, l'État ne doit ni faire fi de l'existence de la liberté ni paralyser son exercice. La liberté doit être assujettie à un ensemble de limites imposées par les pouvoirs publics au motif de l'effectivité de la justice. Toutefois, l'efficacité de la justice pénale ne peut être mise en œuvre que par l'exercice des contraintes sociales[3]. Ces contraintes se traduisent par l'effectivité de la privation de liberté avant procès. Pour cela, il importe de questionner la comparaison de ces deux procédures pénales en matière de mesures privatives de liberté avant jugement.

**65. Questionnement de cette étude comparative.** L'évolution du droit français révèle des réformes qui découlent surtout de l'appréhension sur la question de la sécurité des citoyens. À cet effet, la question de la justice pénale équilibrée se pose tant dans le système français que dans le droit haïtien. Ce n'est pas parce que l'État détient le monopole de la violence légitime au sens de la sécurité publique qu'il serait négligeable

---

[1] J. Parrain-Vial, La liberté et les sciences de l'homme, Privat, 1973.

[2] J. Ellul : *L'illusion Politique*, Laffont 1965, p. 181.

[3] S. Veil, *oppression et liberté*, Éd. Gallimard, 1955, p. 88.

de concéder que les inégalités de traitement bouleversent considérablement l'organisation sociale.

**66.** Ces inégalités se constatent fréquemment dans la mise en œuvre des politiques criminelles haïtienne et française dans le domaine de la privation de liberté avant jugement. C'est dire que le principe de la liberté n'interdit pas le recours à des mesures privatives de liberté à l'encontre des auteurs d'infractions dans le cadre du processus judiciaire avant d'établir leur culpabilité. Dans ce cadre, l'exercice de la répression pénale peut engendrer des décisions arbitraires. Conscients de potentiels abus judiciaires, les législateurs haïtien et français s'accordent depuis plusieurs décennies sur la nécessité d'instaurer une répression pénale équilibrée en matière de privation de liberté avant procès. Cet équilibre répressif doit s'aligner sur des réponses pénales nécessaires et proportionnées aux infractions reprochées. Sur la base de cet équilibre, il doit être institué à la phase préparatoire du procès pénal un traitement judiciaire égalitaire entre les parties. Le rôle des parties influe ainsi sur l'efficacité du procès qui doit correspondre aux normes des droits de l'homme au sens de l'internationalisation, l'européanisation et l'américanisation des droits de l'homme. C'est ainsi que les législations pénales française et haïtienne subordonnent la phase de l'avant- procès pénal au respect des principes des droits de la défense et du contradictoire. À cet égard, les parties doivent disposer des droits dont la protection est garantie tant par le droit interne que par les droits régionaux.

**67.** Ces garanties judiciaires doivent être consacrées à la personne mise en cause dans le cadre de l'application de la privation de liberté avant procès. Il faut noter au passage que, contrairement à la procédure pénale haïtienne moins évoluée, la victime se voit reconnaitre de plus en plus des droits dans la procédure pénale française. Il en est ainsi de la loi n° 2000-516 du 15 juin 2000 renforçant la protection de la présomption d'innocence et les droits des victimes, le législateur français instituant un « vrai rééquilibrage entre les droits des parties au procès pénal ». Quelle que soit l'option choisie par les magistrats au travers de divers traitements des infractions adoptées par ces deux législations criminelles, l'émotion et l'opinion se préoccupent d'une justice effective pouvant apporter des réponses pénales efficaces aux infractions. Cette préoccupation a interpellé Philippe Pouget dans sa réflexion[1].

**68.** Les procédures pénales haïtienne et française sont essentiellement marquées par la conciliation entre la sécurité publique et le droit à la liberté. Cette recherche d'équilibre entre l'exercice de la répression pénale et le respect du principe de la liberté est consacrée tant par l'article 66 de la Constitution française que par l'article 24.1 de la Constitution haïtienne. Le Conseil constitutionnel français a ainsi précisé que « Le législateur doit veiller à concilier les exigences constitutionnelles comme la présomption d'innocence, les droits de la défense etc. avec la nécessité de rechercher les auteurs d'infractions et de prévenir les atteintes à l'ordre public… qui sont nécessaires à la sauvegarde de droits de valeur constitutionnelle »[2]. L'on constate en revanche une certaine disparité procédurale au sein des politiques criminelles française et haïtienne en matière de privation de liberté à la phase préparatoire du procès pénal. Néanmoins, les étapes entre le déclenchement du procès pénal et l'audience de jugement convergent vers des mesures analogues. La similitude dans l'application des mesures privatives de liberté avant procès ne traduit donc pas l'existence effective de l'équilibre des droits entre les parties au sein des deux systèmes juridiques. La loi du 15 juin 2000 précitée a institué l'article préliminaire du code de procédure pénale français afin de conformer la procédure pénale française à l'article 66 de la Constitution. Les rédacteurs du projet du code de procédure pénale haïtien imitent ainsi la procédure pénale française quant à l'exigence d'équilibre des droits des parties dans le domaine de la privation de liberté avant procès[3].

**69.** La garantie judiciaire au bénéfice de la personne suspectée ou poursuivie constitue la pierre angulaire dans la recherche de la manifestation de la vérité au stade préparatoire du procès pénal afin de rationaliser la contrainte exercée sur la personne mise en cause, la sanction infligée à la personne poursuivie et la justice octroyée à la victime. Cette conception pyramidale s'aligne tant sur la Convention européenne de sauvegarde des droits de l'homme que sur la Convention

---

[1] P. Pouget, « La mise en place de la diversification du traitement des délits à travers la législation », La Réponse pénale, Dix ans de traitement des délits, Coordonné par Jean Danet, PUF, Coll. « L'univers des Normes », 2013.

[2] Décision n°2002-461 DC du 29 août 2002 relative à la loi d'orientation et de programmation de la justice, Petites Affiches, 6 janvier 2003, n° 4, pp. 10 et s.

[3] Projet du code de procédure pénale haïtien déposé au Parlement, avril 2017.

américaine relative aux droits de l'homme concernant le caractère exceptionnel de la privation de liberté. Néanmoins, cette conception libérale de la privation de liberté avant procès diffère selon que la privation de liberté concerne des mesures privatives de milieu fermé ou de milieu ouvert. C'est ainsi que le champ d'application des articles 5 de la Convention européenne et 7 de la Convention américaine ne limitent pas la privation de liberté aux seules infractions pénales et à l'enfermement en ce que la privation de liberté peut s'étendre à la répression administrative comme l'hospitalisation forcée, la rétention administrative, la mise en quatorzaine ou la mise à l'isolement pour des raisons sanitaires. D'autant que ces dispositions conventionnelles visent la protection de toute personne arrêtée ou détenue et toute personne privée de sa liberté.

**70.** Notre étude se limitera à la garde à vue, à la détention provisoire, ainsi qu'aux mesures de contrôle judiciaire, d'assignation à résidence et d'interdiction de quitter le territoire. Il résulte de ces analyses que les procédures pénales haïtienne et française sont marquées par la mixité procédurale accusatoire-inquisitoire, qui est empruntée à la Grèce classique et à l'Empire romain, en ce sens qu'elles cherchent à établir un équilibre entre l'ordre public et le principe de la liberté. C'est donc dans l'articulation entre la protection de l'ordre public et le respect des droits et libertés fondamentaux que se trouve notre problématique.

**71. Problématique.** Face à la difficulté à concilier la protection de l'ordre public et les garanties judiciaires liées à la liberté individuelle, les procédures pénales haïtienne et française présentent à la fois des similitudes et des disparités importantes en matière de mesures privatives de liberté avant jugement. Dans ces deux systèmes juridiques, on recherche la protection de la sécurité des citoyens et le respect de la présomption d'innocence attachée à la personne. D'un côté, le principe de la présomption d'innocence exige des autorités publiques de ne pas donner l'impression d'une présomption de culpabilité de la personne suspectée ou poursuivie avant sa condamnation pénale[1]. D'un autre côté, il se peut que la recherche de la manifestation de la vérité et de l'efficacité des procédures d'enquête et d'information judiciaire exige le recours à la privation de liberté de l'individu. Comment alors articuler l'efficacité des procédures

[1] R. Parizot, « Présomption d'innocence versus marqueurs de culpabilité : quel équilibre ? », RSCDPC, Dalloz, 2019, p. 127.

d'enquête et d'instruction préparatoire et la garantie des droits et libertés fondamentaux ?

**72. Annonce du plan.** L'équilibre dans les droits français et haïtien s'avère complexe et emporte des conséquences sur l'État de droit. Il s'agira donc de s'interroger sur le poids des mesures privatives de liberté dans la phase préparatoire du procès pénal (Partie 1) et les limites que la loi impose à ces mesures par rapport à la présomption d'innocence (Partie 2).

# Partie 1

# Le poids des mesures privatives de liberté dans la phase préparatoire

**73.** L'organisation de la société repose sur un ensemble de règles, qui établissent des rapports sociaux entre l'État et les citoyens. Cette relation bilatérale incarne la conciliation entre le principe de la liberté et la protection de l'ordre public au sein des sociétés démocratiques. Cette harmonisation sociale traduit le respect des normes du vivre-ensemble dans la société. À cet égard, la violation des règles de la vie collective emporte l'intervention de la puissance publique dans le but d'assurer l'ordre public, ce qui implique parfois le recours à des mesures coercitives.

**74.** Il est vrai que l'enfermement de l'individu avant sa condamnation pénale peut donner l'impression d'une culpabilité, mais il faut comprendre que la justice pénale repose sur des preuves. Or, l'autorité judiciaire doit disposer du temps nécessaire pour rassembler le maximum de preuves permettant d'établir la culpabilité de la personne mise en cause. Pendant cette période de recherche de la vérité, il peut s'avérer nécessaire de priver l'individu de sa liberté d'aller et venir afin de se préserver de la disparition des preuves, éviter le risque de fuite et la pression sur les témoins ou la victime, empêcher la concertation avec les complices ou une récidive, protéger l'ordre public et les intérêts de la victime, etc. Il apparaît donc légitime que les législations criminelles prévoient de tels instruments pour assurer l'effectivité des procédures pénales et relativisent le principe de la liberté à la phase préparatoire du procès pénal.

Le poids des mesures privatives de liberté dans l'avant-procès pénal s'explique donc, reste à en comprendre le contenu mais aussi le sens.

**75.** Toute procédure pénale consacre la présomption d'innocence[1] de l'individu mis en cause et fait peser la charge de la preuve sur l'accusation afin d'établir la culpabilité de ce dernier. À ce titre, la

---

[1] Selon l'article préliminaire, III, du code de procédure pénale, « Toute personne suspectée ou poursuivie est présumée innocente tant que sa culpabilité n'a pas été établie... ». Voir en ce sens : Art. 6 §2, CESDH et Art. 8.2, CADH.

justice pénale devrait faire prévaloir la sauvegarde de la liberté sur la privation de liberté avant toute condamnation pénale. Cependant, en dépit de la consécration du principe du libéralisme pénal dans la politique criminelle moderne, le recours à la privation de liberté semble être l'instrument coercitif le plus utilisé à la phase préparatoire dans les procédures pénales haïtienne et française. Car le recours à la privation de liberté avant jugement permet de sauvegarder la disparition des preuves, de parer au risque de fuite de l'individu, empêcher la concertation entre l'auteur de l'infraction et ses éventuels complices, protéger la paix sociale ou empêcher que la personne mise en cause exerce des pressions sur les témoins ou la victime.

**76.** Cette privation de liberté se manifeste par des mesures diverses en fonction de la gravité de l'infraction, de la dangerosité de l'individu et de la garantie de la représentation de ce dernier devant les instances judiciaires. Les législateurs français et haïtien prévoient diverses formes de mesures qui emportent la privation de liberté de l'individu avec ou sans incarcération. Si les procédures pénales haïtienne et française convergent sur la garde à vue à propos de la mesure privative au stade de l'enquête pénale, elles varient quant à la privation de liberté au stade de l'instruction (détention provisoire, assignation à résidence, contrôle judiciaire et interdiction de quitter le territoire).

Il importe donc d'analyser les similitudes et différences de ces mesures dans les deux systèmes juridiques (que ces mesures se réalisent dans des locaux des autorités publiques, tels les locaux des services de police ou de gendarmerie ou d'établissements pénitentiaires ou en dehors de ces locaux (contrôle judiciaire, assignation à résidence et interdiction de quitter le territoire). En d'autres termes, pour emprunter au vocabulaire de l'exécution des peines[1], notre analyse portera, d'une part, sur les mesures de milieu fermé (Chapitre 1) et sur celles de milieu ouvert, d'autre part (Chapitre 2).

[1] Voir en ce sens : Mesures de milieu ouvert.

# Chapitre 1

## Les mesures de milieu fermé

**77.** Les mesures de milieu fermé à la phase préparatoire du procès pénal servent à l'efficacité de la procédure, la protection de la société et/ou de la victime. Néanmoins, la marque coercitive ne tend pas à apporter un pré-jugement de l'individu avant la découverte de la vérité quant à l'acte reproché à ce dernier.

**78.** La politique criminelle haïtienne ne reflète pas cette exigence. L'absence d'équilibre entre l'efficacité de la procédure et la protection de la société, d'une part, et entre l'efficacité de la procédure et le respect de la présomption d'innocence, d'autre part, s'explique par le manque d'évolution du système juridique haïtien. Le législateur français exprime une meilleure conciliation entre la protection de la société, support de ces mesures privatives de liberté, et le respect du statut de présumé innocent de l'individu au stade de l'avant-procès pénal. C'est d'ailleurs l'objectif même de la loi du n° 2000-516 du 15 juin 2000 renforçant la protection de la présomption d'innocence et les droits des victimes.

**79.** La procédure pénale vise la constatation des infractions, le rassemblement des preuves, la recherche des auteurs et le jugement de ceux-ci, et se caractérise par la séparation des fonctions répressives. D'un côté, il y a la phase préparatoire, et celle du jugement, de l'autre côté. La phase préparatoire du procès pénal regroupe les procédures d'enquête et d'information. Dans ce cadre, le poids des mesures privatives de liberté s'illustre par l'exercice de la puissance publique au stade de l'enquête pénale et de l'information judiciaire. Ainsi, des mesures coercitives peuvent être décidées aussi bien dans la procédure d'enquête que dans celle de l'information judiciaire. En pareils cas, la garde à vue et la détention provisoire constituent des instruments de la puissance publique qui sont institués dans les procédures pénales haïtienne et française aux fins de s'assurer de la préservation de l'ordre public et de l'efficacité du procès pénal. Les développements sur les mesures privatives de milieu fermé porteront donc sur la mesure de garde à vue (Section 1), puis sur la mesure de détention provisoire (Section 2).

## Section 1

## La mesure de garde à vue

**80.** Les procédures pénales haïtienne et française comportent bien évidemment la pratique de la garde à vue. Alors que la mesure est réglementée dans la procédure pénale française[1], le législateur haïtien n'encadre pas celle-ci dans la procédure pénale haïtienne. Le défaut de règlementation de cette mesure dans la justice pénale haïtienne nous conduit à ne retenir que la définition française de celle-ci.

**81.** La garde à vue s'entend de la détention policière d'une personne suspectée d'avoir commis ou tenté de commettre une infraction. C'est une mesure de contrainte qui est applicable dans les procédures pénales dans le cadre de la manifestation de la vérité et s'opère sous le contrôle de l'autorité judiciaire. L'individu est non seulement retenu, mais aussi entendu en vue d'être présenté devant l'autorité judiciaire au sens des dispositions de l'article 62-2 du code français de procédure pénale. C'est dans ce sens que Roger Merle a estimé qu'on aurait pu dénommer cette mesure de « garde à l'ouï »[2].

**82.** Même si la mesure de garde à vue manque de clarté juridique dans le système juridique haïtien, il n'en demeure pas moins que celle-ci est soumise au contrôle du parquet, tout comme en droit français. De même, la mesure est admise sur le plan européen et celui interaméricain au même titre que les autres mesures de sûreté. Il faut noter que le droit interaméricain pallie les lacunes juridiques que la pratique de la mesure comporte dans le droit haïtien. Quoiqu'il en soit, la mesure de garde à vue présente à la fois des ressemblances et différences dans sa mise en œuvre dans les procédures pénales haïtienne et française.

Avant de présenter les conditions de son applicabilité (§ 2), ainsi que sa durée (§3), il convient d'exposer le fondement de la garde à vue dans les deux systèmes juridiques (§ 1).

---

[1] Loi n° 57-1426 du 31 décembre 1957 portant institution d'un code de procédure pénale.

[2] R. Merle et A. Vitu, *Traité de droit criminel, Problèmes généraux de la science criminelle*, Droit pénal général, Tome1, 7e Éd., Cujas, 1997, p. 185.

## § 1 – Le fondement de la garde à vue

**83.** Toute mesure privative de liberté doit être édictée par un texte normatif, notamment la loi pénale, au regard du principe de légalité criminelle. Au sein de ces deux procédures pénales, l'application de la garde à vue soulève des débats récurrents quant à sa place dans le procès pénal. À cet effet, la garde à vue y occupe une place essentielle dans les débats alimentés dans la communauté des juristes.

**84.** La garde à vue n'est pas réservée simplement au suspect en ce que toute personne, même un simple témoin dont le statut peut évoluer, peut faire l'objet de détention policière dès lors que sa retenue paraît nécessaire à l'enquête pénale[1]. Celle-ci constitue l'un des instruments le plus utilisé par les officiers de police judiciaire (OPJ) en vue de faciliter l'obtention de l'aveu, et peut engendrer des effets traumatisants[2]. Elle ne s'applique pas simplement dans les lieux spécifiques comme les commissariats ou locaux de gendarmerie en ce que la mesure peut s'exécuter dans tous les lieux où l'individu se trouve sous la contrainte de l'officier de police judiciaire. La garde à vue s'applique à l'encontre de la personne soupçonnée dès lors que cette dernière est tenue sous la contrainte de demeurer à la disposition des enquêteurs au sens de l'alinéa 2 de l'article 73 du code de procédure pénale. La retenue de l'individu en dehors des locaux de police judiciaire s'analyse comme une mesure de garde à vue. Autrement dit, la mesure est détachable des locaux des services de police.

**85.** Dans le droit haïtien, l'application de la mesure de garde à vue semble toutefois déroger à ce principe constitutionnel. Alors que la mesure est encadrée par la loi dans le droit français, celle-ci repose sur la pratique dans le droit haïtien. L'article 8 du code d'instruction criminelle (CIC) confère à l'officier de police judiciaire le pouvoir de déférer, après avoir constaté les infractions, les « délinquants adultes ou mineurs aux tribunaux ou juridictions spéciales » en vue de « déterminer et fixer la durée de leur traitement dans les institutions pénitentiaires ou centres de rééducation prévus par la loi ». Logiquement, le déferrement de l'individu doit être précédé d'une arrestation au sens de l'alinéa 3 de l'article 3 du code d'instruction criminelle, et sa présentation devant le juge peut s'effectuer dans la

---

[1] Art. 61-1, 62, 78, dern.al. et 153, CPP.

[2] J.- Y. Leborgne, *La garde à vue, un résidu de barbarie*, Éd., La cherche Midi, documents, 2011, p.25.

pratique après plusieurs heures. En réalité, le maintien des « délinquants » dans un établissement pénitentiaire ou un centre de rééducation doit être précédé d'une détention policière opérée dans les locaux des services de police. Mais, à aucun moment, le législateur haïtien n'a employé le terme « garde à vue ».

**86.** Alors que l'alinéa 3 de l'article 10 du CIC mentionne « la mise en séquestre des objets liés à la commission de l'infraction », l'article 12 du même code se limite à évoquer « la durée de trois jours de détention » de l'individu avant sa présentation devant l'instance juridictionnelle appropriée. Ainsi, le législateur n'institue pas formellement la mesure de garde à vue comme une mesure privative de liberté au stade de l'enquête pénale au regard de la combinaison des articles 10 et 12 du code d'instruction criminelle. Cette mesure judiciaire, instrument essentiel à la préparation de l'accusation, n'est pas explicite dans la rédaction des textes normatifs haïtiens. Pourtant, la pratique de cette mesure se fait de plus en plus présente dans la procédure pénale haïtienne.

**87.** S'effectuant habituellement dans les locaux des services de police, la mesure de garde à vue peut se déduire dans le droit haïtien de la finalité de l'arrestation prévue aux articles 8, 10 et 12 du code d'instruction criminelle et de la portée de l'article 26 de la Constitution du 29 mars 1987, qui impose le délai de quarante-huit heures pour déférer la personne détenue devant « un juge judiciaire ». Le vocable « détention » étant mentionné aux articles 24-2 et 26 de ladite Constitution, la garde à vue semble être complètement oubliée par les rédacteurs de la Constitution haïtienne. À aucun moment, les constituants n'ont employé l'expression « garde à vue ». Quant au législateur, ce dernier tente de la consacrer obscurément.

**88.** Il en ressort que l'application de la garde à vue dont l'exercice se réalise sur la base de la pratique, se confond avec l'arrestation dans la procédure pénale haïtienne. Le législateur reste évasif sur cette notion et laisse une appréciation large dans la mise en œuvre de la mesure. Le désintérêt du législateur traduit, à ce jour, l'absence de définition de cette mesure. Cette absence de définition n'est pas surprenante puisque le législateur n'a jamais songé à la nécessité d'adopter un texte explicite en la matière. Le régime de la garde à vue reste donc apparent dans la procédure pénale haïtienne et peut se déduire de la procédure de l'arrestation prévue dans la Constitution et le code d'instruction criminelle. Il est donc regrettable que le législateur haïtien n'ait pas prescrit formellement cette mesure à la phase préparatoire du procès pénal à la lumière de l'article 9 de la Déclaration universelle des droits de l'Homme de 1948.

**89.** Dans la procédure pénale française, la garde à vue est régie par les articles 62-2 à 65 du code de procédure pénale en cas de flagrance, ainsi que les articles 77 et 154 du même code en matière d'enquête pénale et dans le cadre de la commission rogatoire du juge d'instruction. Si la consécration formelle de la mesure de garde à vue doit le mérite à l'adoption du code de procédure pénale par la loi n° 57-1426 du 31 décembre 1957 portant institution d'un code de procédure pénale, il n'en demeure pas moins que celle-ci a connu sa première grande réforme par la célèbre loi n° 2011-392 du 14 avril 2011 relative à la garde à vue. Aux termes de cette loi de 2011, la garde à vue se définit comme « une mesure de contrainte décidée par un officier de police judiciaire, sous le contrôle de l'autorité judiciaire, par laquelle une personne à l'encontre de laquelle il existe une ou plusieurs raisons plausibles de soupçonner qu'elle a commis ou tenté de commettre un crime ou un délit puni d'une peine d'emprisonnement est maintenue à la disposition des enquêteurs pour parvenir à l'un des objectifs prévus par la loi ». Par cette définition législative, le champ d'application de l'exercice de la garde à vue est fixé et les conditions de sa mise en œuvre sont précisées.

**90.** Il faut avoir à l'esprit que cette grande évolution législative de la garde à vue est opérée sous l'influence de la décision du Conseil constitutionnel, des décisions de la Cour européenne des droits de l'homme (CEDH) et de la Directive 2010/64/UE de l'Union européenne du 20 octobre 2010 instaurant le droit à l'interprétation et à la traduction dans le cadre des procédures pénales.

La loi du 4 janvier 1993 et celle du 24 août 1993 portant réforme de la procédure pénale ont considéré que la mesure de garde à vue relève des prérogatives de la police judiciaire. C'est à ce titre que le législateur de 1993 a modifié la définition et le régime de la garde à vue. Ainsi, les lois de 1993 précitées ont opéré des réformes fondamentales en la matière en ce que le législateur avait institué l'exclusion de la garde à vue pour le « simple témoin ». De même, il est prescrit dans ces lois le renforcement du contrôle de l'autorité judiciaire avec notamment l'obligation pour l'officier de police judiciaire d'aviser immédiatement le procureur de la République en la matière et de présenter le gardé à vue devant ce dernier avant d'envisager la prolongation de la mesure. Le législateur a ainsi instauré un ensemble de droits supplémentaires au bénéfice du suspect, tels le droit de s'entretenir avec un avocat, le droit de prévenir un proche, le droit à l'assistance médicale, et enfin le droit d'annulation de la mesure en cas de violation d'une formalité substantielle portant atteinte aux intérêts du gardé à vue. La loi du 15 juin 2000 renforçant la protection de la présomption d'innocence et les droits des victimes a renforcé les droits du suspect, comme l'entretien de 30 minutes du suspect avec son avocat dès la première heure de garde à vue. Il en est ainsi de la loi n° 2007-291 du 5 mars 2007 tendant à renforcer l'équilibre de la procédure pénale qui a édicté l'enregistrement des interrogatoires en garde à vue en matière criminelle. Le régime de la garde à vue s'est vu renforcer davantage par la loi n° 2004-204 du 9 mars 2004 portant adaptation de la justice aux évolutions de la criminalité, ainsi que la loi n° 2006-64 du 23 janvier 2006 relative à la lutte contre le terrorisme et portant dispositions diverses relatives à la sécurité et aux contrôles frontaliers qui ont inséré l'article 706-88 dans le code de procédure pénale en ce qui concerne les règles dérogatoires au régime de la garde à vue.

**91.** L'accumulation de ces lois n'a pourtant pas empêché la condamnation de la France par la Cour de Strasbourg et le Conseil constitutionnel en la matière. La révolution du régime de la garde à vue français a vraisemblablement vu le jour sous l'influence de la jurisprudence de la Cour européenne des droits de l'homme et celle du Conseil constitutionnel.

Dans un arrêt annonciateur, l'arrêt Brusco c. France, la Cour européenne a estimé que certaines dispositions relatives à la garde à vue violent l'article 6 de la Convention européenne de sauvegarde des droits de l'homme concernant le droit à un procès équitable. En l'espèce, la Cour européenne était saisie au motif de la violation du droit à l'assistance de l'avocat lors de l'interrogatoire du requérant par l'officier de police judiciaire et du droit de la notification du droit de garder le silence dans le cadre de la procédure de garde à vue[1]. Aussi, il était soulevé devant la Cour la question de la violation du droit au silence du requérant durant sa garde à vue, étant entendu que le suspect commençait à bénéficier du droit de se taire en matière de garde à vue avec l'avènement de la loi n° 2002-1138 du 9 septembre 2002 d'orientation et de programmation pour la justice, dite loi Perben.

**92.** Dans l'arrêt susmentionné, la Cour a rappelé deux principes fondamentaux. D'une part, elle a indiqué que « le droit de ne pas contribuer à sa propre incrimination et le droit de garder le silence sont

[1] CEDH, 14 octobre 2010, *Brusco c. France*, n° 1466/07.

des normes internationales généralement reconnues qui sont au cœur de la notion de procès équitable. Ils ont notamment pour finalité de protéger l'accusé contre une coercition abusive de la part des autorités et, ainsi, d'éviter les erreurs judiciaires et d'atteindre les buts de l'article 6 de la Convention ». D'autre part, la Cour a souligné que « le droit de ne pas s'incriminer soi-même concerne le respect de la détermination d'un accusé à garder le silence et présuppose que, dans une affaire pénale, l'accusation cherche à fonder son argumentation sans recourir à des éléments de preuve obtenus par la contrainte ou des pressions, au mépris de la volonté de l'accusé ». La CEDH a ainsi relevé que le requérant « n'avait pas été informé au début de son interrogatoire du droit de se taire, de ne pas répondre aux questions posées, ou encore de ne répondre qu'aux questions qu'il souhaitait ». La Cour a donc conclu que la procédure pénale française n'avait pas garanti le droit au silence au bénéfice du gardé à vue et a rappelé que ce droit est classé parmi « les normes internationales généralement reconnues qui sont au cœur de la notion de procès équitable ».
S'agissant du droit à l'assistance de l'avocat, la Cour a rappelé sa jurisprudence établie en matière de privation de liberté dans la procédure d'enquête pénale[1] en estimant que la personne placée en garde à vue doit disposer du « droit d'être assistée d'un avocat dès le début de cette mesure ainsi que pendant les interrogatoires et ce, *a fortiori* lorsqu'elle n'a pas été informée par les autorités de son droit de se taire ».
La solution de la Cour européenne dans l'affaire Brusco est suivie d'effet dans le droit français. Cette solution a trouvé sa première application en France deux jours plus tard, soit le 16 octobre 2010, au travers d'un arrêt de la cour d'appel de Douai qui a annulé une procédure de garde à vue concernant un étranger en situation irrégulière sur le territoire français. Dans cet ordre d'idées, la Cour de cassation a annulé une preuve issue de la sonorisation des cellules de garde à vue au motif que l'installation des équipements relative à cette sonorisation avait violé le droit de garder le silence et celui de ne pas contribuer à sa propre accusation[2].
**93.** En dépit de l'application de la solution de l'affaire Brusco par la cour d'appel de Douai le 16 octobre 2010, la modernisation du régime

---

[1] CEDH, 27 novembre 2008, n° 36391/02, *Salduz* c. *Turquie*; CEDH, n° 7377/03, 13 octobre 2009, *Dayanan* c. *Turquie.*
[2] Cass.Ass.Plén., 6 mars 2015, n°14-84339.

de la garde à vue français tardait à venir. C'est le Conseil constitutionnel qui a tiré la sonnette d'alarme pour inciter le législateur à moderniser le régime de la garde à vue. À l'occasion de sa saisine, sur le fondement de l'article 61-1 de la Constitution, d'une question prioritaire de constitutionnalité (QPC), le Conseil a estimé que, « compte tenu des évolutions survenues depuis près de vingt ans à la suite de l'examen qu'il a effectué sur la loi du 9 mars 2004 portant sur l'adaptation de la justice aux évolutions de la criminalité[1], les articles 62, 63, 63-1, 63-4 alinéas 1er et 6, et 77 du même code n'instituent pas les garanties appropriées à l'utilisation qui est faite de la garde à vue ». La conciliation entre, d'une part, la prévention des atteintes à l'ordre public et la recherche des auteurs d'infractions et, l'exercice des libertés constitutionnellement garanties, d'autre part, ne peut plus être regardée comme équilibrée. En conséquence, le Conseil a conclu à la non-conformité des dispositions attaquées à la Constitution[2]. La censure de ces dispositions par le Conseil constitutionnel a conduit le législateur à adapter le contentieux de la garde à vue aux normes de la Convention européenne de sauvegarde des droits de l'homme.

**94.** L'évolution du régime français de la garde à vue est également influencée par la Directive de l'Union européenne. La Directive 2010/64/UE de l'Union européenne du 20 octobre 2010 instaure le droit à l'interprétation et à la traduction dans le cadre des procédures pénales. Bien que cette Directive ait été transposée dans la procédure pénale française tardivement[3], elle semble avoir motivé considérablement le législateur pour opérer la réforme du régime de la garde à vue en 2011. Au lendemain de l'adoption de la loi n° 2011-392 du 14 avril 2011 relative à la garde à vue, la Cour de cassation s'est alignée sur la solution de la Cour européenne en estimant, dans un ensemble d'arrêts, que les dispositions conventionnelles exigent le respect des droits du gardé à vue[4]. Le législateur pallie ainsi en 2011 non seulement l'insuffisance des droits du gardé à vue, mais redonne également à

---

[1] Décision n° 2004-492 DC du 2 mars 2004.

[2] Décision n°2010-14/22QPC du 30 juillet 2010.

[3] Loi n° 2013-711 du 5 août 2013 portant diverses dispositions d'adaptation dans le domaine de la justice en application du droit de l'Union européenne et des engagements internationaux de la France.

Voir aussi : E. Daoud, « Le droit à un interprète : la consécration d'un nouveau droit », AJ Pénal, octobre 2013, n° 10, p. 527.

[4] Crim., Ass. Plén. 15 avril 2011, n° 1°-30.316, n° 10-30.313, n° 10-30242, B. AP, n° 1 à 4.

l'avocat sa véritable qualité de défenseur. Cette loi permet vraisemblablement la diminution du recours abusif à la mesure de garde à vue en France. Dès lors, les jurisprudences de la Cour européenne et du Conseil constitutionnel, ainsi que la Directive de l'Union européenne du 20 octobre 2010 ont considérablement influencé la réforme du régime de la garde à vue français, et ont donc engendré la grande évolution en la matière par la loi de 2011.
Il importe donc de se pencher sur les conditions d'applicabilité (§ 2) du régime de la garde à vue dans les procédures pénales haïtienne et française dans l'attente de revenir sur les droits du gardé àvue.

## § 2 – Les conditions d'applicabilité de la garde à vue

**95.** Il a été indiqué que l'application de la garde à vue n'est pas réservée au seul suspect, mais s'étend à un simple témoin. L'application de la mesure étant tributaire des constations matérielles, il est alors nécessaire de déterminer la commission de l'infraction et démontrer l'imputation des faits reprochés à la personne suspectée. Dans ce cadre, les enquêteurs sont habilités à procéder à des actes d'enquête liés aux charges retenues contre le gardé à vue. C'est ainsi que l'objectivité de la garde à vue est édictée dans les politiques criminelles française et haïtienne.
**96.** L'alinéa 1er de l'article 10 du code d'instruction criminelle haïtien confère à la police judiciaire la prérogative de rechercher des crimes, délits et contraventions dans la procédure d'enquête. Le dernier alinéa de cet article impose à l'officier de police judiciaire de « conduire l'individu devant le juge de paix à la suite de son arrestation dans le cadre d'une situation de flagrance ou de dénonciation par la clameur publique ». Il résulte de la combinaison de ces deux alinéas de l'article 10 du code d'instruction criminelle que la mesure de garde à vue est subordonnée à l'existence d'une infraction imputable au suspect. Il en est de même de l'article 62-2 du code de procédure pénale français.
On en déduit que le législateur français, comme son homologue haïtien, subordonne l'application de la garde à vue à la double condition de la commission d'infraction et d'imputation des faits reprochés à la personne suspectée.
Avant d'analyser l'exigence de l'infraction et déterminer l'imputation de l'accusation à la personne suspectée dans la mise en œuvre de la garde à vue, il importe de démontrer la finalité de la mesure dans les politiques criminelles haïtienne et française.

**97. La finalité similaire de la garde à vue.** La liberté étant le principe, il serait incompréhensible que l'État dispose d'un pouvoir illimité dans l'application de la coercition à l'égard des citoyens. La mise en œuvre de la garde à vue doit viser un objectif bien déterminé. Les législations criminelles française et haïtienne s'inscrivent dans ce raisonnement. L'alinéa 2 de l'article 9 du code d'instruction criminelle se réfère à la notion de sauvegarde de l'ordre social pour justifier la nécessité de l'application de la garde à vue. Ce mobile ne présente aucune garantie à la liberté de l'individu du fait que la finalité de l'exercice de la répression pénale consiste à protéger l'ordre public. En ne délimitant pas les raisons pour lesquelles les acteurs judiciaires peuvent recourir à la garde à vue, le législateur haïtien confère un pouvoir exorbitant aux autorités publiques pour attenter à la liberté individuelle. Cette disposition semble inverser le principe de la privation de liberté exceptionnelle puisqu'elle ne prémunit pas suffisamment contre les décisions arbitraires pouvant résulter de l'exercice de la puissance publique. Il suffit que les autorités publiques évoquent la notion générale d'entrave à l'ordre public ou les nécessités de l'enquête pour qu'elles puissent procéder au placement en garde à vue de l'individu sans justifier la nécessité objective de la mesure.

**98.** Le législateur français s'oppose, au contraire, à cette conception large de nécessité de l'application de la garde à vue. L'article 62-2 du code de procédure pénale issu de la loi du 14 avril 2011 énumère limitativement six objectifs pouvant constituer les mobiles du placement en garde à vue. À la lumière de cette disposition, la garde à vue ne peut être appliquée à l'encontre du suspect que si elle constitue l'unique moyen de parvenir à l'un des objectifs suivants : « 1° permettre l'exécution des investigations impliquant la présence ou la participation de la personne, 2° garantir la présentation de la personne devant le procureur de la République afin que ce magistrat puisse apprécier la suite à donner à l'enquête, 3° empêcher que la personne ne modifie les preuves ou indices matériels, 4° empêcher que la personne fasse pression sur les témoins ou les victimes ainsi que sur leur famille ou leurs proches, 5° empêcher que la personne ne se concerte avec d'autres personnes susceptibles d'être ses coauteurs ou complices, et 6° garantir la mise en œuvre des mesures destinées à faire cesser le crime ou le délit ». Il faut noter au passage que la présentation du gardé à vue devant l'autorité judiciaire devient facultative depuis l'apparition de la loi n° 2018-2022 du 23 mars 2019 de programmation et de réforme pour la justice.

À défaut de mentionner explicitement au moins l'un de ces motifs dans le procès-verbal, la garde à vue sera entachée d'irrégularité et peut, en conséquence, être annulée. La chambre criminelle a fait une interprétation extensive des motifs énumérés à la disposition précitée en ce qu'elle a affirmé qu'il incombe à la Chambre de l'instruction de « vérifier l'existence de l'un de ces motifs tout en disposant du pouvoir de relever un autre critère que celui ou ceux soumis à son contrôle, et qu'un seul motif est suffisant pour légitimer la mesure »[1].

En définitive, l'objectif de la garde à vue consiste dans ces deux systèmes juridiques à assurer la sécurité de l'avant-procès pénal, garantir les intérêts de la victime et préserver la paix sociale. Au-delà de cet objectif commun que poursuit la garde à vue dans les procédures pénales haïtienne et française, l'application de celle-ci est subordonnée à l'existence de l'infraction.

**99. La condition de l'existence de l'infraction.** La question de l'infraction joue un rôle fondamental dans l'application de la privation de liberté au stade de l'enquête pénale dans les procédures pénales française et haïtienne. À cet effet, la détention policière est strictement liée à la commission de l'infraction. Alors qu'il est déduit du code d'instruction criminelle haïtien que la détention policière s'étend à toutes les infractions, la procédure pénale française conditionne le recours à la garde à vue en fonction de la nature de l'infraction. Il est édicté à l'article 10 du code d'instruction criminelle que l'officier de police judiciaire peut procéder à la privation de liberté de la personne suspectée en matière de crimes, délits et contraventions. Il est donc institué un droit général de la détention policière au stade de l'enquête dans la procédure pénale haïtienne.

**100.** Dans la procédure pénale française, la mise en œuvre de la garde à vue est tributaire de la gravité de l'infraction en ce que l'article 62-2 du code de procédure pénale exige que « l'infraction reprochée doive être de nature criminelle ou un délit puni d'une peine d'emprisonnement ». Contrairement au droit haïtien, le législateur français exclut ainsi l'infraction de nature contraventionnelle dans le champ d'application de la mesure de garde à vue. En l'état actuel du droit français, les infractions les moins graves, comme les contraventions, sont exclues dans la mise en œuvre de la garde à vue.

**101.** La position du législateur français s'aligne sur la décision du Conseil constitutionnel du 30 juillet 2010 concernant le respect des

[1] Crim., 17 juin 2017, n° 16-87588.

principes de nécessité et de proportionnalité prévus à l'article 9 de la Déclaration des droits de l'homme et du citoyen de 1789 et à l'article préliminaire du code de procédure pénale dans le cadre de la privation de liberté à la phase préparatoire du procès pénal. Il en est ainsi de la Cour de justice de l'Union européenne, qui s'est prononcée sur la question de la gravité de l'infraction en matière de privation de liberté dans le domaine du droit des étrangers en France. En l'espèce, la Cour de justice était saisie par la cour d'appel de Paris d'une question préjudicielle afin de se prononcer sur la conformité des articles L. 621-1 et suivants du code des étrangers et de séjour à la Directive 2008/115/CE. La Cour a déclaré qu'« il n'est pas possible *ab initio* de prendre une mesure pénale à l'encontre de la personne en séjour irrégulier ». Selon la Cour de justice, la mesure de garde à vue ne peut s'appliquer à l'encontre d'une personne contre laquelle une peine d'emprisonnement ne peut être prononcée »[1]. De même, la chambre criminelle de la Cour de cassation a écarté l'application de l'article 52 de la loi du 29 juillet 1881 sur la presse qui interdit en la matière les arrestations préventives. La chambre criminelle a ainsi précisé que cette disposition ne fait pas obstacles aux mesures coercitives de courtes durées en estimant que « dès lors qu'ils sont punis d'emprisonnement, les délits de presse peuvent donner lieu à placement en garde à vue »[2].

**102.** Ces analyses démontrent que la gravité de l'infraction n'est pas une condition préalable au recours à la détention policière de l'individu dans la procédure pénale haïtienne. Le recours à la privation de liberté à l'encontre de la personne mise en cause dans la procédure d'enquête s'étend aux infractions de nature criminelle, délictuelle et contraventionnelle dans le droit haïtien. Le législateur confère à l'officier de police judiciaire le pouvoir de priver de liberté l'individu qui commet une simple contravention aux fins de le présenter devant le juge de paix. Cette différence entre ces deux systèmes juridiques réside également dans le cadre de la mise en œuvre de la mesure de garde à vue.

L'exercice de la mesure ne s'opère pas simplement dans des lieux spécifiques comme les commissariats. La garde à vue s'analyse comme la détention policière à la suite de la commission d'une infraction du fait qu'elle peut être exécutée partout où se trouve la personne qui en

---

[1] CJUE, 6 décembre 2011, *Achugbabian*, aff. C-329/11 ; Gaz. Pal. 12 février 2012, p. 17, note, P. Henriot ; AJDA 2012.310 ; JCP 2012, n° 226, note A. Levade.
[2] Crim. 14 février 2012, n° 11-81.954.

fait l'objet. Le suspect peut être retenu sur les lieux de l'enquête ou à son domicile personnel dans le but d'être conduit dans des locaux de police ou de gendarmerie en France. En revanche, le législateur haïtien reste évasif sur cette question et laisse une appréciation large quant aux lieux de l'exécution de la garde à vue. À ce propos, les articles 10 et 12 du code d'instruction criminelle (CIC) n'apportent aucune précision sur les lieux spécifiques du déroulement de la mesure de garde à vue, l'alinéa 3 de l'article 10 du CIC mentionnant simplement la mise en séquestre des objets liés à la commission de l'infraction.

**103.** Les procédures pénales française et haïtienne diffèrent sur la question de l'existence de l'infraction dans l'application de la garde à vue, certes, mais il y est institué l'obligation d'établir un lien de causalité entre la personne gardée à vue et les faits reprochés. Ainsi, les législateurs français et haïtien convergent vers la situation juridique de la personne qui peut faire l'objet de détention policière.

**104. La situation juridique de la personne mise en cause.** La vérité judiciaire nécessite de recueillir divers témoignages en fonction des circonstances qui entourent l'infraction. Pour cela, toute personne ayant connaissance de la commission de l'infraction peut être utile à la manifestation de la vérité. Néanmoins, il paraît injuste d'exercer la coercition à l'encontre des personnes de bonne foi qui n'ont aucune implication réelle dans la commission de l'infraction, d'autant que la justice pénale moderne exige l'acte positif de la personne mise en cause en matière de privation de liberté avant procès.

**105.** Dans le droit français, la loi n° 93-2 du 4 janvier 1993 portant réforme de la procédure pénale édictait que le placement en garde à vue était subordonné à l'existence d'indices faisant présumer la participation de l'individu à la commission de l'infraction. Il en résultait que la garde à vue pouvait s'appliquer à l'encontre de « toutes personnes se trouvant à proximité du lieu de l'infraction et toutes personnes susceptibles de fournir des renseignements sur les faits ou les objets saisis »[1]. Le législateur a opéré en 2000 une modification sur le statut de la personne pouvant faire l'objet du placement en garde à vue. La loi du 15 juin 2000 renforçant la protection de la présomption d'innocence et les droits des victimes avait proscrit l'application de la

[1] J.-M. Burguburu, « Garde à vue : explications et mises en garde », Les Echos, 18 mars 1996.

garde à vue à l'encontre du simple témoin[1]. L'exclusion du témoin s'expliquait du fait que ce dernier est une personne sur laquelle il n'existerait en principe aucune raison plausible de soupçonner sa participation à la commission ou à la tentative de la commission de l'infraction.

**106.** L'article 62, alinéa 2 du code de procédure pénale permet l'audition libre avec contrainte de 4 h maximum de l'individu si les nécessités de l'enquête l'exigent. Si des raisons plausibles apparaissent au cours de l'audition, l'officier de police judiciaire doit lui notifier certains droits en application des articles 61-1 et 62, alinéa du même code. Dans ce contexte, l'individu n'est plus témoin et devient suspect. Dans ce cadre, ce dernier peut faire l'objet de garde à vue.

De même, le témoin peut être retenu lorsque les enquêteurs agissent sur commission rogatoire du juge d'instruction au sens de l'audition libre instituée par les articles 153 et 154 du code de procédure pénale. Ainsi, son statut peut évoluer au cours de l'audition libre en devenant suspect. Dans ce cadre, il est permis à l'officier de police judiciaire de garder ce dernier dans les locaux des services de police ou de gendarmerie afin d'éviter les risques de pression sur les témoins ou la victime, ou la fuite de ce dernier etc. Désormais, le législateur français adapte les conditions d'application de la garde à vue aux exigences de l'article 5§1 de la Convention européenne de sauvegarde des droits de l'homme sur le statut de la personne pouvant en faire l'objet.

À la lumière de la combinaison des articles 61-1, 62, dernier alinéa, 62-2, 78, alinéa 2, 153, 154 et 158, alinéa 1er du code de procédure pénale, la garde à vue peut s'appliquer à l'encontre de la personne suspectée ou d'un témoin dès lors qu'il apparaît qu'il existe des raisons plausibles de soupçonner que la personne concernée a commis ou tenté de commettre l'infraction reprochée. C'est ainsi que la jurisprudence de la Cour européenne a affirmé que « les soupçons doivent être considérés comme plausibles chaque fois qu'il y a des faits ou des renseignements propres à persuader un observateur objectif que l'individu en cause peut avoir accompli l'infraction »[2].

---

[1] Circulaire CRIM 00-F3 F1 du 4 décembre 2000 sur les dispositions de la loi du 15 juin 2000 renforçant laprotection de la présomption d'innocence et les droits des victimes.

[2] CEDH, 30 août 1990, Fox, *Campbell et Hartley c. Royaume-Uni,* n° 12244/86; 12245/86.

**107.** Dans le droit haïtien, le placement en garde à vue est réservé à la personne qui a commis matériellement l'infraction au sens des articles 8 et 10 combinés du code d'instruction criminelle.
L'article 10 du code semble ne poser aucune difficulté pour déterminer la personne pouvant faire l'objet de garde à vue dans des situations de flagrance et de dénonciation par la clameur publique, en ce sens que le recours à la privation de liberté se fonde ainsi sur des éléments objectifs, notamment les témoignages. Les constatations matérielles et la crédibilité des témoignages dans le cadre de la dénonciation par la clameur publique confèrent à la police judiciaire le pouvoir de procéder au placement en garde à vue de la personne concernée. Il en résulte que la détention policière s'applique simplement à la personne suspectée d'avoir commis une infraction, mais ne s'étend pas formellement au témoin ni aux cas de tentative de commission d'infraction dans la procédure pénale haïtienne.
**108.** La notion de flagrance est floue dans la procédure pénale haïtienne. En vérité, la notion de « flagrant délit » édictée par l'article 31 du code d'instruction criminelle (CIC) haïtien comporte des lacunes rédactionnelles importantes qui risquent d'entraver l'efficacité de la procédure d'enquête et les droits de la défense des suspects. Cette question se fait de plus en plus présente dans la pratique de l'enquête pénale en ce qu'il est prescrit à l'alinéa 1er de l'article 31 du code d'instruction criminelle que « Le délit qui se commet actuellement ou qui vient de se commettre est un flagrant délit ». En réalité, cette disposition se contente de définir la notion de « flagrant délit » sans l'encadrer par la temporalité judiciaire. C'est dire que la situation de flagrance ne s'inscrit pas dans une durée déterminée. Ce manque de précision offre une latitude au commissaire du Gouvernement et à l'officier de police judiciaire pour procéder à des mesures coercitives dans un délai excessivement long à la suite de la commission de l'infraction. Il en est ainsi de l'émission des mandats d'amener par le parquet après plusieurs semaines suivant la commission de l'infraction. Or, l'article 30 du code d'instruction criminelle subordonne l'émission d'un tel mandat à l'existence de flagrant délit.
**109.** Le problème de précision sur la durée déterminée se généralise dans l'enquête pénale au travers de l'article 35 du code d'instruction criminelle. Par cette disposition, le législateur exige effectivement la transmission de l'entier dossier au cabinet d'instruction, mais laisse cette initiative à la discrétion du commissaire du Gouvernement en employant l'expression « sans délai ». L'expression « sans délai » paraît

équivoque et permet aux acteurs de la procédure d'enquête, c'est-à-dire le magistrat du parquet et les OPJ, de traîner l'enquête pénale en longueur. Ces flous juridiques conduisent généralement les commissaires du Gouvernement à adopter la politique de limiter la durée de la flagrance à quarante-huit heures. Cette politique semble se déduire de l'interprétation de l'article 31 du CIC et de l'article 26 de la Constitution relatif au délai maximum de quarante-huit heures en matière de détention policière. L'absence de jurisprudence établie de la Cour de cassation haïtienne en la matière ne permet pas de concéder la durée de quarante-huit heures comme la durée légale de la flagrance dans la procédure pénale haïtienne.

**110.** En l'état actuel du droit haïtien, seule la « clameur publique » légitime cette notion. Le flou juridique que comporte l'article 31 du code d'instruction criminelle entraîne régulièrement l'application arbitraire de la mesure de garde à vue à l'égard des individus qui ne sont pas impliqués dans des infractions. Ces individus font souvent l'objet de garde à vue à la suite d'une rafle, connue communément dans la pratique de la chaîne pénale haïtienne sous l'appellation d'« arrimage », qui est une arrestation collective reposant sur la proximité de l'individu au lieu de la commission de l'infraction sans disposer des raisons plausibles qui donneraient l'impression que ce dernier aurait participé à l'infraction poursuivie. Ce mécanisme d'arrestation s'assimile au critère de proximité que comportait l'ancienne loi n° 93-2 du 4 janvier 1993 portant réforme de la procédure pénale en matière de garde à vue dans la procédure pénale française. En pareille circonstance, la mesure de garde à vue ne s'applique pas simplement à l'auteur de l'infraction reprochée, mais peut s'étendre à toute personne qui se trouve à proximité du lieu de l'infraction. Le législateur haïtien doit alors se pencher sur l'harmonisation de l'article 12 du code d'instruction criminelle qui édicte un délai maximum de soixante-douze heures en matière de détention policière à l'article 26 de la Constitution, qui limite au contraire celle-ci à quarante-huit heures.

**111.** Le législateur n'édicte pas par ailleurs des conditions qui pourraient justifier le placement en garde à vue de l'individu en dehors des situations prévues à l'article 10 du CIC (situation de flagrance et de dénonciation par la clameur publique). Dans cette perspective, le fondement de la détention policière de l'individu repose notamment sur l'existence « d'indices ». Le mot « indices » employé reste flou en ce qu'il n'a apporté aucune précision sur ce qui pourrait être considéré

comme indicateur de la notion d'« indices ». La Cour de cassation n'a pas eu l'occasion de se prononcer sur la définition de ce vocable.
Il est donc nécessaire d'amender les articles 30 et 31 du code d'instruction criminelle haïtien afin de garantir les droits et libertés des suspects dans la procédure d'enquête. En conséquence, il incombe au ministre de la Justice et de la Sécurité publique, en tant que premier conseiller du Gouvernement en matière de la fonction politique de la justice, de prendre de la hauteur sur la politique pour résoudre ce problème crucial dans la procédure pénale haïtienne. L'on doit mentionner au passage que les conditions de l'existence de l'infraction et du statut de la personne mise en cause diffèrent dans le régime dérogatoire de la garde à vue au sein des deux systèmes juridiques en raison de l'âge du suspect et de la gravité de l'infraction. Ces conditions ne feront pas l'objet de notre étude, qui présentera la durée de la mesure de garde à vue dans ces deux législations criminelles (§3).

## § 3 – La durée de la mesure

**112.** Le devenir de la garde à vue implique à la fois la durée et le sort de la mesure. C'est dire que la mesure de garde à vue est limitée dans le temps, dont l'expiration emporte la mise en liberté de l'individu. La corrélation entre la durée et l'application de la mesure de garde à vue témoigne de la préoccupation du droit à la liberté dans la privation de liberté avant procès. À cet égard, la fonction politique de la justice exprime l'équilibre entre l'exercice de la répression et la garantie des droits et libertés de la personne gardée à vue. Les politiques criminelles française et haïtienne illustrent cette conciliation de droits en matière de garde à vue par l'encadrement de la privation de liberté d'une durée initiale, dont la prolongation et la sanction du non-respect du délai imparti aux autorités publiques diffèrent au sein des deux systèmes juridiques.
**113.** La complexité de l'infraction peut conduire les enquêteurs à disposer de davantage de temps pour recueillir le maximum d'informations et de renseignements pour étayer l'accusation. Dans cette perspective, la durée initiale de la mesure de garde à vue peut être prolongée en vue de permettre à l'officier de police judiciaire de rassembler des preuves pertinentes liées à l'infraction reprochée. Bien que les politiques criminelles haïtienne et française convergent vers un plafond commun en matière de délai dans l'application de la garde à vue, celles-ci comportent des différences dans le cadre de la

prolongation de la mesure par rapport à l'accroissement de la criminalité.

**114. Le plafond commun légal .** La question du délai est au cœur du contentieux de la garde à vue dans la procédure pénale haïtienne. Il a été indiqué que la Constitution haïtienne de 1987 ne lie pas explicitement le délai de quarante-huit heures mentionné à l'article 26 à la notion de garde à vue, cette disposition constitutionnelle employant le mot « détention ». Ce délai serait applicable dans le domaine de la détention provisoire, d'autant que cette disposition subordonne celui-ci à l'appréciation du juge judiciaire. Il faut relever que la Constitution n'emploie pas le mot « magistrat », et conditionne le maintien en détention de l'individu à une « décision motivée ».

La Constitution semble ainsi écarter l'intervention du magistrat du parquet, ce qui justifierait l'exclusion de l'application de la garde à vue dans cette disposition. Par une interprétation littérale de cette disposition constitutionnelle, on peut déduire que ce délai de quarante-huit heures serait imparti aux autorités publiques dans le cadre de la mise en œuvre de la détention provisoire. Néanmoins, l'emploi du terme « arrestation » peut relativiser le premier raisonnement ancré sur la détention provisoire. L'enfermement de l'individu à la suite de son arrestation emporte nécessairement sa détention dans des services de police. Le vocable « détention » mentionné à cet article peut s'analyser comme la détention policière.

**115.** La précision du déferrement du suspect devant un « juge » et non à un « magistrat » amène à s'interroger sur la compétence du parquet dans le cadre du contrôle juridictionnel de la garde à vue. Dans la pratique, à l'issue de la garde à vue, l'individu est présenté, selon le cas, devant le commissaire du Gouvernement ou le juge d'instruction. La possibilité de présentation du gardé à vue devant le magistrat du parquet en vue de déterminer l'orientation donnée à l'affaire explique le flou juridique important que comporte l'article 26 de la Constitution.

**116.** La procédure pénale française institue ce délai initial de quarante-huit heures dans l'application de la garde à vue. Dès l'existence officielle de la garde à vue au travers de l'adoption du code de procédure pénale français en 1957, il était prévu un délai de vingt-quatre heures pour retenir un suspect avant de déterminer l'orientation pénale de l'affaire. Cette disposition est reprise par le législateur en 2011 de telle manière qu'il est imparti aux autorités policières un délai initial de vingt-quatre heures en matière de garde à vue[1] dès lors que l'infraction faisant l'objet d'enquête fait encourir une peine d'emprisonnement, quelle qu'en soit la durée[2].

**117.** La question du délai initial appelle deux précisions. De fait, l'individu peut faire l'objet de plusieurs gardes à vue successives à raison des mêmes faits ou des faits distincts. Dans le premier cas de figure, la chambre criminelle de la Cour de cassation française n'a pas réprouvé le caractère autonome de chaque mesure en ce qu'elle a affirmé que la durée de la succession de ces gardes à vue ne peut excéder la durée maximale de quarante-huit heures initiale[3]. Ce faisant, la jurisprudence de la chambre criminelle a précédé la consécration de l'alinéa 2 de l'article 63, III du CPP. Dans le deuxième cas de figure, il apparaît logique que les gardes à vue successives peuvent se cumuler au-delà du délai maximum légal à condition que chacune de ces mesures ne dépasse le délai initial de quarante-huit heures[4]. C'est ainsi que la chambre criminelle ne différencie pas réellement selon le cas où les mesures ont été exécutées de façon discontinue ou de manière alternative puisqu'elle a affirmé que « le dépassement du délai maximum légal est attentatoire aux intérêts du gardé à vue »[5]. En tout état de cause, le législateur français institue un principe général en matière de délai de la garde à vue en ce qu'il prévoit le début de la mesure à partir de l'heure à laquelle la personne a été appréhendée[6].

En somme, les procédures pénales haïtienne et française s'accordent sur le plafond commun de quarante-huit heures comme le délai imparti dans l'application de la garde à vue. Mais la gravité de l'infraction peut amener à prolonger davantage ce délai de quarante-huit heures.

**118. La durée de la garde à vue en raison de la gravité dc l'infraction**. La complexité de l'affaire se traduit par la gravité de l'infraction, ce qui peut avoir des incidences sur le contentieux de la garde à vue. Ces incidences se trouvent notamment en matière de temps nécessaire pour la recherche des preuves. Face à cette nécessité, contrairement à son homologue haïtien, le législateur français durcit le régime de la garde à vue. Le délai initial de vingt-quatre heures peut être prolongé de vingt-quatre heures supplémentaires lorsque

---

[1] Art. 63, II, CPP.
[2] Art. 62-2, CPP.
[3] Crim., 13 février 1996, B. n° 74.
[4] Crim., 2 septembre 2004, B. n° 196.
[5] Crim., 17 mars 2004, B. n° 69.
[6] Art. 63, III, al. 1er, CPP.

l'infraction faisant l'objet de l'enquête encoure une peine d'emprisonnement supérieure ou égale à un an[1]. En revanche, la prolongation de vingt-quatre heures n'est applicable qu'à l'encontre des mineurs dont l'âge est supérieur à 13 ans et inférieur ou égal à 16 ans lorsque l'infraction à raison de laquelle la mesure est décidée est passible d'une peine d'au moins cinq ans d'emprisonnement. De même, il est instauré dans la procédure pénale française le régime dérogatoire en prolongeant le délai initial de quarante-huit heures lorsque les investigations portent sur l'une des infractions relevant de la criminalité organisée[2]. Pour cela, la prolongation est subordonnée aux mêmes conditions de fond que le placement en garde à vue[3]. La seule différence procédurale réside dans la durée de la peine encourue dans l'infraction faisant l'objet de l'enquête. Pour que la prolongation de la garde à vue puisse s'appliquer à l'encontre du suspect, l'infraction doit être passible d'une peine d'emprisonnement supérieure ou égale à un an. Ces conditions ne sont pas exigées quant à la prolongation des gardes à vue en matière de criminalité organisée, de trafic de stupéfiants et de terrorisme dès lors qu'elles sont « nécessaires à l'enquête et à l'instruction »[4] ou en cas de « risque sérieux de l'imminence d'une action terroriste en France ou à l'étranger ou pour les nécessités de la coopération internationale »[5].

**119.** Cette rigidité répressive intègre la procédure pénale française à partir de la loi Perben II du 9 mars 2004 et la loi n° 2006-64 du 23 janvier 2006 relative à la lutte contre le terrorisme et portant dispositions diverses relatives à la sécurité et aux contrôles frontaliers. La durée de la garde à vue peut alors s'étendre à quatre-vingt-seize heures[6]. Conscient de la complexité de l'infraction du terrorisme, le législateur estime que les investigations nécessitent davantage de temps dans le cadre de la recherche des éléments de preuve dans la mise en œuvre de la garde à vue. La loi n° 2006-64 du 23 janvier 2006 autorise une rallonge de vingt-quatre heures aux quatre-vingt- seize heures en matière de terrorisme dans le cadre du déroulement de la garde à vue. Les prolongations de soixante- seize et quatre-vingt-seize heures ne sont applicables qu'à l'encontre des mineurs dont l'âge est supérieur à

[1] Art. 63, II, al.2, CPP.
[2] Anc. art. 4, Ord, 2 février 1945.
[3] Art. 62-2 et 62-3, CPP.
[4] Art. 706-88-1, CPP.
[5] Art. 706-88-1, al. 1er, CPP.
[6] Art. 706-88, CPP.

16 ans lorsqu'au moins une personne majeure est susceptible d'avoir participé à la commission de l'infraction[1]. De même, certaines infractions de criminalité organisée sont exclues de la prolongation exceptionnelle de quatre-vingt-seize heures au sens de l'article 706-73-1 issu de la loi n° 2015-993 du 17 août 2015 portant adaptation de la procédure pénale au droit de l'Union européenne.

**120.** Malgré l'accroissement de la criminalité dans le monde, le législateur haïtien ne partage pas la préoccupation de son homologue français en matière de sécurité du procès pénal. Il est regrettable que ce dernier ne fasse pas évoluer le délai constitutionnel confus de quarante-huit heures dans la mise en œuvre de la garde à vue depuis la naissance de la Constitution de 1987. À environ deux siècles de l'adoption du code d'instruction criminelle, l'on constate que les pouvoirs publics haïtiens ignorent le poids de la garde à vue dans l'effectivité de la justice pénale.

En tout état de cause, l'inobservation du délai maximum de la mesure de garde à vue doit emporter la remise en liberté du suspect. Il est ainsi de l'articles 63-8 du code de procédure pénale français. De même, la portée de l'article 13 du code d'instruction criminelle traduit la remise en liberté de l'intéressé en ce que l'esprit de cette disposition explique que l'absence d'infraction de crime ou délit doit entraîner le classement sans suite de la procédure au sens de l'opportunité des poursuites.

**121.** Les politiques criminelles haïtienne et française s'accordent sur l'existence de l'infraction quant au recours à la mesure de garde à vue. Contrairement au droit français, la mesure s'applique à toutes les infractions dans la procédure pénale haïtienne, c'est-à-dire le crime, le délit et la contravention. Or, la procédure pénale française subordonne le placement en garde à vue à la gravité de l'infraction et en fonction de la situation de l'individu. Dans le droit haïtien, il n'est pas nécessaire de déterminer l'existence de soupçons sur la participation de l'individu à la commission de l'infraction, ce qui explique davantage la pratique récurrente de *rafle* dans les interventions policières. Il est donc révélé une contradiction entre le délai légal de soixante- douze heures et celui constitutionnel de quarante-huit heures, ce qui heurte l'uniformisation du contentieux de la garde à vue.

Le régime de la garde à vue est donc confus aussi bien dans le droit commun que dans celui dérogatoire dans le droit haïtien.

---

[1] Anc. art. 4, VII, Ord. 2 février 1945.

Cette différence procédurale entre ces deux systèmes juridiques se constate également dans la détention provisoire (Section 2).

## Section 2

## La mesure commune de détention provisoire

**122.** La détention provisoire est une mesure de sûreté décidée sur la base de la précaution à l'encontre de la personne mise en cause dont le comportement s'avère dangereux pour la société. C'est l'incarcération de l'intéressé en amont du jugement, ce qui constitue une mesure judiciaire qui s'oppose à la peine[1]. L'application de cette mesure, instrument coercitif le plus sévère à la phase préparatoire du procès pénal, consiste à l'enfermement de l'individu en vue de garantir sa représentation à tous les stades du procès pénal[2]. Cette mesure s'applique tant à la phase de l'information judiciaire qu'à celle de comparution immédiate.

**123.** La politique criminelle confère à l'autorité judiciaire la prérogative de recourir à cette mesure avant le jugement de la personne mise en cause afin de sécuriser le procès pénal et garantir les droits des victimes. Étant attentatoire à la liberté, l'application de la détention provisoire doit être encadrée par des garanties judiciaires au bénéfice de la personne poursuivie. Cela dit, la mise en œuvre de cette mesure est subordonnée au respect des droits de la défense dont bénéficie la personne poursuivie. L'instauration de cet équilibre des droits des parties permet à la personne concernée de contester les charges retenues contre elle par la présentation des preuves contraires. Alors que la notion de détention provisoire apparaît ambiguë et stéréotypée dans la procédure pénale haïtienne, elle connaît une évolution significative dans l'histoire de la politique criminelle française à raison de la transformation des règles entre l'État et les citoyens. S'il est vrai que l'encadrement légal de la mesure diffère dans les politiques criminelles française et haïtienne, il n'en demeure pas moins que ces deux législations s'accordent sur des conditions d'applicabilité de la mesure dont l'avenir s'inscrit dans le

[1] B. Bouloc, *Procédure pénale*, Dalloz, 28e Éd., 2022, n°925.
[2] S. Guinchard et J. Buisson, *Procédure pénale*, LexisNexis, 10e Éd., 2014, p. 982.

temps. Cette disparité procédurale dans les deux législations criminelles étudiées sera élucidée dans l'analyse du fondement de la mesure (§ 1), puis la présentation des conditions du prononcé (§ 2) et l'avenir de celle-ci (§ 3) dans l'avant-procès pénal.

### § 1 – Le fondement de la mesure de détention provisoire

**124.** La mesure de détention provisoire est instituée dans le droit haïtien par l'article 80 du code d'instruction criminelle dans le cadre de l'information judiciaire et l'article 2 de la loi du 6 mai 1927 sur la comparution immédiate en matière de comparution immédiate. L'article 2 de la loi de 1927 confère le pouvoir de placement en détention provisoire au commissaire du Gouvernement en cas d'indisponibilité du tribunal. Logiquement, la comparution de l'individu au tribunal dans le cadre de la comparution immédiate est intervenue à la fin de la garde à vue en matière correctionnelle. Dans ce cadre, l'indisponibilité du tribunal devrait traduire la présentation de la personne poursuivie devant «un juge » à la lumière de l'article 26 de la Constitution de 1987, qui proclame « la présentation de toute personne détenue devant un juge ».

**125.** Le commissaire du Gouvernement semble dépasser sa compétence juridictionnelle en détenant ce pouvoir d'incarcération au regard du principe séparatiste des fonctions judiciaires dans le procès pénal. L'indisponibilité du tribunal devrait conférer le pouvoir de placement en garde à vue ou de prolongation de la mesure de garde à vue et non de placement en détention provisoire. Il s'en déduit que l'article 2 de la loi du 6 mai 1927 sur la comparution immédiate est contraire à l'article 26 de la Constitution haïtienne.

Ce contraste ne permet pas l'uniformisation du contentieux de la détention provisoire dans le cadre de la procédure de comparution immédiate dans le droit haïtien. Même si du point de vue terminologique les deux textes sont peu clairs, le mandat de dépôt traduit la détention provisoire de la personne poursuivie dans les deux hypothèses. Il serait préférable que le législateur emploie explicitement l'expression « détention provisoire » afin d'éviter toute ambiguïté, d'autant qu'il confère un pouvoir exorbitant au commissaire du Gouvernement, partie au procès dans le cadre de la procédure de comparution immédiate, en autorisant ce dernier à émettre le mandat de dépôt à l'encontre de la personne mise en cause.

**126.** Cette clarification serait utile pour les profanes et éviterait que la mesure privative de liberté décidée par le commissaire du Gouvernement soit comprise comme le placement en garde à vue, ce qui relève évidemment de sa compétence juridictionnelle à la lumière de la séparation des fonctions judiciaires dans le procès pénal. De même, le législateur n'emploie simultanément ni dans la comparution immédiate ni dans l'information judiciaire les expressions « détention préventive » et « détention provisoire ». Ce dernier ne précise l'acception ni de la notion de détention provisoire ni de la détention préventive. La loi du 6 mai 1927 sur la comparution immédiate évoque la notion de « détention préventive » en matière correctionnelle sans pourtant la définir clairement.

**127.** Ce manque de précision législative sur le vocabulaire juridique en matière de privation de liberté dans la procédure de l'information ou la comparution immédiate peut soulever une confusion sur les expressions « détention préventive prolongée » et « détention provisoire » employées par les juristes. Or, le législateur haïtien ne mentionne pas le mot « prolongé » dans le texte relatif à la détention préventive. Ce couple préventive/provisoire attribué simultanément à la notion de détention pose un problème d'interprétation dans la communauté des juristes en ce que la « détention préventive » est comprise comme le principe dans la pratique de la procédure pénale haïtienne, et celle provisoire traduit l'obligation de l'autorité judiciaire de prioriser la liberté de l'individu au stade de l'avant-procès pénal.

Le législateur haïtien semble emprunter l'expression « détention préventive » aux anciens textes répressifs français en ce que René Garraud entendait par détention préventive « une institution à laquelle la justice est étrangère »[1].

**128.** Dans la pratique, l'emploi de « détention préventive prolongée » est en général préféré à l'expression « détention provisoire »[2]. L'adjectif « prolongé », greffé à l'expression « détention préventive » dans la pratique de la justice pénale haïtienne, explique l'incompréhension du texte législatif par des juristes. Cette incompréhension conduit à revenir sur la démonstration de l'anomalie de cette dénomination. À ce jour, la loi et la doctrine ne parviennent pas à dégager une définition relative à la notion de « détention préventive » ou « détention provisoire » dans le

---

[1] R. Garraud, *Traité d'institution criminelle*, t. III, Paris 1912, p. 128.

[2] Ministère de la Justice et de la Sécurité publique, « Forum sur la détention préventive prolongée », Port-au-Prince, 5 et 6 mai 2016.

droit haïtien. Mais une définition pourrait se déduire des articles 30, 46 et 80 du code d'instruction criminelle puisque le législateur confère à l'autorité judiciaire le pouvoir d'émettre des mandats de dépôt à l'encontre des personnes mises en cause à la phase préparatoire du procès pénal. Ce mandat de dépôt implique la détention des mis en cause dans un établissement pénitentiaire et peut, en conséquence, s'analyser comme le placement en détention provisoire.

**129.** L'absence de définition de cette mesure conduit le plus souvent les acteurs judiciaires à recourir au droit interaméricain pour interpréter l'esprit du législateur en la matière. Selon l'article 7.2 de la Convention américaine, la détention provisoire est en principe « une mesure de sûreté exceptionnelle liée à la politique criminelle du législateur et s'inscrit dans la politique pénale du Gouvernement dans le but de protéger la sécurité publique ». Il résulte de cette assertion conventionnelle que la « détention préventive » est autorisée dans la procédure pénale haïtienne et ne se différencie pas essentiellement de la détention provisoire française quant à la finalité. La seule différence entre ces deux procédures pénales tient à ce que la dénomination varie en fonction de la législation pénale concernée.

On en déduit que la détention préventive s'oppose à la détention provisoire de telle façon que la première tend à considérer la privation de liberté comme la règle à la phase préparatoire du procès pénal. Dans ce contexte, l'emploi simultané de ces deux expressions crée vraisemblablement une confusion sur le sens de la liberté dans la législation pénale haïtienne. La pérennité de cette confusion s'explique par l'absence d'évolution législative en la matière.

**130.** Dans la procédure pénale française, le régime de la détention provisoire a évolué considérablement pendant les cinq dernières décennies. En dépit de la proclamation de son caractère exceptionnel dans le code de procédure pénale adopté en 1957, la détention demeurait préventive et la liberté était considérée comme provisoire. Tout au long du XX^e^ siècle, les prérogatives en la matière étaient concentrées entre les mains du juge d'instruction. La liberté était ainsi « provisoire », et le législateur n'offrait aucune garantie en termes de pouvoir d'appréciation de la légalité de la détention par une autre autorité judiciaire. Cette situation valait au juge d'instruction la réputation de « l'homme le plus puissant de France ».

Jusqu'en 1970, la détention provisoire était dénommée « détention préventive ». C'est à la moitié du XX^e^ siècle que le premier signal libéral a été envoyé par la loi n° 70-643 du 17 juillet 1970 où la terminologie fut inversée en qualifiant de préférence la détention de provisoire, la liberté étant considérée comme la règle. La détention revêtait un caractère exceptionnel en cas de doute sur la participation de la personne mise en cause à la commission de l'infraction.

**131.** Le régime de la détention provisoire est en effet marqué par une accumulation de réformes législatives, telles la loi du 9 juillet 1984 relative à l'instauration du débat contradictoire dans le contentieux de détention provisoire, les lois des 10 décembre 1985 et 30 décembre 1987 qui instituaient la collégialité de la mise en détention, la loi du 4 janvier 1993 relative à la création des chambres de mise en détention, la loi du 24 août 1993 sur la restauration du pouvoir du juge d'instruction dans la décision du placement en détention provisoire et la loi du 30 décembre 1996 sur l'exigence de la motivation et la durée de la détention. Toutes ces lois étaient adoptées dans le but de réduire le nombre des détentions provisoires et renforcer les garanties judiciaires en faveur des personnes privées de liberté au stade de l'avant-procès pénal. Dans ce cadre, le caractère exceptionnel de la privation de liberté au stade préparatoire du procès pénal reposait sur le principe universel de la présomption d'innocence. Toutefois, les véritables refontes de la détention provisoire ont pris naissance au début du XXI<sup>e</sup> siècle par l'adoption de la célèbre loi n° 2000-516 du 15 juin 2000 renforçant la présomption d'innocence et les droits des victimes. Contrairement au droit haïtien, la détention provisoire s'applique dans des conditions encadrées dans la procédure pénale française (§ 2).

## § 2 – Les conditions du prononcé de la détention provisoire

**132.** Le recours au placement en détention provisoire est soumis à un ensemble de conditions juridiques dans le cadre de la comparution immédiate, à la fin de la garde à vue et en matière d'instruction. Les règles liées à l'application du placement en détention provisoire sont similaires dans les politiques criminelles haïtienne et française à l'issue de la garde à vue en matière correctionnelle ou criminelle. En matière de comparution immédiate, lors de sa présentation devant l'autorité judiciaire, le gardé à vue, devenu prévenu, peut faire l'objet de placement en détention provisoire. De la même façon, la saisine du cabinet d'instruction peut entraîner la détention provisoire de la personne mise en cause dans ces deux systèmes juridiques.

**133.** La compréhension de l'architecture procédurale de la détention provisoire appelle l'analyse fouillée des conditions d'applicabilité et la

mise en œuvre de la mesure dans ces deux législations pénales. Le placement en détention provisoire peut être décidé à raison de l'existence de l'infraction et dans un objectif déterminé lorsqu'il existe des « indices ou soupçons de culpabilité » sur la personne mise en cause. Ces conditions s'atténuent dans les cas de la justice pénale des mineurs dont le contenu ne fera pas l'objet de notre étude.
Alors que la mise en œuvre de la mesure est tributaire de l'infraction dans le droit français, elle n'est pas liée à la gravité de l'infraction dans la procédure pénale haïtienne. Toutefois, les législateurs français et haïtien entourent la mise en œuvre de la détention provisoire des conditions préalables de l'existence de l'infraction et du statut juridique de la personne mise en cause dont le non-respect emporte la mise en liberté de la personne poursuivie.
**134. La condition de l'infraction.** La qualification juridique de l'infraction est l'un des éléments essentiels dans l'application de la mesure de détention provisoire. C'est dire que l'infraction se place au cœur du recours au placement en détention provisoire.
Dans la procédure pénale haïtienne, la détention provisoire est subordonnée à la seule existence d'une peine d'emprisonnement au sens des article 77 et 80 combinés du code d'instruction criminelle. Cela dit, l'individu peut faire l'objet de placement en détention provisoire, indifféremment de la gravité de l'infraction. Quelle que soit la peine applicable, il suffit que l'infraction reprochée soit un crime ou un délit. La seule peine d'emprisonnement applicable à l'infraction ouvre droit à la détention provisoire. Il en est ainsi de la mendicité dont la peine encourue est de six jours à six mois d'emprisonnement au sens de l'article 226 du code pénale en cas d'impossibilité dc la tenue de l'audience.
**135.** L'indifférence du législateur haïtien quant à la gravité de l'infraction dans l'application de la détention provisoire facilite la détention préventive et augmente la surpopulation carcérale de telle sorte que l'engorgement de la justice peut retarder le jugement de l'intéressé au-delà de la durée de la peine d'emprisonnement qu'il encourt. Le législateur n'exclut pas les infractions de nature contraventionnelle du champ de la détention provisoire en ce que les articles 115 et 116 du code d'instruction criminelle autorisent la mise en liberté de l'individu en cas d'existence ou non d'une infraction contraventionnelle à l'issue de l'information. La combinaison des articles 115 et 116 précités remet en cause l'exclusion des infractions contraventionnelles prévues aux articles 77 et 80 précités. Il apparaît

inutile que ces dispositions autorisent la mise en liberté en matière contraventionnelle puisque les articles 77 et 80 du CIC permettent en principe d'écarter l'ouverture de l'information judiciaire pour les infractions de nature contraventionnelle. Cette confusion juridique empêche de retenir péremptoirement l'exclusion de la contravention du champ d'application de la mesure de détention provisoire. Ce contraste doit appeler l'intervention du législateur pour fixer clairement sa position sur la nature de l'infraction pouvant faire l'objet de détention provisoire afin d'harmoniser la procédure pénale, d'autant que ce dernier édicte clairement le placement en garde à vue dans le domaine contraventionnel à la lumière des articles 8 et 10 combinés du code d'instruction criminelle.

**136.** Dans la procédure pénale française, le placement en détention provisoire est strictement lié à la nécessité de la poursuite de l'information judiciaire ou à la représentation de la personne mise en cause. Jugée insuffisante, la formule générale fondée sur la seule peine d'emprisonnement était exclue par le législateur dans les années 2000 dès l'article préliminaire du code de procédure pénale. L'article préliminaire, III, alinéa 4 du code de procédure pénale (CPP) exigent, entre autres, que les mesures de contrainte dont la personne suspectée ou poursuivie doivent être strictement limitées aux nécessités de la procédure, proportionnées à la gravité de l'infraction reprochée. La prise en compte de la proportionnalité de la contrainte aux faits reprochés intègre donc la politique du libéralisme pénal français dans le but de lutter contre la hausse des détentions provisoires et la surpopulation carcérale.

La question de mesures privatives de liberté dans l'avant-procès pénal pose le problème de la surpopulation carcérale et celui des conditions de détention dans les politiques criminelles haïtienne et française. Les statistiques révèlent régulièrement l'engorgement des prisons françaises et haïtiennes et l'inadaptation du système pénitentiaire français aux normes européennes et de celui haïtien aux normes internationales. La célèbre loi pénitentiaire n° 2009-1436 du 24 novembre 2009 relative à l'aménagement des peines et le sursis probatoire issu de la loi n° 2019-222 du 23 mars 2019 de programmation 2018-2022 et de réforme pour la justice illustrent la préoccupation du législateur face au problème de la surpopulation carcérale dans la justice pénale française.

**137.** Les mesures privatives de liberté influent considérablement sur les conditions de détention des détenus. Les jurisprudences de la chambre criminelle et du Conseil constitutionnel ont ainsi évolué en la matière. La chambre criminelle a rendu un arrêt qui reflète la préoccupation du législateur français dans le cadre des conséquences des mesures privatives de liberté dans la surpopulation carcérale[1]. Le Conseil constitutionnel s'est aussi prononcé sur la question de la dignité de la personne humaine[2]. De même, la jurisprudence de la Cour européenne soulève la question de la surpopulation carcérale en France[3]. Cette question sera approfondie ultérieurement dans cette étude.

Il en résulte que le législateur français subordonne le placement en détention provisoire non seulement aux nécessités de l'instruction ou à titre de mesure de sûreté au sens de l'article 137 du code de procédure pénale mais également au caractère insuffisant des obligations alternatives à la détention provisoire et au motif de la détention à la lumière de l'article 137 précité. En revanche, la question de l'engorgement des prisons et celle des conditions de détention semblent ne pas préoccuper les pouvoirs publics haïtiens en dépit de l'alerte récurrente de la société civile. Cette supposition s'explique par la passivité du législateur et du pouvoir exécutif sur la nécessité d'améliorer le système pénitentiaire haïtien.

**138.** Il est donc illusoire d'espérer que la politique de réduction du nombre de détentions provisoires serait efficace si l'on généralisait l'application de la mesure de détention provisoire. Pour cette raison, le législateur français limite le placement en détention provisoire à la gravité de l'infraction reprochée. À ce titre, la détention provisoire doit être fondée sur l'un des sept objectifs légaux énumérés à l'article 144 du code de procédure pénale et n'est applicable que lorsque l'intéressé encourt une peine criminelle ou une peine correctionnelle d'une durée supérieure ou égale à trois ans en application de l'article 143-1 du code de procédure pénale, sauf en matière des délits de presse à la lumière de l'article 52 de la loi du 29 juillet 1881 sur la liberté de la presse. Il ne suffit donc pas que l'infraction reprochée soit passible d'une peine d'emprisonnement pour que la détention provisoire soit autorisée dans la procédure pénale française.

**139.** Le législateur français considère la détention provisoire comme un vrai « substitut pénal » avec l'instauration de la condition de subsidiarité

---

[1] Crim., 13 avril 2021, n° 603 ; Crim., 8 juillet 2020, n° 1400.

[2] Décision n° 2021-898 QPC, 16 avril 2021.

[3] CEDH, 30 janvier 2020, *J.M.B c. France*, n° 9671/15.

à l'alinéa 3 de l'article 137 du code de procédure pénale. Contrairement à la législation pénale haïtienne, ces analyses révèlent que la détention provisoire ne s'applique pas dans le domaine contraventionnel dans la procédure pénale française au sens de l'article 143-1 du code de procédure pénale. Il importe donc que le législateur haïtien formalise clairement sa position sur la nature de l'infraction pouvant déboucher sur la détention provisoire afin d'établir une harmonisation dans l'application de la mesure de détention provisoire.

Le recours à la mesure n'est pas simplement lié à l'existence de l'infraction au sein de ces deux systèmes juridiques. L'autorité judiciaire doit prendre en compte le statut juridique du mis en cause.

**140. Le statut juridique du mis en cause.** La mise en mouvement de l'action publique implique le recueil d'informations et de renseignements en vue de rassembler des preuves utiles à la manifestation de la vérité. Cependant, ce n'est pas parce que l'individu est appelé à être interrogé dans le cadre du processus judiciaire qu'il soit systématiquement susceptible de faire l'objet de placement en détention provisoire. Alors que l'inculpation et la détention provisoire sont indissociables dans la procédure pénale haïtienne, le législateur français emploie l'expression « mis en examen » pour désigner juridiquement la personne à l'encontre de laquelle peut s'appliquer la détention provisoire. Ainsi, le placement en détention provisoire est admis, à titre exceptionnel, à l'encontre de la personne mise en examen, la liberté étant le principe. La détermination du statut d'inculpé ou de mis en examen suppose donc l'inapplicabilité de la mesure de détention provisoire à l'encontre d'un simple témoin. Pour cela, il importe de savoir ce que l'on entend par « l'inculpé et le mis en examen ».

**141.** La mise en examen, comme l'inculpation, peut s'entendre d'une décision par laquelle un individu est mis en cause au stade de l'instruction dans une affaire pénale. Cette définition apparaît trop large du fait qu'elle ne précise pas les critères attachés à la personne mise en cause. Comment l'individu peut-il être considéré comme mis en cause ? À cette question, la réponse du législateur haïtien manque de clarté. Aux termes de l'alinéa 2 de l'article 80 du code d'instruction criminelle (CIC), l'inculpation est strictement liée à l'infraction en tant qu'il dispose que « Le juge d'instruction peut donner mainlevée du mandat de dépôt ou d'arrêt quelle que soit la nature de l'inculpation ».

Contrairement à l'article 30 du CIC relatif au placement en détention du prévenu en matière de flagrant délit, le législateur n'emploie à aucun moment l'expression « indices graves ». Il est employé dans les articles

77 et 80 du CIC le terme « interrogatoire ». C'est après avoir interrogé l'individu que le juge peut décider de procéder à la détention provisoire. Il s'en déduit que l'interrogatoire constitue la pierre angulaire permettant de découvrir des « indices graves » sur la participation de l'intéressé comme auteur ou co-auteur ou complice à la commission de l'infraction. C'est donc à partir de la découverte de ces « indices » que son placement en détention deviendrait possible, même s'il était préalablement considéré comme inculpé de façon systématique au sens de l'article 77 du CIC. Dans les deux hypothèses, que ce soit en matière correctionnelle ou criminelle, le placement en détention provisoire est subordonné au statut de l'intéressé. À ce titre, la seule saisine du juge d'instruction à l'encontre d'un individu concernant une infraction passible d'une peine afflictive ou infamante implique le statut d'inculpé de ce dernier. L'automatisation de l'inculpation se traduit par l'alinéa 1er de l'article 77 du CIC, qui ne limite le pouvoir de contrainte du juge d'instruction en matière correctionnelle qu'au seul mandat de comparution avant l'interrogatoire de l'individu dont le statut d'inculpé est prédéterminé. Donc, à la lumière des articles 77, 78 et 80 du code d'instruction criminelle haïtien, l'inculpé peut se définir comme « une personne mise en cause au stade de l'information judiciaire à l'encontre de laquelle existent des « indices de culpabilité » dans le cadre de la commission de l'infraction emportant une peine afflictive ou infamante ».

Le mot « graves » employé à l'article 30 ne peut être ainsi retenu à cause de l'expression « quelle que soit la nature de l'infraction » insérée dans l'article 80 du CIC. Il suffit que des indices soient découverts pour que le recours à la détention provisoire puisse être justifié. Non plus, le législateur n'emploie pas le vocable « indices » en matière d'instruction, contrairement aux articles 80-1 et 105 du code de procédure pénale français.

**142.** Il en ressort que l'application de la détention provisoire est subordonnée au statut juridique de la personne à raison de la plausibilité de « soupçons ou d'indices » de culpabilité. Les « soupçons ou indices » sont ainsi des indicateurs de la vraisemblance de la participation de la personne poursuivie à la commission de l'infraction reprochée. Ces éléments permettent de déterminer le statut de l'individu dans la procédure de l'information. À cet effet, les législations pénales haïtienne et française connaissent des différences sémantiques. Alors que le statut d'inculpé semble être lié à la notion de « soupçons » dans la législation pénale haïtienne, la notion de mise en examen est subordonnée à l'expression « indices graves ou concordants » dans la procédure pénale française. Ces deux concepts méritent d'être élucidés pour le lecteur, ce qui conduit à se demander comment déterminer alors les critères de ces soupçons ou indices.

**143.** Il apparaît donc que les « soupçons de culpabilité », fondés essentiellement sur des éléments objectifs, conviennent mieux à la présomption de la participation de l'individu à l'infraction. L'inculpation de l'intéressé est vraisemblablement liée à l'existence de « soupçons » laissant présumer la participation de ce dernier à la commission de l'infraction faisant l'objet d'instruction préparatoire. En revanche, le mot « indice » implique des éléments objectifs. Or, le placement en détention provisoire suppose un minimum de probabilité de preuve sur la participation de l'intéressé à la commission de l'infraction reprochée. Cette probabilité de la participation de l'individu à la commission de l'acte répréhensible peut reposer sur des constations matérielles et des éléments objectifs. Les « indices de culpabilité » supposent donc la mise en œuvre d'un certain nombre de moyens permettant l'obtention d'un ou plusieurs éléments matériels rendant probable la participation de l'individu à la commission des faits poursuivis.

**144.** Les caractéristiques des indices de culpabilité peuvent reposer sur le passé judiciaire de la personne mise en cause. Car des suspicions pèsent davantage sur un récidiviste qu'un individu peu connu des services de police ou de la justice. Ce critère est reconnu par la jurisprudence de la Cour européenne des droits de l'homme puisque celle-ci a affirmé que « les condamnations antérieures de l'inculpé pour des infractions similaires peuvent constituer des indices de culpabilité »[1]. Par cette solution, bien que les antécédents ne suffisent à eux seuls pour mettre en œuvre la détention provisoire, il n'en demeure pas moins que ceux-ci peuvent constituer un élément essentiel dans l'engagement de la responsabilité pénale. Sur la base de ces « indices de culpabilité », la détention provisoire est applicable en vue de préserver les preuves, protéger l'ordre public ou garantir la mise à disposition de l'intéressé à la justice. L'appréciation de la pertinence de ces « indices de culpabilité » reste à la discrétion du magistrat.

**145.** La différence entre les deux législations pénales tient à ce que le droit français a rompu avec la dénomination « inculpé » dans l'information judiciaire, alors que le législateur haïtien maintient ce

---

[1] CEDH, 12 décembre 1991, n° 11894/85, *Toth c. Autriche.*

terme dans le régime de la détention provisoire aux termes des articles 77 et 80 du code d'instruction criminelle. Après avoir démontré les « soupçons » ou « indices de culpabilité » par l'existence des éléments objectifs permettant de persuader que la personne mise en cause peut effectivement avoir commis l'infraction reprochée, il sera donc possible de recourir à son placement en détention provisoire dont l'application est limitée dans le temps et peut être modifiée. C'est le sens de l'avenir de la détention provisoire à ce stade (§ 3).

## § 3 – L'avenir de la détention provisoire

**146.** La complexité d'un certain nombre d'affaires judiciaires peut exiger davantage de temps pour les traiter. À cet effet, les autorités publiques sont tenues d'instituer une politique criminelle facilitant la célérité de la justice au sens de la présomption d'innocence et en raison de l'obligation de l'État d'assurer la protection de la liberté individuelle. Dans cette perspective, la détention provisoire doit être limitée dans le temps. Cette politique temporelle de la détention provisoire a une triple finalité.

D'abord, les limitations de la détention permettent de désengorger la justice car la capacité des instances pénales peut être saturée face à l'accumulation des affaires. Ensuite, cette politique permet de mieux lutter contre la surpopulation carcérale par la réduction des détentions inutiles. Car il se peut que des individus ne représentent pas une menace à l'ordre public et présentent des garanties suffisantes pour l'efficacité du procès. En pareille circonstance, il est inutile de maintenir l'intéressé en privation de liberté. Pour cela, il faut instaurer dans la législation criminelle des mécanismes pour limiter la détention dans le temps. Enfin, la détention provisoire ne doit pas revêtir un caractère punitif en raison du statut de présumé innocent de la personne mise en cause à la phase préparatoire du procès pénal. Dans ce cadre, la conception de mesure de sûreté attribuée à la mesure de détention provisoire est strictement liée à la durée de celle-ci.

**147.** Ne pas limiter la durée de la mesure lui enlève sa conception d'incarcération partielle pour donner l'impression d'une condamnation pénale, d'où l'intérêt de la libération anticipée dans le droit haïtien par la mainlevée, la mise en liberté d'office, la mise en liberté de droit ( cas d'ordonnance de non-lieu et de violation du délai imparti), la liberté provisoire et la mise en liberté pour des raisons sanitaires. Ces mécanismes permettent la mise en liberté anticipée de la personne faisant l'objet de détention provisoire. Bien que cette politique puisse contribuer considérablement à la réduction des détentions provisoires et de façon sous-jacente à la limitation de la surpopulation carcérale, il ne faut pas confondre ces mécanismes avec les mesures alternatives à la détention.

**148.** Les mécanismes de la libération anticipée peuvent présenter des inconvénients majeurs. Il faut craindre que ces mécanismes ne soient utilisés comme outils politiques pour aboutir à des mises en liberté sur motivation politique. La limitation de la détention provisoire dans le temps paraît disparate dans la législation pénale haïtienne et présente une certaine complexité dans la procédure pénale française.

**149. Une durée disparate dans le droit haïtien.** Des critiques s'élèvent contre la question de la durée de la détention préventive/provisoire dans la procédure pénale haïtienne. Des juristes et acteurs judiciaires évoquent généralement la loi du 6 mai 1927 sur la comparution immédiate et celle du 26 ou 29 juillet 1979 sur l'appel pénal ( selon l'auteur d'annotation du code d'instruction criminelle) pour justifier les limitations de la détention préventive/provisoire. Or, la loi de 1927 relative à la comparution immédiate semble instituer la détention provisoire à durée indéfinie, et celle de 1979 relative à l'appel pénal dissocie le délai procédural de celui de la détention provisoire au stade de l'information.

Il convient d'exposer l'illimitation de la mesure dans la procédure de comparution immédiate et son ambiguïté au stade de l'information afin d'analyser la question de la délimitation de la détention provisoire.

**150. L'illimitation de la détention provisoire en matière correctionnelle**. La loi du 6 mai 1927 relative à la comparution immédiate pose un problème majeur sur la question de la temporalité de la détention du prévenu en matière de comparution immédiate. En réalité, le législateur ne cantonne pas l'audiencement correctionnel dans un temps limité. L'article 2 de la loi précitée dispose que « Dans le cas où l'affaire ne peut être jugée le même jour, un mandat de dépôt pourra être décerné par le commissaire du Gouvernement qui sera tenu, sous peine de prise à partie, de faire comparaître l'inculpé à la plus prochaine audience ». Le législateur n'édicte pas au travers de cette disposition la durée de la détention du prévenu avant la tenue de l'audience. Il se contente simplement d'employer l'expression « la plus prochaine audience ». Cette disposition manque de clarté de telle manière que la plus prochaine audience évoquée par le législateur peut se heurter à des obstacles matériels ou politiques. À défaut de la tenue de cette audience, cette loi reste imprécise. Dans la pratique, les prévenus sont placés en détention provisoire à l'initiative du parquet en cas d'indisponibilité du tribunal sans être préalablement présentés devant un magistrat et sans que soit fixé le délai de sa comparution au tribunal. En pareil cas, les détenus recourent le plus souvent à la saisine du Doyen du tribunal de première instance pour obtenir leur mise en liberté sur le fondement de l'article 26.1 de la Constitution.

**151.** Cette action ne devrait pas tenir du fait que la compétence juridictionnelle dudit Doyen se limite à la seule appréciation de la légalité de l'arrestation ou de la détention. Or, il serait illusoire d'attribuer une illégalité à une détention pour laquelle n'est prévue aucune durée légale. La jurisprudence pourrait cependant développer une solution sur le fondement de l'article 8.1 de la Convention américaine relative aux droits de l'homme. Cette disposition conventionnelle consacre des garanties judiciaires au bénéfice de l'individu dans les procédures d'enquête et d'instruction en ce qu'elle proclame : « Toute personne faisant l'objet de poursuites pénales doit être jugée dans un « délai raisonnable ».

Le mot « immédiat » et l'expression « la plus prochaine audience » ressemblent à la formule de « délai raisonnable » du droit interaméricain, lequel délai préoccupe d'ailleurs la jurisprudence de la Cour interaméricaine des droits de l'homme. Dans un arrêt relatif à la responsabilité de l'État Vénézuélien concernant des actes de torture sexuelle dont est victime une femme par un agent privé, la Cour a étendu la responsabilité de l'État en cause « en raison de son défaut d'enquête sur les violences commises à l'égard des femmes dans un « délai raisonnable » et avec la diligence voulue »[1]. Cet arrêt pourrait inspirer la jurisprudence de la Cour de cassation haïtienne pour pallier la rédaction lacunaire de la loi du 6 mai 1927 relative à la comparution immédiate face à l'absence de durée légale de la détention provisoire/ préventive. L'imitation de la jurisprudence de la Cour interaméricaine serait non seulement un instrument pour lutter davantage contre la surpopulation carcérale, mais constituerait également l'amorce de la fin de la détention préventive dans la législation pénale haïtienne.

En tout état de cause, cette solution jurisprudentielle devrait être complétée par l'amendement de la loi du 29 juillet 1979 sur l'appel pénal qui est autant mésinterprétée en raison de son ambiguïté quant à

---

[1] CIADH, 26 septembre 2018, *Lopez Soto y otros c. Venezuela*, Série C n° 362.

la question de la temporalité de la détention provisoire à la phase de l'information.

**152. L'ambiguïté de la durée de la détention provisoire à la phase de l'information.** Le législateur haïtien ne se montre pas inspiré dans le domaine de la notion de temps au stade de l'information judiciaire. La loi du 29 juillet 1979 sur l'appel pénal comporte des lacunes importantes. Il est précisé à l'article 7 de ladite loi que le juge d'instruction dispose « d'un délai maximum légal de trois mois pour rendre son ordonnance de règlement dans le cadre d'une information judiciaire ». Des réflexions juridiques confondent malheureusement ce délai procédural avec celui de la détention provisoire.

**153.** Il n'est pas compliqué de comprendre que ces deux délais sont dissociables. Il en est ainsi du maintien en liberté de la personne mise en cause dans le cadre de l'information judiciaire. En pareille circonstance, il convient de se demander si le magistrat instructeur n'est pas astreint à respecter ce délai légal maximum de trois mois qui lui est imparti de la même manière que l'intéressé serait en détention provisoire. Il ressort donc des articles 7 de la loi précitée et 182 du CIC que la détention préventive/provisoire au stade d'instruction est à durée illimitée en tant que le premier correspond à la durée légale de l'information, et le second est strictement lié au délai d'audiencement du procès criminel après la mise en accusation de l'intéressé. Le seul délai légal prévu pour la détention est le délai fixé par le Doyen du tribunal de première instance aux termes de l'article 182 du CIC, l'intéressé étant toujours en détention provisoire avant son jugement.

Dans cette perspective, l'expression « détention préventive prolongée » pourrait être évoquée, et le Doyen du tribunal de première instance serait ainsi habilité à mettre fin à cette détention sur le fondement de l'article 26.1 précité du fait que le non-respect du délai d'audiencement pénal, fixé aux termes de l'article 182 du CIC, entraînerait automatiquement l'illégalité de celle-ci.

En conséquence, « la saisine à l'extraordinaire » du Doyen du tribunal de première instance prévue à l'article 26.1 de la Constitution de 1987 dans le but d'obtenir la mise en liberté de l'intéressé pour détention illégale au-delà du délai de trois mois méconnaît la portée de l'article 7 de la loi du 29 juillet 1979 sur l'appel pénal. Car ladite loi correspond exclusivement à la durée légale de traitement des affaires pénales faisant l'objet d'instruction.

**154.** Il importe de questionner le sens de la loi du 9 décembre 1983 relative à l'imputation de la durée de la détention préventive sur celle de la peine correctionnelle ou criminelle. Ce questionnement vise à déterminer si le législateur n'y a pas fixé le délai de la détention préventive. L'article 1er de cette loi dispose : « Passé le délai de deux mois, la détention préventive sera imputée sur la durée de toute peine temporaire, correctionnelle ou criminelle ; elle ne comptera que pour moitié en ce qui touche la peine des travaux forcés à temps ». Cette disposition est dépourvue de clarté et appelle une précision.

**155.** L'expression « passé le délai de deux mois » pourrait s'analyser comme la durée légale de la détention de la personne mise en cause. Celle-ci ne limite pas la durée maximale de la détention préventive à deux mois, mais permet simplement la rétroaction de l'extension du délai de deux mois de privation de liberté sur la condamnation pénale, d'autant que le législateur ne précise pas que l'extension du délai de deux mois pourrait emporter l'illégalité de la détention préventive. On peut à juste titre estimer que l'expression « détention préventive prolongée », fondée sur l'article 7 de la loi du 29 juillet 1979 sur l'appel pénal, apparaît maladroite. Car le législateur haïtien laisse exclusivement l'appréciation du délai de la détention provisoire ou préventive à la discrétion de l'autorité judiciaire.

**156.** La jurisprudence de la Cour de cassation peut se fonder sur l'article 8.1 de la Convention américaine pour s'aligner sur la jurisprudence interaméricaine afin de déterminer le délai excessif de détention. À ce titre, la Cour de San José n'a pas eu l'occasion de préciser la durée pour caractériser la notion de délai raisonnable. La Cour a ainsi énuméré les critères caractérisant cette notion en évoquant la réunion de quatre éléments permettant de déterminer le respect du délai raisonnable. La Cour a conclu que le délai raisonnable est tributaire de « la complexité de l'affaire, l'activité procédurale de l'intéressé, la conduite des autorités judiciaires et la souffrance de l'intéressé »[1]. La Cour interaméricaine a considéré que les autorités péruviennes n'ont pas fait la diligence nécessaire ni respecté le devoir de célérité qu'exigerait la probation de liberté.

Tant en matière correctionnelle que criminelle, le délai excessif de la détention des personnes mises en cause à la phase préparatoire du procès pénal haïtien méconnaît généralement la notion du délai raisonnable.

---

[1] CIADH, 30 juin 2015, *Wong c/ Pérou*.

La politique criminelle française évolue régulièrement, certes, mais la durée de la détention provisoire est autant complexe dans le droit français.

**157. La complexité de la durée de la détention provisoire française.** Les divers régimes juridiques des infractions rendent complexe la durée de la détention provisoire dans la procédure pénale française. La difficulté réside dans l'articulation entre la protection de la liberté et la sauvegarde de l'ordre public. En s'intéressant aux garanties qui entourent la détention provisoire, le législateur semble avoir pensé à la notion de temps[1]. Le législateur a ainsi consacré une place importante au « temps » à la phase préparatoire du procès pénal. Sous l'égide de la loi n° 75-701 du 6 août 1975 modifiant et complétant certaines dispositions de procédure pénale, la détention ne pouvait excéder six mois, dont deux mois de renouvellement. Finalement, la loi du 15 juin 2000 précitée a encadré la durée de la détention provisoire dans le but de concilier les intérêts des parties en instituant une durée pour les titres de détention dont le calcul apparaît complexe.

**158. La durée des titres de détention.** Il a été indiqué que la détention provisoire se limite dans le temps. À cet égard, le délai et les possibilités de prolongation du placement en détention provisoire de la personne poursuivie sont fixés par la loi. Rappelons que le titre de détention se manifeste par le mandat de dépôt. Ce titre initial peut être prolongé régulièrement à raison de l'une des exigences énumérées aux articles 143- 1, 144 et 144-1 du code de procédure pénale français. L'ensemble de ces prolongations périodiques ne peut excéder le délai maximum légal. La durée du titre initial de la détention provisoire est de quatre mois en matière correctionnelle et d'un an en matière criminelle au regard de l'article 145-2 du code de procédure pénale.

**159.** Aux termes de l'article 145-1 du code de procédure pénale, la durée de quatre mois peut être portée à un an lorsque l'intéressé encourt une peine de cinq ans d'emprisonnement ou lorsqu'il a déjà fait l'objet d'une condamnation pour une infraction criminelle ou correctionnelle de droit commun à une peine criminelle ou à une peine d'emprisonnement sans sursis supérieure à un an et à deux ans, ainsi qu'à trois ans au regard de l'article 706-24-3 du même code. Ces prolongations périodiques ont une durée limitée en tant qu'elles ne

---

[1] G. Roujou de Boubée, « Le temps dans la procédure pénale », in Le temps dans la procédure , Annales de la Faculté de droit et de science politique de Clermont-Ferrand, 1983, fascicule 20, p.91.

peuvent intervenir à intervalles réguliers de quatre mois pour une période maximum de deux ans en matière correctionnelle. En matière criminelle, la durée initiale de deux ans peut être prolongée à un délai maximum de quatre ans, à intervalles réguliers de six mois. Dans ce cadre, l'ordonnance de prolongation de détention doit intervenir avant l'expiration de la période de détention en cours, sous peine de mise en liberté de droit de la personne mise en examen.
Par ailleurs, aux termes des articles 145-1 et 145-2 du code de procédure pénale, la prolongation maximum de deux ans prévue en matière correctionnelle et les prolongations périodiques prévues en matière criminelle peuvent être prolongées, « à titre exceptionnel », pour une durée de quatre mois par la Chambre de l'instruction lorsque « les investigations du juge d'instruction doivent être poursuivies et que la mise en liberté de l'intéressé causerait pour la sécurité des personnes et des biens un risque d'une particulière gravité ». Cette ultime prolongation n'est renouvelable une fois qu'en matière criminelle.

**160.** Il en résulte que le code de procédure pénale français instaure un délai légal de durée en matière de détention provisoire. La limitation légale de la mesure appelle deux précisions. D'une part, la fixation à l'avance d'une prolongation de détention provisoire est interdite et n'autoriserait pas la liberté de la personne mise en examen après son expiration. La chambre criminelle a légitimé cette solution en affirmant que « l'intéressé peut demander à tout moment sa mise en liberté et que la durée de prolongation inférieure fixée à l'avance constitue un excès de pouvoir »[1]. D'autre part, l'expiration du délai maximum légal emporte la mise en liberté automatique de l'individu.
Cependant, la complexité de l'affaire peut exiger davantage de temps pour rassembler des preuves utiles à la manifestation de la vérité. Dans ce cadre, il va sans dire que l'information judiciaire peut être amenée à traîner en longueur et des critiques peuvent être soulevées face au non-respect de la durée légale prévue pour l'infraction reprochée. Cette situation suscite en général la saisine de la Cour de Strasbourg en raison de la violation des dispositions des articles 5.3 et 6.1 de la Convention européenne qui exigent la tenue du jugement de l'individu dans un « délai raisonnable ».
Les législations criminelles haïtienne et française ne comportent pas simplement des mesures privatives de milieu fermé au stade préparatoire du procès pénal. Il est instauré au sein des deux systèmes

---

[1] Crim., 3 avril 2002, B. n° 73 ; Crim., 21 novembre 2006, B. n° 291.

juridiques des mesures alternatives à l'enfermement qui s'exercent en milieu ouvert dans le but d'établir un équilibre entre le droit à la privation de liberté et la sécurisation de l'avant-procès pénal. La privation de liberté attachée à ces mesures de milieu ouvert s'opère en dehors de l'incarcération de la personne poursuivie (Chapitre 2).

# Chapitre 2

# Les mesures de milieu ouvert

**161.** L'expression « milieu ouvert » est connue traditionnellement dans le droit de l'exécution des peines en France depuis la création du juge de l'application des peines (JAP) par l'ordonnance n°58-1296 du 23 décembre 1958 modifiant et complétant le code de procédure pénale. Par souci du respect du double degré de juridiction, la loi n°2004-204 du 9 mars 2004 portant adaptation de la justice aux évolutions de la criminalité, dite Loi Perben II, a créé par la suite la chambre de l'application des peines (CHAP). Aussi, le législateur français a adopté la loi pénitentiaire n°2009-1436 du 24 novembre 2009 dont l'article 77 dispose : « À cette fin, les peines sont aménagées avant leur mise à exécution ou en cours d'exécution si la personnalité et la situation matérielle, familiale et sociale du condamné ou leur évolution le permettent ». Il en résulte que le mécanisme d'aménagement des peines est adopté dans le droit français au sens de l'individualisation de la peine. À cet effet, la condamnation pénale peut s'exécuter en dehors de la prison, c'est-à-dire en milieu ouvert.

La séparation traditionnelle entre « milieu ouvert » et « milieu fermé » intègre la procédure pénale française avec l'apparition de la loi Perben II dans l'objectif d'assurer la réinsertion du délinquant dans la société et éviter la récidive.

**162.** Le couple milieu fermé/milieu ouvert employé dans notre étude est emprunté à l'esprit de la séparation traditionnelle de ces deux notions dans le droit de l'exécution des peines afin d'expliquer le caractère privatif de certaines mesures alternatives à l'incarcération adoptées en amont du procès pénal. Les législations criminelles française et haïtienne instaurent ainsi des mesures privatives de liberté de milieu ouvert comme des substituts à l'incarcération au stade de l'avant- procès pénal.

L'analyse des mesures privatives en milieu ouvert portera donc sur le contrôle judiciaire (Section 1), la mesure spécifique d'interdiction de quitter le territoire dans le droit haïtien (Section 2) et la mesure d'assignation à résidence (Section 3).

## Section 1

## Le contrôle judiciaire

**163.** Le contrôle judiciaire est un outil essentiel au stade préparatoire du procès pénal permettant de faire l'équilibre entre la protection de l'ordre social et le respect du principe de la liberté. Il constitue un compromis entre la liberté et la détention provisoire. Au lieu d'être incarcérée, la personne poursuivie est astreinte à des obligations dont les limitations de mouvements. C'est sous l'angle de ces limitations de déplacements ou de la durée que le contrôle judiciaire peut revêtir un caractère privatif. Bien que le contrôle judiciaire ne soit pas par nature une mesure privative de liberté, il peut refléter un caractère privatif en raison du contenu des obligations dont il est assorti.
**164.** L'incarcération de l'individu avant son jugement permet essentiellement d'exercer un contrôle nécessaire sur ses déplacements à tous les stades du procès pénal. Aussi, cette mesure de sûreté facilite la prévention du danger que l'individu pourrait représenter à la société. Dans ces circonstances, il est possible de recourir à la détention provisoire sans avoir une certitude sur la participation de l'intéressé à la commission de l'infraction reprochée. Mais la perte provisoire de liberté de l'intéressé est subornée à la preuve de nécessité de son enfermement au regard du principe de la présomption d'innocence.
**165.** Si les objectifs premiers de la détention provisoire consistent à garantir la représentation de la personne mise en cause à tous les actes de la procédure et la prévention de l'ordre public, l'incarcération partielle ne constitue pas le seul moyen efficace pour assurer la paix sociale dans le cadre du processus judiciaire. Des détentions arbitraires peuvent impacter la stabilité de la collectivité de sorte que celles-ci peuvent alimenter un sentiment de vengeance auprès de l'individu après sa mise en liberté. Une telle assertion s'illustre dans les témoignages des délinquants qui vivent dans des quartiers défavorisés à Haïti. Pour justifier leur recours à la criminalité, les chefs de file des bandes armées illégales évoquent régulièrement l'absence de prise en charge sociale ou des décisions arbitraires des autorités publiques qui les poussent à se venger.
**166.** Afin de prémunir l'individu contre ces potentiels actes arbitraires, il existe d'autres mécanismes alternatifs à l'enfermement qui peuvent

contribuer efficacement au respect du droit à la liberté et au désengorgement des établissements pénitentiaires.
Si le contenu du contrôle judiciaire paraît essentiel dans la détermination de son caractère privatif (§1), l'aspect subsidiaire de celui-ci s'explique par son avenir (§2) durant les investigations dans la procédure de l'information.

## § 1 – Le contenu du contrôle judiciaire

**167.** Certains juristes conçoivent le contrôle judiciaire comme un « contrat tacite conclu entre la personne poursuivie et l'autorité judiciaire »[1]. Celui-ci peut s'effectuer notamment par la circonscription de la circulation de l'individu dans un périmètre déterminé. À cet égard, la privation de liberté de la personne mise en cause ne se traduit pas simplement par l'enfermement, mais se justifie par les modalités d'exécution de la mesure. Il en est ainsi des limitations de déplacements de l'intéressé dans des lieux déterminés ou de la sévérité de la mesure. Or, il se peut que l'autorité judiciaire s'évade de la loi pour imposer à la personne des obligations liées au contrôle judiciaire. Pour cela, il importe d'exposer le fondement de la mesure de contrôle judiciaire avant de démontrer que celle-ci tire son caractère privatif du contenu des obligations dont est assortie la mesure.
**168. Le fondement du contrôle judiciaire.** La mesure de contrôle judiciaire est introduite dans la procédure pénale française par la loi n° 70-643 du 17 juillet 1970 tendant à renforcer la garantie des droits individuels. L'autorité judiciaire recourt à cette mesure lorsque la détention provisoire ne paraît pas nécessaire. Au même titre que les personnes morales, la mesure peut être décidée à l'encontre de la personne mise en examen à titre de mesure de sûreté ou pour les nécessités de l'information[2]. Il faut relever que celle-ci n'est pas applicable à l'encontre des militaires et assimilés ni en matière de délit de presse. Son application est soumise à l'existence d'une infraction passible d'au moins une peine d'emprisonnement correctionnel au regard de l'article 138 du code de procédure pénale. En outre, cette mesure peut s'appliquer à l'issue de la mise en liberté de l'individu lorsqu'il est susceptible de faire courir des risques à la victime[3].

---

[1] F. Desportes et L. Lazerges-Cousquer, *Traité de procédure pénale*, Economica, 2015.
[2] Art. 137, 137-2, 138 à 143, CPP.
[3] Art. 144-2, CPP.

**169.** Autant la mesure de contrôle judiciaire intègre la jurisprudence de la Cour européenne au sens de l'article 5§1 c de la Convention européenne, autant le droit de l'Union européenne exhorte à la mise en place de cette mesure comme un outil alternatif à la détention provisoire en vue de lutter contre la surpopulation carcérale et pouvoir rester plus au moins proche du libéralisme pénal. À ce titre, la Décision-cadre 2009/829/JAI du Conseil relative au contrôle judiciaire a été adoptée concernant « la remise en liberté provisoire dans le cadre des procédures présentencielles en vue de permettre de transférer une mesure de contrôle non privative de liberté de l'État membre dans lequel la personne non- résidente est soupçonnée d'avoir commis une infraction à l'État membre où elle réside habituellement. Dans ce contexte, un suspect pourra ainsi faire l'objet d'une mesure de contrôle dans son État d'origine en attendant le procès qui aura lieu dans l'État membre étranger, ce qui permettra à l'avenir de réduire la détention provisoire des citoyens de l'Union non-résidents.

**170.** La loi n° 2015-993 du 17 août 2015 qui transpose la Décision-cadre 2009/829/JAI du Conseil et la loi du 27 octobre 2009 relative à l'application du principe de reconnaissance mutuelle aux décisions relatives à des mesures de contrôle judiciaire en tant qu'alternative à la détention provisoire ont été adoptées afin d'harmoniser la législation pénale française avec la justice pénale européenne,. Notons au passage que la loi de 2009 a introduit une procédure de reconnaissance mutuelle des décisions de placement sous contrôle judiciaire et la Circulaire du 11 août 2016 de présentation des dispositions de la loi n° 2015-993 du 17 août 2015 portant diverses dispositions d'adaptation dans le domaine de la justice en application du droit de l'Union européenne et des engagements internationaux de la France relatives à l'exécution transfrontalière des décisions de placement sous contrôle judiciaire. C'est la même formule qui est retenue dans la justice pénale des mineurs en France en ce que la mesure peut être décidée à l'égard d'un mineur de 16 ans et plus dans les mêmes conditions que les majeurs, en application des articles 10-2, 11-1 et 11-2 de l'ancienne ordonnance du 2 février 1945 relative à l'enfance délinquante,. Quant aux mineurs de moins de 16 ans, elle n'est applicable que si la peine correctionnelle encourue est supérieure ou égale à cinq ans et si le mineur a déjà fait l'objet d'une ou de plusieurs mesures éducatives ou d'une condamnation à une sanction éducative ou à une peine, si cette peine encourue est supérieure à sept ans ou si celle-ci est supérieure ou égale à cinq ans pour un délit de violences volontaires, d'agression sexuelle ou un délit commis avec la circonstance aggravante de violences. Parmi les obligations auxquelles le mineur peut être soumis figure le placement en centre éducatif fermé ou le placement dans un établissement pour effectuer un programme à caractère éducatif et civique[1].

**171.** Le particularisme de la mesure de contrôle judiciaire à l'égard des mineurs s'aligne sur l'article 5§1 c de la Convention européenne, qui préconise la subsidiarité de cette mesure au stade préparatoire du procès pénal. C'est ainsi que la jurisprudence de la Cour européenne des droits de l'homme institue l'éducation surveillée en première ligne au lieu du placement en détention provisoire. La Cour a exprimé la primauté du projet éducatif en la matière par l'arrêt du 27 février 2018 à l'occasion d'une affaire contre la Turquie concernant le placement en détention provisoire d'un mineur âgé de 13 ans pour sa participation à une manifestation violente. En l'espèce, la Cour a relevé que « la loi turque sur la protection de l'enfance prévoit que la détention provisoire d'un mineur doit être une mesure de dernier ressort et qu'elle ne peut être ordonnée que si la mesure de contrôle judiciaire se révèle ineffective ou si elle n'a pas été respectée ». Néanmoins, la Cour a constaté que « les motivations avancées par le juge de paix ne permettent pas de penser que la mesure de détention n'a été utilisée qu'en dernier recours et que le juge ait d'abord envisagé des mesures autres que la détention provisoire »[2].

Il en résulte que le contrôle judiciaire, substitut à l'incarcération partielle de la personne mise en cause dans les procédures pénales, est encadré aussi bien dans le droit français que dans l'espace européen.

Si cette mesure ne constitue pas par nature une privation de liberté au sens de l'enfermement, son caractère privatif découle du contenu des obligations dont elle est assortie dans le cadre des investigations.

**172. Le caractère privatif du contrôle judiciaire.** Le législateur permet d'imposer des limites territoriales de déplacements comme la mesure intermédiaire entre la liberté et la détention provisoire. Même si l'intéressé n'est pas incarcéré dans un établissement pénitentiaire, il est astreint à exercer sa liberté de mouvements dans un périmètre limité[3]. À cet égard, il est privé partiellement de sa liberté, n'étant pas libre de tout mouvement. En outre, il peut être imposé à la personne

---

[1] Anc. art. 33 de l'ordonnance du 2 février de 1945 relative à l'enfance délinquante.

[2] CEDH, 27 février 2018, *Aff. 36475/10, op., cit.*

[3] Art. 138, al. 2, 1°, CPP.

mise en cause l'obligation de rester à son domicile ou sa résidence, sauf dans des conditions et motifs fixés par l'autorité de la mesure[1]. En dehors de ces conditions et ces motifs, l'intéressé ne peut s'y absenter sous peine d'être incarcéré.

**173.** Bien que l'individu ne soit pas soumis aux règles pénitentiaires, certes, mais il est limité dans ses mouvements. De même, la personne mise en cause peut arriver à tromper la vigilance des autorités publiques. Afin d'éviter sa fuite et garantir sa représentation en justice, il est permis de confisquer ses documents d'identité, notamment son passeport[2] afin de l'empêcher de voyager. Il résulte de ces obligations que l'intéressé ne dispose pas de sa liberté dans sa vie quotidienne. La circonscription des mouvements imposée à ce dernier reflète le caractère privatif au sens du droit à la liberté.

Le raisonnement n'est pas différent dans le cas du placement du mineur en centre éducatif fermé ou dans un établissement de programme à caractère éducatif et civique, en ce sens que l'intéressé est en principe privé de sa liberté de mouvements même s'il n'est pas soumis aux règles pénitentiaires.

**174.** S'il est vrai que l'incarcération partielle de la personne poursuivie se conçoit dans la politique criminelle française comme une alternative de dernier recours, il n'en demeure pas moins que les limitations des déplacements assortie du contrôle judiciaire constituent une mesure privative de liberté au sens du principe de la liberté. Ce n'est donc pas le contrôle judiciaire qui est à proprement parler une mesure privative de liberté, mais des obligations en résultant peuvent revêtir un caractère privatif. C'est à juste titre que ce compromis entre la liberté et l'incarcération peut être considéré comme une mesure privative de milieu ouvert. La restriction de liberté peut donc s'assimiler à la privation de liberté dans des cas spécifiques. Dans les deux sens, la mesure privative de liberté et celle restrictive de liberté impactent l'autonomie de l'individu.

Les mesures coercitives nuisent considérablement à la liberté de mouvements de l'individu. L'on est conscient que la restriction de liberté ne prive pas totalement l'individu de sa liberté de déplacements. Pourtant, celle-ci peut s'assimiler à la privation de liberté en fonction de la situation concrète. Honnêtement, il est complexe d'établir cette assimilation du fait que le droit à la liberté protège en principe la liberté

---

[1] Art. 138, al. 2, 2°, CPP.

[2] Art. 138, al. 2, 7°, CPP.

de circulation, d'autant que le législateur français n'édicte pas une distinction entre ces deux notions.

**175.** La lumière est venue du régionalisme européen en la matière. La jurisprudence de la Cour européenne subordonne la différence entre ces deux notions à l'appréciation de la situation concrète[1]. La Cour européenne a énoncé la notion de « privation de liberté partielle » pour identifier une mesure restrictive de liberté en ce qu'elle a cumulé l'objet, la durée et les effets de la mesure pour l'assimiler à une mesure privative de liberté[2]. Le Conseil constitutionnel français s'inspire de cette appréciation *in concreto* adoptée par la jurisprudence de la Cour européenne pour distinguer la restriction de liberté de la privation de liberté dans la législation pénale. Le juge constitutionnel relativise l'assimilation de la restriction de liberté à la privation de liberté en tant qu'il a estimé que ces deux notions se distinguent même si les mesures privatives de liberté impactent effectivement la liberté de déplacements.

Selon la jurisprudence du Conseil constitutionnel, les mesures restrictives de liberté n'excluent pas complètement le droit à la liberté de mouvements de l'individu, mais ne font que limiter ce droit, comme des mesures d'interdiction de quitter le territoire et d'extradition. En revanche, le juge de la loi a estimé entre autres que des mesures comme la vérification d'identité, la garde à vue, la détention provisoire, voire la rétention administrative ou le maintien en zone de transit des étrangers entrent dans la sphère de privation de liberté en raison de leur finalité. Il a ainsi précisé que le dispositif légalisant le placement d'étrangers en zone d'attente en raison de l'absence de toute intervention du juge judiciaire dans la procédure est contraire à la Constitution de 1958 au sens du droit à la liberté individuelle qui est restreinte à la privation de liberté à la lumière de l'article 66 de ladite Constitution[3].

**176.** Le juge constitutionnel s'aligne sur la solution de la jurisprudence de la Cour européenne pour affirmer que la distinction entre la privation de liberté et la restriction de liberté dépend d'une appréciation de la situation concrète des faits. À cet égard, la combinaison de l'effet, de l'objet et de la durée de cette mesure restrictive peut transformer une mesure restrictive de liberté en une privation de liberté. C'est de cette

---

[1] CEDH, 6 novembre 1980, *Guzzardi c. Italie.*

[2] CEDH, 25 juin 1996, *Amuur c/ France*, Sec. 1996-III, fasc.11.

[3] Décision n° 92-307 DC, 25 févr. 1992, Zones de transit, Rec. p. 48.

manière que le juge constitutionnel a retenu cette solution au regard de la liberté d'aller et venir en estimant que « la perte de plein droit de points affectés au permis de conduire ne met pas en cause la liberté individuelle de l'article 66 de la Constitution », et qu'« eu égard à son objet et sous réserve de garanties dont est assortie sa mise en œuvre, elle ne porte pas atteinte à la liberté d'aller et venir »[1]. Le Conseil constitutionnel a ainsi précisé que la « loi n'a ni pour objet d'entraver les déplacements des personnes et encore moins de les empêcher de circuler librement sur le territoire national ». En conséquence, seules les mesures privatives de liberté entrent dans le champ de l'article 66 de la Constitution de 1958 française en termes de liberté individuelle et intègrent le champ de compétence de l'autorité judiciaire.

**177.** Le point de vue de Xavier Bioy[2] s'aligne sur cette conception restrictive de l'article 66 dans le domaine de la liberté individuelle contrairement à Michel Levinet, qui estime que « toutes les libertés constituent la liberté individuelle »[3]. Cependant, Xavier Bioy nuance son point de vue relatif à la désolidarisation de la liberté d'aller et venir de l'article 66 de la Constitution, c'est-à-dire dans le domaine de la liberté individuelle eu égard à la durée de la contrainte en se fondant sur la jurisprudence de la Cour de Strasbourg en raison de la sévérité de cette mesure quant à sa durée.

La position de Levinet se justifierait particulièrement dans le domaine de la liberté d'aller et venir. Car même si cette mesure est une restriction de liberté, comme l'interdiction de quitter le territoire, à l'opposition de la privation de liberté, il y a quand même un risque ou une menace de privation de liberté quant à l'effet de cette mesure.

L'analyse de ces faits démontre que des obligations issues d'une mesure de contrôle judiciaire peuvent revêtir un caractère privatif en fonction de leur sévérité. Dès lors, l'on peut affirmer que le contrôle judiciaire peut s'assimiler à une mesure privative de liberté en fonction de la situation concrète des faits. Dans ce cadre, l'avenir du contrôle judiciaire (§ 2) s'inscrit dans le temps.

---

[1] Décision n° 99-411 DC, 16 juin 1999.

[2] X. Bioy, *Droits fondamentaux et libertés publiques*, 6e éd., LGDDJ, 2020.

[3] M. Levinet, Théorie générale des droits et libertés, op.cit., pp. 61-73.

## § 2 – L'avenir du contrôle judiciaire

**178.** La mesure de contrôle judiciaire ne demeure pas pour l'éternité, en ce sens que sa durée peut être interrompue à tout moment par l'autorité judiciaire. Plusieurs cas peuvent conduire à l'interruption ou la modification des obligations de la mesure. D'abord, la mesure de contrôle judiciaire peut prendre fin de plein droit. Ensuite, la mesure peut faire l'objet de mainlevée et de modification. Enfin, le contrôle judiciaire peut être révoqué en cas de non-respect des obligations dont il est assorti.

Bien qu'il soit attentatoire à la liberté, le contrôle judiciaire n'impacte pas les activités quotidiennes de la personne mise en cause de la même manière que la détention provisoire. C'est ce qui explique la différence entre sa durée et celle de la détention provisoire. Son exécution s'inscrit dans la durée de l'information, et il n'est donc pas nécessaire d'apprécier périodiquement l'opportunité de son maintien. Autrement dit, le contrôle judiciaire se poursuit pendant la durée de l'information, en ce sens que la mesure peut continuer d'être exécutée pendant trois ans si la durée de l'information est fixée pour cette période ou cinq ans si elle est préalablement fixée pour ce délai.

La survie de la mesure varie en fonction de la gravité de l'infraction en matière d'ordonnance de renvoi afin de garantir la représentation de l'individu en justice. Ainsi, le législateur paraît prudent et semble estimer que la probabilité de dissimuler la vérité serait plus importante dans le domaine criminel. Dans cette perspective, il juge nécessaire de maintenir l'exécution du contrôle judiciaire jusqu'à la comparution devant la cour d'assises lorsque la personne mise en cause fait l'objet d'une ordonnance de mise en accusation[1].

**179.** Le législateur confère cependant à l'autorité judiciaire des prérogatives dans le but d'analyser tout risque pouvant compromettre l'efficacité du procès pénal en matière d'infractions de nature correctionnelle. Ce dernier adopte une solution intermédiaire permettant le maintien du contrôle judiciaire jusqu'à la comparution de la personne mise en cause devant le tribunal correctionnel. Il incombe donc au magistrat de rendre une ordonnance distincte et motivée de celle de renvoi pour justifier la nécessité du maintien du contrôle judiciaire au sens de l'alinéa 2 de l'article 179 du CPP.

---

[1] Art. 181, al. 5, CPP.

En principe, l'ordonnance de renvoi met fin à la mesure de contrôle judiciaire dans le domaine correctionnel. En revanche, la personne mise en cause doit retrouver sa liberté totale lorsqu'elle bénéfice d'une ordonnance de non-lieu tant en matière criminelle qu'en matière correctionnelle. En pareil cas, la fin du contrôle judiciaire est systématiquement liée à l'ordonnance de non-lieu, et celui-ci ne peut plus être maintenu même après l'infirmation de l'ordonnance de non-lieu par la Chambre de l'instruction. Il faut noter ici que la Chambre de l'instruction peut ordonner une nouvelle mesure de contrôle judiciaire.
**180.** Le pouvoir conféré à la Chambre de l'instruction est compréhensible puisque la mesure cesse de s'appliquer après l'ordonnance de non-lieu et que son maintien se heurte logiquement au principe de légalité criminelle. Par ailleurs, l'autorité judiciaire peut accorder une mainlevée au contrôle judiciaire ou procéder à la modification de celle-ci.
**181.** Le législateur français confère des pouvoirs à l'autorité judiciaire pour interrompre ou durcir l'application de la mesure. Il se peut que de nouvelles obligations soient greffées aux obligations fixées dans l'ordonnance initiale de contrôle judiciaire en application de l'alinéa 2 de l'article 137 du code de procédure pénale. À l'inverse, les obligations prévues initialement dans l'ordonnance de contrôle judiciaire peuvent n'être plus nécessaires. Dans ce cas, ces obligations peuvent être d'office modifiées ou dispensées occasionnellement ou temporairement par l'autorité judiciaire[1]. En outre, le procureur de la République et la personne mise en cause peuvent estimer que le contrôle judiciaire soit inutile à raison des garanties avérées relatives à l'efficacité du procès et la sécurité des personnes. À cet égard, ils peuvent solliciter, comme en matière de mise en liberté dans le domaine de la détention provisoire, la mainlevée ou la modification du contrôle judiciaire par application de l'article 140 du code de procédure pénale. Le maintien du contrôle judiciaire implique le respect des obligations qui y sont fixées. Dans le cas contraire, la violation de ces obligations issues de la mesure emporte des conséquences importantes.
**182.** La finalité du maintien du contrôle judiciaire tend à garantir la représentation de la personne mise en cause devant les instances de jugement en cas d'ordonnance de renvoi. Le non-respect des obligations dont est assortie la mesure donnerait l'impression de croire

[1] Art. 137, al. 2, CPP.

à la volonté de la personne mise en examen de se soustraire à son éventuelle comparution devant l'instance de jugement concernée.
Pour cela, le législateur institue des moyens contraignants pour s'assurer de l'effectivité de la justice pénale. À ce titre, l'autorité judiciaire est autorisée à émettre le mandat d'amener ou le mandat d'arrêt à l'encontre de la personne qui se soustrait volontairement aux obligations du contrôle judiciaire dont la sanction peut conduire au placement en détention provisoire de l'intéressé afin de s'assurer de sa comparution[1].
Il est vrai que le code d'instruction criminelle haïtien n'édicte pas formellement la mesure de contrôle judiciaire, les magistrats judiciaires haïtiens recourent régulièrement à l'interdiction de quitter le territoire (Section 2) dont la finalité s'assimile au contrôle judiciaire français.

## Section 2

## L'interdiction de quitter le territoire dans le droit haïtien

**183.** Les magistrats judiciaires, c'est-à-dire le commissaire du Gouvernement et le juge d'instruction, procèdent à la détention provisoire pour des infractions de moindre gravité. Le recours excessif à l'emprisonnement se fait de plus en plus présent dans l'actualité judiciaire haïtienne. Parfois, la commission de l'infraction peut ne pas influer sur la réparation de la victime et la protection de l'ordre public, et l'enfermement peut paraître inapproprié ou ne constituerait pas la meilleure solution pour s'assurer de l'efficacité du procès pénal. À l'inverse, il se peut que la mise à disposition de l'individu à la justice ne soit pas garantie. Aussi, l'exécution du mandat d'amener ou d'arrêt décerné par l'autorité judiciaire peut révéler difficile du fait que l'individu est en fuite. Or, l'alinéa 2 de l'article 80 du code d'instruction criminelle subordonne la détention provisoire de l'individu à son interrogatoire préalable.
**184.** Ces diverses raisons peuvent constituer des obstacles à la manifestation de la vérité dans le cadre du procès pénal. Ces obstacles

[1] Art. 141-3, CPP.

expliquent la nécessité de trouver des moyens pour garantir l'efficacité du processus judiciaire afin de garantir la protection de l'ordre social, la réparation de la victime ou la représentation en justice de la personne poursuivie. À cet effet, les magistrats judiciaires recourent à la mesure d'interdiction de quitter le territoire. Cette mesure consiste à enjoindre la Direction Générale de l'immigration et de l'émigration d'adopter toutes les mesures préventives pour empêcher la personne mise en cause de quitter le territoire national. Comme son nom l'indique, la mesure ne vise pas la liberté de mouvements de l'intéressé sur le sol haïtien, mais prive ce dernier de se rendre à l'étranger. Cela dit, l'individu devrait pouvoir logiquement se déplacer d'une région à une autre sur le territoire.

**185.** Cette supposition ne s'applique pas à tous les cas de figure énoncés précédemment. Il est des cas où l'autorité judiciaire peut greffer à la mesure d'interdiction de quitter le territoire un mandat d'amener ou un mandat d'arrêt à l'encontre de l'individu en fuite dans le but de le présenter devant lui. En pareil cas, cela va de soi que l'individu ne risque pas de circuler librement sur le territoire national. De ce fait, l'intéressé se trouve en privation de liberté de fait, d'autant que la mesure d'interdiction de quitter le territoire n'est pas limitée dans le temps. C'est précisément sous cet angle que la mesure d'interdiction de quitter le territoire s'assimile à une mesure privative de liberté. Cependant, l'absence de durée de la mesure heurte la problématique structurelle de légalité. Il importe d'analyser la question de la légalité de la mesure (§1) et de démontrer son caractère privatif découlant de sa sévérité (§2).

### § 1 – La question de la légalité de la mesure d'interdiction de quitter le territoire

**186.** La mesure d'interdiction de quitter le territoire ne constitue pas par nature une mesure privative de liberté. Elle se fait de plus en plus fréquente dans la pratique des magistrats judiciaires haïtiens. Alors que l'article 4 du code pénal haïtien interdit la poursuite pénale sur le chef d'accusation qui n'est pas prévu par la loi, l'interdiction de quitter le territoire n'est instituée par aucun texte. La Constitution haïtienne partage la même position que le législateur en ce que l'article 24-1 de celle-ci précise : « Toute poursuite, toute arrestation ou détention doit être mise en œuvre dans les formes prescrites par la loi ». Le plus souvent, les magistrats judiciaires recourent à l'interdiction de quitter le territoire lorsque la personne mise en cause paraît introuvable ou refuse de comparaître devant la justice, ou encore lorsque sa liberté ne compromettrait pas le processus judiciaire et qu'elle ne représente pas une menace à des personnes. Il est d'usage que la mesure soit décidée à la discrétion du magistrat sans se fonder expressément sur un texte normatif. De ce fait, l'interdiction de quitter le territoire contrevient au principe de légalité criminelle, n'étant pas instituée explicitement par le législateur.

**187.** Ce principe de légalité renvoie à la notion de sécurité juridique en ce que le législateur est tenu de définir clairement les mesures contraignantes applicables dans la matière pénale. C'est le sens même de l'article 24.1 de la Constitution de 1987 haïtienne et l'article 7.2 de la Convention américaine relative aux droits de l'homme, qui affirme que « Nul ne peut être privé de sa liberté, si ce n'est pour des motifs et dans des conditions déterminées à l'avance par les Constitutions ou par les lois promulguées conformément à celles-ci ».

Cette double exigence constitutionnelle et conventionnelle de sécurité juridique n'est pas remplie dans la pratique d'interdiction de quitter le territoire dans la justice pénale haïtienne au stade préparatoire du procès pénal. Pour justifier la légitimité de cette mesure, les magistrats judiciaires haïtiens évoquent généralement le risque de fuite sans pouvoir justifier le texte qui leur confère ce pouvoir coercitif.

**188.** Il semble que la mesure d'interdiction de quitter le territoire peut se justifier au stade de l'information judiciaire et non à la phase de l'enquête pénale. L'article 30 du CIC n'autorise le parquet à décerner le mandat d'amener ou de dépôt que dans des situations de flagrance. En revanche, la légitimité de la mesure paraît justifiée à la phase de l'instruction. Au-delà de la loi qui est la source cardinale du droit pénal, la jurisprudence y joue un rôle non négligeable. C'est ainsi que, sur la base de l'arrêt de la Cour de cassation du 29 mars 1949 qui est précédemment évoqué dans notre étude, la légitimité de la mesure d'interdiction de quitter le territoire pourrait être justifiée. Dans cet arrêt, la Cour de cassation a conclu que « Le juge d'instruction peut prendre toutes mesures tendant à une bonne et prompte administration de la justice ». Cet arrêt est vague, certes, mais pourrait justifier la nécessité de la mesure. Malheureusement, la jurisprudence de la Cour de cassation n'est pas fournie en la matière. En réalité, l'arrêt du 29 mars 1949 précité ne fait pas école dans la jurisprudence de la Cour de cassation haïtienne en ce que la Haute juridiction n'a pas encore l'occasion de se prononcer sur la légalité ou la légitimité de la mesure d'interdiction de quitter le territoire, dont le caractère privatif se déduit de sa sévérité en raison de sa durée indéterminée (§ 2).

## § 2 – La déduction du caractère privatif de la mesure

**189.** Il a été indiqué que la mesure d'interdiction de quitter le territoire n'est pas limitée dans le temps lorsqu'elle est décidée à l'encontre de la personne mise en cause. Dans la pratique, le magistrat judiciaire (commissaire du Gouvernement ou juge d'instruction) enjoint la Direction Générale de l'immigration et de l'émigration d'adopter des mesures de surveillance pour empêcher les déplacements de l'intéressé du territoire national. Puisque les magistrats judiciaires ne précisent pas la durée de la mesure, la portée de celle-ci suppose deux considérations. D'une part, si la durée de l'enquête pénale ou de l'information judiciaire s'étale sur deux ans, l'individu est susceptible d'être privé de sa liberté de circulation pendant cette période. D'autre part, l'individu faisant l'objet d'interdiction de quitter le territoire peut en principe circuler à l'intérieur du territoire par n'importe quelle voie : maritime, aérienne ou terrestre.

**190.** La personne poursuivie n'est pas totalement privée de sa liberté de mouvements. Tout ce qui lui est interdit, c'est de ne pas quitter le territoire. En réalité, la mesure peut mettre l'intéressé dans une situation de peur de sorte qu'il craint le risque de se déplacer à l'intérieur même du territoire haïtien puisque la mesure peut être assortie d'un mandat d'amener ou d'arrêt. Cette hypothèse suffit pour entraîner des effets psychologiques sur l'intéressé et le conduire à rester dans une privation de liberté de fait. Ce n'est donc pas à tort que l'on peut affirmer que le caractère illimité de la mesure traduit le sens de la privation de liberté. D'ailleurs, cette solution est adoptée par la jurisprudence de la Cour interaméricaine qui a déclaré qu'« Une mesure restrictive de liberté peut être assimilée à une mesure privative de liberté en matière de liberté de circulation au sens de l'article 22 de la Convention américaine »[1].

En conséquence, la pratique de l'interdiction de quitter le territoire peut être assimilée, comme le contrôle judiciaire français, à une mesure privative de liberté au stade de l'avant-procès pénal en raison de sa durée indéterminée. Cette durée illimitée exprime la sévérité de cette mesure et peut contraindre l'individu poursuivi à se priver lui-même de sa liberté de mouvements.

[1] CIADH, 15 septembre 2005, *Massacre de Mapiripán c. Colombie* précité.

**191.** Ces analyses démontrent que les mesures de contrôle judiciaire et d'interdiction de quitter le territoire se ressemblent et se conçoivent dans les politiques criminelles haïtienne et française comme des mesures intermédiaires à la détention. Le législateur haïtien n'intègre pas formellement la mesure dans la procédure pénale, mais cette mesure se développe par la pratique des magistrats judiciaires.
L'objectif de la mesure se diversifie dans le droit haïtien en ce que celle-ci peut viser les facilités pour procéder à l'arrestation de la personne poursuivie dans le but d'assurer sa représentation en justice. Dans ce cadre, un mandat d'amener ou un mandat d'arrêt est en général greffé sur la mesure d'interdiction de quitter le territoire, celui-ci étant décidé dans la pratique par le magistrat du parquet ou le juge instructeur.
**192.** Le contentieux de la mesure d'interdiction de quitter le territoire porte généralement sur son caractère attentatoire à la liberté. Il est regrettable que la jurisprudence de la Cour de cassation haïtienne ne s'inspire pas de la jurisprudence de la Cour interaméricaine des droits de l'homme en la matière. Le manque d'intérêt de la Cour de cassation peut s'expliquer vraisemblablement par l'absence de contentieux suscité par les avocats. C'est dire que la Haute juridiction haïtienne n'a jamais eu l'occasion de se prononcer sur les faits concrets attachés à la mesure, qui, pourtant, s'apparente à la privation de liberté.
**193.** Dans la procédure pénale française, le contrôle judiciaire se manifeste par des limitations de déplacements imposées à l'individu. Ainsi, l'autorité judiciaire peut circonscrire les déplacements de l'intéressé à des zones géographiques et des heures déterminées. La mesure ne constitue pas par nature une privation de liberté. Celle-ci est attentatoire à la liberté de mouvements, certes, mais s'exécute sans l'incarcération de l'individu. Le caractère privatif de la mesure se justifie par l'objectif réel poursuivi. À cet égard, le Conseil constitutionnel français et la jurisprudence de la Cour européenne développent une conception concrète de l'appréciation des faits pour assimiler la mesure de contrôle judiciaire à une mesure privative de liberté.
Par ailleurs, les acteurs judiciaires haïtien et français recourent également à l'assignation à résidence (Section 3) comme une mesure judiciaire alternative à la détention provisoire.

## Section 3

## La mesure d'assignation à résidence

**194.** Les procédures pénales haïtienne et française semblent partager la même inquiétude concernant des incidences de l'enfermement sur les activités quotidiennes de la personne mise en cause à la phase préparatoire du procès pénal. Ces législations criminelles instituent un équilibre entre la liberté de mouvements et la protection de l'ordre public dans le cadre de la quête de la vérité judiciaire. C'est précisément cet équilibre qui pousse parfois les autorités publiques à priver partiellement la personne poursuivie de sa liberté. La mesure d'assignation à résidence s'inscrit dans cette politique de prudence et s'aligne sur l'objectif de la consécration de la politique de « surveillance pénale à distance ». Dans ce contexte, la personne mise en cause peut être assignée à résidence en vue de garantir sa représentation en justice et prévenir l'ordre public.

**195.** L'assignation à résidence s'entend donc d'une mesure de sûreté autonome distincte de la mesure de contrôle judiciaire. Elle constitue une mesure privative de liberté qui s'opère en dehors de l'enfermement de l'individu. Si la mesure est encadrée par des textes normatifs dans la procédure pénale française, celle-ci repose sur la pratique dans le droit haïtien. Le législateur haïtien, contrairement à son homologue français[1], ne prévoit pas des mécanismes juridiques pour contrôler à distance l'individu à la phase de l'information judiciaire. L'unique outil de contrôle à ce stade repose sur le recours à la détention provisoire. Cependant, il y a une tendance de recours à l'assignation à résidence dans le droit haïtien par imitation de la procédure pénale française.

L'analyse de la mesure d'assignation à résidence avec surveillance électronique dans la législation pénale française (§ 1) permettra de démontrer la tendance de la transposition de la mesure dans la procédure pénale haïtienne (§ 2).

---

[1] E. Verny, « Des surveillances nouvelles en droit pénal », cité par B. Bouloc, *Les droits et le droit*, Dalloz 2007, p.1141.

## § 1 – L'assignation à résidence avec surveillance électronique

**196.** L'assignation à résidence avec surveillance électronique est une mesure de surveillance introduite dans la procédure pénale française par la loi pénitentiaire n° 2009-1436 du 24 novembre 2009. La loi de 2009 a instauré l'assignation à résidence comme une solution intermédiaire entre le contrôle judiciaire et la détention provisoire. Le recours à cette mesure était déjà prévu en cas de non-respect de l'obligation de limitations des déplacements issues du contrôle judiciaire. Ainsi, le contrôle judiciaire pouvait être transformé en placement sous surveillance électronique (PSE).

Jugée excessivement contraignante dans le cadre du contrôle judiciaire, la mesure faisait l'objet de vastes critiques et était finalement peu mise en œuvre. Ces critiques ont vraisemblablement conduit le législateur à faire du placement sous surveillance électronique une mesure de sûreté autonome subordonnée à son propre régime. C'est ainsi que celle-ci constitue une mesure alternative à la détention provisoire dont les conditions d'applicabilité sont spécifiques et le sort ne diffère pas, sur le fond, des autres mesures de sûreté.

**197. Les conditions d'applicabilité de la mesure.** Même s'il apparaît moins contraignant que la détention provisoire, le régime de l'assignation à résidence sous surveillance électronique est soumis à des conditions restrictives. La mesure diffère de la détention provisoire, mais le recours à celle-ci est subordonné à l'existence d'une infraction et au consentement de la personne mise en cause dans certains cas. À cet égard, le législateur autorise le recours à cette mesure à raison de la gravité de l'infraction et exige l'accord de la personne poursuivie dans le cas de l'installation d'un émetteur sur celle-ci (art. 723-8 CPP) lorsque l'infraction reprochée est punie de plus de sept ans d'emprisonnement et pour laquelle le suivi-socio-judiciaire est encouru (art. 142-5, al. 3, CPP).

Sur un plan général, aux termes de l'alinéa 1 de l'article 142-5 du CPP, la mesure d'assignation à résidence sous surveillance électronique ne peut être décidée qu'à l'encontre d'une personne mise en examen qui encourt une peine d'emprisonnement d'au moins deux ans. Lorsque la personne est mise en examen pour des cas de violences ou de menaces, dont la peine encourue est d'au moins cinq ans d'emprisonnement, commises soit contre son conjoint, son concubin ou son partenaire lié par un pacte civil et de solidarité, soit contre ses enfants ou ceux de son conjoint, son concubin ou son partenaire, l'article 142-12-1 du CPP autorise l'application de la mesure de PSE Mobile lorsque l'individu est l'ancien conjoint ou concubin ou partenaire de la victime. Le législateur instaure des tempéraments dans l'application de la mesure s'agissant des mineurs. Dans tous les cas, le législateur exige le consentement de l'intéressé ou une demande présentée par ce dernier, et l'accord exprès des représentants légaux s'il s'agit d'un mineur, pour l'application de la mesure au regard de l'article 142-12 du CPP.

**198.** Le recours à cette mesure alternative est si prôné sur le plan européen que le Conseil de l'Europe a élaboré un projet de recommandations à destination des États membres à ce sujet[1]. Par une appréciation concrète des faits, la jurisprudence de la Cour de justice de l'Union européenne établit une distinction entre l'assignation à résidence et l'assignation à domicile. La Cour a ainsi estimé que « l'assignation à résidence est une mesure restrictive de liberté de circulation, alors que l'assignation à domicile constitue une privation de liberté »[2].

Il en résulte que la mesure d'assignation à résidence avec surveillance électronique constitue un substitut intermédiaire entre le contrôle judiciaire et la détention provisoire. Cela dit, elle ne peut être décidée qu'après avoir démontré l'inutilité du placement en détention provisoire de l'intéressé et l'incertitude de l'efficacité de la mesure de contrôle judiciaire pour la garantie de représentation en justice de la personne poursuivie. C'est ainsi que l'objectif premier de la loi de 2009 consiste à obliger la personne poursuivie à demeurer à son domicile ou à une résidence fixée dans des conditions clairement établies. À cet égard, le législateur français instaure deux procédés pour exécuter la mesure. Celle-ci peut être exécutée, soit par le système de placement sous surveillance électronique (PSE) fixe ou local[3], soit par le système de placement sous surveillance électronique mobile (PSEM)[4]. Ces deux modalités d'exécution de la mesure permettent de priver la personne mise en cause de liberté. Dans cette perspective, l'application du placement sous surveillance électronique est liée à la gravité de

---

[1] Conseil de l'Europe, « Projet de recommandation CM/REC (201X) XX concernant la surveillance électronique », Comité européen pour les problèmes criminels, Strasbourg, 17 avril 2013.

[2] L. Robert, « La jurisprudence de la CJUE relative au droit à la liberté et à la sûreté », Titre VII, Cahiers du Conseil constitutionnel, N° 7, octobre 2021.

[3] Art. 723-8, CPP.

[4] Art. 763-12, CPP.

l'infraction et suppose le port d'un bracelet électronique avec le consentement de l'intéressé.

**199.** Alors que le système de placement sous surveillance électronique (PSE) fixe ou local permet de contrôler la présence ou l'absence de la personne dans le lieu désigné et dans les conditions qui lui sont assignées, celui de surveillance électronique mobile (PSEM) vise la géolocalisation de l'agent sur l'ensemble du territoire et exige son consentement pour l'installation du dispositif.

Ces modalités d'exécution expriment vraisemblablement la privation de liberté partielle de l'individu du fait que ce dernier est contraint de demeurer à son domicile à un temps déterminé. Ce temps d'immobilisation de l'individu est imposé par l'autorité judiciaire. C'est ainsi que le PSEM s'assimile à la détention provisoire et constitue, en conséquence, une mesure privative de liberté dont le sort dépend de l'évolution de la situation de la personne mise en cause.

**200. Le sort de la mesure.** La mesure comporte des conséquences considérables sur la vie quotidienne de l'individu qui en fait l'objet. À ce titre, elle est amenée à évoluer en fonction de l'évolution de la situation personnelle de l'intéressé. La mesure peut être alors révoquée et transformée en détention provisoire. De même, l'autorité judiciaire peut y mettre fin si elle estime que l'intéressé présente des garanties suffisantes pour la poursuite de la procédure de l'information. Ainsi, le législateur permet l'allègement de l'exécution de la mesure de telle manière que la mainlevée et des modifications des obligations sont admises en cours d'exécution de la mesure[1]. Dans ce cadre, de la même façon que les autres mesures privatives de liberté, l'assignation à résidence avec surveillance électronique s'inscrit dans le temps et est donc susceptible de modifications et d'interruption. À cet égard, un délai initial lui est fixé à l'avance. La durée initiale de la mesure ne peut excéder six mois. Toutefois, celle-ci peut être prolongée, par périodique de six mois, jusqu'à une durée globale maximale de deux ans[2].

**201.** L'assignation à résidence sous surveillance électronique s'assimile tellement à la détention provisoire que le législateur en prévoit la réparation en cas de relaxe, d'acquittement ou de non-lieu[3]. Le législateur impute la durée de celle-ci sur la durée de la peine privative de liberté en cas de condamnation de l'intéressé. Ce dispositif relatif à

---

[1] Art. 142-8, 142-9 et 142-12, CPP.

[2] Art. 142-6, CPP.

[3] Art. 149 et 150, CPP.

la surveillance à distance semble inspirer les magistrats instructeurs haïtiens. Ces derniers ont parfois tendance à soumettre des inculpés à l'assignation à résidence dans le but d'éviter le recours excessif à la détention provisoire au stade de la procédure de l'information. La tendance à l'instauration de la mesure d'assignation à résidence dans le droit haïtien par imitation de la procédure pénale française s'est illustrée par une tentative audacieuse (§ 2).

### § 2 - La tentative audacieuse de transposition de l'assignation à résidence française dans le droit haïtien

**202.** Le manque d'essor de la procédure pénale haïtienne depuis plus d'un siècle montre que le législateur ne se soucie guère de la nécessité d'adapter la politique criminelle à l'évolution sociétale. Ce défaut d'évolution n'empêche pas la manifestation de volonté des magistrats judiciaires nationaux pour accueillir favorablement des approches modernes de la justice pénale. L'on constate le pouvoir créateur des juges d'instruction haïtiens par imitation de la procédure française. Cette ouverture à l'innovation a conduit le plus souvent à une tendance de transposition des dispositifs issus du droit français dans la procédure pénale haïtienne pour pallier la désuétude des textes normatifs nationaux.

**203.** Il est regrettable que la transposition des dispositions françaises ne soit pas toujours initiée par le législateur haïtien. D'ailleurs, l'imitation d'un système de droit d'un autre pays ne s'analyse pas comme une négation de fierté nationale. L'instauration de la procédure de comparution sur reconnaissance préalable de culpabilité (CRPC) dans la procédure pénale française, empruntée au droit anglo-saxon en ce qui a trait au plaider-coupable, en est une illustration[1]. Dans cette perspective, la transposition de cette mesure devrait intégrer la procédure pénale haïtienne par l'adoption d'une loi. À cet égard, les magistrats haïtiens mettent à mal le principe de légalité procédurale. C'est dire que la transposition de la mesure d'assignation à résidence s'opère dans la procédure pénale haïtienne au mépris du principe de légalité criminelle.

**204.** La première tentative de transposition de la mesure est réalisée dans le cadre de l'information judiciaire à l'encontre de l'ancien

[1] Art. 495-7 à 495-16, CPC.

dictateur haïtien, Jean-Claude Duvalier[1]. Après son retour de vingt-cinq ans d'exil en France le 16 janvier 2011, l'ex-dictateur haïtien était poursuivi par la justice haïtienne pour corruption, détournements de fonds et des infractions de crimes contre l'humanité. Le magistrat instructeur de l'époque a jugé nécessaire d'exercer un contrôle sur la liberté des déplacements de ce dernier. Le juge instructeur a ainsi ordonné le placement sous assignation à résidence à l'encontre de Jean-Claude Duvalier en circonscrivant ses déplacements dans la capitale du pays. L'ex-président Duvalier faisait alors l'objet des limites à sa liberté en étant assigné judiciairement à résidence avec des restrictions sur ses déplacements et des heures précises pour recevoir ses proches et amis.

**205.** L'ordonnance relative à la mesure ressemblait à la mesure de contrôle judiciaire en ce qu'elle consistait à limiter la circulation de l'intéressé sans pouvoir contrôler réellement le respect de cette obligation par un dispositif de surveillance électronique. En pareil cas, il serait convenable de parler d'une tentative de transposition même si l'ordonnance est effectivement empruntée à la dénomination d'assignation à résidence dans la procédure pénale française.

L'application de cette mesure de sûreté soulevait des débats dans la communauté des juristes haïtienne en raison de la violation du principe de légalité. Ces débats apparaissent davantage pertinents quant à l'efficacité de la mesure eu égard à l'absence de réglementation de la question d'adresse postale fixe et fiable à Haïti et à la défaillance de l'État en matière de libre circulation des personnes dans les frontières terrestres avec la République dominicaine et en raison du manque de contrôle dans les espaces maritimes.

**206.** Le recours à cette mesure de sûreté dans l'affaire Duvalier pourrait faire des disciples. Moins connues que celle-ci, il y a eu plusieurs tentatives de mise en œuvre de cette mesure dans la procédure pénale haïtienne. Ces tentatives de transposition de cette mesure judiciaire n'ont pas pu être exécutées pour des raisons diverses dont le problème d'adresse. La motivation du recours à cette mesure reste vague, certes, mais la pratique des magistrats s'inspire de la législation française afin d'éviter l'automaticité de la mise en œuvre de la « détention provisoire/ préventive ».

Oser la transposition de cette mesure alternative à la détention dans l'affaire Duvalier apparaît louable, mais cette initiative n'est

---

[1] L'assignation formelle à résidence de l'ancien dictateur Jean-Claude Duvalier adoptée par le juge d'instruction Carvès Jean le 24 mars 2011.

malheureusement pas assez soutenue par la société civile afin d'inciter le législateur à élaborer des réformes pertinentes dans la procédure pénale haïtienne dans le but de freiner le recours excessif à la détention provisoire, ce qui permettrait probablement de réduire les détentions provisoires inutiles et la surpopulation carcérale. Ce manque de soutien justifie l'absence de réitération de cette mesure de sûreté dans le processus judiciaire haïtien.

**207.** Il est donc regrettable que cette tentative de transposition audacieuse n'ait pas retenu l'attention du législateur haïtien pour la corroborer avec la solution souvent évoquée de la Cour de cassation. Une telle transposition permettrait d'institutionnaliser et de légitimer la mesure d'assignation à résidence au sein du système répressif haïtien. Les magistrats judiciaires haïtiens imitent davantage les mesures judiciaires françaises du fait que la procédure pénale haïtienne est majoritairement calquée sur sa consœur française. Le recours quasi-systématique à cette imitation s'explique également par l'influence de la coopération franco-haïtienne en matière de justice dans la pratique du droit haïtien.

**208.** Cette coopération bilatérale repose sur la formation initiale et continue des magistrats. C'est ainsi que la transposition de l'assignation à résidence, comme d'autres mesures alternatives françaises à la détention provisoire, est envisagée par les pouvoirs publics depuis 2008 au travers des Commissions ministérielles et présidentielles initiées par les autorités politiques haïtiennes. Après sa relecture par la Commission ministérielle française sous l'égide du célèbre magistrat français, Jean Pradel, un projet de code de procédure pénale est déposé au Bureau de la Commission de Justice et de Sécurité Publique du Sénat de la République d'Haïti aux fins de remplacer le vieux code d'instruction criminelle, emprunté au droit répressif napoléonien.

**209.** La pratique de la mesure judiciaire d'assignation à résidence se fait de plus en plus fréquente dans la procédure pénale haïtienne. Pour contourner la détention provisoire, les juges d'instruction haïtiens imitent la procédure pénale française en la matière en cas de non-nécessité ou d'impossibilité de la détention provisoire dans le but d'éviter les détentions excessives et la surpopulation carcérale. Cette pratique reflète la volonté des magistrats haïtiens de subordonner l'incarcération aux principes de nécessité et de proportionnalité. Mais le droit positif haïtien n'instaure pas formellement cet outil juridique qui paraît nécessaire à l'évolution de la politique criminelle haïtienne. À cet égard, le recours à la mesure d'assignation à résidence par le magistrat instructeur dans la procédure pénale haïtienne contrevient au principe de légalité criminelle.

**210.** Ce juge créateur peut inspirer le législateur à comprendre la nécessité et l'utilité d'intégrer cette mesure alternative à la détention provisoire dans la procédure pénale haïtienne. Il est donc souhaitable que le législateur haïtien pense à adapter la justice pénale à l'évolution de la société et à la justice pénale contemporaine. Le prochain Parlement devrait tenir compte de la problématique structurelle des infrastructures énergétiques à laquelle le pays est confronté avant d'instaurer la mesure d'assignation à résidence sous surveillance électronique puisque la mise en œuvre de celle-ci nécessiterait une alimentation électrique efficace. En conséquence, il apparaît plus rationnel d'envisager, à court terme, une transposition partielle de cette mesure à l'aune des moyens technologiques dont dispose Haïti.

**211.** La présomption d'innocence joue un rôle fondamental dans le domaine des mesures privatives de liberté avant procès. La justice pénale contemporaine préconise le recours au principe du libéralisme pénal dans les procédures d'enquête et de l'information. C'est dire que la privation de liberté de l'individu doit être considérée comme une décision de dernier recours au stade préparatoire du procès pénal. Contrairement à la politique criminelle haïtienne, le principe de la primauté de la liberté de l'individu est au cœur de la procédure pénale française. Il est édicté dans la procédure pénale française que l'ordonnance de non-lieu rendue à l'issue de l'information judiciaire ouvre droit à la réparation de l'individu détenu arbitrairement.

**212.** Le principe de la liberté se trouve parfois être confronté à la réalité du droit pénal. La liberté de l'individu peut impacter le processus de l'obtention de la vérité. Cette influence sur la manifestation de la vérité peut reposer sur le risque que la personne mise en cause peut faire encourir la victime ou la menace qu'elle peut représenter à l'ordre public. Dans ce cadre, le principe de subsidiarité des mesures privatives de liberté apparaît déterminant pour l'efficacité du procès pénal et joue un rôle décisif dans l'équilibre de la justice pénale. Les législateurs haïtien et français semblent ainsi privilégier une politique de prudence en reconnaissant la place des mesures de sûreté à la phase préparatoire du procès pénal.

Par ailleurs, les mesures privatives de liberté sont parfois adoptées à rebours des textes répressifs. Un écart considérable se révèle entre la consécration du libéralisme pénal et l'effectivité de la justice pénale.

Cette discordance traduit la nécessité des mesures privatives de liberté face à la présomption d'innocence (Chapitre 3).

# Chapitre 3

# La nécessité des mesures privatives de liberté face à la présomption d'innocence

**213.** La réalité de la privation de liberté avant procès s'explique par la nécessité de sécuriser le procès pénal, protéger l'ordre public et préserver les intérêts de la victime. Or, la répression pénale ne peut nier le respect de la liberté de l'individu. L'enjeu résultant de la conciliation entre le respect du principe de la liberté et la sauvegarde de l'ordre public est de taille et s'avère complexe. Alors que le maintien en liberté de la personne suspectée ou poursuivie peut engendrer des risques majeurs sur l'efficacité du procès pénal, la privation de liberté peut autant impacter la présomption d'innocence de l'intéressé. À ce stade, la perte de liberté peut apparaître comme un châtiment injuste en raison de la renonciation temporaire des activités de la vie quotidienne de la personne mise en cause. À cet égard, la privation de liberté peut provoquer des émotions traumatisantes chez l'individu eu égard à sa dépendance à un régime de contrôle imposé. Il convient alors de s'interroger sur l'utilité d'un tel risque puisqu'il n'existe, par définition, aucune certitude sur la culpabilité de la personne mise en cause à la phase préparatoire du procès pénal. Or, le but de la présomption d'innocence consiste essentiellement à permettre à la personne poursuivie de continuer à interagir avec son entourage jusqu'à ce que sa culpabilité soit établie. Dans ce cas, l'application des mesures privatives de liberté donnerait l'impression de culpabilité anticipée de la personne mise en cause, ce qui compromettrait l'effectivité de son droit à la présomption d'innocence.

**214.** La présomption d'innocence ne se traduit pas uniquement par le maintien en liberté de la personne poursuivie. Le recours aux mesures privatives de liberté peut présenter un avantage pour l'efficacité du procès pénal de sorte que ces mesures peuvent être utiles à la sécurité collective.

La privation de liberté avant procès justifie donc la prépondérance de la sauvegarde de l'ordre public au stade de l'avant-procès pénal (Section 1) et l'ineffectivité de la présomption d'innocence en amont du procès pénal (Section 2).

## Section 1

## La prépondérance de la sauvegarde de l'ordre public

**215.** L'ordre public est un concept très complexe à appréhender et n'est pas clairement défini par les législateurs haïtien et français. Cette notion permet une atteinte à la liberté de mouvements de l'individu et suppose des indices réels permettant de prouver l'entrave que constitue le comportement de l'intéressé face à l'ordre social. L'ordre public se présente alors comme l'ensemble des institutions, qui tendent à garantir tant la sécurité des rapports entre les citoyens que le cours normal de la vie publique.

Cette acception ne s'éloigne pas de la conception de Thomas Henry Healy dans la Théorie générale de l'ordre public. L'auteur américain entend par ordre public « le principe qui autorise le souverain territorial à appliquer en tout temps et envers tous les individus présents sur son territoire, sans s'inquiéter de ce que peuvent être leurs lois personnelles ou autres, tous les règlements que lui, souverain territorial, considère comme essentiels pour la sécurité, la morale et le bon gouvernement de son territoire ».

**216.** Il en ressort que l'expression « ordre public » vise le respect des règles juridiques qui organisent la vie collective. L'objectif premier de la sauvegarde de l'ordre public à la phase de l'avant procès pénal consiste à assurer la protection de la société par des mécanismes préventifs et répressifs.

Il est nécessaire d'appréhender l'acception juridique de ce concept (§1) et l'impact de celui-ci sur l'État de droit (§ 2) afin de cerner le sens de la sauvegarde de l'ordre public dans le cadre de la privation de liberté.

### § 1 – L'acception de l'ordre public

**217.** L'ordre public est un l'un des motifs essentiels dans les politiques criminelles haïtienne et française dans le cadre de l'exercice de la répression pénale. La notion d'ordre public peut s'analyser comme l'une des modalités substantielles de la protection de la société. Cette protection suppose les interventions des autorités publiques pour contrebalancer les droits et libertés fondamentaux dont disposent les personnes privées de liberté à la phase préparatoire du procès pénal.

L'instauration de l'ordre public dans les législations pénales et administratives françaises consiste à assurer la protection de l'intérêt général. Ainsi, l'expression « ordre public » fait s'opposer deux conceptions. La première conception correspond à la trilogie de sécurité, tranquillité et salubrité publique au sens de l'affaire *Couitéass*[1]. La deuxième conception vise l'intérêt général pour justifier l'exercice des mesures privatives de liberté.

**218.** Même si ce concept n'illustre pas la même stratégie politique dans les législations pénales française et haïtienne, il n'en demeure pas moins que la finalité de celui-ci est similaire dans les deux procédures pénales. Alors que l'ordre public intègre le droit haïtien dans la section 3 du code pénal, le législateur français l'insère dans le code de procédure pénale. Le législateur haïtien se montre préoccupé de la protection de l'intérêt général de telle sorte qu'il a institué l'exigence du respect de la paix publique. Curieusement, la notion d'ordre public n'est pas mentionnée dans le code d'instruction criminelle haïtien, instrument de codification de la procédure pénale. Or, la mise en œuvre de la répression pénale est réglementée par la procédure pénale. On en déduit que le choix politique du législateur haïtien manifeste la prépondérance de la répression pénale des comportements qui sont susceptibles d'entraver l'ordre social en se démarquant de la prise en compte du principe de la liberté. Cette assertion s'explique du fait que le législateur prévoit des réponses pénales à la violation de la paix publique sans définir les critères liés à la notion d'ordre public.

Il en résulte que le législateur haïtien intègre obscurément le concept d'ordre public dans la politique criminelle haïtienne, et la détermination de son contenu est laissée à l'appréciation de l'autorité judiciaire. En pareille circonstance, le recours aux mesures de sûreté au stade préparatoire du procès pénal repose sur la sauvegarde de l'ordre social.

**219.** L'articulation entre la répression et l'ordre public s'apprécie à la discrétion du juge, ce qui ouvre la voie aux détentions arbitraires. D'autant que, dans la pratique, la gravité de l'infraction et l'absence de mécanismes de contrôle à distance efficaces conduisent en général l'autorité judiciaire à évoquer la protection de l'ordre public pour recourir à l'incarcération partielle de la personne poursuivie au stade préparatoire de la procédure pénale haïtienne. Ce vide juridique dans le droit haïtien quant à la notion d'ordre public n'empêche pas de s'opposer au « conservatisme de Véronique Guienne », qui prétend que

[1] CE, 30 novembre 1923, n° 38284 48688, *Affaire Couitéas.*

« l'ordre public dans les pays pauvres est relatif aux guerres et aux crimes de guerre, aux émeutes et à la violence, alors qu'en Europe et de façon générale dans les pays riches et politiquement stables, la question d'ordre public renvoie aux troubles dans les rues et aux incivilités ». « Le même terme renvoie pour les uns à des questions de vie ou de mort, de torture ou de massacres, alors que pour d'autres c'est une question de tranquillité »[1].
Il suffit de lire le troisième chapitre du titre premier (Loi N° IV) sur les crimes, les délits et leur punition dans le code pénal haïtien, ainsi que la troisième section de ce chapitre pour comprendre que le manque d'évolutions législatives de la justice pénale haïtienne n'implique pas pour autant le maintien de la barbarie moyenâgeuse dans la procédure pénale.
**220.** La procédure pénale française est en revanche exempte de cette lacune juridique. Sous l'empire de l'ancien article 802 du code de procédure pénale, la jurisprudence de la Cour de cassation française assimilait la notion d'ordre public à la « bonne administration de la justice ». Il en est ainsi du célèbre arrêt *Flahaut*[2] qui évoquait la question de « règles édictées dans l'intérêt d'une bonne administration de la justice »[3]. La confusion des expressions « ordre public » et « bonne administration de la justice » semble être dévolue dans la justice pénale française en ce qu'il apparaît que le législateur entend dissocier l'ordre public visant la finalité trilogique consacrée par la jurisprudence *Couitéas* de l'expression « bonne administration de la justice ». Cette trilogie apparaît applicable à la fois en matière administrative et judiciaire.
**221.** Même si la salubrité se rapproche du domaine administratif, les notions de sécurité et de tranquillité renvoient davantage à l'intervention des acteurs judiciaires. Faustin-Hélie, dans ses analyses, subordonne la préservation de l'ordre public à la combinaison de trois hypothèses bien déterminées : « La nécessité de mettre fin au désordre et à l'émotion qu'a causée dans la cité quelque crime violent et abominable, par l'arrestation de son auteur ; la nécessité de protéger celui-ci des répercussions immédiates et excessives de la foule en effervescence ; et la nécessité de protéger d'autres victimes éventuelles contre les entreprises nouvelles du meurtrier ou de l'anarchiste qui porte

---

[1] V. Guienne, « Au nom de l'ordre public », L'injustice sociale, Érès, 2006, pp. 19-54.
[2] Crim, 10 nov. 1977, *Flahaut*..
[3] J. Pradel et A. Varinard, *Les grands arrêts de la procédure pénale*, Dall. 10e Éd., 2020.

encore sur lui les armes du premier crime »[1]. À ce titre, l'acception de la notion d'ordre public se détermine en fonction des critères *sui generis*.

**222.** Le droit pénal français ne s'aligne pas sur la conception européenne en matière d'ordre public et développe une autonomie en la matière. Les juridictions nationales françaises adoptent une position différente de la conception européenne en matière d'ordre public. Cette divergence se manifeste par une appréciation souveraine de l'ordre public dans les domaines administratif et judiciaire.

S'agissant du juge judiciaire, le motif d'ordre public apparaissait si flou dans la justice pénale française que la Cour de cassation a été contrainte d'y apporter son éclairage afin de justifier l'application des mesures de sûreté au stade préparatoire du procès pénal. La Cour de cassation lie le recours à l'enfermement de la personne mise en cause à l'existence « du trouble actuel ». L'on doit ainsi le mérite de la première tentative de définition du concept « d'ordre public » à l'arrêt du 25 août 1994 de la Chambre d'accusation de Toulouse, qui a affirmé que « La notion d'ordre public » comporte de multiples acceptions dont le respect de la vie humaine et la primauté de la préservation des personnes sur celle des biens et l'interdiction de la justice privée ».

La loi n° 96-1235 du 30 décembre 1996 relative à la détention provisoire et aux perquisitions de nuit en matière de terrorisme a clairement déterminé le trouble à l'ordre public comme l'un des critères pouvant justifier le placement en détention provisoire d'une personne mise en examen. Le législateur a estimé que le concept d'ordre public est justifié lorsque « l'infraction a causé un trouble exceptionnel et persistant à l'ordre public, trouble auquel la détention est l'unique moyen de mettre fin ».

Le critère de trouble exceptionnel justifiant l'incarcération de la personne mise en cause à la phase préparatoire du procès pénal est repris par le législateur en 2000 en tant qu'il autorise le recours à l'incarcération de l'individu sur le seul motif du trouble causé à l'ordre public dès lors que l'infraction révèle une certaine gravité par rapport aux circonstances de sa commission ou à son degré d'intensité[2].

Il en résulte que l'ordre public consiste en la prévention de l'ordre social et des risques de pressions sur les personnes. Les risques d'entrave à la liberté de la personne mise en cause sont importants du fait que le

[1] Faustin-Hélie, *Traité d'instruction criminelle*, Bruylant, Tome IV, 2e Éd., 1866.
[2] Art. 144, 7°, CPP.

magistrat dispose d'une importante latitude d'appréciation des trois critères énoncés à l'alinéa 7 de l'article 144 du CPC.

**223.** Le motif de « l'ordre public » pour justifier les mesures de sûreté à ce stade a provoqué une polémique dans la doctrine juridique française entre la conciliation de l'intérêt général et le courant libéral de la répression pénale. Des tenants de l'humanisme pénal sont défavorables à la prérogative conférée au juge pour apprécier le critère d'ordre public[1]. À l'inverse, d'autres opinions se fondent sur la place de l'émotion de l'opinion publique dans l'appréciation de la gravité de l'infraction et de l'importance du préjudice qu'elle peut causer. L'alternative entre ces deux positions antagoniques se révèle complexe puisque, d'un côté, la phase préparatoire du procès pénal tend vers la prépondérance de la liberté de l'individu avant son jugement, mais la fonction réaliste attachée au droit pénal impose la sauvegarde de l'ordre social, d'un autre côté. Le législateur a contrebalancé ces deux positions en autorisant le maintien de la détention seulement en matière criminelle et en matière correctionnelle si le délit est puni de trois ans d'emprisonnement en application de l'article 143-1 CPP.

Par ailleurs, l'autonomie de la notion d'ordre public dans le droit français se manifeste également par la répression administrative.

**224.** La justice administrative française adopte une position différente de la justice judiciaire par une appréciation souveraine en matière d'ordre public. La jurisprudence du Conseil d'État institue l'autonomie nationale dans le cadre de l'appréciation de « l'ordre public ». Pour ce faire, le Conseil d'État refuse de s'aligner sur la solution de la jurisprudence européenne en matière de répression administrative. En l'espèce, à la suite de sa saisine pour statuer sur la décision du 12 septembre 1998 de reconduite à la frontière d'un ressortissant espagnol, la Haute juridiction administrative a relevé, à titre liminaire, le critère relatif du concept d'ordre public inséré dans l'article 22 de l'ancienne ordonnance du 2 novembre 1945 relative à l'enfance délinquante par rapport au principe de libre circulation des citoyens européens prévu à l'article 18 du Traité de la Communauté européenne ( TCE), qui prévoit que « Tout citoyen de l'Union a le droit de circuler et de séjourner librement sur le territoire des États membres….». Après avoir relevé l'absence de risque de torture et traitement inhumain et dégradant dans le pays d'origine du requérant, le Conseil d'État a déclaré que « Le droit

---

[1] P. Chambon cité par O. Koné, « La problématique de la détention provisoire », Université Nancy II, Diplôme de criminologie, 2008.

d'un ressortissant d'un État membre de l'Union européenne à s'établir en France reste soumis à un ensemble de conditions fixées par les dispositions du droit national »[1]. Par cet arrêt, la justice administrative considère que la notion d'ordre public comporte une certaine autonomie dans le droit français par rapport à la justice pénale européenne.

Il en ressort que le concept d'ordre public suscite des divergences entre le droit de l'Union européenne et le droit français[2]. La conception européenne s'oppose donc à l'acception française en matière d'ordre public en ce que la justice pénale française développe une autonomie en la matière.

**225.** La communauté européenne s'aligne sur la politique criminelle classique de conciliation des droits en matière d'ordre public. Dans un souci d'équilibre, la notion d'ordre public est confrontée à la libre circulation des personnes dans l'espace européen[3]. L'ancienne Cour de justice des Communautés européennes, remplacée par la Cour de justice de l'Union européenne, a affirmé que « La simple omission, par le ressortissant d'un État membre, des formalités légales relatives à l'accès, au déplacement et au séjour des étrangers, n'est pas de nature à constituer, en elle-même, un comportement menaçant l'ordre et la sécurité publics et ne saurait dès lors, à elle seule, justifier ni une mesure d'éloignement ni une détention provisoire en vue d'une telle mesure », « que serait, dès lors, contraire aux dispositions du traité toute décision d'éloignement prise par les autorités d'un État membre à l'encontre du ressortissant d'un autre État membre relevant du traité, si elle était fondée exclusivement sur le motif tiré de l'omission, par l'intéressé, de se soumettre aux formalités légales relatives au contrôle des étrangers, ou de l'absence d'un titre de séjour »[4].

Il ressort de cette décision que la notion d'ordre public se trouve en concurrence avec le droit à la liberté et ne revêt pas, en conséquence, un caractère absolu dans le droit de l'Union européenne.

---

[1] CE, 15 mars 2000 n° 199758, *Jésus Maria Bidaola Achega.* Voir également : CE, 21 avril 2020, *Sais.*

[2] A. Jeauneau, L'ordre public en droit national et en droit de l'Union européenne : essaie de systématisation, Hal, Archives-ouvretes.fr, Thèse, 23, octobre 2015.

[3] Art. 3, Traité d'Amsterdam du 2 octobre 1997. Voir aussi : Directive 64/221 CEE du Conseil, du 25 février 1964, pour la coordination des mesures spéciales aux étrangers en matière de déplacement et de séjour justifiées par des raisons d'ordre public, de sécurité publique et de santé publique.

[4] CJCE, 8 avril 1976, affaire 48/75, recueil 497.

De même, la relativité de l'ordre public intègre la jurisprudence de la Cour européenne des droits de l'homme[1]. La Cour en est souvent saisie afin de se prononcer sur l'équilibre entre la sécurité et la liberté en se fondant sur le critère de sauvegarde de l'ordre public. Elle considère que le motif de trouble à l'ordre public ne peut être pris en compte qu'en matière criminelle et qu'en matière correctionnelle si le délit est puni de dix ans d'emprisonnement. À ce titre, le juge est tenu de définir le trouble et d'expliciter celui-ci à l'appui de sa décision d'incarcération dans le but de justifier son existence actuelle. C'est ainsi que la Cour européenne a considéré que « Certaines infractions, en raison de leur gravité particulière, suscitent un trouble social telle que la détention provisoire est, pendant un certain temps, totalement justifiée »[2]. La Cour a rappelé que « Ce motif est susceptible d'être modifié à la phase préparatoire du procès pénal sauf s'il est révélé que la mise en liberté de la personne poursuivie troublerait l'ordre public ».
Il en résulte que la notion d'ordre public est totalement absente dans la procédure pénale haïtienne. Cette notion ne connaît pas une uniformisation dans l'espace européen de sorte qu'elle dispose d'une autonomie dans le droit français.
Par ailleurs, le concept d'ordre public semble étrangler le concept d'État de droit (§ 2) dans les politiques criminelles haïtienne et française.

### § 2 - L'étranglement de l'État de droit par « l'ordre public »

**226.** Le concept d'État de droit est apparu dans le système juridique contemporain à partir du XIXe siècle sous l'impulsion de la doctrine allemande *Rechtsstaat* et est inséré dans le droit français au cours du XXe siècle[3]. Puisque celui-ci supplée la démocratie, il y a une transposition systématique de la notion d'État de droit dans le droit haïtien à partir de 1987 lors de l'adoption de la nouvelle Constitution qui a opté pour le choix du régime démocratique afin d'organiser la vie collective.
Dans le lexique juridique, la notion d'État de droit est définie comme « un État dont l'ensemble des autorités politiques et administratives, centrales et locales, agit en se conformant effectivement aux règles de

---

[1] CEDH, 20 septembre 2007, *Sultani c. France*, n° 45223/05.
[2] CEDH, 24 novembre 1994, *Kemmache c. France*, n° 17621/91.
[3] O. Jouanjean (dir.), Figures de l'État de droit. Le Rechtsstaat dans l'histoire intellectuelle et constitutionnelle de l'Allemagne, Presses Universitaires de Strasbourg, 2001.

droit en vigueur et dans lequel tous les individus bénéficient également de libertés publiques et de garanties procédurales et juridictionnelles ». Pour sa part, le dictionnaire juridique conçoit le concept d'État de droit comme « un État soumis au droit et dont toute personne doit respecter les règles ». Dans l'acception politique, l'État de droit s'analyse comme un système institutionnel dans lequel la puissance publique est subordonnée au droit.

**227.** L'État de droit institue essentiellement le principe de la hiérarchie des normes juridiques pour permettre aux citoyens de remettre en cause les décisions arbitraires et illégales adoptées par les autorités politiques[1]. Selon la définition contemporaine de l'Allemand Hans Kelsen, le concept d'État de droit constitue « le symbole des régimes démocratiques et se caractérise fondamentalement par le principe d'égalité républicaine devant les normes juridiqueset l'indépendance des juridictions ». Sans l'existence de cette hiérarchisation dans l'ordonnancement juridique, ce concept n'est pas garanti et l'organisation de la société est entachée de l'anarchie.

Il en résulte que l'État de droit délimite les compétences de différentes institutions étatiques dans le respect de la hiérarchie des normes. D'où l'existence de l'ordonnancement juridique sacro-saint : la Constitution les engagements internationaux, la loi et les règlements. Une fois cet ordre juridique établi, le concept d'État de droit constitue le fondement de l'organisation sociétale dont la méconnaissance emporte une sanction. Ainsi, la légitimité des pouvoirs publics découle du respect du principe de légalité. Dans ce cadre, l'ordonnancement juridique des normes emporte la séparation des pouvoirs autour de la subordination de chaque norme juridique à une autre qui lui est supérieure. Pour cela, il faut un système d'État de droit qui supplée la démocratie en excluant l'excès de concentration du pouvoir dans un seul organe. C'est ainsi que le peuple délègue la souveraineté étatique par le biais de la répartition des pouvoirs entre le pouvoir législatif pour voter la loi, le pouvoir exécutif pour exécuter les lois et édicter des règlements et le pouvoir judiciaire pour rendre la justice. En clair, l'expression « État de droit » est dominée par l'intérêt général et règlemente les principes du vivre-ensemble. C'est exactement dans ce sens qu'a abondé l'exposé des motifs du projet de loi constitutionnelle

[1] H. Kelsen (1881-1973) a défini l'État de droit comme un « État dans lequel les normes juridiques sont hiérarchisées de telle sorte que sa puissance s'en trouve limitée ».

français de 1990 relatif au contrôle de constitutionnalité des lois par voie d'exception en affirmant : « Il n'est de peuple libre et de souveraineté nationale sans un État de droit ».

**228.** L'idée de Bernard Stirn s'aligne dans cette tendance collective lorsqu'il écrivait : « Une société connaît un État de droit lorsque les rapports entre ses membres sont organisés selon des règles qui définissent les droits de chacun et assurent les garanties nécessaires au respect de ces droits »[1]. Cette conception participative au service public incarne les politiques criminelles haïtienne et française. Car l'expansion du terrorisme en France et la prolifération des bandes armées illégales à Haïti auxquelles s'exposent les citoyens poussent vraisemblablement les pouvoirs publics à adopter des politiques publiques dérogatoires au régime pénal libéral qu'ils ont pourtant choisi.

**229.** La règle classique de l'État de droit se fonde sur l'idée que la répression pénale doit être entourée des garanties judiciaires, notamment le maintien en liberté de l'individu jusqu'à son jugement établissant sa culpabilité. Cette formule semble masquer la réalité pour embellir la théorie du droit, en ce sens qu'elle paraît une utopie dans la pratique judiciaire au sein de ces deux systèmes juridiques. L'on y constate l'insuffisance d'encadrement des principes fondamentaux dans le droit français et l'absence de garanties judiciaires dans le droit haïtien dans l'exercice de la répression pénale.

En France, les mesures attentatoires à la liberté au stade préparatoire du procès pénal sont autorisées sur le fondement de « l'état d'exception »[2] qui est institué par l'article 16 de la Constitution de 1958 dans le but de protéger notamment l'ordre public. Il en est ainsi de l'article 8 de l'ordonnance n° 2020-303 du 25 mars 2020, adoptée sur le fondement de la loi du 23 mars 2020 relative à l'urgence sanitaire, et de l'article 16 de ladite ordonnance n° 2020-303 du 25 mars 2020 instaurant les prolongations de plein droit de détention provisoire[3].

**230.** Bien que l'article 41 de la Constitution de 1987 concernant la sécurité paraisse confus du point de vue de la protection du territoire ou

---

[1] B. Stirn, Les sources constitutionnelles du droit administratif, LGDJ, 1995, 2° éd., p. 13.

[2] M. Delmas-Marty, Libertés et sûreté dans un monde dangereux, op. cit.

[3] L'article 16 de l'ordonnance n° 2020-303 du 25 mars 2020 a été adopté sur le fondement de la loi n° 2020-290 du 23 mars 2020 relative à l'état d'urgence sanitaire qui, en son article 11, « a autorisé le Gouvernement à prendre toute mesure relevant du domaine de la loi afin de faire face aux conséquences de la propagation de l'épidémie Covid-19 ».

de l'ordre public dans le droit haïtien, la dérogation à l'ordonnancement juridique est admise lorsque le comportement de l'individu risque de compromettre la sécurité publique. Cet état d'exception se fonde sur la protection du droit à la vie des citoyens auquel l'État est astreint selon l'article 19 de la Constitution précitée.

La dérogation à l'ordonnancement juridique permet de bafouer les droits et libertés fondamentaux dans les procédures pénales haïtienne et française au motif de protéger la société et préserver l'ordre public. Un tel mécanisme peut amener à relativiser la notion d'État de droit et son effectivité dans le processus judiciaire. L'autorité judiciaire devrait s'évertuer à encadrer les mesures d'enfermement par des principes établis par le droit. C'est dire que l'incarcération de la personne poursuivie devrait être inenvisageable tant que sa culpabilité n'était pas établie. Or curieusement, l'autorité judiciaire sélectionne le plus souvent la catégorie d'individus pouvant bénéficier de l'application *stricto sensu* de cette règle au motif qu'ils présenteraient des garanties de représentation en justice fiables.

**231.** Les politiques criminelles haïtienne et française déguisent ainsi les fractures des droits et libertés fondamentaux par la prépondérance de l'ordre public. À ce titre, l'admission de la dérogation à la liberté de l'individu au stade préparatoire du procès pénal doit amener l'opinion à questionner l'existence réelle de la notion d'État de droit. Le concept d'État de droit semble être un jeu de hasard dont la réalité consiste à infliger à son adversaire un échec. Par analogie, l'échec de la présomption d'innocence semble être préparée à l'avance dans ces deux législations pénales. Il y a une transformation de la notion d'État de droit qui est justifiée par le prétexte de l'ordre public ou de la nécessité ou de l'urgence, ce que Mireille Delmas-Marty appelle « suspension provisoire de l'État de droit ».

Dès lors, la notion d'État de droit paraît un trompe-l'œil dans les législations pénales haïtienne et française. La mise au placard temporaire de l'État de droit reflète la possible application de l'article 27 de la Convention américaine par les autorités politiques haïtiennes à raison de la décadence actuelle de la sécurité des citoyens. C'est pourquoi la conception européenne et celle internationale de la notion d'État de droit jouent un rôle non-négligeable dans la coopération judiciaire dans la matière pénale.

**232. L'européanisation de la notion d'État de droit**. L'Europe ne reste pas insensible à la notion d'État de droit, en ce sens que les politiques publiques européennes s'accordent initialement sur la construction d'une Communauté européenne fondée sur la prééminence du droit. Avec l'adoption du Traité sur l'Union européenne (TUE), la notion d'État de droit a pris des proportions importantes dans l'idée d'établir une société plus juste sur la base de l'équité. Dans le Préambule dudit Traité, les États signataires ont inclus l'État de droit dans les valeurs universelles indéréglables en s'engageant à faire respecter celui-ci au sein de leur ordre juridique interne. Ce faisant, ils font cousiner le concept d'État de droit avec la démocratie pour promouvoir le respect des droits et libertés fondamentaux. C'est ainsi que toute demande d'adhésion à l'Union européenne est analysée en fonction de l'engagement de l'État demandeur au respect de l'État de droit, et tout État membre encourt des sanctions en cas de son non-respect.

La notion d'État de droit traverse les frontières européennes de telle sorte qu'elle devient une préoccupation mondiale. D'où son internationalisation pour en faire l'élément fondateur commun de l'organisation de la justice pénale moderne.

**233. L'internationalisation de la notion d'État de droit**. La structure onusienne relie la démocratie à l'État de droit en estimant qu'une société équilibrée doit se fonder sur la reconnaissance et le respect des valeurs fondamentales. Le Préambule de la Charte des Nations unies le mentionne implicitement dans les buts poursuivis par l'Organisation. La Charte se réfère ainsi à la Déclaration universelle des droits de l'homme de 1948 qui précise : « Qu'il est essentiel que les droits de l'homme soient protégés par un régime de droit pour que l'homme ne soit pas contraint, en suprême recours, à la révolte contre la tyrannie et l'oppression ». À vrai dire, la motivation de l'Organisation des Nations unies (ONU) sur l'insertion de l'État de droit au sein des sociétés modernes est beaucoup plus politique que juridique.

**234.** L'on constate malheureusement que les droits et libertés fondamentaux deviennent de moins en moins préoccupants pour les autorités politiques. Il relève de la prérogative de la justice de s'atteler à tout comportement qui entraverait l'ordre public au sein de toute société démocratique. Cela étant, la répression pénale peut être admise à l'encontre de la personne poursuivie dès lors que son comportement s'avère dangereux pour l'ordre public. Dans ce contexte, l'autorité judiciaire pourrait d'office mettre en œuvre des mécanismes coercitifs en cas d'entrave à la sécurité publique. À cet égard, la réalité de la justice pénale est à rebours de la consécration formelle du principe libéral. Dans ce cadre, l'ineffectivité du principe de la présomption d'innocence mérite d'être questionnée ( Section 2).

## Section 2

## L'ineffectivité de la présomption d'innocence

**235.** La présomption d'innocence est un principe fondamental qui consiste à placer en première ligne la liberté de la personne mise en cause dans l'avant-procès pénal. Pour cela, la privation de liberté ne devrait pas s'appliquer en cas d'incertitude sur la culpabilité de l'intéressé. La notion de la présomption d'innocence s'oppose en principe à la politique criminelle de présomption de culpabilité à la phase préparatoire du procès pénal, voire avant le jugement définitif. Mais il faut comprendre que la présomption d'innocence ne s'explique pas par le seul fait de laisser en liberté la personne poursuivie. C'est dans ce sens que les politiques criminelles haïtienne et française instituent la perte de liberté temporaire dans les procédures d'enquête et d'instruction.

**236.** Dans le droit haïtien, les textes normatifs ne précisent pas explicitement le caractère exceptionnel de la privation de liberté. La subsidiarité des mesures privatives de liberté se déduit de l'interprétation extensive des normes constitutionnelles ou conventionnelles dans la procédure pénale haïtienne autant qu'elle est clairement instituée dans le droit français. Dans les deux systèmes juridiques, la prépondérance de la règle de la liberté n'est pas toujours prise en compte au stade préparatoire du procès pénal. Ainsi, l'on constate davantage un écart entre l'affirmation de ce principe essentiel et la nécessité de son application à ce stade. Cette discordance peut engendrer des effets importants sur les droits et libertés fondamentaux de l'individu. À ce titre, la question de l'effectivité de la présomption d'innocence a une place essentielle dans le cadre de l'application des mesures privatives de liberté avant jugement.

**237.** La pratique de l'exercice de la puissance publique montre que la présomption d'innocence est un trompe-l'œil dans les deux procédures pénales étudiées. Malgré son rôle essentiel au profit de la personne mise en cause dans le procès pénal, la présomption d'innocence semble être stigmatisée dans la pratique des mesures privatives de liberté dans les procédures pénales haïtienne et française. La question de l'ineffectivité de la présomption d'innocence se traduit donc par la stigmatisation de la présomption d'innocence dans les procédures d'enquête (§ 1) et d'information (§ 2).

### § 1 – La stigmatisation de la présomption d'innocence au stade de lagarde à vue

**238.** Selon les procédés de la mise en œuvre de la garde à vue dans les procédures pénales haïtienne et française, la présomption d'innocence paraît purement théorique. En réalité, la mesure de garde à vue s'applique en matière d'enquête pénale. La prépondérance de la perte de liberté montre que les politiques criminelles haïtienne et française adoptent une politique de mise à l'écart du statut de présumé innocent de la personne mise en cause à ce stade. La stigmatisation du droit à la présomption d'innocence constitue la politique commune dans les législations pénales haïtienne et française dans le cadre de la répercussion de la justice pénale dans la société.
**239.** Il a été relevé que le recours à la garde à vue est admis dans les droits répressifs haïtien et français en cas de plausibilité de soupçons de commission ou tentative de commission d'infraction par le suspect. De la même façon que les régionalismes européen et américain, les législations criminelles haïtienne et française préconisent le libéralisme pénal au profit de la personne poursuive jusqu'à ce que sa culpabilité soit établie par un jugement définitif. Ce principe libéral se limite aux nécessités de l'enquête dans la procédure pénale haïtienne et à la justification d'au moins une raison dans la procédure pénale française. C'est dans ce sens que la garde à vue est l'une des épreuves les plus épouvantables à laquelle est confrontée la personne mise en cause au stade préparatoire du procès pénal.
**240.** Cette épreuve constitue le moment décisif pour le suspect d'anticiper son innocence dans le cadre du processus judiciaire. Pourtant, les procédures pénales haïtienne et française confèrent un pouvoir exorbitant aux autorités publiques en vue d'exercer la puissance publique à l'encontre des individus au travers de l'interprétation large du concept de nécessité. Dans ce cadre, l'officier de police judiciaire emploie diverses stratégies pour affaiblir l'équilibre de l'esprit du suspect dans le but d'obtenir des charges pour étayer l'accusation.
**241.** Dans la pratique, la notion de nécessité est complètement bafouée dans l'application de la garde à vue dans les procédures pénales

haïtienne et française. Tout ce qui importe pour l'officier de police judiciaire, c'est d'obtenir un indice permettant de préparer la condamnation pénale du suspect. Pour ce faire, les enquêteurs recourent à l'aveu forcé de la personne suspectée. Cette dernière est ainsi parfois mise dans des conditions indignes dans la procédure pénale française et fait en général l'objet de traitements inhumains et dégradants dans le droit haïtien.

**242.** Des critiques s'élevaient contre ces pratiques dans les justices pénales haïtienne et française par des juristes et des défenseurs des droits de l'homme. Alors que l'influence des critiques conduisait à l'adoption du premier code de procédure pénale en 1957 en France dans le but d'encadrer les actes attentatoires à la liberté individuelle dans la misc en œuvre de la garde à vue, la pratique ne connaît aucune avancée dans la procédure pénale haïtienne. Les législateurs de ces deux systèmes de droit s'accordent tant sur l'importance de cette phase cruciale du procès pénal qu'ils consacrent théoriquement certains droits au bénéfice de la personne gardée à vue, dont la présomption d'innocence. Sur le fondement de ce principe fondamental, il est permis au suspect de garder le silence au stade de la garde à vue, ce qui emporte l'interdiction de le contraindre à s'auto-accuser et l'interroger en l'absence de son avocat.

**243.** Même si théoriquement la présomption d'innocence est souvent évoquée dans la justice pénale haïtienne, le législateur haïtien ne consacre pas ce principe essentiel dans le processus judiciaire. Face à une jurisprudence effacée en la matière, les acteurs de la chaîne pénale haïtienne déduisent ce principe de l'alinéa g de l'article 8. 2 de la Convention américaine, qui consacre l'interdiction de l'auto-incrimination. À la lecture du texte conventionnel, il semble que la garantie au suspect de ne pas répondre aux questions des enquêteurs se limiterait aux seules infractions délictuelles. Le texte se réfère exclusivement au « délit » pour accorder la prérogative à la personne mise en cause le droit au silence dans les procédures pénales. Dans cette hypothèse, le suspect ne bénéficierait pas de la présomption d'innocence si les poursuites pénales visaient une infraction de nature criminelle.

**244.** Dans la pratique, quelle que soit la nature de l'infraction, l'officier de police judiciaire informe le suspect de son droit à se faire assister d'un avocat et de son droit au silence en fonction de la situation concrète et de la gravité de l'infraction. Le culte de l'aveu peut conduire les enquêteurs à prioriser davantage l'obtention des charges contre le suspect dans le cadre de la répression des infractions de nature criminelle. En réalité, la personne gardée à vue est simplement informée de son droit à l'assistance d'un avocat ou d'un témoin de son choix en application de l'article 25.1 de la Constitution de 1987. Les enquêteurs procèdent en général à l'interrogatoire du gardé à vue sans la présence de son avocat ou d'un témoin dans le cadre du culte de l'aveu. Pourtant, ce droit est essentiel à la présomption d'innocence dont bénéficie le gardé à vue de sorte qu'il permet à ce dernier de préparer sa défense. Ainsi, le gardé à vue peut être exempté de faire des déclarations défavorables à son innocence.

**245.** Le législateur n'impose pas explicitement l'obligation de l'officier de police judiciaire d'informer la personne gardée à vue de son droit de ne pas répondre aux questions. Dans la pratique, l'irrégularité de l'interrogatoire n'emporte pas la nullité de la mesure.

Il en ressort que le rôle du parquet, dont la compétence est transférée à l'officier de police judiciaire, est purement théorique dans la mise en œuvre de cette mesure dans les procédures pénales haïtienne et française.

**246. Le transfert de compétence du parquet dans le droit haïtien.** Le législateur haïtien n'institue pas la notion d'autorité judiciaire dans la politique criminelle haïtienne. Par la loi n° 2 du 12 juillet 1920 sur la police judiciaire et les officiers et agents de police judiciaire, le législateur établit une hiérarchisation au stade de la fonction de poursuite pénale et au sommet de laquelle se trouve le parquet, qui est secondé par les juges de paix et la police judiciaire. À ce titre, le parquet est en principe le chef de la mise en œuvre de la garde à vue.

Les articles 8 à 13 du code d'instruction criminelle (CIC) instituent une compétence concurrente en la matière. Même si la mise en œuvre de la garde à vue pouvait être à l'initiative de l'officier de police judiciaire ou du juge de paix, le parquet devrait en être informé dans l'immédiat en vue de déterminer l'orientation pénale donnée à l'affaire. Le législateur confère implicitement au magistrat du ministère public le pouvoir de garantir la liberté de la personne gardée à vue.

**247.** À la suite de l'arrestation, sauf au stade de l'information judiciaire, le suspect est déféré devant le parquet ou devant le juge de paix selon le cas. L'article 10 du CIC n'édicte pas un délai pour conduire la personne mise en cause devant le juge de paix. L'article 12 du même code impose au juge de paix de déférer devant le parquet toute personne dans un délai maximum de soixante-douze heures. Une fois déféré, il incombe au magistrat du ministère public de décider de l'orientation pénale de l'affaire en ce qu'il peut, selon le cas, saisir le cabinet d'instruction ou l'instance correctionnelle, voire placer l'intéressé en détention provisoire. Ainsi, l'article 12 du CIC est contraire à l'article 26 de la Constitution qui exige un délai maximum de quarante- huit heures pour présenter le suspect devant un juge. Il est vrai que l'article 12 du CIC est inconstitutionnel, la pratique judiciaire montre que le gardé à vue est toujours déféré devant le parquet au lieu de comparaître devant le juge judiciaire.

**248.** Le pouvoir d'appréciation du parquet peut soulever des critiques sur le plan constitutionnel. L'article 26 de la Constitution de 1987 ne prévoit pas le déferrement du suspect devant l'autorité de poursuite mais devant un juge, d'autant plus que l'article 3 de la loi du 20 décembre 2007 portant statut de la magistrature dissocie avec clarté le magistrat du ministère public de celui du siège. Les officiers du ministère public, représentant de l'exécutif dans le judiciaire, forment « la magistrature debout ».

L'article 12 du code d'instruction criminelle (CIC) prévoyant le déferrement de la personne gardée à vue devant le parquet est donc entachée d'inconstitutionnalité du fait que la Constitution confère cette prérogative à un juge judiciaire et non au parquet. L'intéressé peut être placé en général en garde à vue pendant plusieurs jours, voire des mois, avant d'être déféré devant le juge de paix. Cette situation est si choquante qu'elle prouve que la procédure pénale haïtienne ne reconnaît pas en réalité le statut effectif de « présumé innocent » de l'individu dans la mise en œuvre de la garde à vue.

**249.** Il est regrettable que le législateur ne se soit jamais penché sur la contradiction entre l'article 12 du CIC et l'article 26 de la Constitution en matière de contrôle de la mesure de garde à vue. Cette contradiction entraîne une confusion dans le contrôle de la mesure dans la procédure pénale haïtienne. D'un côté, l'article 12 susmentionné confère au magistrat du parquet le pouvoir d'appréciation de la mesure. D'un autre côté, l'article 26 de la Constitution de 1987 prévoit l'intervention « d'un juge » dans le cadre de l'appréciation de la légalité de la mesure. La passivité du législateur pérennise ainsi la violation des garanties judiciaires dont dispose la personne gardée à vue et risque d'entraver l'efficacité du procès pénal. Toutefois, le respect de la hiérarchisation dans la chaîne pénale entre l'officier de police judiciaire et le parquet dans le cadre de la mise en œuvre de cette mesure privative de liberté peut permettre d'éviter des détentions policières inutiles.

**250.** Le commissaire du Gouvernement dispose d'un pouvoir étendu pour procéder à la mise en liberté de l'individu lors de son déferrement en vertu du principe de l'opportunité des poursuites. Le maintien de cette disposition constitutionnelle présente un avantage pour la liberté individuelle du gardé à vue en raison de l'indépendance du juge contrairement au magistrat du parquet, qui est lié hiérarchiquement au pouvoir exécutif. La Constitution de 1987 consacre ainsi un double contrôle hiérarchique de la mesure de garde à vue par application des articles 26.1 et 26.2 de la Constitution. Ce double contrôle sera analysé ultérieurement dans cette étude.

Pour l'essentiel, l'on doit concéder que la mise en œuvre de la mesure de garde à vue relève réellement de l'officier de police judiciaire dans la procédure pénale haïtienne. À ce titre, la politique criminelle instaure le transfert de compétence du parquet aux enquêteurs. La question du transfert de compétence du parquet est également consacrée dans le droit français.

**251. Le transfert de compétence du parquet dans le droit français.** Le législateur français institue explicitement la prépondérance du parquet dans la mise en œuvre de la mesure de garde à vue. L'article 63-1 du code de procédure pénale exige que le procureur de la République soit informé dès le début de la garde à vue et confère à ce dernier le pouvoir de modifier la qualification de l'infraction retenue par l'officier de police judiciaire. Il y a un transfert de compétence implicite du magistrat du parquet aux autorités policières puisque l'orientation du parquet se fonde sur les seuls éléments qui lui sont transmis par ses subalternes. L'officier de police judiciaire devient à ce stade la pièce maîtresse de la garantie des droits et libertés du gardé à vue. Il incombe à ce dernier de notifier à l'intéressé tous ses droits, dont le droit au silence consacré par les articles 63-1 du code de procédure pénale français et 6§3 de la Convention européenne de sauvegarde des droits de l'homme.

**252.** Le principe du droit de se taire est si essentiel que le législateur exige des investigateurs d'en informer le suspect dès le début de l'interrogatoire. Ce principe ne revêt pas un caractère absolu de telle manière qu'il est permis d'y déroger dès lors que la condamnation pénale ne se fonde pas sur des aveux faits en garde à vue en l'absence d'avocat. Le législateur en fait ainsi une obligation à la charge de l'officier de police judiciaire dont le manquement peut entraîner l'annulation de la mesure. Ce faisant, le législateur s'aligne sur la

conception de la présomption d'innocence préconisée par l'article 6§2 de la Cour européenne au stade préparatoire du procès pénal.
Malgré la consécration de ce droit à l'information, la pratique des acteurs dans la mise en œuvre de la mesure de garde à vue ne reflète pas le respect du droit à la notification du droit au silence. Dans ce contexte, le gardé à vue peut ne pas parler, ni dire la vérité et ne peut pas y être contraint[1]. La place de l'avocat est déterminante pour empêcher l'application du culte de l'aveu pratiqué parles enquêteurs en matière de garde à vue car le législateur exige l'entretien de 30 minutes du suspect avec dernier dès le début de la mesure.

**253.** Ces prérogatives concrètes dont dispose l'OPJ expliquent le transfert de compétence du parquet au profit de l'OPJ. Les deux procédures pénales étudiées présentent l'existence d'un écart entre la consécration du principe de la présomption d'innocence et la réalité de la jouissance de ce droit. La stigmatisation de ce principe se traduit par l'existence réelle de cet écart juridique. Ce décalage explique l'inflation considérable des gardes à vue dans ces deux systèmes juridiques pendant les dix dernières années.

**254.** Ces éléments analytiques permettent de comprendre que le principe de la présomption d'innocence est théorique en matière de garde à vue dans les procédures pénales haïtienne et française. Le transfert de compétence du magistrat du parquet aux officiers de police judiciaire paraît une astuce pour favoriser le culte de l'aveu. Cette stratégie prouve le mépris de la présomption d'innocence dans la procédure de garde à vue au sein de ces deux politiques criminelles. La relativisation des droits de la personne gardée à vue exprime la stigmatisation de la présomption d'innocence. Cette stigmatisation s'étend au stade de la procédure d'information (§ 2).

### § 2 – La stigmatisation de la présomption d'innocence au stade de l'information

**255.** La présomption d'innocence suppose l'incertitude sur les charges retenues par l'accusation. Il ne faut pas avoir à l'esprit que la personne mise en cause se trouve dans une position d'immunité judiciaire au stade de l'avant-procès pénal. L'objectif de la poursuite pénale consiste à déterminer la culpabilité de l'individu pour aboutir à sa condamnation.

[1] C. Ambroise-Castérot et P. Bonfils, *Procédure pénale*, PUF, coll. « Thémis », 2011, n° 361.

La personne poursuivie ne devrait faire l'objet d'aucune mesure coercitive du fait que l'on est à la phase de la recherche de la véracité des preuves. À ce stade, il incombe à l'accusation d'établir des éléments constitutifs de l'infraction. C'est dire que l'accusateur est tenu de prouver la culpabilité de la personne poursuivie dans le but d'aboutir à sa condamnation. C'est sur la base de cette condamnation que la privation de liberté aurait dû être admise dans les procédures pénales.

**256.** Ce raisonnement juridique repose sur le principe selon lequel l'individu doit demeurer en liberté en cas de doute sur sa participation à la commission de l'infraction. Dans ce cadre, l'accusation est tenue de justifier des preuves irréversibles. Il serait logique que la justice pénale raisonne de cette façon puisque la probabilité se partage entre l'innocence et la culpabilité de l'individu au stade de l'avant jugement. La pratique révèle, en réalité, que la présomption d'innocence n'exclut pas l'enfermement ou les limitations des déplacements de la personne poursuivie avant le prononcé de son jugement. Les magistrats judiciaires haïtiens et français recourent à la privation de liberté, dont la détention provisoire, à la phase de l'information judiciaire.

Le questionnement du poids de la présomption d'innocence au stade de l'avant-procès pénal paraît donc sensé. La présomption d'innocence se révèle utopique aussi bien dans le contentieux de la détention provisoire que dans les mesures privatives de milieu ouvert dans ces deux systèmes juridiques.

**257. Le caractère utopique de la présomption d'innocence dans la détention provisoire.** Le respect du principe de la liberté prôné par la justice pénale moderne s'avère en réalité complexe en matière de détention provisoire. En dépit de la consécration du statut de présumé innocent de la personne poursuivie, les acteurs judiciaires haïtiens et français recourent davantage aux incarcérations partielles. Ces deux politiques criminelles se penchent sur la prépondérance des nécessités de la justice pénale au détriment de la liberté individuelle. À cet égard, le pouvoir étendu des magistrats pour procéder au placement en détention provisoire favorise l'isolement de la présomption d'innocence. Cette stigmatisation s'explique par l'inapplication effective des textes et le pouvoir d'appréciation illimité des magistrats.

**258. L'inapplication des textes dans la procédure pénale haïtienne.** Il est d'usage que la procédure d'instruction repose essentiellement sur la recherche des indices dans la procédure pénale haïtienne. Les juges d'instruction s'estiment « juges indiciaires », et la manifestation de la vérité ne se fonde pas, selon eux, sur des constations objectives.

L'absence de preuves concrètes sur la participation de l'intéressé à la commission de l'infraction ne peut pas empêcher ces juges de rendre une ordonnance de renvoi à son encontre. Pour justifier leur décision, les juges estiment que le fait d'avoir seulement des doutes sur la participation ou non de l'individu suffit pour retenir des charges contre lui. Dans cette optique, l'intéressé peut être placé en détention provisoire puisque le délai de la mise en état de l'affaire pour aller au jugement emporte logiquement l'incarcération de ce dernier. Ainsi, la décision de placement en détention provisoire de ces magistrats repose sur le doute, ce qui sous-entendrait une « présomption de culpabilité ».

**259.** Le recours à la détention provisoire est autorisé dans la procédure pénale haïtienne par les articles 30 et 80 du code d'instruction criminelle (CIC), ainsi que l'article 2 de la loi du 6 mai 1927 sur la procédure de comparution immédiate. D'abord, l'article 30 du CIC fait référence aux vocables « prévenus » et « indices graves ». Logiquement, cette disposition suppose que le commissaire du Gouvernement n'est pas habilité à recourir à la détention provisoire en matière d'infraction criminelle puisque le terme « prévenu » renvoie à la commission d'infraction correctionnelle. De plus, l'expression « indices graves » exige en principe que la charge retenue contre l'individu devrait reposer sur des éléments objectifs. Or, les procédés pratiqués par le commissaire du Gouvernement en matière de placement en détention provisoire est à rebours du texte. Le placement en détention provisoire en matière criminelle est davantage récurrent dans la pratique des commissaires du Gouvernement dans les situations de flagrance. Pourtant, ils auraient dû les placer en garde à vue dans l'attente de leur déferrement devant le cabinet d'instruction en application de l'article 30 du CIC, d'autant que le texte susmentionné limite le pouvoir de placement en détention du magistrat du parquet aux constats d'indices graves qui feraient présumer la participation de l'individu à l'infraction reprochée. Cependant, les *rafles* donnent lieu en général à la détention des personnes qui se trouvent simplement à proximité des lieux de la commission des infractions. En pareille circonstance, à l'occasion d'une opération policière dans une situation de flagrance, le commissaire du Gouvernement peut procéder au placement en détention provisoire de toutes les personnes qui se trouvent à proximité du lieu de l'infraction sans tenir compte de leur probable participation ou non à la commission des faits répréhensibles. Ensuite, le recours à la détention provisoire au stade d'instruction est subordonné à l'interrogatoire préalable de l'inculpé ou « en cas de fuite » de ce dernier en application de l'article 80 du CIC. Cette disposition appelle deux précisions. La première consiste à interdire l'automatisation de la détention provisoire de l'inculpé à la phase de l'information sans lui offrir la possibilité de faire prévaloir son innocence. Cet interrogatoire s'inscrit dans les droits de la défense dont dispose l'inculpé en raison de son statut de présumé innocent. En présence de son avocat ou d'un témoin de son choix, la personne poursuivie doit pouvoir exposer les arguments de défense devant le juge d'instruction afin de permettre sa mise en liberté. La seconde réside dans l'obligation du juge d'instruction de constater objectivement la fuite de l'intéressé, ce qui empêche la représentation en justice de ce dernier.

**260.** Il est courant que le juge d'instruction ordonne le placement en détention provisoire de l'inculpé sans l'interroger lorsque la transmission du dossier au cabinet d'instruction arrive à l'heure de fermeture du tribunal. Il est des cas où l'interrogatoire de la personne mise en cause par le parquet se termine en fin d'après-midi, et que cette dernière soit déférée en état d'arrestation. À ce titre, le déferrement de l'intéressé dessaisit automatiquement le parquet, qui ne peut plus le placer ni en garde à vue ni en détention provisoire. Or, il se peut que le dossier arrive au cabinet du juge d'instruction à une heure avancée et que ce dernier ne dispose pas de temps suffisant pour interroger la personne poursuivie. À cet égard, le juge procède en général à la seule vérification d'identité de l'intéressé et ordonne son placement en détention provisoire. Cette pratique n'est pas conforme à l'article susmentionné vu que le prompt interrogatoire relatif à l'identité de la personne poursuivie ne permet pas à cette dernière de convaincre le juge de son innocence. De plus, le défaut de représentation peut effectivement donner lieu au placement en détention provisoire de l'inculpé par application de l'article 80 du CIC.

Dans ce contexte, il apparaît illogique que le placement en détention provisoire de la personne mise en cause soit ordonné sans s'assurer de sa mauvaise foi. Cela sous-entend qu'il faut préalablement informer l'intéressé de son inculpation ou constater objectivement son refus de comparaître avant d'ordonner son placement en détention. Or, il y a des cas où des juges d'instruction émettent des mandats d'arrêt à l'encontre des individus sur le seul fait que ces derniers se trouvent à l'étranger. Dans cette optique, cette pratique méconnaît le principe de la présomption d'innocence. Enfin, l'article 2 de la loi du 6 mai 1927 sur la comparution immédiate conditionne le placement en détention du prévenu, en cas d'impossibilité de la tenue de l'audience correctionnelle le jour de sa comparution, à sa nouvelle comparution à « la plus prochaine audience ». Dans la pratique, le commissaire du Gouvernement ne respecte pas à la lettre les dispositions de l'article 2 de la loi susmentionnée. En réalité, des prévenus peuvent demeurer incarcérer au-delà de la durée des peines applicables aux infractions reprochées.

Il en résulte que la procédure pénale haïtienne révèle un décalage entre les textes et l'effectivité de la présomption d'innocence dans le contentieux de la détention provisoire. Cet écart exprime le caractère utopique du principe de la présomption d'innocence dans la procédure pénale haïtienne. L'inapplication des textes a aussi des incidences sur la procédure pénale française.

**261. L'inapplication des textes dans la procédure pénale française.** Le décalage révélé entre la pratique judiciaire et la consécration de la présomption d'innocence dans la procédure pénale haïtienne se retrouve dans le droit pénal français. La doctrine pénale française se réfère en général au principe de l'intime conviction du juge, ce qui implique la confrontation des arguments des parties au procès pénal. C'est à partir d'un débat contradictoire entre la personne poursuivie, le ministère public et/ou la partie civile que le juge devra former sa conviction pour décider de la mesure privative de liberté. Dans ce cadre, la décision judiciaire se fonde sur la protection de l'ordre public ou dans l'intérêt de la victime dans le but de déceler la vérité. D'ailleurs, l'article 144, 1° du CPP affirme que le placement en détention provisoire peut être mis en œuvre dans le but de conserver les preuves et les indices qui sont nécessaires à la manifestation de la vérité. De même, l'article 137 du code de procédure pénale prône le principe du droit à la liberté en matière d'instruction. À la lecture du texte, il convient de remarquer que la subsidiarité du placement en détention provisoire instituée par le législateur exige la justification de l'insuffisance des mesures alternatives, telles que le contrôle judiciaire, l'assignation à résidence avec surveillance électronique. Cela étant, la personne mise en cause devrait être préalablement soumise à l'une de ces mesures avant d'être placée en détention provisoire.

**262.** Cette exigence de subsidiarité n'est pas complètement respectée dans la pratique du placement en détention provisoire. Le large pouvoir d'appréciation de l'autorité judiciaire pour déterminer la nécessité de prévenir l'un des objectifs énoncés à l'article 144 du code de procédure pénale (CPP) permet de contrevenir à la règle de la liberté qui repose sur la présomption d'innocence. C'est ainsi que la chambre criminelle a affirmé que la détention provisoire est justifiée dès lors qu'elle constitue « l'unique moyen d'éviter des pressions sur les témoins, de conserver les preuves et indices matériels, de mettre fin à l'infraction et prévenir son renouvellement et que « ces objectifs ne sauraient être atteints par un placement sous contrôle judiciaire »[1]. À cet égard, la jurisprudence de la chambre criminelle permet de relativiser l'exigence de subsidiarité de la détention provisoire. Cette latitude judiciaire paraît inquiétante du fait que la décision du juge devrait être mécanique en tant qu'il n'est que, pour répéter Montesquieu, « la bouche qui prononce les paroles de la loi ».

**263.** La pratique montre que la présomption d'innocence est une utopie à la phase préparatoire du procès pénal. La procédure pénale française comporte un écart important entre la consécration du statut de présumé innocent de l'individu et la pratique réelle du recours à la détention provisoire au stade de l'avant-procès pénal. Autrement dit, la présomption d'innocence est théoriquement reconnue à la personne mise en cause, mais la pratique du recours à la détention provisoire dissuade l'objectif de celle-ci. Les procédés du placement en détention provisoire laissent présager une présomption de statut d'un condamné temporaire à l'égard de la personne mise en cause avant son jugement dans les deux législations criminelles.

En conséquence, la présomption d'innocence paraît illusoire dans la procédure de l'information et est stigmatisée dans le contentieux de la détention provisoire. L'illusion de ce principe fondamental dans la matière pénale se constate de la même façon dans la pratique des mesures privatives de milieu ouvert.

**264. L'illusion de la présomption d'innocence dans les mesures de milieu ouvert.** Autant que la garde à vue et la détention provisoire, les mesures privatives de milieu ouvert au stade préparatoire du procès pénal consistent à contribuer à l'efficacité de la justice pénale. Même si la sécurisation du procès pénal préoccupe les législateurs haïtien et français, ces derniers semblent adoucir la répression pénale dans certains cas.

La personne poursuivie peut ne pas représenter une menace pour la société, mais il existe une incertitude sur la représentation de cette dernière en justice. Par souci d'efficacité du processus judiciaire, il est permis de soumettre sa liberté à un régime de dépendance judiciaire. À cet effet, les mesures privatives de milieu ouvert sont admises à

---

[1] Crim., 15 novembre 2008, n° 08-80.701.

l'encontre de la personne mise en cause à la phase de l'information. Dans ce cadre, des mesures alternatives peuvent se substituer à la détention provisoire.

**265.** Cette politique d'adoucissement de la répression pénale peut s'illustrer par le placement en assignation à résidence avec surveillance électronique, le placement sous contrôle judiciaire ou la mesure d'interdiction de quitter le territoire. Bien que ces mesures puissent permettre de s'assurer de la protection de la victime ou de la préservation des preuves, il n'en demeure pas moins que les procédés de leur mise en œuvre sont attentatoires à la présomption d'innocence.
Il convient de se reporter au développement de la notion d'interdiction de quitter le territoire pour rappeler que cette mesure n'est pas explicitement consacrée dans la législation pénale haïtienne. L'article 30 du CIC ne confère pas des prérogatives au magistrat du parquet de substituer la mesure d'interdiction de quitter le territoire à la détention provisoire. Aux termes de cette disposition, une telle mesure n'est pas admise à l'encontre du prévenu ni en matière de flagrant délit ni dans le cadre de la comparution immédiate.
Alors que l'article 30 confère le pouvoir au parquet d'émettre le mandat d'amener lorsque la personne mise en cause n'est pas présente sur le lieu de l'infraction en cas de flagrant délit, l'article 4 de la loi du 6 mai 1927 sur la comparution pénale permet d'accorder la liberté provisoire au détenu. Il est couramment constaté que les parquetiers enjoignent au service de l'immigration et de l'émigration d'interdire à des individus de quitter le territoire en cas de fuite ou en matière de flagrant délit.

**266.** La mesure d'interdiction de quitter le territoire est interdite en application de l'article 80 du CIC dont l'application se limite au placement en détention provisoire et à la mainlevée. Pourtant, la pratique du recours à la mesure d'interdiction de quitter le territoire est récurrente à la phase de l'information dans la procédure pénale haïtienne. Le magistrat instructeur recourt à cette mesure pour la substituer à la détention provisoire dans le but de s'assurer de la représentation en justice de l'inculpé. La pratique de la mise en œuvre de la mesure révèle l'écart entre l'existence formelle de la présomption d'innocence et l'exercice réel de ce principe. Le même constat se fait dans la procédure pénale française.

**267.** Il existe un décalage entre la consécration du principe de la présomption d'innocence et les procédés de la mise en œuvre des mesures d'assignation à résidence avec surveillance électronique et de contrôle judiciaire dans la procédure pénale française. L'article 142-5 du code de procédure pénale (CPP) subordonne dans certains cas l'application du placement en assignation à résidence avec surveillance électronique au consentement de la personne mise en cause au stade préparatoire du procès pénal, mais le consentement n'est pas toujours requis en la matière ; il est exigé seulement en cas de port du bracelet électronique

**268.** Honnêtement, le texte comporte une hypocrisie dans la consécration de l'accord du mis en examen. En réalité, il découle de cette disposition l'automatisation de l'application de cette mesure. Si le refus d'installation du dispositif du bracelet électronique engendre le placement en détention provisoire, il est logique que l'intéressé concède l'application de cette mesure du fait qu'elle est moins rigide que la détention provisoire. Mais la souplesse de la mesure n'empêche pas qu'elle soit attentatoire à la présomption d'innocence en raison des limitations de mouvements imposées. L'article 142-11 du CPP assimile la mesure d'assignation à résidence à la détention provisoire de sorte que la durée de la première s'impute sur la seconde. Or, la présomption d'innocence interdit le contrôle anticipé sur la liberté de l'individu avant sa condamnation pénale.

**269.** Ce raisonnement vaut pour la mise en œuvre du placement sous contrôle judiciaire. L'alinéa 2 de l'article 137 du CPP admet le contrôle judiciaire à la phase d'instruction dès lors que les nécessités l'imposent ou à titre de mesure de sûreté, ce qui confère au juge judiciaire un pouvoir d'appréciation illimité. À cet effet, les notions de « nécessités » et de « sûreté » découlent de la seule discrétion du juge judiciaire. La mise à l'écart de ce principe au stade préparatoire du procès pénal et l'étranglement de la notion d'État de droit par l'ordre public expliquent la place essentielle que les effets des mesures de sûreté occupent au stade de l'avant-procès pénal (Chapitre 4).

# Chapitre 4

# Les effets des mesures de sûreté dans l'avant-procès pénal

**270.** La procédure pénale est une discipline de résultat dont la finalité consiste à l'obtention de la vérité. À cet égard, les mesures privatives de liberté contribuent à la sécurisation du procès pénal. Pour cette raison, la privation de liberté permet d'éviter la concertation entre l'auteur de l'infraction et des complices et la disparition des preuves, ainsi que de mettre des témoins à l'abri d'éventuelles pressions du délinquant. Ces moyens préventifs sont essentiels dans le cadre de la recherche de la vérité dans les procédures d'enquête et d'information de sorte qu'ils optimisent la chance d'obtention des preuves objectives pour former l'intime conviction de l'autorité judiciaire, ce qui explique le sens des mesures privatives de liberté à la phase préparatoire du procès pénal. Sur la base de cette finalité, la politique criminelle doit conférer des prérogatives aux acteurs judiciaires pour faciliter la manifestation de la vérité.

**271.** Les mesures privatives de liberté jouent un rôle déterminant dans la protection de l'ordre public en ce que l'incarcération partielle peut éviter la récidive des délinquants. Les politiques criminelles haïtienne et française instituent des mesures de sûreté avant le jugement de la personne mise en cause dans le but de sécuriser les procédures d'enquête et de l'information. Ce procédé manifeste une politique de prudence qui contribue à l'efficacité du procès pénal. En clair, les procédures pénales haïtienne et française misent sur l'enfermement pour garantir l'effectivité de la justice pénale.

**272.** La politique criminelle haïtienne priorise le durcissement de la répression pénale dans le cadre de la recherche de la vérité, et la procédure pénale française consacre, en revanche, un glissement de la rigidité répressive à l'humanisme pénal. Cette politique de vigilance montre le sens des mesures privatives de liberté au stade de l'avant-procès pénal dans les deux systèmes juridiques. Cette politique de prudence s'opère par la mise en place du mécanisme de surveillance pénale (Section 1) et la prévention générale (Section 2).

## Section 1

## Le mécanisme de surveillance pénale

**273.** La notion de surveillance pénale n'est définie juridiquement ni par les législateurs haïtien et français ni par les jurisprudences de ces deux systèmes juridiques. Ce concept constitue une notion insaisissable[1] dont la définition lacunaire semblerait venir de la doctrine française. Le Dictionnaire Larousse définit le vocable « surveillance » comme « l'action de surveiller, de contrôler quelque chose, quelqu'un » ou comme le contrôle suivi auquel on est soumis. Juridiquement, cette notion s'entend de « l'action de veiller sur une personne ou une chose dans l'intérêt de celle-ci, ou de surveiller une personne ou une opération pour la sauvegarde d'autres intérêts -, action préventive qui, fondée sur la vigilance de celui qui surveille, s'applique à l'action d'autrui dans le temps »[2].

Bien que la Convention européenne reste attentive à son caractère attentatoire à la liberté individuelle, la notion de surveillance occupe une place importante dans le procès pénal. Celle-ci permet, entre autres, d'exercer un contrôle sur des individus à l'issue de la commission d'infractions. Dans ce cadre, elle peut être mise en œuvre tant par les parties privées que par les autorités publiques.

**274.** Même si elle peut être exercée à l'initiative de la victime ou de la personne poursuivie par l'entremise d'agents privés de recherches, la surveillance pénale relève fondamentalement de la puissance publique. C'est ainsi que les politiques criminelles haïtienne et française s'accordent sur la nécessité d'une politique de vigilance de telle sorte qu'elles instaurent le mécanisme de surveillance pénale au stade préparatoire du procès pénal. À ce titre, celle-ci vise la sécurisation du procès pénal (§1) sur la base de la traçabilité des antécédents de la personne mise en cause (§2).

---

[1] P. Collet, « L'insaisissable notion de surveillance en droit pénal », RSCDP juillet-septembre 2019, p. 549.

[2] G. Cornu, Vocabulaire juridique, op. cit.

## § 1 - La sécurisation du procès pénal

**275.** La vérité judiciaire repose sur la pertinence de l'accusation qui est soumise au juge. Pour cela, les acteurs judiciaires doivent s'assurer de la véracité des preuves recueillies au stade des procédures d'enquête et d'instruction. À cet égard, il est nécessaire de mettre en place des dispositifs juridiques dans le but de préserver l'efficacité du procès pénal. Les procédures pénales haïtienne et française convergent vers cette approche de vigilance en instaurant des méthodes de contrôle dans le cadre de la privation de liberté avant procès.

**276.** L'exercice de ces mécanismes de contrôle se réalise sur la base de la dangerosité que représente la personne privée de liberté à la société et constitue la surveillance pénale à la phase de l'avant-procès pénal. Alors que la surveillance pénale n'est pas consacrée formellement dans la justice pénale haïtienne, elle n'est pas une mesure nouvelle dans la procédure pénale française. Mais cette notion ne se trouvait pas auparavant au cœur de la justice pénale française dans le cadre de la dangerosité de l'individu au stade préparatoire du procès pénal. Assimilée à la surveillance judiciaire, la surveillance pénale permet d'identifier des risques d'insécurité à laquelle s'expose la société et vise la sauvegarde de l'ordre social. Sous l'ancien code pénal français, le législateur consacrait une autonomie de contrôle de dangerosité en la détachant de l'exécution de la peine ou de la prévention de la potentielle dangerosité de l'individu. À cet égard, le législateur français conférait à l'autorité judiciaire le pouvoir d'exercer le contrôle de dangerosité de l'individu à l'issue de sa peine privative de liberté[1]. La finalité de cette autonomie de contrôle de dangerosité s'articulait ainsi avec un pouvoir de surveillance que la justice s'attribuait pour garantir la paix sociale. Or, la peine revêt un caractère temporel au regard du principe de légalité pénale et de l'aspect humaniste de la punition. Pourtant, au-delà de la durée de sa détention, l'individu se voit parfois infliger une autre privation de liberté sur la base de la surveillance pénale.

**277.** Ce raisonnement est adopté dans la politique criminelle en matière de surveillance pénale au stade préparatoire du procès pénal. À ce titre, la sécurisation du procès pénal se place au cœur de la politique criminelle. Dans ce cadre, les droits et libertés fondamentaux sont abrogés pour la protection de l'ordre social dès lors qu'il existe un risque d'atteinte important à l'ordre public. Dans cette perspective, la

---

[1] A. Chaveau et F. Elie, *Théorie du Code pénal*, TI, 1845, n° 241 et n° 249.

surveillance pénale permet à conserver des preuves et garantir l'objectivité des témoignages, voire, le cas échéant, prévenir la commission de nouvelles infractions[1].

**278.** Des critiques s'élevaient contre l'admission de la surveillance pénale au stade de l'avant-procès pénal en raison de la qualité de présumé innocent de l'individu et de l'exigence du principe libéral de la répression pénale. Des auteurs s'opposent à cette politique de prudence répressive en évoquant la contrariété de celle-ci à l'objectif de la répression pénale, qui consiste en la resocialisation du délinquant.
Les points de vue de ces auteurs pourraient se justifier puisque l'action répressive ne devrait pas avoir réellement pour but d'écarter la personne mise en cause de son milieu social. À ce propos, les raisonnements de Faustin Elie et Adolphe Chauveau s'étendent même à la condamnation pénale. Ces auteurs ont ainsi affirmé que « Les condamnés doivent être dispensés à l'avenir de toutes ces mesures qui, en donnant au fait une inévitable publicité, les frappaient d'une sorte de réprobation et les mettaient dans l'impossibilité d'amender leur poursuite »[2]. Sans aucune hésitation, ce raisonnement est suivi littéralement par certains auteurs contemporains qui estiment que la mesure de surveillance doit être encadrée dans le temps.

**279.** Les points de vue de ces auteurs valent pour les procédures d'enquête et de l'information. Il en est ainsi de Paul Ricoeur qui a affirmé : « Une surveillance illimitée du condamné, au-delà de sa peine, maintenait celui-ci dans un état de suspicion permanent et indéfini contraire à l'idéal réhabilitant de la peine, mais au-delà à la fonction essentielle de l'acte de juger qui est de mettre un terme définitif non seulement à l'incertitude mais à un conflit et de restaurer aussi la paix sociale »[3]. C'est à plus forte raison que la surveillance pénale revêt un caractère attentatoire à la liberté au stade préparatoire du procès pénal lorsqu'elle exclut, même temporairement, l'individu de la société. Au nom de l'humanisme, il n'est pas souhaitable que l'individu soit exclu prématurément de la société pour des faits dont la véracité n'est pas encore établie. La mesure de surveillance pénale paraît donc une punition injuste et attentatoire au principe de la liberté du fait que

---

[1] E. Garçon et V. Peltier, *Droit de la peine*, LexisNexis, Coll. « Manuel », 2010, n° 1402, p. 559.

[2] A. Chaveau et F. Elie, *Théorie du Code pénal*, op. cit., n° 251.

[3] P. Ricoeur, *Le Juste*, Éd., Seuil, éd., Esprit, 1995, p.185-192 ; Voir aussi P. Beauvais, « La Nouvelle surveillance pénale », Humanisme et Justice, Dalloz, 2016, p. 263.

l'intéressé est soumis à des obligations limitatives de liberté de mouvements.

**280.** La surveillance pénale a pris une propension importante dans le procès répressif français. Cette propension influe considérablement sur la procédure pénale haïtienne. La prévention de la dangerosité de la personne mise en cause préoccupe les législateurs haïtien et français à tous les stades du procès pénal du fait que le maintien en liberté de la personne mise en cause pourrait compromettre le procès pénal. Ces deux procédures pénales établissent une corrélation entre la dangerosité de l'intéressé et l'ordre social tout au long du processus judiciaire. Ainsi, la surveillance pénale peut se diversifier à tous les stades du procès pénal. Il peut donc s'agir de la mise sur écoutes téléphoniques ou des mesures d'infiltrations judiciaires au cours d'une enquête pénale ou des mesures adoptées au stade de l'information judiciaire à titre de mesures de sûreté.

Il est alors institué dans les législations criminelles haïtienne et française une double surveillance pénale au travers des mesures de sûreté de milieu fermé et de milieu ouvert dont la finalité consiste à sécuriser le procès pénal afin de s'assurer de l'effectivité de la justice pénale. Les antécédents judiciaires de l'individu sont donc déterminants afin de déterminer la traçabilité de son passé criminel (§ 2).

### § 2 - La traçabilité des antécédents judiciaires de la personne mise en cause

**281.** La précaution n'est pas un élément nouveau dans les procédures pénales haïtienne et française. Cette stratégie de prudence repose essentiellement sur la réalité de la justice pénale de telle manière que le droit pénal, discipline de résultat, permet d'aboutir à la paix sociale. Plusieurs facteurs peuvent justifier le recours à la surveillance pénale. Il peut s'agir du risque de fuite de la personne mise en cause, de la nécessité de la sécurité de la victime ou de l'évitement de la disparition des preuves.

**282.** Depuis l'expansion du terrorisme dans le monde, de nombreux États expriment leurs politiques de vigilance par l'application des mesures préventives. Le législateur français a mis en place des systèmes de fichiers de police comme moyens de contrôle préventif au stade de l'avant-procès pénal. Il s'agit du traitement des antécédents judiciaires (TAJ), du fichier automatisé des empreintes digitales (FAED), du fichier national des empreintes génétiques (FNAEG), du fichier des personnes recherchées (FPR), des fichiers aux ressortissants étrangers, du fichier national des immatriculations (FNI), ainsi que des systèmes nationaux de gestion de permis de conduire (SI-FAETON), des cartes nationales d'identité (CNI) et des titres électroniques sécurisés (TES). Ces fichiers de contrôle permettent aux autorités publiques d'effectuer la traçabilité du passé pénal de l'individu afin de mieux adapter les mesures de sûreté aux potentiels obstacles à l'efficacité du procès pénal.

**283.** Cette préoccupation pousse les législateurs haïtien et français à lier la surveillance pénale au passé criminel de l'individu dans l'application de la privation de liberté avant jugement. Le simple soupçon de dangerosité peut provoquer la traçabilité de l'individu au stade préparatoire du procès pénal.

Les mécanismes de surveillance pénale ne sont pas régulés par le législateur, en ce sens que les autorités publiques peuvent procéder à l'intrusion dans l'intimité de l'intéressé pour recueillir des informations relatives à leur potentielle dangerosité sans tenir compte de la proportionnalité de la mesure adoptée et au mépris du principe de légalité. Des opérations de géolocalisation de l'individu peuvent être effectuées par les officiers de police judiciaire haïtiens sans qu'il y ait l'autorisation expresse de la loi. Les autorités publiques peuvent contraindre la personne mise en cause à donner le code de déverrouillage de son téléphone ou son ordinateur sans se fonder sur un texte normatif. Donc, une simple suspicion sur la dangerosité de la personne mise en cause suffit pour légitimer la traçabilité de son passé criminel.

**284.** Les opérations de traçabilité des antécédents judiciaires du mis en cause ne sont pas négligeables en ce que l'antécédent pénal peut impacter ou pas la décision d'enfermement à l'encontre de l'intéressé ou permettre de détecter des réseaux criminels. Il est vrai qu'il n'existe pas de texte normatif qui encadre ces mesures attentatoires à la liberté individuelle dans le droit haïtien, mais les magistrats tâtonnent le plus souvent sur les enjeux encourus et les antécédents judiciaires de la personne mise en cause pour recourir à la surveillance pénale à la phase préparatoire du procès pénal. Les bandes criminelles organisées dans des quartiers défavorisés du pays sont généralement financées par des politiques ou des hommes d'affaires importants si bien qu'il n'est pas inutile de recourir à la surveillance pénale des personnes mises en cause avant leur jugement. Ce mécanisme peut permettre non seulement d'assurer la protection de l'ordre public, mais également de remonter aux éventuels complices. Cette précaution peut éviter une potentielle concertation entre la personne mise en cause et ses complices, empêcher la disparition des preuves ou assurer la sincérité des témoignages. Le défaut d'encadrement juridique de ce procédé peut engendrer des abus des autorités publiques.

**285.** Le mécanisme de prudence repose majoritairement sur la base du passé criminel de l'individu dans la procédure pénale haïtienne. Or, il se peut que les informations recueillies sur les antécédents judiciaires de l'individu ne soient pas fiables. L'autorité judiciaire recourt le plus souvent aux informations recueillies dans les bases de données de la Direction Centrale de la police judiciaire (DCPJ). Les personnes appréhendées par la police judiciaire pour leur implication présumée dans des crimes ou délits graves sont automatiquement fichées à la DCPJ. Parfois, aucune charge n'est retenue à leur encontre à l'issue d'un non-lieu, d'une relaxe ou d'un acquittement. Du point de vue judicaire, ces personnes n'ont aucun passé criminel et ne peuvent être logiquement considérées comme dangereuses.

**286.** Cette incohérence dans la chaîne pénale s'explique par l'absence d'interconnexion des institutions publiques en réseaux numériques et peut conduire à des mesures excessives et inutiles à ce stade. Ainsi, la légitimité de la mesure de surveillance peut soulever des débats en raison de l'incertitude sur la culpabilité de la personne mise en cause même si elle consiste en la quête de la vérité judiciaire dans le but de conclure à la culpabilité ou à l'innocence de la personne poursuivie. L'application du mécanisme de surveillance pénale doit donc se fonder sur l'objectivité pour justifier la privation de liberté au stade préparatoire du procès pénal.

**287. Justification du mécanisme de surveillance pénale.** Ce n'est pas parce que la sécurisation du procès pénal doit préoccuper des pouvoirs publics qu'ils devraient être admis à violer systématiquement les droits des individus. Ce faisant, la démocratie sur laquelle repose la justice pénale moderne serait mise à mal et vidée de son essence. Cela va de soi que la politique de précaution adoptée par les autorités publiques au stade préparatoire du procès pénal a des incidences considérables sur les activités quotidiennes de l'individu. D'ailleurs, l'application de la surveillance pénale s'effectue dans l'incertitude sur la culpabilité de l'intéressé. Ainsi, les mesures privatives de liberté à la phase de l'avant-procès pénal devraient être remises en cause sur la base du courant libéral de la répression pénale. Mais l'admission de ce mécanisme de contrôle en amont trouve sa légitimité dans la nécessité de protéger à tout moment l'ordre social. À ce stade, l'adage « le doute profite à l'accusé » semble être inversé au profit de l'effectivité de la justice pénale. Bien que le recours à cette pratique coercitive se justifie sur le plan de l'efficacité du procès pénal, il n'en demeure pas moins qu'elle est susceptible d'attenter au droit à la vie privée de l'individu et s'apparente en même temps à une punition prématurée.

**288.** Le recours à ces mesures nécessite parfois l'accès à certaines informations concernant la vie privée de l'intéressé et peut s'étaler sur une longue période. Tels sont les cas du mécanisme de géolocalisation des déplacements de l'individu en matière d'assignation à résidence avec surveillance électronique ou de placement sous contrôle judiciaire. Ces moyens de contrôle constituent une intrusion dans la vie privée de ce dernier. La vie privée et la liberté de la personne mise en cause sont reconnues comme des droits fondamentaux protégés. La violation de ces droits fondamentaux peut déboucher sur la saisine des juridictions régionales européenne et américaine. L'article 8.1 de la Convention européenne consacre explicitement le respect de la vie privée. À l'inverse, la vie privée n'est pas formellement consacrée par la Convention américaine en ce que l'article 17.1 de celle-ci se contente de proclamer la protection de la famille. Cette protection familiale ne saurait être assimilée à la protection de la vie privée au sens restreint. Cependant, l'article 17 du Pacte international relatif aux droits civils et politiques (PIDCP) du 16 décembre 1966 consacre une protection élargie de la vie privée à laquelle pourraient se heurter certains procédés de mécanisme de surveillance pénale.

**289.** Il serait irrationnel de prétendre à l'existence d'une justice pénale effective et efficace sans conférer aux autorités publiques des prérogatives de disposer des mécanismes de sauvegarde des preuves ou de sécurisation du procès pénal. C'est probablement sur la base de ce raisonnement que la Convention européenne de sauvegarde des droits de l'hommeet le Pacte international relatif aux droits civils et politiques semblent relativiser le respect de la vie privée en autorisant les autorités publiques à s'immiscer dans la sphère de la vie privée des citoyens dans le cadre de la surveillance pénale. À ce titre, l'admission de la surveillance pénale au stade préparatoire du procès pénal paraît légitime dans les procédures pénales haïtienne et française.

**290.** La seule limite imposée à ce mécanisme porte sur la stricte nécessité de ces mesures. C'est effectivement sur le fondement de cet équilibre que les autorités publiques sont autorisées à s'ingérer dans l'intimité de l'individu dans le but de garantir l'effectivité de la justice pénale. C'est ainsi que la jurisprudence de la Cour de Strasbourg

admet l'intrusion des opérations attentatoires à la liberté au stade de l'avant-procès pénal. Dans l'arrêt n° 3562/05 du 2 septembre 2010 Uzun c. Allemagne, la Cour de Strasbourg a opéré un équilibre entre l'intimité de l'individu et la proportionnalité de l'acte de géolocalisation en estimant que celui-ci est moins attentatoire à la vie privée que les écoutes téléphoniques. La Cour a tempéré sa jurisprudence en affirmant que « certaines opérations liées à la surveillance pénale nécessitent d'être entourées des garanties judiciaires du fait qu'elles sont attentatoires à la vie privée »[1]. C'est dans cet esprit que l'alinéa 6 de l'article préliminaire, III du code de procédure pénale français s'aligne sur la jurisprudence européenne en conditionnant les mesures de surveillance pénale à la nécessité de la manifestation de la vérité et à la proportionnalité de la gravité de l'infraction.
Pour l'heure, la Cour interaméricaine des droits de l'homme ne se prononce pas encore sur l'équilibre entre la surveillance pénale au sens de la privation de liberté et du respect de la vie privée. Pour ne pas se montrer passive face au caractère punitif que peut revêtir la surveillance pénale, la Cour interaméricaine renvoie en général à la jurisprudence de la Cour européenne des droits de l'homme[2].
La protection de l'ordre social s'illustre également par la prévention générale dans ces deux systèmes juridiques (Section 2).

## Section 2

## La prévention générale

**291.** L'expression « prévention générale » exprime l'intervention des autorités publiques par des mesures défensives en vue d'assurer la protection collective en dehors de toute culpabilité. Elle hérite de la notion moyenâgeuse de « défense sociale »[3] dont la préoccupation porta

---

[1] CEDH, 2 septembre 2010, *Uzun c/ Allemagne*, n° 3562/05, § 52 et 66, D. 2011.724, obs. S. Lavic.
[2] CIADH, 1er juillet 2006, *Massacre de Ituango c. Colombie*, série C, n° 148, § 193.
[3] P.-J. Delage, « Prolégomènes. Fragments archéologiques de la défenses sociale », in Geneviève Giudicelli- Delage et al., « La dangerosité saisie par le droit pénal, Presses Universitaires de France « Les voies du droit », 2011, pp. 23- 46.

sur l'élimination du criminel dans l'espace humain afin de protéger l'intérêt public.
L'idée dominante de la défense sociale consista à maintenir la paix sociale dans le but de préserver la moralité de la société. À la vérité, cette politique d'exclusion du criminel de la société est apparue sous la plume des positivistes[1] qui préconisèrent le châtiment au profit de la protection collective[2]. À cet effet, ils alternèrent entre la neutralisation du délinquant et le mécanisme de la correction du comportement antisocial.

**292.** Si Lombroso prôna la primauté de l'élimination comme la mesure de sauvegarde de la paix sociale, ses disciples, Garofalo et Ferri, estimèrent que le criminel n'est pas si incorrigible pour l'éliminer en vue de maintenir la moralité de la société. Leur théorie visa l'enfermement de tout contrevenant par le mécanisme des mesures coercitives. Pour cela, ces derniers professèrent une politique criminelle sur la base d'un cumul de mesures préventives et défensives. C'est précisément sous cet angle que Carbonnier a abordé la déviance en prônant le soin ou la punition comme solutions « conservatrices » de la délinquance[3] et du maintien de la civilisation. C'est ainsi que les politiques criminelles haïtienne et française instaurent la prévention générale comme un instrument de protection sociétale (§1) et un outil de vérité judiciaire (§2) afin d'assurer la protection de la vie collective.

## § 1 - Un instrument de protection sociétale

**293.** Quasiment tous les pénalistes contemporains s'accordent sur la conception que la sauvegarde de la sécurité publique transite par le contrôle effectif de la dangerosité des délinquants. Cela étant, plus le droit répressif se durcit pour freiner l'essor de la délinquance, plus la société est protégée. Pour cela, l'enfermement constitue l'un des moyens efficaces pour parvenir à assurer la « défense sociale ». Cet enfermement préventif ne doit pas constituer un pré-jugement sur le sort de la personne poursuivie, mais doit s'inscrire dans le cadre de la répercussion de l'infraction dans la société.

---

[1] C. Lombroso, L'Homme criminel. Étude anthropologique et psychiatrique, Paris, Félix Alcan, 1895.

[2] A. Prins, La défense sociale et les transformations du droit pénal, Bruxelles-Leipzig, Misch et thron, 1910.

[3] J. Carbonnier, « de peu, de tout et de rien », in Études offertes à René Rodière, Paris, Dalloz, 1981, pp. 47- 57.

Les législations criminelles haïtienne et française convergent vers la nécessité de durcir leur droit pénal dans l'intérêt collectif. La doctrine pénale contemporaine a introduit dans la justice pénale moderne une politique criminelle humaniste dans le cadre de la prévention générale.

**294.** La politique criminelle sécuritaire ne rompt pas totalement avec l'ancienne théorie d'exclusion du délinquant dans la société. Rationnellement, il y a une « exclusion partielle » de sorte que les mesures défensives semblent vraisemblablement être conçues pour écarter provisoirement l'individu dont la dangerosité pourrait avoir des incidences sur le fonctionnement de la société. Si le délinquant, présumé innocent, n'est pas exclu de la société, la prudence sociale est mise en avant pour la prévention générale. C'est cette démarche d'équilibre, c'est-à-dire la prise en charge sociale du délinquant par la prévention de la sécurité de la société, qui constitue essentiellement le canevas de la finalité du droit répressif français. Ainsi, les mesures de garde à vue et de détention provisoire confinent dans un certain nombre de critères légaux.

La justice pénale française lie l'application des mesures privatives de liberté à la prévention générale, qui doit s'inscrire dans un cadre légal. C'est vraisemblablement sur la base de cette précaution que la loi du 15 juin 2000 relative au renforcement de la présomption d'innocence et des droits des victimes a intégré les principes de nécessité et de proportionnalité dans le code de procédure pénale en matière de mesures privatives de liberté avant jugement.

**295.** La célèbre loi du 15 juin 2000 suscite depuis une décennie la sévérité du contrôle du Conseil constitutionnel en matière d'appréciation de la notion de « proportionnalité » dans la politique sécuritaire du législateur. Le Conseil a censuré une disposition législative ayant autorisé la prolongation de la garde à vue au-delà de quarante-huit heures pour des délits de trafic d'influence, de corruption et de fraude fiscale en affirmant que « ces infractions ne sont pas susceptibles de porter atteinte en elles-mêmes à la sécurité, à la dignité ou à la vie des personnes »[1].

Bien que le législateur ait modifié les dispositions de l'article 706-88 par la loi n° 2014-535 du 27 mai 2014 portant transposition de la Directive 2012/13/UE du Parlement européen et du Conseil du 22 mai 2012 relative au droit à l'information dans le cadre des procédures pénales en entourant le 8^e bis de l'article précité d'un certain nombre de

[1] Décision n° 2013-679 DC du 4 décembre 2013.

garanties judiciaires en matière de prolongation de la garde à vue au-delà de quarante-huit heures pour le délit d'escroquerie en bande organisée, le Conseil constitutionnel a quand même abrogé, un an plus tard, le 8e bis pour non-conformité au principe de proportionnalité[1]. Ce contrôle est autant exercé par la Cour de Strasbourg en la matière lorsque la liberté individuelle est en cause. La Cour a affirmé que « les juges nationaux sont tenus d'examiner toutes les circonstances de nature à révéler ou écarter l'existence d'une exigence d'intérêt public justifiant, eu égard à la présomption d'innocence, une exception à la règle du respect de la liberté individuelle et en rendre compte dans leurs décisions relatives aux demandes d'élargissement »[2].

**296.** Le législateur haïtien reste encore fidèle à la théorie autoritaire du droit criminel sans se préoccuper de la nécessité de l'insertion de l'humanisme pénal dans la procédure pénale à la lumière de l'avènement de la justice pénale moderne. Le maintien du *statu quo* paraît étonnant du fait que le droit positif haïtien est calqué sur la législation française. Force est de constater que le législateur haïtien s'accroche à une politique criminelle stéréotypée depuis 1810 au mépris de l'évolution de la société internationale en matière du droit répressif et de l'émotion des citoyens sur la justice pénale.

Les mesures de détention provisoire et de garde à vue n'ont pas évolué dans la législation criminelle haïtienne et traduisent la réalité d'une automatisation d'enfermement dans le processus judiciaire. Dès la commission de l'infraction, l'autorité judiciaire tend à assurer un droit général de protection de la société par la mise en œuvre de l'incarcération sans se soucier de la personnalité de l'individu au regard de la proportionnalité ou de la nécessité de la mesure par rapport à la gravité de l'infraction ou l'intérêt public.

**297.** L'on peut déduire de l'article 48 du code d'instruction criminelle l'esprit des principes de nécessité et de proportionnalité dans l'application de la privation de liberté au stade de l'instruction. Cette disposition n'institue pas de débat contradictoire entre les parties sur la question de l'émission du mandat de dépôt. Celle-ci précise : « Le juge d'instruction délivrera, s'il y a lieu, le mandat de dépôt sans que ces mandats doivent être précédés des conclusions du commissaire du Gouvernement ». L'absence de débat dans la mise en œuvre de la

[1] Décision n° 2014-420/421 QPC du 9 octobre 2014.

[2] CEDH, 30 juillet 2015, *Loisel c. France,* n° 50104/11.

mesure de placement en détention provisoire écarte la prise en compte de l'individu par l'autorité judiciaire.

**298.** Cette déduction ne peut être en revanche imaginée dans le contentieux de la garde à vue eu égard à l'absence de consécration légale de ce régime dans l'ordre juridique interne. Pour rappel, l'article 25 de la Constitution du 29 mars 1987 ne prévoit que le principe de nécessité de l'usage de la force physique en matière d'arrestation. Bien qu'il y ait une lacune rédactionnelle dans les textes normatifs (dispositions constitutionnelles et légales), il est compréhensible de déceler dans l'esprit de ces textes que les rédacteurs voudraient vraisemblablement évoquer la mesure de garde à vue. Il en est ainsi de l'article 26 de la Constitution de 1987 qui emploie la phrase « maintenir l'individu en détention après son arrestation », alors que les rédacteurs auraient dû préférer les vocables « garde à vue » à celui de « détention ».

**299.** De même, l'objectif de l'arrestation instituée par l'article 10 du code d'instruction criminelle consiste à auditionner le suspect, ce qui débouche certainement sur la conduite de l'intéressé dans les locaux des services de police, c'est-à-dire le placement en garde à vue de ce dernier, afin de le déférer devant l'autorité judiciaire. Par une approche interprétative de l'article 10 du code d'instruction criminelle, l'esprit de l'article 26 de la Constitution assimilerait le vocable « détention » à la garde à vue, d'autant qu'il est précisé que le délai imparti à cette incarcération à la suite de l'arrestation ne peut excéder quarante-huit heures. Cependant, les notions de « nécessité et de proportionnalité » ne sont pas intégrées dans ces textes. Ainsi, la prévention générale par l'application des mesures défensives traduisent dans la philosophic criminelle haïtienne une présomption de culpabilité de l'individu dans le cadre du déroulement du procès pénal.

**300.** La Convention américaine a clairement fait injonction aux États membres de porter une attention soutenue à la proportionnalité dans l'application de la privation de liberté au stade préparatoire du procès pénal. L'alinéa 2 de l'article 5 de ladite Convention précise que « toute mesure de privation de liberté doit prendre en compte des valeurs humaines par souci de la correction et de la réinsertion de l'individu dans la société ». L'on constate le mépris des recommandations de la société civile et des dispositions de la Convention américaine par les pouvoirs publics haïtiens, qui n'instaurent pas à ce jour les principes de nécessité et de proportionnalité comme les contrepoids à la protection sociale. Il est donc légitime de questionner l'utilité du Parlement haïtien

puisqu'il est incompréhensible que, après la ratification de la Convention de San José par Haïti le 14 septembre 1977, le législateur ne se penche pas sur la nécessité d'entourer les mesures coercitives de certaines garanties liées à l'intégrité de la personne humaine.
En définitive, il apparaît que les législateurs haïtien et français adoptent des politiques criminelles réalistes par la mise en place d'un instrument de protection sociétale. Outre l'outil de protection sociétale, il apparaît que la prévention générale constitue un instrument de vérité judiciaire (§ 2).

## § 2 - Un instrument de « vérité judiciaire »

**301.** La question de « vérité judiciaire » constitue l'objectif premier de la philosophie du service public de la justice. Sans celle-ci, l'épreuve des règles établies dans la société serait dénuée de bon sens. Quel serait l'intérêt pour un assuré de payer des cotisations à l'Assurance Maladie s'il devait payer de sa poche ses frais médicaux en cas de maladie ? De même, une compétition sportive ne manquerait-elle pas d'intérêt s'il n'y avait pas un vainqueur finalement ?
Ces interrogations analogiques consistent à démontrer que, dans toutes les branches du droit, que ce soit sur le plan civil, administratif ou pénal, la finalité de la justice réside dans la solution proposée par le juge.
**302.** En matière pénale, l'objectif des parties au procès consiste en l'obtention de la vérité. Cette finalité préoccupe les législateurs haïtien et français lorsqu'ils confèrent à l'autorité judiciaire des prérogatives pour adopter des mesures défensives à la phase préparatoire du procès pénal. Par cette démarche, les législateurs semblent être prudents en évitant toute altération de la vérité. Ils instituent des procédures scientifiques pour parvenir à la vérité judiciaire dont le but consiste à enlever l'incertitude en ce qui concerne la commission d'infraction, ce qui est susceptible de mettre à la fois en danger le bon fonctionnement de la vie collective et la carrière sociale de l'individu.
**303.** La vérité se conçoit dans un procès pénal comme une pêche dont le succès ne dépend pas seulement de la qualité de l'hameçon, mais également de la stratégie utilisée par le pêcheur pour capter les poissons. C'est dire que la solution du juge ne peut être un axiome, autant qu'elle ne peut non plus traduire la réalité absolue des faits. Celle-ci se manifeste par un ensemble de recherches scientifiques afin de

minimiser l'erreur judiciaire[1]. La complexité de la notion de vérité exprime le rejet de l'existence de la « vérité réelle » au profit de la vérité rationnelle en raison de la relativisation des informations et des renseignements recueillis. En réalité, la conviction et la conscience du juge se construisent sur la base de probabilités sans pouvoir prétendre être absolument convaincu de la certitude des témoignages. L'incertitude peut à tout moment occulter la « vérité réelle ». Pour cette raison, la doctrine concède une définition consensuelle de la notion de vérité[2].

**304.** La vraisemblance des faits est liée à la conscience des individus dont les témoignages ne peuvent être tenus pour « représentation exacte des faits matériels ». Certaines opinions peuvent être intéressées, influencées ou même soudoyées. Autrement dit, la vérité de la justice dépend en général de la contextualisation des faits. Dans cette perspective, il se peut que la personne mise en cause ait de l'influence politique ou économique sur un système judiciaire mis sous coupe réglée du pouvoir exécutif ou dans un système judiciaire particulièrement absorbé par la corruption. La question de vérité judiciaire peut être également occultée en raison de la précarité financière des témoins dont la conscience pourrait être achetée, du traitement social accordé aux acteurs judiciaires dont la solution adoptée pourrait être soudoyée eu égard à leur manque de traitement social par l'État, de l'absence d'un système disciplinaire équitable et sanctionnable[3] ou de l'insuffisance d'une formation de qualité de ces acteurs pour traiter certains dossiers complexes.

**305.** Tous ces paramètres pourraient objectivement influer sur la vérité. Il serait imprudent de s'y fier péremptoirement pour déterminer l'innocence ou la culpabilité de l'individu. Dans ce contexte, les informations et les témoignages recueillis doivent faire l'objet de vérification scientifique. Il serait alors illusoire de croire à l'existence de la « vérité judiciaire » à la phase préparatoire du procès pénal. Il

---

[1] G. Lopez et S. Tzitzis, *Dictionnaire des Sciences Criminelles*, Dall, 2004 : « L'erreur judiciaire s'analyse comme la représentation inexacte d'un fait matériel (élément de fait incomplet ou présenté de façon erronée) ou de l'ignorance de l'existence de ce fait ».

[2] G. Dalbignat-Deharo, *Vérité scientifique et vérité judiciaire en droit privé*, LGD.J, Inst.Tunc, 2004, p. 21

[3] Loi du 20 décembre 2007, op.,cit. : « La question de la délibération politique du Conseil Supérieur du Pouvoir Judiciaire est souvent soulevée par l'opinion à cause, notamment de l'absence de transparence dans le processus de certification et de la modalité de nomination des membres et des indices probants de corruption de certains magistrats ».

peut exister une « vérité judiciaire » dont le fondement se manifeste par la vérité légale et celle scientifique.

**306.** Les législateurs haïtien et français confèrent aux autorités publiques d'importantes prérogatives en mettant à leur disposition des outils juridiques efficaces pour optimiser l'obtention « d'une vérité judiciaire » au stade préparatoire du procès pénal. Ces législateurs répriment les fausses informations et instaurent des mesures de contrainte en cas de refus de collaborer avec la justice.

Il en résulte qu'il existe dans les procédures pénales haïtienne et française une vraie politique de collaboration dans l'intérêt public et le refus par un individu peut emporter la sanction. Cet arsenal juridique témoigne de la place importante qu'occupe la vérité au sein des procédures pénales haïtienne et française. La solution du juge se construit alors autour de la recherche d'éléments scientifiques justifiant la « vérité probable ». L'intime conviction du juge est élucidée par la légalité de vérification des informations pour que son verdict soit tenu pour vérité juridique[1] dont le véritable préparateur est l'avant- procès pénal.

**307.** La prévention générale joue un rôle déterminant dans la recherche de la manifestation de la vérité à la phase préparatoire du procès pénal. Les mesures défensives avant jugement peuvent faciliter l'aveu, contribuer à l'évitement de la disparition des indices et des preuves, empêcher la fuite des personnes mises en cause ou atténuer des témoignages influencés. Les acteurs judiciaires doivent disposer des prérogatives importantes pour mener leurs investigations, ce qui explique le pouvoir étendu des acteurs judiciaires dans le cadre de la recherche de la vérité.

**308.** Le législateur haïtien confère des pouvoirs étendus aux acteurs de la chaîne pénale pour procéder à toutes mesures ou tous actes utiles à la manifestation de la vérité ou à la bonne administration de la justice. L'officier de police judiciaire peut recourir à tous procédés afin de découvrir la vérité. Dans la pratique, les autorités de police judiciaire peuvent également établir des fichiers d'empreintes et informatiques. Ces derniers peuvent accéder aux données informatiques de l'individu sans l'autorisation d'un texte normatif. À cet égard, le législateur laisse à la discrétion des officiers de police judiciaire l'autonomie

---

[1] A. Garapon et T. Pech, « L'impossible réforme, bilan d'un échec politique » : Esprits, juin 2000, n. 264 : « Les juges ne sont acceptables que s'ils sont tenus dans le rôle simple de « bouches de la loi », s'ils se contentent d'être des modestes ministres d'une vérité entièrement contenue dans la loi ».

d'appréciation de la pertinence des actes pouvant être utiles à la manifestation de la vérité sans délimiter leur pouvoir. Cette marge de manœuvre semble être dangereuse, car ces prérogatives exorbitantes de l'OPJ peuvent laisser un champ étendu à l'arbitraire.

**309.** Le pouvoir de l'obtention de la vérité est aussi dévolu au commissaire du Gouvernement en matière de dénonciation en tant que ce dernier en est le principal destinataire en application des articles 19, 20, 21, 42 et 43 du code d'instruction criminelle. Le magistrat du parquet est habilité à procéder à la perquisition de tous « les objets qu'il jugera utiles à la manifestation de la vérité » à la lumière de l'article 26 du CIC.

**310.** Le juge d'instruction est l'acteur central dont le pouvoir apparaît illimité en la matière. Au-delà de la latitude dont il dispose pour procéder au placement en détention provisoire, le magistrat instructeur joue également le rôle d'officier de police judiciaire pour procéder à tous les actes relevant de la compétence de l'officier de police judiciaire et du commissaire du Gouvernement par application des articles 73 et 74 du CIC. Ce dernier peut procéder à la perquisition et la saisie des objets et tous actes qu'il juge utiles à la bonne administration de la justice. Dans cette perspective de vérité au stade préparatoire du procès pénal, seul le juge d'instructeur dispose des prérogatives pour faire comparaître devant lui des témoins à la lumière des articles 67 et suivants du CIC. Le refus de comparution volontaire peut emporter l'application des mesures coercitives au regard des articles 72 et 78 du même code. En pareille circonstance, tout refus de comparution peut entraîner la comparution forcée par l'entremise des mandats d'amener ou mandats d'arrêt pour que le magistrat puisse disposer d'éléments probants à la vérité judiciaire.

Bien que l'étendue des prérogatives attribuées par le législateur haïtien aux acteurs judiciaires puissent engendrer des décisions arbitraires, l'ensemble de ces dispositifs démontrent que la vérité judiciaire se prépare au stade de l'avant-procès pénal à partir des procédures de recherches scientifiques et légales.

**311.** En France, la logique de la politique criminelle du législateur dans le cadre de l'obtention de la vérité se manifeste par le renforcement des pouvoirs d'investigations de la police judiciaire. Il en est ainsi des lois du 9 mars 2004, du 14 mars 2011 et du 3 juin 2016 précitées contribuant de façon significative au renforcement des prérogatives des enquêteurs en matière de délinquance organisée. Ces lois laissent à la discrétion des officiers de police judiciaire le pouvoir de procéder aux mesures d'interception de télécommunications et de surveillance, ainsi qu'à l'implantation en tout lieu des systèmes de capture d'images et de sonorisation à l'insu des individus. Cependant, ces mesures d'investigation doivent être autorisées par un magistrat et sont aujourd'hui très contrôlées.

**312.** Le législateur français institue un ensemble de dispositifs pour recueillir des informations et de renseignements pertinents pour que le parquet ou le juge d'instruction se rapprochent davantage de la vérité scientifique. Les attributions dévolues à la police judiciaire ne s'exercent que sous l'autorité du magistrat du parquet en matière d'enquête pénale ou sous l'égide du juge d'instruction dans le cadre d'une information judiciaire. À ce titre, lors de la perquisition, il est permis à l'officier de police judiciaire d'installer dans les lieux de la perquisition ou dans des locaux des services de police ou de gendarmerie un système informatique pour recueillir et stocker des données relatives à l'enquête en application de l'article 57-1 du code de procédure pénale.

**313.** Par souci de protéger la sécurité publique et recueillir des informations sur les causes de mort ou de la disparition d'un individu, les officiers de police judiciaire sont habilités à recourir à la mise en œuvre des traitements automatisés de données à caractère personnel au regard de l'article 230-6 du CPP. Dans une approche préventive concernant la protection de la société, il est en outre institué un fichier judiciaire national automatisé des auteurs d'infractions terroristes. Ce fichier est tenu par le service du casier judiciaire national dont l'autorité de contrôle est un magistrat judiciaire placé sous l'autorité du ministre de la Justice, conformément à l'article 706-25-3 du CPP. Les informations recueillies sont enregistrées sous l'autorité du procureur de la République compétent dans le cadre du traitement de ce fichier et communiquées aux officiers de police judiciaire afin de prévenir la récidive et identifier les criminels. Un système de fichier judiciaire national automatisé des auteurs d'infractions sexuelles ou violentes est mis en place pour faciliter à la police judiciaire d'identifier leurs auteurs.

**314.** Le législateur permet l'enregistrement des informations personnelles recueillies et leur accessibilité directement par les autorités judiciaires, officiers de police judiciaire et préfets dans le but d'optimiser la protection de l'intérêt général. Face à la montée en puissance de la violence en France, le législateur a jugé nécessaire de durcir la politique criminelle aux fins d'apporter des réponses pénales

en amont aux délinquants. Il a ainsi inséré l'article 706-54 dans le code de procédure pénale pour mettre en place le fichier national automatisé des empreintes génétiques dans le but de « centraliser » la traçabilité du passé judiciaire des individus coupables de certaines infractions criminelles graves, des personnes déclarées pénalement irresponsables et des individus sur lesquels il existe des indices graves ou concordants d'avoir vraisemblablement commis certaines infractions. Dans une démarche scientifique relative à manifestation de la vérité, l'article 706-55 du CPP autorise l'officier de police judiciaire à occulter son identité pour infiltrer un groupe criminel ou tromper la vigilance d'un criminel sans le provoquer à commettre une infraction.
À l'instar de son homologue haïtien, le juge d'instruction est l'acteur clé le mieux armé juridiquement pour préparer la vérité judiciaire. Il dispose exclusivement du pouvoir d'auditionner des témoins dont le refus peut entraîner la mesure de contrainte ou la sanction dans le but d'obtenir la vérité.

**315.** Sans négliger le poids des contributions des autres acteurs judiciaires dans les procédures pénales haïtienne et française, tels le magistrat du parquet et l'officier de police judiciaire, la protection de la société semble dépendre en grande partie de la bonne administration de la justice sous l'autorité de « l'office du juge d'instruction »[1].
Les procédures pénales haïtienne et française convergent vers la mise en œuvre des réponses pénales préventives dont la finalité vise exclusivement la manifestation de la vérité judiciaire dans le but d'apporter une protection pérenne à l'intérêt général. Les règles procédurales mises en œuvre dans cette quête de vérité apparaissent liberticides et attentatoires à la présomption d'innocence.

**316.** Par une approche réaliste au regard des articles 62-2 et 144 du code de procédure pénale français concernant respectivement la garde à vue et la détention provisoire, ainsi que des articles 30 et 80 du code d'instruction criminelle haïtien relatifs au placement en détention provisoire, la politique de cette répression « *ante delictum* » facilite l'efficacité de la justice pénale. Il est regrettable que la procédure pénale haïtienne ne connaisse pas une grande évolution législative sous cet angle.

**317.** Les moyens matériels diffèrent considérablement dans les deux systèmes juridiques du fait que les systèmes de sécurisation et de

---

[1] P. Hébraud, *La vérité dans le procès et les pouvoirs d'office du juge*, Annales de l'Université des sciences sociale de Toulouse, tome XXVI, 1978.

prévention en matière de privation de liberté avant procès se caractérisent par l'implantation de dispositifs technologiques avancés pour assurer une communication sécurisée entre les acteurs judiciaires. Contrairement à la législation pénale française, la justice pénale haïtienne est confrontée aux difficultés liées à la récurrence des problèmes d'adresse postale et d'énergie électrique, ainsi qu'à l'absence des moyens de contrôle efficaces dans les frontières haïtiano-dominicaines pouvant garantir la représentation de l'individu au stade de l'avant-procès pénal.
Même si ces deux procédures pénales se rapprochent du point de vue idéologique, il serait utopique de les concevoir similaires. L'écart matériel est tellement important que la théorie du libéralisme pénal de Beccaria paraît imaginaire en l'état actuel de la procédure pénale haïtienne. Il ressort de ces analyses que les garanties judiciaires consacrées dans les mesures de sûreté constituent les contrepoids aux mesures privatives de liberté dans les procédures pénales haïtienne et française (Partie 2).

# Partie 2

# Les contrepoids aux mesures privatives de liberté

**318.** L'effectivité de la justice pénale se rapporte à la manifestation de la vérité et est liée à la sécurité en amont du procès pénal. Pour cela, la privation de liberté avant procès joue un rôle essentiel dans le processus judiciaire. Celle-ci permet de garantir l'efficacité du procès pénal et la protection de l'ordre public.

Diverses limites modèrent l'exercice des mesures coercitives à la phase préparatoire du procèspénal dans le but d'établir un équilibre entre la sauvegarde de la sécurité publique et le principe de la liberté. Cet équilibre judiciaire se traduit par l'égalité de droits entre les parties dans les procédures d'enquête et d'instruction. À cet égard, la politique criminelle ne proscrit pas l'exercice de la puissance publique, mais veille à la compatibilité de la recherche de la vérité avec les droits et libertés fondamentaux. Il est ainsi édicté des garanties judiciaires auxquelles est subordonnée la répression pénale à toutes les étapes de la procédure pénale. Ces garanties judiciaires constituent la base de l'effectivité de la justice pénale.

**319.** Les procédures pénales contemporaines haïtienne et française s'inscrivent dans cette politique restrictive de la répression pénale afin de faciliter l'équilibre des parties et inspirent la fiabilité des réponses pénales. L'objectif de la matière pénale consiste à équilibrer la phase préparatoire du procès pénal en vue de crédibiliser *in fine* la solution judiciaire, c'est-à- dire le verdict du juge lors de la tenue du procès pénal. C'est ainsi que les régionalismes européen et américain préconisent l'harmonisation entre la poursuite pénale et les droits et libertés fondamentaux à la phase de l'avant-procès pénal.

**320.** Les législateurs haïtien et français sont contraints d'articuler davantage leurs procédures pénales avec les normes européennes et interaméricaines. À ce titre, l'application des mesures privatives de liberté se limite à la prise en compte des garanties judiciaires au bénéfice de la personne mise cause au sens du principe égalitaire dans la justice pénale moderne. Dans cette perspective, les droits dont bénéficie la personne mise en cause constituent les contrepoids à l'accusation dans les procédures pénales.

**321.** La double mission de la procédure pénale consiste à garantir l'efficacité du procès et s'assurer de la crédibilité des réponses pénales aux comportements antisociaux. La protection de la société et les droits de la personne mise en cause sont les deux intérêts qui s'opposent. Cette politique de protection permet d'éviter les décisions arbitraires des autorités publiques et le recours excessif à la privation de liberté au stade préparatoire du procès pénal. Dans cette perspective, l'application des mesures privatives de liberté est liée au respect des garanties judiciaires dont bénéficie la personne suspectée ou poursuivie.

**322.** Ces garanties judiciaires sont instituées en vue de compenser les prérogatives de puissance publique au stade de l'avant- procès pénal. Dans cette optique, le recours à la privation de liberté avant procès doit s'avérer nécessaire pour l'efficacité de la procédure. La perte provisoire de liberté ne prive pas la personne concernée de ses droits à cette phase à la lumière des droits de la défense. Le mis en cause peut être privé de liberté, certes, mais ce dernier doit être en mesure de contester le bien-fondé des charges retenues contre lui. Ce sont ces garanties judiciaires qui protègent les personnes mises en cause des actes arbitraires de l'État. La répression pénale est si bouleversante émotionnellement qu'une telle protection peut atténuer les effets traumatisants de la privation de liberté au stade de l'avant-procès pénal.

**323.** Cette approche humaniste de la puissance publique symbolise la justice pénale contemporaine de sorte que les politiques criminelles haïtienne et française limitent la mise en œuvre des mesures privatives de liberté au respect de la présomption d'innocence, dont la protection permet de garantir l'égalité des armes dans les procédures pénales au sens de l'égalité républicaine devant le service public de la justice.

L'expression « contrepoids aux mesures privatives de liberté » trouvent donc sa traduction dans la force et la protection de la présomption d'innocence dans la privation de liberté avant procès. D'un côté, divers droits se déclinent dans la force de la présomption d'innocence (Chapitre 1), et la protection de ce principe consacre le respect de ces droits (Chapitre 2), d'un autre côté.

# Chapitre 1

# La force de la présomption d'innocence

**324.** La présomption d'innocence est un principe juridique qui occupe une place déterminante dans la matière pénale. Elle constitue le principe novateur de la procédure pénale moderne. Alors qu'elle est affirmée dans la procédure pénale française, celle-ci relève de la pratique judiciaire haïtienne. Ce principe manque d'une définition claire dans les législations criminelles française et haïtienne.

**325.** Les textes normatifs français prévoient simplement les conséquences du principe de la présomption d'innocence sans déterminer les caractéristiques de ce concept. L'expression se fait de plus en plus présente dans le droit pénal haïtien sans être définie par un texte. Peut-être, les législateurs haïtien et français estiment-ils que l'expression est assez connue du monde des juristes pour qu'il ne soit pas utile de l'élucider. Ces deux systèmes juridiques lient la présomption d'innocence à l'absence de culpabilité de la personne mise en cause avant son jugement.

**326.** Ce principe se décline dans l'article préliminaire, III du code de procédure pénale français. Plusieurs auteurs s'inspirent de cette disposition légale pour appréhender le concept de la présomption d'innocence. Il en est ainsi d'Edith Guilhermont qui a affirmé que l'expression « présomption d'innocence » désigne « la règle juridique selon laquelle on est présumé innocent jusqu'à ce que la culpabilité soit établie »[1].

**327.** L'esprit de l'article préliminaire du code de procédure pénale français semble être retenu dans la pratique des procédures pénales haïtienne et française, ainsi que dans les régionalismes européen et américain. Discret sous le règne de l'ancien code d'instruction criminelle français et ignoré complètement par le législateur haïtien, le principe de la présomption d'innocence consiste à exiger des autorités publiques le respect de certaines formalités juridiques dans la mise en œuvre des mesures coercitives au stade de l'avant-procès pénal.

---

1 E. Guilhermont, « Qu'appelle-t-on « présomption d'innocence », APC, 2007, n° 29, pp. 41-57.

La force de la présomption d'innocence se traduit ainsi par des incidences considérables aussi bien dans le domaine de la preuve (Section 1) que dans celui des droits de la personne mise en cause dans les procédures d'enquête et d'instruction préparatoire (Section 2).

## Section 1

## Les conséquences de la présomption d'innocence liées à la preuve

**328.** Le principe de la présomption d'innocence suppose l'existence de l'incertitude sur la véracité des faits reprochés. Cette règle entraîne des conséquences importantes dans le domaine de la preuve. À cet égard, la déclaration de culpabilité doit se fonder sur des éléments objectifs, et il appartient au ministère public d'enquêter à charge et à décharge selon le principe de l'opportunité des poursuites.

**329. S'**il est vrai que la mesure de garde à vue est une prérogative de la police judiciaire, il n'en demeure pas moins que le magistrat du ministère public et l'officier de police judiciaire doivent justifier le recours au placement en garde à vue par des faits probants. Cette mission incombe au juge d'instruction à la phase d'instruction. À ce titre, le magistrat instructeur doit justifier l'ordonnance de renvoi ou d'accusation par des preuves indiciaires.

Il en résulte que l'imputation des faits reprochés à la personne mise en cause doit être démontrée par les acteurs judiciaires aussi bien pendant l'enquête pénale que pendant l'instruction. L'absence de preuve à l'encontre du suspect peut emporter sa mise en liberté au regard du principe de la présomption d'innocence.

**330.** Les procédures pénales haïtienne et française s'accordent ainsi sur les effets de la présomption d'innocence dans les procédures d'enquête et d'information. À ce stade, la preuve ne peut être considérée comme définitive. Ainsi, les législations criminelles haïtienne et française prescrivent la preuve partielle dans la mise en œuvre des mesures privatives de liberté avant jugement.

Cette protection consacrée au profit de l'individu peut être remise en cause dans certains cas spécifiques. Il est ainsi exigé la preuve partielle dans les procédures d'enquête et d'information au sein des politiques criminelles haïtienne et française (§ 1), qui préconisent en même temps la dérogation à l'existence de la preuve partielle dans des cas spécifiques afin de favoriser la sécurité du procès pénal (§2).

### § 1 – L'exigence de la preuve partielle dans l'avant-procès pénal

**331.** Les termes « preuve partielle et incarcération partielle ne sont pas juridiques par nature, mais désignent dans notre étude le caractère relatif des preuves qui sont à la base de l'accusation et le caractère provisoire de la privation de liberté au stade préparatoire du procès pénal.

Dans un État de droit, la proclamation des droits et des devoirs doit être entourée des cadres juridiques. Il en est ainsi de la consécration de la preuve partielle dans les procédures d'enquête et de l'information. Dans cette optique, les politiques criminelles haïtienne et française mettent principalement à la charge de l'autorité judiciaire l'obligation d'établir des éléments constitutifs del'infraction reprochée dans l'application de la privation de liberté avant procès. De façon subsidiaire, le plaignant peut greffer sur l'accusation ses moyens de poursuite en matière d'enquête et d'instruction.

**332.** La question de la preuve est à la base de la privation de liberté au stade de l'avant-procès pénal en vue de transformer les soupçons en une certitude afin de découvrir la vérité. Les législations criminelles haïtienne et française s'accordent sur le double principe attaché au concept de la preuve dans les procédures d'enquête et d'information judiciaire.

Premièrement, il appartient à la partie poursuivante de prouver le corps du délit et la participation de la personne poursuivie à la commission de l'infraction. Ce principe repose sur l'adage « actori incumbit probatio » ou « onus probandi incumbit ei qui dicit ». Dans ce cadre, la poursuite répressive doit apporter les preuves déterminantes liées à la culpabilité de la personne mise en cause au stade préparatoire du procès pénal en vertu du principe de la présomption d'innocence.

Deuxièmement, selon la formule latine « reus in excipiendo fit actor », la personne mise en cause doit être en mesure d'établir la réalité de ses moyens de défense. À cet égard, il incombe par exemple à cette dernière de prouver le fait évoqué à l'appui de son irresponsabilité pénale.

**333.** Ces deux principes montrent que la partie poursuivante et la personne mise en cause se placent vraisemblablement sur un pied d'égalité dans la matière pénale de sorte que la preuve d'un fait justificatif pèse sur celle qui l'évoque. Cette conception égalitaire dans le domaine de la preuve semble ne pas être conforme à la mission cardinale du ministère public en matière pénale. En qualité de représentant de la société, le rôle du ministère public consiste à contribuer à la découverte de la vérité dans les procédures pénales. Il serait alors malaisé de considérer ce dernier comme un adversaire de la personne mise en cause à la phase de l'avant-procès pénal. Dans ce rôle de défenseur de la société, le ministère public devrait être tenu d'invoquer les faits à la fois favorables et défavorables à la personne poursuivie.

Il paraît donc utile de distinguer la charge de la preuve pendant l'enquête et celle pendant l'instruction. L'intérêt de cette distinction consiste à démontrer le caractère partiel de la notion de la preuve aussi bien dans l'enquête pénale que dans l'instruction.

**334. Preuve partielle au stade de l'enquête.** Le caractère partiel de la preuve pendant l'enquête pénale se justifie par la possibilité de contester les irrégularités et l'illégalité des indices ou des aveux qui sont à la base de l'accusation. Le parquet doit soutenir l'accusation par des preuves matérielles dans la procédure d'enquête en ce que les mesures coercitives ne doivent pas être empreintes de subjectivité. Les éléments de preuve liés à la privation de liberté n'ont de portée définitive. Il en est ainsi du placement en garde à vue.

**335.** L'exigence de la preuve dans le cadre du placement en garde à vue est énoncée aux articles 24.3, 25 et 26 du code d'instruction criminelle. Il en résulte que le placement en garde à vue est tributaire de l'existence des preuves matérielles à l'encontre de la personne suspectée. L'expression « jugement définitif » employée à l'alinéa c de l'article 24.3 de la Constitution de 1987 peut s'entendre de la reconnaissance du statut de présumé innocent du suspect au stade de la procédure de garde à vue puisqu'aucun jugement n'est intervenu. La Constitution fait peser sur la police judiciaire et le ministère public l'obligation de prouver l'implication de la personne concernée dans la commission de l'infraction dans la mise en œuvre du placement en garde à vue.

**336.** L'article 10 du code d'instruction criminelle subordonne le recours à la garde à vue par l'officier de police judiciaire à l'existence des preuves. Aux termes de cet article, la police judiciaire est chargée de recueillir des preuves et indices dans le cadre du placement en garde à vue. De même, l'article 13 du code d'instruction criminelle cantonne strictement la mesure de garde à vue décidée par le magistrat du ministère public à l'existence des preuves concrètes. Cette disposition précise que le commissaire du Gouvernement est tenu de rechercher les infractions de nature délictuelle ou criminelle en vue d'engager la poursuite pénale. Ainsi, le magistrat du parquet est tenu de prouver l'existence des infractions évoquées par des preuves matérielles.

**337.** Il en résulte que le ministère public doit établir le lien entre le suspect et les faits reprochés en matière de garde à vue. Bien que le mot suspect repose essentiellement sur la pratique judiciaire dans la procédure pénale haïtienne, ce lien d'imputation exprime l'admission de preuve partielle en matière de garde à vue. Ainsi, le placement en garde à vue est tributaire de l'existence des preuves matérielles à l'encontre de la personne suspectée. Puisque les irrégularités et l'illégalité dont sont entachées ces preuves peuvent être contestées dans le cadre du contentieux de la garde à vue, celles-ci revêtent un « caractère partiel ».

**338.** Dans le droit français, l'exigence de la preuve partielle découle de l'article préliminaire, III du code de procédure pénale.

L'arrestation peut déboucher sur la garde à vue, mais bénéficie d'une autonomie procédurale dans le même sens que dans la procédure pénale haïtienne. L'exigence de l'existence de preuve en matière d'arrestation s'étend à la garde à vue, d'autant que l'article 62-2 du CPP subordonne le recours à cette mesure à l'existence de soupçons sur la personne mise en cause. La preuve partielle peut justifier le placement en garde à vue de l'intéressé.

**339.** Cette mesure privative de liberté n'enlève pas le statut de présumé innocent conféré au suspect. C'est ainsi que la chambre criminelle de la Cour de cassation française a affirmé dans deux arrêts le 28 novembre et le 11 décembre 2018 « qu'il est interdit aux autorités publiques de faire des références publiques à la culpabilité d'un suspect ou de le présenter publiquement comme coupable ». À la lumière de ces deux arrêts, Raphaële Parizot a indiqué que la double interdiction affirmée par la chambre criminelle se traduit par « l'interdiction de présenter le suspect comme coupable dans une déclaration publique des autorités publiques » et « l'interdiction de présenter ce dernier à l'audience ou en public comme étant coupable par le recours à des mesures de contrainte physique »[1].

**340.** Dans les deux systèmes juridiques, la présomption d'innocence implique l'existence des constatations matérielles dans la mise en œuvre de la garde à vue. Le suspect est autorisé à contester les irrégularités et l'illégalité qui entachent les preuves liées à la mesure. C'est ainsi que les politiques criminelles haïtienne et française consacrent l'admission de la preuve partielle en matière de placement en garde à vue. De même, il est exigé au juge d'instruction de justifier les charges retenues contre la personne poursuivie par des faits objectifs, dont la contestation peut être soulevée dans le cadre d'un contentieux judiciaire. Dans ce cadre, la preuve revêt un caractère relatif dans la procédure de l'information.

**341. Preuve partielle au stade de l'information.** L'orientation judiciaire du dossier peut engendrer la saisine du cabinet d'instruction en raison de la complexité de l'affaire. Le couple arrestation/garde à vue est un enjeu fondamental à la phase d'instruction. Liée traditionnellement à l'enquête, la garde à vue peut se réaliser dans le cadre de l'information judiciaire. À cet égard, le statut de suspect ne peut se décliner dans la phase d'instruction. À la phase d'instruction, la personne mise en cause a le statut de témoin, en ce sens que la détention policière de l'individu peut s'opérer par délégation de pouvoir du juge d'instruction à la police judiciaire. Pour cela, l'arrestation se traduit par la comparution forcée de la personne poursuivie devant le juge d'instruction.

**342.** La procédure pénale haïtienne consacre deux modes opératoires dans le domaine de la garde à vue à la phase d'instruction. D'une part, la garde à vue peut se réaliser dans le cadre d'une délégation de pouvoir du juge d'instruction au juge de paix par application de l'article 69 du code d'instruction criminelle. Le juge de paix peut recourir au placement en garde à vue du témoin et non suspect à ce stade par application de l'article 69 susmentionné. D'autre part, la mesure de garde à vue peut s'effectuer dans le cadre de la comparution forcée du témoin au stade d'instruction en application de l'article 67 du code d'instruction criminelle. La contrainte employée par la force publique à l'encontre du témoin doit être comprise comme l'arrestation dont la

---

1 R. Parizot, « Présomption d'innocence versus marqueurs de culpabilité : quel équilibre ? » (Crim. 28 novembre 2018 n° 18-82.010; Crim. 11 décembre 2018, n° 18-85.460), RSC 2019, p. 127.

finalité consiste à la mise à disposition de ce dernier au magistrat instructeur. La comparution forcée du témoin peut déboucher sur son placement en garde à vue.

**343.** Aussi bien la comparution forcée à titre de témoin que le pouvoir délégué du juge de paix doivent justifier le recours en placement en garde à vue par des faits concrets. Dans le premier cas, la mesure de garde à vue peut se justifier par le refus délibéré de collaborer avec la justice, ce qui peut être compris comme l'obstruction à la justice. Dans le second cas, le placement en garde à vue peut se réaliser en raison du lien entre la commission de l'infraction et les faits recueillis lors de la déposition du témoin.

La privation de liberté au stade de l'instruction ne se traduit pas simplement par la mesure de garde à vue. C'est le sens de la question de la preuve dans d'autres mesures privatives de liberté. Il en est ainsi de la détention provisoire, de l'assignation à résidence, du contrôle judiciaire et de l'interdiction de quitter le territoire dans le droit haïtien.

**344.** Le juge d'instruction a la mission d'instruire à charge et à décharge dans le cadre de la recherche de la vérité. À ce titre, il incombe principalement à ce dernier de rechercher les preuves qui sont à la base de toutes les mesures coercitives qu'il décide. Cette mission se décline dans la détention provisoire et la pratique des mesures d'assignation à résidence et d'interdiction de quitter le territoire.

**345.** L'article 80 du code d'instruction criminelle subordonne l'application de la mesure de détention provisoire à l'interrogatoire de l'inculpé ou en cas de fuite de ce dernier. L'obligation d'interrogatoire suppose la découverte des preuves indiciaires à l'encontre de l'intéressé. La fuite de ce dernier suppose la reconnaissance des faits reprochés. Il en ressort que le placement en détention provisoire doit se fonder sur des faits, qui doivent donner l'impression que la personne poursuivie a vraisemblablement participé à la commission de l'infraction. Ces faits constituent tout au moins la preuve partielle qui justifie l'incarcération partielle de la personne concernée.

**346.** Les mesures d'assignation à résidence sous surveillance électronique, de contrôle judiciaire et d'interdiction de quitter le territoire ne sont pas insérées formellement dans la procédure pénale haïtienne, mais sont issues de la pratique judiciaire haïtienne en ce que le juge d'instruction y recourt davantage afin d'éviter l'engorgement des prisons. La décision du magistrat de décider ces mesures alternatives repose sur la sécurité du procès pénal et l'absence de dangerosité de l'individu pour l'ordre public. La nécessité de priver temporairement l'intéressé de sa liberté repose sur l'existence des faits probants relatifs à sa participation à la commission de l'infraction reprochée. Les informations recueillies par le juge et la révélation des faits probants constituent des éléments de preuve partielle justifiant la mise à disposition de l'inculpé à la justice par la décision de l'assigner à résidence, de l'astreindre à des obligations de limitations de ses déplacements ou de lui interdire de quitter le territoire.

**347.** La question de la preuve dans l'application des mesures privatives de liberté avant jugement dans le droit français ne diffère pas de celle pratiquée et instaurée dans la procédure pénale haïtienne. Le recours aux mesures privatives de liberté dans la procédure de l'information est soumis à des constatations matérielles. Il incombe au juge d'instruction de prouver la véracité des charges retenues à l'encontre du mis en cause.

**348.** L'obligation d'établir la preuve de la participation de l'intéressé à la commission de l'infraction reprochée peut se matérialiser dans l'application des mesures de détention provisoire, d'assignation à résidence sous surveillance électronique, d'interdiction de quitter le territoire et des obligations assortissant le contrôle judiciaire.

Il est indiqué à l'article 144, alinéa 1er du code de procédure pénale que le placement en détention provisoire s'explique par la nécessité de la conservation des preuves. Il va sans dire que la recherche de ces preuves pèse sur le juge d'instruction. De même, l'article 80-1 du même code conditionne la mise en examen à l'existence des indices graves ou concordants qui pèsent sur la personne poursuivie dans le cadre de la commission de l'infraction. Logiquement, la mise en examen peut déboucher sur le placement en détention provisoire par application du dernier alinéa de l'article 137 et de l'article137-1 combinés du code de procédure pénale. D'autre part, le juge des libertés et de la détention, seul compétent en matière de détention provisoire, est aussi tenu de constater la vraisemblance de la participation de la personne mise en cause à l'infraction.

Ces dispositions montrent que le législateur français matérialise la notion de la preuve par les indices graves ou concordants dans la mise en œuvre de la détention provisoire.

**349.** Contrairement à son homologue haïtien, le législateur français ne limite pas la perte provisoire de liberté de la personne mise en examen par la seule gravité de l'infraction. Le juge des libertés et de la détention doit constater l'existence des indications qui correspondent aux faits reprochés pour recourir à la privation de liberté de la personne poursuivie. La chambre criminelle a affirmé qu'« il incombe à la chambre de l'instruction, saisie de l'appel d'un placement en détention provisoire, d'examiner l'existence d'indices graves ou concordants de la participation du requérant aux infractions qui lui sont reprochées »[1]. La Cour de cassation a précisé que cette exigence s'applique à tous les stades de la procédure, ce qui implique que cette solution est applicable devant le juge des libertés et de la détention dans le cadre du contentieux de la détention provisoire. Ces indices doivent s'entendre des preuves établies à l'encontre de la personne mise en cause.

**350.** Les arrêts des 28 novembre et 11 décembre 2018 étaient des signes annonciateurs de la solution de la chambre criminelle dans l'arrêt du 14 octobre 2020. Rappelons que la chambre criminelle avait déjà consacré au travers des arrêts de 2018 en matière de garde à vue « l'interdiction des références publiques à la culpabilité et l'interdiction d'une présentation publique de la personne poursuivie comme coupable au stade de l'information tant que sa culpabilité n'est pas établie ».
L'interdiction des déclarations de culpabilité anticipées s'étend à toutes les décisions de justice qui n'acquièrent pas l'autorité de la chose jugée. Cette interdiction traduit le caractère partiel des preuves qui justifient le placement en détention provisoire.

**351.** Il ressort de la jurisprudence de la chambre criminelle de la Cour de cassation et des dispositions légales susmentionnées que le placement en détention provisoire est soumis à l'existence des preuves à l'encontre de la personne poursuivie au stade de l'avant-procès pénal dans le droit français. Les éléments de preuve qui sont à la base de la mesure de détention provisoire ne sont pas considérés comme le pré-jugement de la personne poursuivie. Autrement dit, la mesure ne doit pas donner l'impression que l'autorité judiciaire a une idée de culpabilité de la personne poursuivie.

**352.** La notion de preuve semble se décliner dans l'article 137 du code de procédure pénale en matière de contrôle judiciaire et d'assignation à résidence avec surveillance électronique. Il est énoncé à cette disposition que l'autorité judiciaire peut recourir aux mesures de contrôle judiciaire et d'assignation à résidence avec surveillance électronique en raison des nécessités de l'instruction ou à titre de mesure de sûreté. Les nécessités de sécuriser l'instruction impliquent que l'autorité judiciaire dispose de soupçons de participation de l'individu à la commission de l'infraction reprochée. Il en est de même lorsque l'autorité judiciaire décide de mettre la personne poursuivie à la

---

1 Crim., 14 octobre 2020, n° 20-82.961.

disposition de la justice par le mécanisme de mesure de sûreté. Le recours à ces mesures intermédiaires entre la détention provisoire et le principe de la liberté se fonde sur des faits objectifs dont dispose l'autorité judiciaire concernant la participation de la personne poursuivie à la commission de l'infraction reprochée.

**353.** Ces analyses démontrent que la question de la preuve ne concerne pas simplement les mesures de garde à vue et de détention provisoire à la phase de l'avant-procès pénal. Celle-ci s'étend aux mesures privatives de milieu ouvert de telle manière qu'il incombe au juge judiciaire d'établir des preuves à l'encontre de la personne poursuivie. Il est démontré que la personne mise en cause est protégée par le principe de la présomption d'innocence à la phase préparatoire du procès pénal dans les procédures pénales haïtienne et française. Ce principe protecteur implique que les mesures privatives de liberté avant jugement doivent se fonder sur l'existence des faits objectifs, qui laissent supposer la participation de l'individu à la commission de l'infraction poursuivie. Ces preuves constituent la preuve partielle dans la mise en œuvre des mesures privatives de liberté au stade de l'avant-procès pénal du fait que la personne mise en cause dispose de la possibilité de contester leur illégalité et leur irrégularité.

Les législateurs haïtien et français semblent tempérer la portée de la présomption d'innocence par l'admission de la dérogation à la preuve partielle dans les procédures d'enquête et d'information au sein des procédures pénales haïtienne et française (§ 2).

### § 2 – La dérogation à l'existence de la preuve partielle dans l'avant-procès pénal

**354.** La dérogation à l'existence des éléments de preuve dans la mise en œuvre des mesures privatives de liberté constitue un enjeu crucial face à la présomption d'innocence. Cette dérogation peut entraîner des détentions excessives et arbitraires et contribuer à la surpopulation carcérale du fait que le recours à la privation de liberté ne fait l'objet d'aucun contrôle en amont du procès pénal.

Il est vrai que les acteurs judiciaires sont tenus de justifier les mesures privatives de liberté par des constatations matérielles ; la personne mise en cause peut se trouver dans l'obligation de prouver son innocence dans certains cas. À cet égard, la privation de liberté avant procès n'est pas soumise à l'existence des preuves. Même si les présomptions de culpabilité ne concernent pas directement les mesures privatives de liberté, l'on démontrera que cette exception à l'existence des preuves dans l'application de la privation de liberté avant jugement peut reposer sur les présomptions de culpabilité prévues par la loi.

**355.** Ces présomptions présentent parfois des avantages significatifs pour les acteurs judiciaires en raison de la complexité de certaines preuves à établir dans le cadre de la répression de certaines infractions. Dans ce contexte, les autorités publiques sont dispensées d'établir le lien entre des faits probants et l'élément matériel de l'infraction. La seule invocation de la mauvaise foi de la personne concernée suffit pour déclencher la poursuite pénale. En pareil cas, la présomption d'innocence ne revêt pas un caractère absolu au stade préparatoire du procès pénal. Ainsi, il appartient à la personne poursuivie de prouver son innocence puisque les acteurs judiciaires peuvent ne pas disposer des mêmes moyens pertinents que la partie mise en cause[1].

**356.** Le principe de la présomption d'innocence n'exempte pas complètement le mis en cause de prouver, dans certains cas spécifiques, sa non-imputabilité à l'infraction reprochée. Le législateur laisse à l'intéressé la faculté de prouver sa bonne foi ou sa non- participation à la commission de l'infraction par la preuve des éléments qui lui sont favorables. La personne concernée est habilitée à anticiper l'accusation par des témoignages, ce qui lui permet de contribuer à la découverte de la manifestation de la vérité. Dans cette perspective, la place de l'individu et celle des acteurs judiciaires sont interverties. Selon l'adage « reus in excipiendo fit actor », la personne poursuivie devient automatiquement demanderesse à la place de la partie poursuivante[2].

**357.** La jurisprudence de la Cour de cassation haïtienne est pauvre en ce sens qu'elle n'a pas encore eu l'occasion de statuer sur cette question. La jurisprudence de la Cour de cassation française diverge quant à elle sur les solutions en fonction de la situation concrète en cause. La chambre criminelle impose à la personne mise en cause de prouver les causes d'irresponsabilité[3] ou de légitime défense[4] évoquées, tandis qu'elle exige du ministère public d'apporter la preuve contraire à l'amnistie ou à la prescription de l'infraction qu'invoque la personne poursuivie. La Cour de cassation a considéré, en s'alignant sur la

---

1 J. Buisson, « Les présomptions de culpabilité » : Procédures décembre 1999, Chron. 15.
2 Crim., 1er octobre 1980, Bull., n°240.
3 Crim., 8 février 1936, DP., 1936. I. 45, note Donnedieu de Vabres.
4 Crim., 22 mai 1959, Bull., 268.

jurisprudence de la Cour de Strasbourg[1], que l'on peut déroger à l'exigence de certaines preuves dès lors « qu'il existe la possibilité d'une preuve contraire et que l'effectivité des droits de la défense n'est pas entravée »[2] ou « que la culpabilité est légalement établie »[3] ou « que les présomptions de culpabilité ne portent pas atteinte aux droits de la défense, ni au principe de la présomption d'innocence »[4].
Cette présomption de culpabilité traduit la dérogation à l'existence des preuves dans le domaine de la privation de liberté au stade préparatoire du procès pénal.
**358.** Le Conseil constitutionnel français a abondé dans ce sens en précisant que « si en principe le législateur ne saurait instituer de présomption de culpabilité en matière répressive, toutefois à titre exceptionnel, de telles présomptions peuvent être établies, notamment en matière contraventionnelle, dès lors qu'elles ne revêtent pas de caractère irréfragable, qu'est assuré le respect des droits de la défense et que les faits induisent raisonnablement la vraisemblance de l 'imputabilité »[5]. Il en est ainsi de la jurisprudence de la Cour européenne des droits de l'homme qui autorise la dérogation à l'exigence des preuves en matière de mesures privatives de liberté à la phase de l'avant- procès pénal dès lors que celle-ci est encadrée par la loi[6].
Les éléments de non-imputabilité invoqués par la personne mise en cause au stade préparatoire du procès pénal peuvent avoir des incidences considérables sur l'intime conviction du magistrat judiciaire. Dès lors, l'intéressé a intérêt à établir la force probante des éléments qu'il évoque.
**359.** L'exception à l'existence des preuves en matière de privation de liberté avant procès n'est pas formellement instituée dans la procédure pénale haïtienne. Celle-ci est reconnue par la Cour de San José sur le fondement de l'article 8.2 de la Convention américaine relative aux droits de l'homme. La jurisprudence de San José a ainsi affirmé que le

---

1 Dans l'arrêt Salabiaku c. France rendu en date du 7 octobre 1988, la Cour européenne a affirmé que « la présomption de culpabilité est admise en matière pénale dès lors qu'elle ne porte pas atteinte à la présomption d'innocence ».
2 Crim., 6 novembre 1991. Bull., n° 397.
3 Crim., 5 septembre 1994. n° 94-81.015.
4 Crim., 26 octobre 1994. n° 94-81.526.
5 Décision n° 99-411 DC du 16 juin 1999, JO 19 juin 1999, 9019.
6 CEDH, 30 juin 2011, *Klouvi c. France*, § 41 ; CEDH, 7 octobre 1988, S*alabiaku c. France*, A. 141-A, § 28.

principe de la présomption d'innocence n'est pas absolu, et, donc, peut être violé avant le jugement de la personne poursuivie. En l'espèce, à l'occasion d'une détention de quatre ans, la Cour interaméricaine a précisé que « toute personne poursuivie peut faire l'objet de privation de liberté dans un délai raisonnable »[1]. La Cour de San José s'est référée à son homologue européenne pour reconnaître l'admission de l'inexistence des preuves dans la privation de liberté dans certains cas spécifiques[2].

Le droit interaméricain entoure la violation de la présomption d'innocence des garanties nécessaires par l'expression « délai raisonnable ». C'est dans ce sens que le rapport de la réforme pénale internationale (PRI) et l'Association pour la prévention de la tortue (APT) des Nations unies ont estimé que la durée excessive de la détention provisoire constitue une violation du droit à la présomption d'innocence[3].

Il est donc révélé que les procédures pénales haïtienne et française édictent un mécanisme de dérogation à l'exigence de la preuve dans l'application des mesures privatives de liberté avant jugement. Cette exception à l'exigence de la preuve est liée tant aux présomptions de droit qu'à celles de fait.

**360. Une dérogation liée aux présomptions de droit.** Les présomptions de droit permettent d'établir les éléments constitutifs de certaines infractions dont la preuve peut paraître complexe. Créées par la loi, ces présomptions consistent à dispenser la partie poursuivante d'apporter des preuves de l'accusation et font ainsi peser sur la partie poursuivie l'obligation de prouver son innocence au stade préparatoire du procès pénal. La seule existence des faits peut caractériser l'infraction, et il appartient à la personne mise en cause d'établir la preuve contraire.

**361.** Les procédures pénales haïtienne et française édictent des présomptions de droit dans diverses infractions, ce qui autorise une dérogation à l'existence de la preuve à la base de la privation de liberté avant procès. Cette dérogation est instituée dans la procédure pénale haïtienne pour toutes les infractions à la lumière de l'article 10 du code d'instruction criminelle. Progressivement, le législateur haïtien la

---

1 CIADH, 12 novembre 1997, *Suárez Rosero c. Équateur*, Série C, n° 35.

2 CIADH, 26 novembre 2010, *Cabrera García et Montiel Flores c. Méxique*, Série C, n° 220, § 184.

3 PRI et APT, « Monitoring de la détention : Outil pratique, rapport à la Commission des droits de l'homme des NU, 2013 ».

spécifie à des infractions déterminées, telles que le blanchiment, la corruption ou la diffamation. Cette présomption était déjà préconisée par la loi du 21 février 2011 relative au blanchiment des avoirs provenant du trafic illicite de la drogue et d'autres infractions graves.
Le législateur a repris la consécration de la présomption de culpabilité de droit au travers de la loi du 14 novembre 2013 sanctionnant le blanchiment de capitaux et le financement du terrorisme de telle sorte que les biens résultant de l'infraction reprochée peuvent faire l'objet de confiscation. Les articles 64 et 65 de ladite loi instaurent ainsi la notion de confiscation à la fois au stade préparatoire du procès pénal et à la phase de jugement. Or, la confiscation s'entend d'une peine complémentaire et suppose en principe une décision judiciaire qui acquiert l'autorité de la chose jugée.
La loi de 2013 a été modifiée dans le même sens par la loi du 13 octobre 2016 relative au blanchiment de capitaux et au financement du terrorisme.

**362.** L'ensemble de ces lois sont modifiées par le décret du 4 mai 2023 sanctionnant le blanchiment de capitaux, le financement du terrorisme et le financement de la prolifération des armes de destruction massive en Haïti, lequel décret, publié dans le Moniteur, N° spécial 12, ne prévoit aucune disposition transitoire en ce qui concerne l'application des lois de 2001, 2013 et 2016 précitées pour les procès en cours.
Au-delà de l'inconstitutionnalité de cet acte administratif réglementaire ( le décret), l'abrogation par le pouvoir exécutif de ces trois lois sur le blanchiment des capitaux et le financement du terrorisme risque de créer une anarchie judiciaire en influant sur les procès en cours en raison de la suppression automatique de certaines institutions judiciaires, tels l'Unité Centrale de Renseignements Financiers (UCREF) créée par la loi du 21 février 2001 susmentionnée, le Bureau d'administration du Fonds Spécial (BAFOS) au sein de la Commission nationale de lutte contre la drogue (CONALD) etc.

**363.** Il est regrettable que cette anarchie judiciaire ne soulève pas de débat dans la communauté des juristes. La Fédération des barreaux d'Haïti, le Conseil Supérieur du Pouvoir Judiciaire, les associations des magistrats et le monde universitaire restent muets devant l'entrée en vigueur dudit décret et ne tentent pas de contester cet acte réglementaire devant la justice administrative.

364. La confiscation n'est pas une mesure privative de liberté, certes, mais l'idée est de démontrer la dérogation à la charge de la preuve qui pèse sur la partie poursuivante. L'objectif du législateur en 2013

consisterait à ne pas laisser s'enrichir indûment les personnes qui sont protégées par des immunités. L'article 65, b, de la loi du 14 novembre 2013 précitée dispose que le juge peut rendre une ordonnance de confiscation « si les auteurs des faits ayant généré les produits ne peuvent être poursuivis, soit parce qu'ils sont inconnus, soit parce qu'il existe une impossibilité légale aux poursuites du chef de ces faits ou « que les propriétaires ne peuvent pas justifier la provenance desdits biens ». L'article 66 de ladite loi prévoit la confiscation de ces biens, objets de l'une des deux infractions susmentionnées lorsque leur « origine ne peut être établie ».

**365.** L'exception à l'existence de la preuve est applicable à l'infraction de corruption dans la procédure pénale haïtienne. Celle-ci découle de l'article 5.2 de la loi du 9 mai 2014 portant prévention et répression de la corruption en matière d'enrichissement illicite à l'égard des catégories d'individus en disposant que « Toute personne politique, tout agent public, tout fonctionnaire, tout magistrat ou tout membre de la force publique qui « ne peut raisonnablement justifier une augmentation disproportionnée de son patrimoine par rapport à ses revenus légitimes est coupable d'enrichissement illicite ».

L'admission du non-établissement de la preuve s'étend à l'infraction de diffamation en application de l'article 314 du code pénal qui dispose que la personne poursuivie « ne peut demander de lui prouver les éléments de l'infraction de diffamation ». Il incombe à l'auteur de l'imputation de prouver la véracité des faits qu'il a tenus.

**366.** Pour ces catégories d'infractions, il est permis délibérément aux acteurs judiciaires de recourir à la privation de liberté sans justifier la preuve de la participation de la personne mise en cause à la commission de l'infraction poursuivie. La politique criminelle haïtienne s'aligne ainsi sur la jurisprudence de la Cour interaméricaine des droits de l'homme dans le domaine de la relativité de la notion de présomption d'innocence prévue à l'article 8.2 de la Convention américaine relative aux droits de l'homme.

**367.** La conception ne diverge pas dans la procédure pénale française en tant que le législateur instaure la dérogation à l'exigence de la preuve en matière de mesures privatives de liberté avant jugement en raison des présomptions de droit. Ce mécanisme juridique permet de contourner la complexité d'établir la preuve des éléments matériels des infractions. Il en est ainsi du proxénétisme, du blanchiment et de la diffamation.

**368.** Dans une affaire de proxénétisme, il était exigé de la personne mise en cause de justifier des ressources suffisantes correspondant à son train de vie. Fondé essentiellement sur le caractère licite des fonds, l'arrêt a visé spécifiquement l'autonomie de l'infraction de blanchiment, en ce sens que la seule détention de la somme en espèce suffit pour caractériser l'infraction. En l'espèce, la chambre criminelle s'est fondée sur l'exception à l'établissement de la preuve pour qualifier la seule détention de la somme d'argent de blanchiment après que la personne mise en cause n'eut pu justifier la provenance de ces fonds[1]. La chambre criminelle a retenu la qualification de l'infraction de blanchiment lors du transport d'une somme d'argent importante à la frontière française. Dès lors, il incombe à la personne poursuivie de justifier la licéité des fonds faisant l'objet de poursuite sur le chef de blanchiment.

**369.** Ce même raisonnement est tenu dans le domaine des douanes et du code de la route. L'article 418 du code des douanes institue la dérogation à l'exigence de preuve en matière de « tentative d'introduction en contrebande des marchandises prohibées à l'entrée et à la sortie du territoire » ou lorsque la personne poursuivie dissimule la déclaration au bureau de passage de la douane. La chambre criminelle a estimé qu'il incombe au passager de prouver sa bonne foi. En l'espèce, la personne mise en cause qui se trouvait à bord d'un véhicule qui transportait la drogue était poursuivie pour trafic de stupéfiants et contrebande de marchandises prohibées. La question était de savoir si l'accusateur était tenu de prouver que l'intéressé avait la connaissance de la présence de la drogue dans le véhicule. La chambre criminelle a conclu qu'« il incombe à la personne concernée de prouver qu'il a tout mis en œuvre pour s'assurer de la nature des marchandises présentes dans le véhicule »[2].

Il en est ainsi de l'article 35 bis de la loi du 29 juillet 1881 relative à la liberté de la presse qui fait présumer la mauvaise foi de la personne poursuivie en matière de diffamation de sorte que la personne poursuivie dispose de la faculté d'établir *l'exceptio veritatis*, qui se traduit par l'opportunité de la preuve contraire. Dans cette optique, les présomptions de droit ne contreviennent pas à la présomption d'innocence prévue à l'article 6§2 de la Convention européenne.

---

1 Crim., 6 mars 2019, CR00162, n° 18-81.059.
2 Crim., 17 février 2021, n° 20-81.282.

Il est donc démontré qu'il est institué dans la procédure pénale française une dérogation à l'exigence de la preuve dans la mise en œuvre des mesures privatives de liberté pour certaines infractions au stade de l'avant-procès pénal en raison des présomptions de droit. Cette dérogation est liée également aux présomptions de fait.

**370. Une dérogation liée aux présomptions de fait.** Les présomptions de fait se manifestent par la méthode inductive et indiciaire afin d'établir les éléments constitutifs de l'infraction reprochée. L'on peut trouver ces présomptions dans les procédures d'enquête et d'information. Dans ce cadre, la privation de liberté décidée à l'encontre de l'individu se fonde sur des indices objectifs ou des constatations matérielles qui sont en lien avec la commission de l'infraction.

**371.** Dans la procédure pénale haïtienne, l'article 10 du code d'instruction criminelle (CIC) confère des prérogatives à l'officier de police judiciaire pour recueillir des preuves et indices pouvant constituer des présomptions de fait dans la mise en œuvre du placement en garde à vue. L'article 30 du code d'instruction criminelle permet au magistrat du ministère public de découvrir des indices graves en cas de flagrant délit. L'article 22 du CIC confère au magistrat du parquet la prérogative de constater des faits probants à la commission de l'infraction poursuivie. Dans ces circonstances, la dérogation à l'exigence de la preuve est admise sur la base des présomptions de fait, et à ce titre, la privation de liberté décidée par le commissaire du Gouvernement tire sa légalité de l'existence des indices graves ou des constatations matérielles. Ces présomptions de fait s'assimilent à l'établissement de la preuve du fait que ces indices et constations matérielles constituent des indicateurs de la présomption de la participation de l'individu à la commission de l'infraction reprochée.

**372.** Le juge d'instruction peut recourir à cette dérogation liée aux présomptions de fait dans le cadre des mesures de détention provisoire, d'interdiction de quitter le territoire et d'assignation à résidence de telle manière que les objets obtenus lors d'une perquisition peuvent servir de base fondamentale à l'application de ces mesures. D'ailleurs, le législateur emploie l'expression « présomption des objets cachés » à l'article 74 du CIC dans le cadre de la recherche de la vérité à l'initiative du magistrat instructeur. La présomption de ces objets cachés traduit l'admission de la dérogation à l'exigence de la preuve à l'égard de la personne poursuivie en matière de privation de liberté pendant l'instruction.

**373.** La procédure pénale française instaure cette dérogation à la phase préparatoire du procès pénal. L'officier de police judiciaire peut procéder à la méthode indiciaire pour établir la matérialité de l'infraction faisant l'objet de l'enquête. Les seuls indices suffisent pour justifier le placement en garde à vue décidé à l'encontre du suspect. De même, l'existence des faits constitutifs de l'infraction de recel peut être établie à l'égard de la personne poursuivie à partir de la méthode du faisceau d'indices en application de l'article 321-1 du code pénal.

En pareil cas, les conditions des circonstances de l'infraction peuvent conduire le juge d'instruction ou le juge des libertés et de la détention à procéder à la privation de liberté de la personne poursuivie sur la base de la présomption de la connaissance de l'origine frauduleuse de l'objet litigieux.

**374.** Il résulte de ces développements que les procédures pénales haïtienne et française autorisent les autorités publiques à se dispenser d'établir la preuve de la participation de la personne mise en cause à la commission de l'infraction dans les procédures d'enquête et d'information. Il n'est pas nécessaire que les acteurs judiciaires établissent la corrélation entre la mesure privative de liberté décidée et la participation de l'individu aux faits reprochés. L'exception à l'exigence de la preuve dans l'application de la privation de liberté avant procès liée aux présomptions de droit cantonne à des infractions spécifiques prévues par la loi. Cette exemption de la justification de la privation de liberté se généralise dans la matière pénale sur la base des présomptions de fait et s'applique à toutes les infractions dans les procédures d'enquête et d'information judiciaire.

La portée de la présomption d'innocence ne vise pas la seule question de la preuve car ce principe universel occupe une place si importante qu'il a des incidences sur les droits de la personne poursuivie à la phase préparatoire du procès pénal (Section 2).

## Section 2

## Les conséquences de la présomption d'innocence liées aux droits de la personne poursuivie

**375.** La privation de liberté peut constituer un coup de massue mettant l'individu dans une situation de faiblesse. Cette vulnérabilité émotionnelle peut conduire à la tenue de déclarations involontaires qui peuvent entraver l'innocence de l'intéressé au cours de l'incarcération. Il est institué dans la justice pénale moderne des mécanismes pour permettre à la personne poursuivie de résister aux pressions de la puissance publique afin de sauvegarder les droits de la défense.

**376.** Les législateurs haïtien et français allègent le principe de la présomption d'innocence en raison de l'éventualité de la culpabilité de la personne poursuivie. Il serait illogique d'imposer au magistrat du parquet ou au juge d'instruction d'ignorer les indices de culpabilité ou les suspicions qui pèseraient sur la personne mise en cause afin d'éviter l'inefficacité du procès pénal. Ainsi, la présomption d'innocence ne devrait pas faire obstacle au recours à des mesures coercitives en amont du jugement de l'intéressé. Il en est ainsi lorsque les constations matérielles révèlent l'imputabilité de l'infraction reprochée à la personne poursuivie. Dans ces conditions, l'intéressé peut faire l'objet de placement en garde à vue, détention provisoire, d'assignation à résidence avec surveillance électronique ou de contrôle judiciaire, voire d'interdiction de quitter le territoire dans le droit haïtien.

**377.** Toutes ces mesures sont contrebalancées par la protection des droits de la personne incarcérée au stade de l'avant-procès pénal. Les législations criminelles française et haïtienne, ainsi que les régionalismes européen et américain protègent rigoureusement les droits des personnes privées de liberté. Il est instauré dans les deux législations criminelles des droits au bénéfice de la personne mise en cause dans les procédures d'enquête (§1) et d'instruction (§2).

## § 1 – L'affirmation des droits du gardé à vue

**378.** L'état traumatique dans lequel se trouve le gardé à vue dans la procédure pénale justifie les nécessités de conférer à ce dernier des droits afin de lui permettre de mieux préparer sa défense.

Les procédures pénales haïtienne et française s'inscrivent dans cet équilibre juridique par la consécration des droits implicites, c'est-à-dire des droits non consacrés légalement, et de l'arsenal juridique des droits au bénéfice du gardé à vue.

S'agissant des droits implicites, le législateur haïtien édicte au profit du gardé à vue le droit à l'information sur le lieu et la qualification de l'infraction en application de l'article 10 du code d'instruction criminelle (CIC).

**379.** Dans le même ordre d'idées, le législateur français intègre le droit à l'alimentation dans la procédure pénale française comme droit implicite. Ce droit se déduit de l'article 64, 2° du code de procédure pénale qui édicte le droit pour le gardé à vue de s'alimenter. Cette disposition légale exige des enquêteurs de mentionner sur le procès-verbal d'audition et le registre de la mesure de garde à vue les heures auxquelles le gardé à vue s'est alimenté. Une telle obligation implique implicitement l'obligation de l'OPJ de faire connaître au gardé à vue son droit à l'alimentation.

De manière large, la prise en compte des intérêts de la personne gardée à vue s'insère dans un arsenal juridique qui consacre des droits à ce dernier dans les procédures pénales haïtienne et française. Ces droits se composent du droit à l'identification des motifs de la garde à vue, droit à la notification de l'ordre du placement en garde à vue, droit d'informer des tiers, droit à la prise en charge médicale, droit à l'assistance d'un avocat et droit au silence.

**380. Identification des motifs de la garde à vue.** L'article 24.3, a de la Constitution précise que le contenu du mandat doit préciser « le ou les motifs de l'arrestation ». L'arrestation du suspect peut entraîner son placement en garde à vue. Toutefois, l'article 24.3, a de la Constitution confère le droit à l'identification des motifs de l'arrestation lors de l'exécution du mandat. Le droit à l'identification des motifs du placement en garde à vue peut se décliner dans l'article 24.3, a précité en ce qu'il est mentionné dans cette disposition constitutionnelle la notion de détention. Le vocable « détention » doit être compris comme la détention policière à la suite de l'exécution du mandat d'amener. Dans ce cas, il est exigé que « ce mandat exprime formellement en créole et en français le ou les motifs de l'arrestation ou de la détention ».

Les motifs de la garde à vue doivent être portés à la connaissance du suspect en matière de flagrant délit, de clameur publique ou dans le cadre de l'interrogatoire du suspect dans les locaux de police.

**381.** Contrairement au droit haïtien, le droit à la notification des motifs de la garde à vue est d'abord visé avec clarté dans une liste exhaustive par le législateur français, qui consacre un ensemble de droits au gardé à vue. La Cour de cassation imposait à l'officier de police judiciaire de notifier à l'individu ses droits dans l'application de la garde à vue et a ainsi affirmé qu'« il résulte de l'article 63, dans sa rédaction issue de la loi du 15 juin 2000, que la personne gardée à vue doit recevoir la notification de ses droits à peine de nullité »[1]. Cette notification est aujourd'hui expressément prévue à l'article 63-1, 2° du Code de procédure pénale qui oblige l'officier de police judiciaire à informer le gardé à vue de la qualification, de la date et du lieu présumé de l'infraction qu'il est soupçonné d'avoir commis ou tenté de commettre. Les politiques criminelles haïtienne et française prolongent ce droit dans le domaine de la notification de l'ordre du placement en garde à vue.

**382. Ordre de placement en garde à vue.** Dans le droit haïtien, la notification de l'ordre du placement en garde à vue peut se déduire du mandat émis par le magistrat du ministère public en matière de flagrant délit ou par le juge d'instruction dans le cadre de l'information judiciaire à la lumière de l'article 24.3, a de la Constitution de 1987. Puisque l'officier de police judiciaire est amené à placer l'intéressé en garde à vue dans ces hypothèses, il est aisé de notifier à ce dernier le mandat qui justifie son placement en garde à vue dans l'attente de sa présentation devant l'autorité compétente. La notification de l'ordre du placement en garde à vue perd son intérêt en cas de flagrant délit et de clameur publique. L'OPJ tire la légalité du placement en garde à vue de ces circonstances.

**383.** Le droit à la notification de l'ordre du placement en garde à vue s'applique en matière d'instruction. Il en est ainsi de l'exécution du mandat du juge d'instruction par l'OPJ ou dans le cadre d'une délégation de pouvoir du magistrat instructeur à l'OPJ. Dans la première hypothèse, l'OPJ doit porter à la connaissance de l'intéressé le mandat qui l'autorise à placer le suspect en garde à vue. De même,

1 Crim., 6 mai 2003, n° 02-87.567 : JCP 203. IV. 2176.

des soupçons peuvent se révéler au cours du déroulement de l'audition de l'intéressé. Dans ce cas, l'ordre du placement en garde à vue tire donc sa base légale de l'ordonnance de la délégation de pouvoir (commission rogatoire) du magistrat instructeur.

**384.** Le droit à la notification de l'ordre du placement ne diverge pas dans les deux systèmes juridiques (art. 63-1, 1° CPP en droit français). La justification de l'ordre de ce placement se manifeste par les instructions discrétionnaires du magistrat du parquet à l'officier de police judiciaire ou l'exécution du mandat émanant du parquet. Il en est ainsi de l'exécution du mandat du juge d'instruction ou de l'ordonnance de commission rogatoire ou délégation de pouvoir du magistrat instructeur. Une fois placé en garde à vue, le suspect doit être en mesure d'en aviser ses proches.

**385. L'avis des tiers**. Le droit haïtien semble méconnaître complètement le droit à l'information des tiers au bénéfice du suspect dans la procédure de garde à vue. La Constitution de 1987 et le code d'instruction criminelle ne confèrent pas la prérogative à la personne gardée à vue d'informer ses proches ni de son arrestation ni de son placement en garde à vue.

**386.** La non-consécration de ce droit est l'un des facteurs de la surpopulation carcérale dans le droit haïtien et contribue considérablement aux détentions arbitraires. Toutefois, cette lacune juridique semble être compensée *a posteriori* par l'obligation de l'assistance d'un avocat ou d'un témoin au cours de l'interrogatoire de l'intéressé au regard de l'article 25.1 de ladite Constitution. La pratique de l'OPJ permet en général au suspect d'informer par téléphone ses proches, en même temps que son avocat, de la mesure de placement en garde à vue dont il fait l'objet.

**387.** Le législateur français fait de l'avis aux tiers un droit essentiel en matière de garde à vue. La loi n° 2011-392 du 14 avril 2011 relative à la garde à vue a éliminé la faculté de choix entre « un des proches et son employeur » qui était instituée dans les textes antérieurs pour aviser du placement en garde à vue. Il est imparti à l'OPJ un délai maximum de trois heures pour proposer à la personne gardée à vue de prendre l'attache, si elle le souhaite, avec toutes les personnes susmentionnées pour les aviser du placement en garde à vue dont il fait l'objet en application de l'article 63-2 du CPP. Ce délai de trois heures peut être différé pour les besoins de l'enquête ou en matière de lutte contre le terrorisme[1] ou en cas de force majeure[2]. L'article 64, 4° du CPP exige que les informations relatives audit avis, comme le jour et l'heure, et d'éventuels cas de force majeure soient inscrites sur le procès-verbal du déroulement de la garde à vue.

**388.** L'on peut affirmer que l'avis aux tiers du placement en garde à vue ne constitue pas réellement un droit au bénéfice de la personne gardée à vue dans la procédure pénale haïtienne en raison de l'absence de l'encadrement juridique de la mesure et du pouvoir étendu de l'officier de police judiciaire. La possibilité pour le gardé à vue d'aviser un de ses proches relève du pouvoir discrétionnaire des autorités policières. En revanche, le droit français garantit effectivement le droit de prévenir des proches, parents et employeur, dont la défaillance peut emporter l'annulation de la mesure. C'est dans cet esprit que le législateur français, contrairement au droit haïtien, confère au gardé à vue le droit de la prise en charge médicale.

**389. Prise en charge médicale.** La prise en compte de l'état de santé du gardé à vue repose sur le principe du respect de la dignité humaine auquel est soumise la détention policière. Il est reconnu à l'individu le droit à l'assistance médicale au cours du déroulement de la garde à vue.

**390.** Le droit à un examen médical n'est pas formellement institué dans le droit haïtien, mais s'exerce dans la pratique. Les acteurs de la chaîne pénale se fondent régulièrement sur le droit à la vie et à la santé prévu à l'article 19 de la Constitution pour faciliter la prise en charge médicale et non l'examen médical du gardé à vue. Cette disposition constitutionnelle laisse l'opportunité de la prise en charge médicale au profit de la personne gardée à vue en cas de nécessité à la discrétion des autorités publiques. Le suspect ne peut prétendre à un examen pour évaluer son état de santé lors du déroulement de la garde à vue, mais peut demander l'autorisation pour se faire soigner en cas d'extrême nécessité sanitaire.

**391.** La santé de la personne gardée à vue ne semble préoccuper la politique criminelle haïtienne que lorsque leur vie paraît compromise. Le droit à l'assistance médicale dans la pratique de la garde à vue n'est pas encadré juridiquement dans la procédure pénale haïtienne. La personne concernée peut solliciter de l'officier de police judiciaire ou du magistrat du parquet l'autorisation de se faire soigner lorsque sa vie paraît en danger.

---

1 Art. 706-88-1, CPP.
2 Art. 63-2, al. 2 et 3, CPP.

**392.** Le législateur français institue explicitement la prise en compte de la santé du suspect au cours du déroulement de la garde à vue, mais, comme dans le droit haïtien, n'instaure pas l'automaticité de l'exercice de ce droit. L'article 63-3 du code de procédure pénale confère le droit au gardé à vue de solliciter un examen médical lors du placement et de la prolongation de la mesure mais le gardé à vue n'est pas obligé d'exercer ce droit. L'intéressé peut renouveler sa demande à tout moment.

**393.** L'article 63-3 du CPP exige que l'examen médical soit pratiqué, dans un délai maximum de trois heures à compter de la demande, dans le strict secret professionnel. Le médecin est amené à émettre son avis sur les constatations relatives à la santé de l'intéressé et la compatibilité ou non de l'état de santé de ce dernier avec le maintien en garde à vue. La conclusion d'un avis d'incompatibilité de l'état de santé du gardé à vue emporte la mise en liberté de ce dernier. La chambre criminelle confirme sa jurisprudence établie dans cette démarche d'équilibre entre la privation de liberté au stade de l'enquête et la santé de l'individu en ce qu'elle a estimé qu'« il résulte de l'article 63-3 du code de procédure pénale que la poursuite de la garde à vue d'une personne dans des conditions qui sont, selon le constat médical, incompatibles avec son état de santé porte nécessairement atteinte à ses intérêts »[1].

La dissemblance juridique en matière de prise en charge du gardé à vue se constate dans le domaine du droit à l'assistance d'avocat au sein des deux procédures pénales étudiées.

**394. L'assistance d'avocat**. Le droit à l'assistance d'avocat au bénéfice de la personne privée de liberté est inséré dans les politiques criminelles haïtienne et française dans le respect des droits de la défense. Même si ce droit est reconnu dans les deux procédures pénales, il connait un renforcement considérable dans le droit français.

**395.** Le droit à l'assistance est consacré au profit de la personne gardée à vue dans la procédure pénale haïtienne à la lumière de l'article 25.1 de la Constitution de 1987 qui consacre : « Nul ne peut être interrogé en l'absence de son avocat ou d'un témoin de son choix ». Cette disposition doit être comprise comme la préoccupation des pouvoirs publics de s'assurer de l'objectivité de l'interrogatoire de telle sorte qu'on autorise la présence d'un individu lambda (un témoin) à l'entretien entre le gardé à vue et l'officier de police judiciaire.

---

1 Crim., 27 octobre 2009, n° 09-82.505: D. 2009. AJ 2688, note Girault; ibid.2010.

**396.** Il existe un décalage entre la consécration constitutionnelle de ce droit et l'effectivité de celui-ci. En réalité, l'avocat joue un rôle de simple spectateur dans la garde à vue. D'ailleurs, le placement en garde à vue n'est pas subordonné à la présence d'avocat ou de témoin. Ce n'est qu'au cours de l'interrogatoire que l'article 25.1 de la Constitution de 1987 impose à l'OPJ de demander au suspect de se faire assister d'un avocat ou d'un témoin de son choix. L'avocat se contente d'assister passivement aux échanges entre son client et les enquêteurs sans avoir préalablement la chance de préparer la défense de son client. L'avocat n'a accès à aucune pièce qui se rapporte à l'infraction reprochée. Dans ce contexte, ce dernier est confiné dans un rôle de spectateur et non de défenseur.

La Convention américaine relative aux droits de l'homme ne permet pas de pallier cette lacune. L'article 8.2, e de la Convention américaine exige le respect des droits de la défense devant l'instance juridictionnelle en tant que cette disposition emploie le mot « accusé » au lieu de « suspect ». Toutefois, la consécration du droit à l'assistance peut se décliner dans l'article 8.2, f qui proclame que « la défense a le droit d'interroger les témoins comparaissant à l'audience ». Au sens large, le vocable « audience » peut s'entendre du débat contradictoire entre les parties dans le contentieux de la garde à vue.

**397.** En réalité, les placements en garde à vue se déroulent sans la présence d'avocat ou de témoin dans la pratique policière haïtienne. Malgré le fait que cette pratique policière heurte les droits de la défense de l'intéressé, aucun contentieux en la matière n'est porté, à ce jour, devant la Cour de cassation haïtienne, et encore moins devant la Cour interaméricaine des droits de l'homme. Non plus, les juristes haïtiens n'incitent pas les pouvoirs publics à faire réguler la pratique de la garde à vue. Ce manque d'intérêt des avocats et des juristes explique la jurisprudence pauvre de la Cour de cassation haïtienne dans le contentieux de la pratique de la garde à vue.

**398.** Le régime de droit commun de l'assistance d'avocat se trouve au cœur de la procédure pénale française. À l'instar du droit positif haïtien, le rôle de l'avocat se limitait au statut de spectateur des interactions entre l'officier de police judicaire et le gardé à vue. La conception initiale de spectateur de la présence de l'avocat au cours de la garde à vue a été abandonnée sous l'influence des jurisprudences de la Cour de Strasbourg et du Conseil constitutionnel pour s'étendre désormais à un rôle de vrai défenseur.

**399.** La reconnaissance du droit effectif à l'assistance d'avocat a intégré la procédure pénale française après l'arrêt Brusco c. France n° 1466/07 du 14 octobre 2010 de la Cour européenne des droits de l'homme et la décision n° 2010- 14/22 du 30 juillet 2010 du Conseil constitutionnel. L'arrêt Brusco et la décision du 30 juillet 2010 du Conseil constitutionnel marquent un tournant considérable dans le régime de la garde à vue en France en ce qu'ils ont propulsé le droit au silence du gardé à vue et le droit à l'entretien de 30 minutes du suspect avec son avocat dès le début de la mise en œuvre de la garde à vue. Ainsi, la loi n° 2000-516 du 15 juin 2000 renforçant la protection de la présomption d'innocence et les droits des victimes a introduit dans la procédure pénale l'intervention de l'avocat dès la première heure de la garde à vue mais seulement par le biais d'un entretien de trente minutes. Il convient de souligner que la loi du 14 avril 2011 est adoptée par la suite dans le but de rendre conforme le régime de la garde à vue aux exigences de l'article 6 de la Convention européenne de sauvegarde des droits de l'homme et de permettre la présence de l'avocat pendant toute la garde à vue.

**400.** La jurisprudence de la chambre criminelle, pour sa part, rappelle l'obligation de la présence de l'avocat lors de la mise en œuvre de la mesure de garde à vue. La chambre criminelle a affirmé qu'« il appartient à la Chambre de l'instruction de vérifier si la personne présente sur les images de l'enregistrement audiovisuel de la garde à vue, au besoin d'un supplément d'information, n'était pas, malgré l'absence de mention du procès-verbal à cet égard, l'avocat de la personne gardée à vue »[1]. La présence de l'avocat est théoriquement indispensable, en ce sens que « toute personne placée en garde à vue doit pouvoir bénéficier de l'assistance d'un avocat dès qu'elle en fait la demande »[2].

**401.** La procédure pénale haïtienne semble être plus protectrice en la matière sur certains points. Alors que l'article 25.1 de la Constitution de 1987 exige que l'interrogatoire du gardé à vue se déroule sous l'œil attentif de son avocat ou d'un témoin de son choix, la jurisprudence de la chambre criminelle de la Cour de cassation française estime que la présence de l'avocat n'est pas obligatoire en matière de garde à vue. La chambre criminelle a confirmé sa jurisprudence établie en matière de

---

1 Crim., 12 avril 2016, n° 15-86.802 : Dr. pénal 2016. Chron. 8, obs. Lesclous.
2 Crim., 14 décembre 2011, n° 11-81. 329 : D. actu. 1er février 2012, obs. Girault; D. 2012. Actu. 220; AJ pénal 2012.170, obs. Gallois ; Dr. pénal 2012, n° 44, obs. Maron et Haas.

droit à la renonciation de l'assistance d'avocat dans l'application de la garde à vue. Elle a affirmé que « la renonciation volontaire au droit à l'assistance d'avocat ne préjudicie pas le gardé à vue »[1]. Il résulte de cet arrêt que le suspect doit pouvoir s'entretenir avec un avocat dès le début de la mesure de garde à vue et lors de son interrogatoire et que ce dernier peut renoncer à ce droit s'il souhaite se défendre seul. Cet arrêt exprime le sens de l'article 6 de la Convention européenne qui admet que la personne gardée à vue peut se défendre seule.

La chambre criminelle estime que cette renonciation peut être tacite ou expresse en ce que « l'absence de demande d'entretien confidentiel avec son client et l'acceptation de la personne d'être entendue sans un tel entretien sont interprétées comme une renonciation tacite à un tel entretien »[2]. L'avocat désigné d'office par l'Ordre des avocats peut substituer à la défaillance de l'avocat choisi personnellement par la personne gardée à vue. La jurisprudence de la chambre criminelle a considéré qu'« aucune atteinte n'est portée aux intérêts du prévenu qui, à défaut d'entretien avec l'avocat nommément désigné, accepte l'intervention d'un avocat commis d'office »[3].

**402.** Le particularisme de la procédure pénale haïtienne en la matière tient à l'article 25-1 de la Constitution précitée qui confère au gardé à vue la faculté de se faire assister d'un témoin de son choix. Cette disposition constitutionnelle reflète la réalité de la précarité financière des justiciables haïtiens qui se trouvent parfois privés de l'assistance d'avocat en raison de leur manque de ressources financières et du caractère sélectif des bénéficiaires du programme d'assistance légale institué par la loi du 26 octobre 2018 portant sur l'assistance légale dans le but de lutter contre la détention préventive excessive et la surpopulation carcérale. En pratique, l'OPJ autorise le gardé à vue à prendre attache téléphonique avec son avocat.

Dans les deux procédures pénales, la présence de l'avocat lors du déroulement de la garde à vue soulève les questions des conditions de l'entretien de la personne gardée à vue avec son défenseur, de la consultation du dossier par l'avocat et de la présence de l'avocat aux auditions et confrontations.

---

1 Crim, 17 janvier 2012, n° 11-86.797, D. 2012.

2 Crim., 2 mars 2021, n° 20-85.491.

3 Crim. 4 juin 2008 : Dr. pénal 2009. Chron. 8. Obs. Lesclous.

**403. Entretien préalable avec l'avocat.** Les échanges entre le gardé à vue et son défenseur constituent un élément essentiel dans la stratégie de défense au stade de la garde à vue. L'avocat doit être en mesure de préparer psychologiquement son client à d'éventuels pièges au cours de l'interrogatoire ou de l'audition. Pour cela, l'entretien préalable entre le gardé à vue et son avocat est déterminant, et les échanges entre eux doivent se réaliser en toute confidentialité.

**404.** Le législateur haïtien ne garantit pas formellement le droit à l'entretien préalable de la personne gardée à vue avec son avocat. Il est tout simplement reconnu à la personne gardée à vue le droit d'être assistée d'un avocat ou d'un témoin de son choix. L'article 25.1 de la Constitution limite la présence de l'avocat au seul déroulement de l'interrogatoire de son client par les enquêteurs.

**405.** La confidentialité de l'entretien préalable avec l'avocat est une exception dans le droit haïtien lorsque le gardé à vue est une célébrité ou lorsque celui-ci est issu d'une classe sociale privilégiée. L'entretien préalable entre le gardé à vue et son défenseur se réalise généralement derrière les barreaux des cellules. Cette étape significative est passée sous silence par le législateur haïtien de la même façon qu'il laisse à la discrétion de l'OPJ de déterminer le temps imparti à cet entretien. Il est interdit à l'avocat de produire des observations verbales ou écrites pendant le déroulement de l'entretien.

**406.** À ce jour, les conditions de l'entretien de l'avocat avec son client ne garantissent pas la confidentialité dans la procédure de garde à vue dans le droit haïtien. L'entretien se réalise derrière les barreaux des cellules, et l'OPJ peut percevoir les sons issus des échanges. Cette pratique est condamnée par la Cour interaméricaine des droits de l'homme en ce que la Cour rappelle régulièrement que le principe de confidentialité de l'entretien s'applique à toutes les phases de la procédure pénale. La Cour a conclu à la violation de l'article 8.2 de la Convention américaine relative aux droits de l'homme du fait que les avocats n'ont pas pu s'entretenir en toute confidentialité avec leurs clients qui sont détenus à la Base Aérienne Las Palmas[1]. Elle a confirmé sa jurisprudence établie en la matière en tant qu'elle a considéré que « le tribunal militaire méconnaît le droit à l'assistance d'avocat du fait que la personne mise en cause a été privée de s'entretenir librement en toute confidentialité avec son conseil »[2].

---

1 CIADH, 30 mai 1999, *Castillo Petruzzi et autres c. Pérou*, Série C, n° 52.

2 CIADH, 25 novembre 2004, *Lori Berenson Mejía c. Pérou*, Série C, n° 119.

Il est souhaitable que le législateur haïtien s'inspire de la jurisprudence de la Cour interaméricaine pour réglementer les conditions de l'entretien du gardé à vue avec son défenseur au cours du déroulement de la mesure de garde à vue.

**407.** Dans la procédure pénale française, les conditions de l'entretien de la personne gardée à vue avec son client sont encadrées par l'article 63-4 du code de procédure pénale. L'officier de police judiciaire est tenu de mettre à la disposition de l'avocat une salle pour s'entretenir seul avec son client pendant trente minutes, et cet entretien peut être renouvelé en cas de prolongation de la garde à vue par application de l'alinéa 2 de l'article 63-4 du CPP. Au cours du déroulement de l'audition policière ou devant le procureur de la République, l'avocat est habilité à produire ses observations écrites dans le cadre de la défense de son client. De plus, la chambre criminelle a jugé que « la personne gardée à vue doit bénéficier d'un nouvel entretien avec son avocat s'il est appelé à être entendu sur de nouveaux faits »[1]. Il en est ainsi de l'arrêt n° 20-85.491 de la chambre criminelle de la Cour de cassation du 2 mars 2021 qui a confirmé le droit au principe de confidentialité de l'entretien entre la personne gardée à vue et son conseil. Par cet arrêt, la Haute juridiction a estimé que « l'entretien confidentiel entre l'avocat et son client gardé à vue constitue l'un des moyens issus des droits de la défense ».

**408.** La procédure pénale haïtienne se révèle en réalité moins protectrice que celle française en matière du respect de la confidentialité de l'entretien de la personne gardée à vue avec son client. Les acteurs judiciaires haïtiens peuvent combler cette lacune juridique par la jurisprudence de la Cour interaméricaine des droits de l'homme. Cette divergence entre les deux législations criminelles étudiées se constate également dans la consultation du dossier de la garde à vue.

**409. Consultation du dossier de la garde à vue.** La préparation de la défense de la personne gardée à vue dépend essentiellement de la connaissance des pièces que contient le dossier. Il est tout à fait incontournable que l'avocat puisse y avoir accès afin de déterminer la stratégie de défense au profit de son client.

**410.** Sans surprise, le législateur haïtien ne se prononce pas sur cet aspect essentiel du contentieux de la garde à vue. L'article 11 du code d'instruction criminelle exige la contresignature de la personne gardée à vue et, de surcroit, celle de son avocat, sur le procès-verbal

1 Crim., 2 mars 2021, n° 20-85.491.

d'interrogatoire de la mesure de garde à vue. Mais à aucun moment, il n'est précisé que l'avocat est autorisé à avoir accès à l'ensemble des pièces du dossier. La stratégie de défense de l'avocat semble reposer sur la connaissance des motifs de la mesure et la qualification de l'infraction reprochée.
La pratique révèle que l'OPJ énonce en général, au cours des échanges avec l'avocat, certains documents se rapportant au dossier sans offrir à ce dernier la possibilité de se les procurer dans le cadre de la défense de son client. Or, les déclarations tenues par le suspect au stade de la garde à vue en présence de son avocat feront foi devant le cabinet d'instruction et les juridictions de jugement. Toute déclaration maladroite ou défavorable tenue par le gardé à vue est susceptible de compromettre sa liberté. C'est à juste titre qu'il faut permettre à ce dernier de prendre connaissance de l'ensemble des pièces que contient le dossier de la mesure de garde à vue dans le cadre de l'effectivité de sa défense.
**411.** Le législateur peut puiser cette garantie judiciaire dans la jurisprudence de la Cour interaméricaine. La transposition de la solution de la jurisprudence de la Cour interaméricaine peut permettre à l'avocat d'avoir accès à l'intégralité des documents liés à la mise en œuvre de la mesure de garde à vue. Il en est ainsi de l'arrêt du Tribunal constitutionnel c. Pérou du 14 mars 2001 qui a indiqué que « la personne mise en cause à la phase préparatoire du procès pénal doit être en mesure d'avoir connaissance de l'ensemble des pièces de la procédure en cause afin qu'elle puisse préparer efficacement sa défense ». Mais le droit positif haïtien révèle que la pratique de la garde à vue exclut formellement l'accès à des pièces de cette mesure, encore moins à l'entier dossier de la procédure.
**412.** La question de consultation du dossier de la garde à vue se pose également dans la procédure pénale française. Le législateur français ne permet pas à l'avocat d'accéder à toutes les pièces que contient le dossier de la mesure. L'accès au dossier n'est pas complètement interdit à l'avocat au profit de son client en la matière, en ce sens que le législateur français confère à l'avocat la prérogative de consulter certaines pièces que contient le dossier du placement en garde à vue. Cette consultation se limite au procès-verbal du déroulement de la garde à vue, au certificat médical du gardé à vue et aux procès-verbaux des auditions au sens de l'article 63-4-1 du code de procédure pénale.
L'exclusion de certaines pièces dans la consultation du dossier par l'avocat semble entraver les droits de la défense à la phase de l'enquête

policière de telle sorte que le gardé à vue ne peut discuter l'ensemble des pièces liées aux faits qui lui sont reprochés. Pourtant, la chambre criminelle s'oppose à cette conception en considérant que « l'absence de communication de l'ensemble des pièces du dossier, à ce stade de la procédure, n'est pas de nature à priver la personne d'un droit effectif et concret à un procès équitable, dès lors que l'accès à ces pièces est garanti devant les juridictions d'instruction et de jugement »[1].

**413**. La consultation de l'ensemble des pièces de la mesure de garde à vue prévues à l'article 63-4-1 n'est subordonnée qu'à la demande expresse du gardé à vue. La chambre criminelle a affirmé que « l'absence d'accès à l'entier dossier de la procédure de garde à vue n'est pas incompatible avec les droits de la défense institués par l'article 6 de la Convention européenne de sauvegarde des droits de l'homme »[2].

Le refus de l'officier de police judiciaire de donner une suite favorable à la demande de l'avocat pour accéder à certaines pièces énumérées exhaustivement à l'article 63-4-1 du code de procédure pénale et non à l'entier dossier emporte la nullité de la mesure au sens des droits de la défense[3].

Toutefois, il n'est pas interdit à l'avocat de prendre des notes dans le cadre de la préparation de la défense de son client. Selon la jurisprudence de la chambre criminelle, le droit à la consultation du dossier ne porte que sur certaines pièces spécifiques de la procédure de garde à vue. La Haute juridiction a ainsi rappelé que « sans demande expresse et précise de l'avocat, lors de la garde à vue, tendant à la consultation des documents énumérés à l'article 63-4-1 du code de procédure pénale, le mis en cause ne saurait invoquer utilement une violation de ses droits »[4].

**414.** La solution de la jurisprudence de la Cour de cassation s'aligne sur la position commune de la Cour européenne et de la Directive

---

1 Crim., 19 septembre 2012, n° 11-88.111: JCP G 2012, note 1242, Rev. sc.crim. 2012, p. 887, obs. D. Boccon-Gibod, et X. Salvat et J. Pradel, « Du droit de l'avocat d'accéder au dossier établi au cours d'une garde à vue »: JCP G 2012, doctr. 1223. Voir aussi : Crim. 15 juin 2016, n° 15-86.043 : Gaz. Pal. 4 octobre 2016, p. 59, note Fourment ; Dr. pénal 2016. Chron. n° 8, obs. Lesclous.

2 Crim. 26 juin 2013 : D. actu. 2 oct. 2013, obs. Fucini.

3 Crim., 17 novembre 2015, n° 15-83.437 : D. actu. 7 décembre 2015, obs. Fucini. Crim., 4 octobre 2016, n° 16-82.309: D. 2017.Pan. 1676, obs. Pradel.

4 Crim., 18 décembre 2012, n° 12-85. 735: D. actu. 11 janvier 2013, obs. Priou-Alibert; D. 2013. AJ 90 ; AJ pénal 2013.283, note Porteron ; Procédures 2013, n° 79, obs. Chavent-Leclère.

2012/13/UE du Parlement européen et du Conseil du 22 mai 2012 relative au droit à l'information dans le cadre des procédures pénales. La Cour européenne exige l'accès de l'avocat à l'entier dossier simplement au stade du jugement et qu'à ce stade, « l'accès pourrait être modulable selon les procédures et les circonstances »[1]. De même, l'article 7 de la Directive précitée 2012/13/UE du Parlement européen et du Conseil permet aux États membres d'autoriser l'accès à l'intégralité des pièces du dossier simplement à la phase juridictionnelle du procès pénal. Cette disposition confère le droit au défenseur du gardée à vue « l'accès à toutes les preuves matérielles à charge ou à décharge détenues par les autorités, en temps utile et, au plus tard, lorsqu'une juridiction est appelée à se prononcer ».

**415.** Les procédures pénales haïtienne et française partagent la même préoccupation quant à la garantie de l'efficacité des investigations de telle sorte qu'il est instauré des restrictions relatives à l'accès au dossier de la garde à vue. Au regard de la fonction politique de la justice, ces restrictions sont liées à la sécurisation de la procédure d'enquête.

La procédure pénale française paraît garantir mieux les droits de la défense de la personne gardée à vue que celle haïtienne en matière du droit d'accès à l'information. Le législateur français permet au conseil du gardé à vue de consulter certaines pièces essentielles liées à l'application de la garde à vue. L'accès de l'avocat à ces documents peut faciliter la préparation de la défense de son client. Une telle prérogative n'est pas reconnue au gardé à vue dans la procédure pénale haïtienne.

**416.** Par application de la jurisprudence de la Cour interaméricaine des droits de l'homme, la procédure pénale haïtienne semble mieux garantir les droits de la défense dans le domaine d'accès au dossier de la garde à vue. La Cour interaméricaine étend le droit d'accès de l'avocat à l'entier dossier de la garde à vue. Il est regrettable que la solution de la Cour ne soit pas transposée dans le régime de la garde à vue haïtienne.

**417.** La garde à vue étant une mesure attentatoire au principe de la liberté, l'avocat de la personne gardée à vue aurait dû avoir accès à l'ensemble des documents sur lesquelles se fonde l'accusation. L'accès à l'intégralité des pièces liées à la garde à vue permettrait à l'avocat de déterminer *a minima* une stratégie de défense pour mettre en déroute le culte de l'aveu de l'officier de police judiciaire à l'égard du suspect. De

---

1 CEDH, 12 janvier 2012, *Trymbach c. Ukraine*, 5e sect., n° 44385/02.

même, le droit à l'assistance d'un avocat se prolonge dans les auditions et confrontations lors de la garde à vue au sein de ces deux procédures pénales.

**418. L'avocat aux auditions et confrontations.** Le droit à l'assistance d'un avocat implique la présence de ce dernier au cours des auditions et confrontations dans le déroulement du placement en garde à vue. L'article 25.1 de la Constitution de 1987 haïtienne exprime suffisamment clairement cette interprétation de telle sorte qu'il subordonne l'interrogatoire du gardé à vue à l'assistance d'un avocat ou d'un témoin. Une telle obligation constitutionnelle s'applique au stade des confrontations puisque le rôle de vigie de l'avocat paraît nécessaire pour les garanties de la défense de son client.

**419.** Le code de procédure pénale français introduit dans le contentieux de la garde à vue le droit à l'assistance d'avocat aux auditions et confrontations. Il est indiqué à l'article 63-4-2, alinéa 1er du CPP que le gardé à vue dispose du droit à l'assistance d'avocat lors des auditions et confrontations.

L'emploi du verbe « pouvoir » dans cette disposition traduit la non-automatisation de ce droit. Il appartient à l'intéressé gardé à vue d'en faire la demande, et l'OPJ ne peut débuter l'audition ou la confrontation sans la présence de l'avocat sollicité qu'après un délai de deux heures. Néanmoins, les alinéas 3 et 4 de l'article 63-4-2 du CPP autorise l'audition du gardé à vue sans la présence de son avocat en raison des nécessités de l'enquête ou dans le but de conserver des preuves, en cas de risque d'atteinte à la vie, à la liberté ou à l'intégrité physique.

Cette précision apportée par la loi du 14 avril de 2011 paraît inutile puisque l'admission de la présence de l'avocat dès le début de la mesure devrait être comprise comme l'extension de ce droit aux auditions de son client. La présence de l'avocat dès le début de la garde à vue implique forcément sa présence lors de l'audition de l'intéressé. Cela va de soi du fait que le défenseur du gardé à vue peut garder un œil sur la régularité du déroulement des auditions, d'autant que les observations écrites de l'avocat sont admises en vue de mettre fin à l'audition de son client en application de l'alinéa 1er de l'article 63-4-3 du CPP.

Ce droit aux observations écrites s'inscrit dans l'idée de rompre la conception du silence de l'avocat lors du déroulement de la garde à vue au sens du caractère effectif du droit à l'assistance d'avocat. Il en est ainsi de la jurisprudence de la Cour européenne qui a considéré que « la personne mise en cause doit pouvoir bénéficier de toute la « vaste gamme d'interventions qui sont propres au conseil », à savoir « la discussion de l'affaire, l'organisation de la défense, la recherche des preuves favorables à l'accusé, la préparation des interrogatoires, le soutien de l'accusé en détresse et le contrôle des conditions de détention qui sont des éléments fondamentaux de la défense que l'avocat doit librement exercer »[1].

**420.** Le manquement à la présence de l'avocat peut entraîner l'annulation de l'audition, et, le cas échéant, la procédure de garde à vue doit être annulée lorsque la condamnation de l'intéressé se fonde exclusivement sur ses aveux ou déclarations de culpabilité en l'absence de son avocat lors de son audition. La jurisprudence de la chambre criminelle consacre la nullité de l'ensemble de la procédure lorsque la condamnation de l'individu se fonde sur ses seules déclarations auto-incriminantes en ce qu'elle a considéré que « lorsqu'un gardé à vue sollicite l'assistance d'un avocat lors de la notification de ses droits et que cet avocat ne se présente pas, les procès-verbaux effectués en l'absence de l'avocat contenant des déclarations auto-incriminantes ou des aveux causent nécessairement un grief au prévenu justifiant que ces procès-verbaux soient écartés des débats ainsi que tous les actes subséquents »[2].

Il faut avoir à l'esprit que le droit à l'assistance d'un avocat n'implique pas l'obligation du gardé à vue de faire des déclarations. Ce dernier se voit reconnaître le droit de se taire.

**421. Droit au silence.** Le silence semble être la meilleure défense pour abandonner le culte de l'aveu des enquêteurs lors de la garde à vue. Cette stratégie se justifie par le non-accès du gardé à vue à l'entier dossier de la procédure. Il semble être moins complexe de faire des déclarations devant le juge d'instruction où le principe du contradictoire et les droits de la défense apparaissent mieux garantis. Pour cette raison, le gardé à vue semble avoir intérêt de se taire au cours du déroulement de la mesure afin d'éviter des déclarations qui pourraient compromettre son innocence. Cette prérogative peut être mise en œuvre même en cas de renonciation à l'assistance d'avocat.

**422.** Le droit au silence n'est pas inséré dans le code d'instruction criminelle haïtien. Ce droit se décline dans l'article 8.2, g de la

---

1 CEDH, 9 avril 2015, *A. T. c Luxembourg*, n° 30460/13 : Dans cet arrêt, la Cour européenne a précisé la portée du droit à l'assistance effective d'un avocat au cours d'une procédure pénale.

2 Crim., 7 février 2012, n° 11-83.676 ; Crim., 17 décembre 2013, AJ pénal 2014. 139, obs. Porteron.

Convention américaine relative aux droits de l'homme qui garantit à la personne gardée à vue la prérogative de se taire au cours de la détention policière. Cette disposition conventionnelle peut poser un problème d'interprétation dans le cadre de son application au stade de l'enquête. L'article 8.2, g de la Convention américaine fait référence aux mots « instance », « accusé » et « délit ».
D'abord, la phase des investigations ne s'entend pas d'une instance juridictionnelle. Or, la garantie conventionnelle du droit au silence se limite à la saisine d'une instance. Ensuite, cette disposition conventionnelle confère cette prérogative à l'accusé, tandis que la personne gardée à vue a le statut de suspect. Enfin, ce texte conventionnel fait référence au délit, alors que le placement en garde à vue peut résulter d'une infraction de nature criminelle.

**423.** Ces raisonnements donnent l'impression que le droit au silence ne s'applique pas au stade de la garde à vue. Pour cela, l'adoption d'une loi relative à l'encadrement de la garde à vue paraît urgente afin d'assurer les garanties judiciaires des suspects.
L'imprécision de l'article 8.2, g de la Convention américaine exprime la complexité du droit interaméricain pour pallier la lacune de la législation pénale haïtienne en la matière. En pratique, l'OPJ ne se soucie guère du droit au silence du gardé à vue, en ce sens qu'il ne le notifie pas expressément à l'intéressé au cours du déroulement du placement en garde à vue.

**424.** Le droit de se taire au profit du gardé à vue repose sur la pratique dans la procédure pénale haïtienne si l'intéressé en connaît l'existence ou s'il a la possibilité de bénéficier de l'assistance d'un avocat dès le début dc la mesure. L'instauration de ce droit dans la procédure pénale haïtienne peut faciliter la meilleure prise en compte des droits de la défense dans la procédure d'enquête. Il est donc souhaitable que le législateur songe à se pencher sur cette nécessité pour que la procédure pénale haïtienne soit en conformité avec le principe universel de la présomption d'innocence.

**425.** Dans la procédure pénale française, la question est tranchée par la loi du 14 avril 2011 relative à la garde à vue. L'article 63-1, 3° du CPP exige la notification à l'intéressé de son droit de ne pas répondre aux questions qui lui sont posées par l'OPJ . Cette loi est le résultat de plusieurs modifications effectuées par la loi n° 2002-307 du 4 mars 2002 complétant la loi n° 2000-516 du 15 juin 2000 renforçant la présomption d'innocence et les droits des victimes. Le texte actuel dispose que la personne suspectée a le choix « de faire des déclarations, de répondre aux questions qui lui seront posées ou de se taire ».

**426.** Dans la politique du chiffre, la loi n° 2003-239 du 18 mars 2003 relative à la Sécurité intérieure, dite « Loi Sarkozy », avait supprimé en 2003 l'obligation des enquêteurs de notifier ce droit à la personne gardée à vue. Il faut rappeler ici que la Cour de Strasbourg et le Conseil constitutionnel sont les véritables artisans de la restauration du droit au silence au stade de la procédure de garde à vue dans la procédure pénale française.

**427.** La Cour européenne a condamné la France au motif que le régime de la garde à vue français contrevenait à l'article 6 de la Convention européenne. En l'espèce, la Cour a estimé que la législation française ne garantissait pas suffisamment les droits de la défense en affirmant que « la personne gardée à vue doit pouvoir bénéficier de l'assistance d'un avocat et du droit au silence dès le début de la garde à vue »[1].

**428.** Le Conseil constitutionnel français semble s'inspirer vraisemblablement de l'arrêt Brusco pour inciter le législateur français à faire évoluer le régime de la garde à vue. Le Conseil constitutionnel a estimé que le régime de la garde à vue de droit commun violait les articles 9 et 16 de la Déclaration des droits de l'homme et du citoyen du 26 août 1789. En l'espèce, la question de l'effectivité de l'assistance de l'avocat lors du déroulement de la garde à vue, notamment dès le début de la mesure, était portée devant les Sages par l'introduction d'une QPC à la suite d'un arrêt de la Cour de cassation le 31 mai 2010.

Les requérants se fondaient sur l'arrêt Dayanan c. Turquie de la Cour de Strasbourg du 13 octobre 2009, lequel arrêt exigeait la nécessité de l'assistance de l'avocat dès le début de la garde à vue. Les Sages étaient donc amenés à se prononcer sur la question de savoir si les articles 62, 63,63-1, 63-4, alinéa 1er à 6, et 77 du code de procédure pénale relatifs au droit à l'entretien préalable avec un avocat « étaient attentatoires au principe du respect des droits de la défense, au droit à une procédure équitable, à la liberté individuelle, à la liberté d'aller et venir, au droit de ne pas faire l'objet d'arrestation d'une rigueur non nécessaire et au principe d'égalité ». Le Conseil constitutionnel a conclu que « les articles 62, 63, 63-1, 63-4, alinéa 1er à 6, et 77 du CPP sont contraires à la Constitution aux motifs que « les dispositions attaquées n'instituent pas les garanties appropriées à l'utilisation qui est faite de la garde à vue. La conciliation entre la prévention des atteintes à l'ordre

1 CEDH, 14 octobre 2010, *Brusco c. France*, n° 1466/07.

public et la recherche des auteurs d'infraction et l'exercice des libertés constitutionnellement garanties ne peut plus être regardée comme équilibrée »[1].

**429.** De même, le Conseil constitutionnel a considéré que « le silence est un droit constitutionnel et, par conséquent, que le législateur ne saurait affirmer qu'en toute circonstance, le fait que les personnes gardées à vue ont été entendues après avoir prêté serment ne constitue pas une cause de nullité »[2]. En l'espèce, le Conseil constitutionnel était saisi, sur le fondement des articles 9 et 16 de la Déclaration des droits de l'homme et du citoyen de 1789, d'une QPC portant sur la conformité de l'article 153 du code de procédure pénale. Se fondant exclusivement sur l'article 9 de la Déclaration des droits de l'homme et du citoyen de 1789, le Conseil constitutionnel a déclaré inconstitutionnelles les dispositions de l'article 153, troisième alinéa, du code de procédure pénale au motif que l'audition du gardé à vue après avoir prêté serment ne constitue pas une cause de nullité au respect du principe des droits de la défense.

**430.** Ces analyses révèlent que les procédures pénales haïtienne et française confèrent un ensemble de droits au profit de la personne mise en cause dans la procédure de garde à vue. Le développement de ces droits démontre l'écart entre les deux systèmes juridiques dans le domaine du contrôle de la régularité du déroulement de la garde à vue. La procédure pénale haïtienne étend la surveillance de l'audition entre l'officier de police judiciaire et le gardé à vue au témoin, alors que le législateur français la limite à la seule présence de l'avocat. Il est démontré que l'avocat est confronté à des restrictions importantes dans la procédure pénale haïtienne, tandis que le législateur français lui confère un rôle effectif dans la procédure pénale française.

La disproportion entre ces deux politiques criminelles n'est pas surprenante en raison de l'absence de réglementation de la mesure de garde à vue dans la procédure pénale haïtienne. D'où la nécessité pour le législateur haïtien de réguler la notion de garde à vue dans le cadre de la fonction politique de la justice.

**431.** Les développements analytiques démontrent que ces droits peuvent se répercuter sur la privation de liberté au stade de la procédure d'enquête. D'abord, le droit au silence permet de tenir en échec le culte

1 Décision n° 2010-14/22 QPC du 30 juill. 2010.

2 P. de Combles de Nayves et E. Mercinier, « Le silence est d'or », Décision n° 2016-594 QPC du 4 novembre 2016, AJ Pénal, Janvier 2017, p. 27, n° 1.

de l'aveu de l'officier de police judiciaire. Ainsi, l'interdiction de l'auto-incrimination peut éviter la privation de liberté à la personne mise en cause. Ensuite, le droit à la prise en charge médicale tend à concilier les nécessités de la garde à vue ou le maintien de celle-ci. La révélation du pronostic de vie engagé de la personne mise en cause peut bloquer le recours à la garde à vue ou le maintien de celle- ci. Dans ce cadre, la personne peut échapper à la privation de liberté et ce droit peut contribuer au désengorgement des prisons. Enfin, les autres droits permettent à la personne gardée à vue de contrebalancer les charges retenues contre elle en raison de l'accès de l'avocat à certaines pièces de la procédure et de la possibilité de s'entretenir avec son client. À cet égard, la préparation de sa défense peut déboucher sur la découverte de l'irrégularité de la procédure et, en conséquence, entraîner la mise en liberté de l'intéressé.

Le droit à l'information des tiers peut contribuer à optimiser la présence de l'avocat lors des auditions et confrontations de l'intéressé. Le gardé à vue peut être dans l'impossibilité de trouver l'avocat choisi et les tierces personnes avisées peuvent faciliter à établir les contacts entre l'intéressé et l'avocat. Dans le même ordre d'idées, l'entretien confidentiel peut permettre d'anticiper des pièges des enquêteurs.

En somme, le respect de ces droits peut empêcher le maintien en garde à vue du suspect. C'est de l'ensemble de ces garanties qu'est entourée également la personne privée de liberté à la phase de l'information (§ 2).

## § 2 – L'affirmation des droits de la personne mise en cause dans l'information

**432.** La personne mise en cause s'entend de la personne privée de liberté au stade de l'instruction. Le sens de l'étude des droits conférés à cette dernière dans la procédure de l'information se traduit par les conséquences de la violation de ces droits dont elle dispose pour contrebalancer les preuves liées à son placement en détention provisoire. Il est institué dans les législations criminelles haïtienne et française un ensemble de droits au bénéfice de la personne mise en cause au stade de l'information.

**433.** Ces deux procédures pénales divergent quant aux garanties dont bénéficie la personne mise en cause à la phase de l'information de telle sorte que la personne poursuivie bénéficie des prérogatives moins importantes dans la procédure pénale haïtienne que dans celle française.

Cette disproportion des droits n'empêche pas l'instauration d'un régime commun des garanties judiciaires entre ces deux systèmes juridiques dès la première comparution jusqu'à la clôture de l'information au profit de la personne poursuivie.

**434. Droit à l'interrogatoire de première comparution.** La personne mise en cause bénéficie d'une multitude de droits lors de sa première comparution. En principe, le juge d'instruction ne peut rendre une ordonnance de renvoi à l'égard de l'individu sans l'avoir préalablement interrogée.

Dans la procédure pénale haïtienne, la formalité d'interrogatoire de première comparution avant le placement en détention provisoire est régie par l'article 26 de la Constitution de 1987 qui exige la comparution du détenu devant le juge judiciaire dans un délai n'excédant pas quarante-huit heures. L'obligation de l'interrogatoire de la personne poursuivie se prolonge aux articles 77 et 80 du code d'instruction criminelle, étant précisé que l'alinéa 1er de l'article 77 du CIC institue l'automatisation de l'inculpation indifféremment de la gravité de l'infraction (délit ou crime). Cette disposition légale porte atteinte aux droits de la défense de l'intéressé au sens de l'article 26 de la Constitution. Or, l'article 80 du CIC subordonne l'incarcération de la personne mise en cause à l'interrogatoire préalable ou à la constatation de sa fuite. Cela va de soi que l'inculpation de l'intéressé est en principe tributaire de l'interrogatoire de première comparution de ce dernier devant le magistrat instructeur, peu importe la gravité de l'infraction. Dans ce contexte, les articles 77 et 80 du CIC se révèlent contradictoires. Une telle contradiction peut influer sur l'efficacité des investigations du juge d'instruction et mettre à mal la règle de la présomption d'innocence des individus dans la matière pénale.

**435.** La mise en examen ne se limite pas à la comparution de la personne poursuivie dans la procédure pénale française. Le statut de mise en examen de la personne poursuivie résulte de deux manières. Premièrement, la mise en examen peut être mise en œuvre par la notification des charges retenues au cours de l'interrogatoire de première comparution en application des alinéas 2 et 3 de l'article 116 du CPP. Dans ce cadre, le juge instructeur informe oralement la personne mise en cause des raisons de sa comparution devant lui. Deuxièmement, la notification des charges liées à sa mise en examen peut être adressée à l'intéressé avant sa comparution devant le juge d'instruction par l'envoi d'une lettre recommandée ou par un procès-

verbal établi par un officier de police judiciaire au regard de l'article 80-2 du même code.
Il importe de souligner que le juge d'instruction ne peut mettre l'individu en examen qu'en cas d'impossibilité de mettre ce dernier sous le régime de témoin assisté. La chambre criminelle a ainsi estimé que « le magistrat instructeur ne peut sans méconnaître la loi, entendre préalablement la personne poursuivie à titre de témoin »[1].
La jurisprudence de la Cour européenne assimile le droit à l'interrogatoire au droit au juge au bénéfice de la personne privée de liberté dans la procédure de l'information. La Cour a estimé que « la présentation devant un juge doit être faite dans les plus brefs délais, généralement moins de quarante-huit heures[2], sauf circonstances très particulières »[3].

**436. Droit à la notification des charges de l'accusation.** Le juge d'instruction ne peut envisager l'ouverture de l'information sans aviser l'intéressé des faits qui lui sont reprochés lors de l'interrogatoire de première comparution. Le magistrat instructeur est tenu d'expliquer à la personne concernée les raisons de sa convocation devant lui. Il doit lui notifier à la fois les faits qui lui sont reprochés et leur qualification. En pratique, cette notification se fait verbalement et le juge instructeur mentionne les charges retenues à l'encontre de l'intéressé sur le procès-verbal de l'interrogatoire.

**437.** Dans le droit haïtien, l'article 24.3, a de ladite Constitution circonscrit le droit à la notification des charges dans la notification des motifs (charges) de l'arrestation et de la détention. Dans une conception large, la notification de ces motifs peut s'entendre du droit conféré à l'inculpé au cours de son interrogatoire de première comparution devant le magistrat instructeur. Il incombe au magistrat instructeur de notifier à l'inculpé les motifs de sa détention lorsqu'il décide de placer ce dernier en détention provisoire au cours de l'interrogatoire de première comparution.

**438.** La Convention américaine exige le respect de ce droit en ce que l'article 7.4 précise : « Toute personne arrêtée ou détenue sera informée des raisons de l'arrestation et recevra notification, dans le court délai, de l'accusation ou des accusations portées contre elle ».

1 Crim., 25 septembre 1986, n° 86-93.821. Voir aussi : Art. 116, al. 2, CPP.
2 CEDH, 4 décembre 2014, *Ali Samatar et autres c. France*, n° 17301/10.
3 CEDH, 29 novembre 1998, *Brogan et autres c. Royaume -Uni*, n° 11234/84, 11386/85, § 62.

En outre, l'article 8.2, b de ladite Convention garantit « la notification préalable et détaillée à l'accusé des charges portées contre lui ».
L'on est suffisamment habitué de l'originalité des termes employés dans la Convention américaine pour concéder que le droit conventionnel à la notification des motifs de l'arrestation ou de la détention s'applique à l'interrogatoire de première comparution de la personne mise en cause même si l'article emploie le vocable « accusé ». La Cour de San José rappelle ainsi régulièrement dans sa jurisprudence que le respect des garanties judiciaires s'étend à tous les stades de la procédure pénale. Il en est ainsi de l'affaire Castillo Petruzzi et autres c. Pérou du 30 mai 1999.

**439.** Dans le droit français, l'alinéa 2 du §III de l'article préliminaire du code de procédure pénale précise que la personne suspectée ou poursuivie doit être informée des charges retenues contre elle et d'être assistée d'un défenseur. L'article 116 du même code prévoit que le juge d'instruction doit notifier les faits imputés à la personne mise en cause dans la procédure de l'information. Cela étant, le juge d'instruction a l'obligation de porter à la connaissance de la personne mise en cause les faits qui lui sont imputés lors de son interrogatoire de première comparution avant de lui imposer une mesure privative de liberté.
La chambre criminelle exige que l'individu soit informé de manière détaillée de la nature et de la cause de la prévention dont il est l'objet et il doit être en mesure de se défendre tant sur les divers chefs d'inculpation qui lui sont imputés que sur chacune des circonstances aggravantes susceptible d'être retenue à sa charge »[1]. La notification doit porter sur les seuls faits visés dans l'acte de poursuite, c'est-à-dire les faits visés dans le réquisitoire du parquet ou figurant dans la plainte avec constitution de partie civile [2].
Par ailleurs, l'information judiciaire ne se limite pas aux seuls ressortissants haïtiens et français. Un ressortissant étranger peut faire l'objet d'une instruction en raison de son implication dans la commission d'une infraction. Pour cette raison, les politiques criminelles haïtienne et française devraient conférer le droit à l'interprétation et à la traduction au profit des personnes privées de liberté qui ne comprennent pas les langues employées dans la procédure.

1 Crim., 21 novembre 2000, n° 00-80.616.
2 Crim., 23 janvier 1979, n° 77-93. 077.

**440. Droit à l'interprétation et à la traduction.** Ce double droit suppose forcément que la personne privée de liberté ne comprend pas ou ne parle pas la langue dans laquelle l'information est ouverte. L'intéressé va avoir besoin non seulement d'accès aux pièces liées à l'accusation, mais doit pouvoir répondre aux questions du magistrat instructeur. La personne concernée doit être ainsi en mesure de comprendre les pièces essentielles qui sont à la base de sa privation de liberté. Il est donc nécessaire que ce dernier soit assisté d'un professionnel assermenté pour traduire les pièces essentielles du dossier de l'instruction.

**441.** Le législateur haïtien n'institue pas le droit à l'assistance d'interprète et de traducteur. Ce double droit découle de l'article 8.2, a de la Convention américaine qui précise que « l'accusé a droit d'être assisté gratuitement d'un traducteur ou d'un interprète s'il ne comprend pas ou ne parle pas la langue employée à l'audience ou au tribunal ». Cette disposition conventionnelle semble écarter l'application de ce droit au stade de l'information puisque sa rédaction limite son application à l'audience ou à la juridiction de jugement. Mais l'insertion du mot « audience » à l'article 8.1 de ladite Convention peut s'entendre des débats contradictoires tenus devant le juge d'instruction.

L'interrogatoire de l'intéressé par le juge d'instruction peut s'analyser comme une véritable audience puisque la personne poursuivie est habilitée à répondre aux charges retenues contre elle qui lui sont présentées.

**442.** Dans la procédure pénale française, le droit à l'interprétation et à la traduction des pièces des procédures pénales est édicté par le troisièmement de l'article préliminaire et aux alinéas 2 et 3 de l'article 116 du code de procédure pénale. L'article 803-5 du code de procédure pénale instaure un droit général à l'interprétation et à la traduction des documents essentiels dont la personne mise en cause doit bénéficier afin de lui permettre de préparer efficacement sa défense. Notons au passage que cette disposition est issue de la loi n° 2013-711 du 5 août 2013 portant diverses dispositions d'adaptation dans le domaine de la justice en application de la Directive 2010/64/UE du Parlement européen et du Conseil du 20 octobre 2010 relative au droit à l'interprétation et à la traduction dans le cadre des procédures pénales et s'aligne sur les dispositions de l'article 6 § 3 de la Convention européenne.

**443.** Avant l'avènement de la loi de 2013, ce principe général de ce double droit semble avoir préoccupé la jurisprudence de la chambre criminelle qui a déclaré que « tout prévenu a le droit de se faire assister gratuitement d'un interprète pour s'entretenir, dans une langue qu'il comprend, avec l'avocat commis pour préparer sa défense »[1].

Ce droit s'applique à toutes les étapes de la procédure pénale en ce que la chambre criminelle a affirmé que « tout mis en examen ne comprenant pas la langue française a le droit, s'il en fait la demande, de se faire assister gratuitement d'un interprète pour s'entretenir, dans une langue qu'il comprend, avec l'avocat commis ou choisi pour préparer, en temps utile, sa défense »[2]. Il en est ainsi de l'article 695-27 du code de procédure pénale qui exige que la personne privée de liberté à la suite de l'exécution d'un mandat d'arrêt européen bénéficie du droit à l'interprète et au traducteur.

Par application de l'article préliminaire du code de procédure pénale, la chambre criminelle a estimé que « toute demande de traduction de pièces essentielles acceptée par le juge d'instruction doit être satisfaite dans un délai raisonnable »[3]. Les limitations aux documents essentiels dans le cadre du droit à la traduction sont reconnues à l'article 6 § 3 de la Convention européenne qui limite la traduction aux pièces qui permettent à la personne mise en cause de comprendre son dossier[4]. C'est ainsi que l'article 2.4 de la Directive du 20 octobre 2010 précise qu'il n'est « pas obligatoire de traduire les passages des documents essentiels qui ne sont pas pertinents pour permettre au suspect d'avoir connaissance des faits qui lui sont reprochés ».

Ce droit à l'interprétation et à la traduction ne prive pas l'intéressé du droit à l'assistance d'un défenseur au sein de ces systèmes répressifs.

**444. Droit à l'assistance d'avocat ou de témoin.** La personne poursuivie peut être confrontée à des difficultés en raison de son ignorance dans le domaine du droit pour assurer sa défense. Pour cette raison, l'accompagnement d'un professionnel du droit lui paraît indispensable. C'est exactement cette nécessité qui pousse le législateur à entourer l'interrogatoire de première comparution de la garantie du droit à l'assistance d'avocat. La consécration de ce droit permet à la personne mise en cause de préparer efficacement sa défense et d'éviter de tenir des déclarations qui peuvent conduire à sa privation de liberté.

**445.** Dans la procédure pénale haïtienne, le juge d'instruction est tenu de notifier à l'inculpé son droit à l'assistance d'un avocat ou d'un témoin de son choix en application de l'article 25.1 de la Constitution

1 Crim., 29 juin 2005, n° 04-86.110.
2 Crim., 14 juin 2016, n° 16-81.833.
3 Crim., 12 septembre 2017, n° 17-83.874.
4 CEDH, 19 déc. 1989, préc., *Kamasinski c/ Autriche*.

de 1987. En pratique, l'intéressé est avisé oralement par le juge de son droit de faire appel à son avocat ou un de ses proches en vue de l'assister lors de son interrogatoire. Le rôle de l'avocat est très restreint lors du déroulement de l'interrogatoire de l'inculpé en ce que ce dernier se trouve limité au seul contrôle de l'interrogatoire et n'est pas autorisé à présenter des observations dans le cadre des droits de la défense de son client.

En réalité, cette autorisation à formuler des observations verbales est conférée à la personne poursuivie. Mais le juge d'instruction n'est pas habilité à discuter des déclarations de l'intéressé. Toutefois, l'avocat peut faire ses observations écrites à l'issue de l'interrogatoire de son client par le dépôt d'une requête au cabinet du magistrat instructeur.

**446.** Dans le droit français, le droit à l'assistance d'avocat a intégré la procédure pénale au stade de l'information judiciaire par l'insertion de l'alinéa 5 de l'article 116 dans le code de procédure pénale. Cette disposition légale traduit le sens même de l'article 6 de la Convention européenne de sauvegarde des droits de l'homme qui permet à la personne mise en cause de se défendre seule. Il est indiqué dans la jurisprudence de la chambre criminelle que « le droit à l'assistance d'un avocat dont bénéficie la personne mise en cause doit être concret et effectif. Il appartient au magistrat de s'assurer du caractère non équivoque de la renonciation de ce droit »[1].

L'avocat peut faire connaître des moyens de défense de son client par des observations orales et écrites et avoir accès aux pièces de la procédure d'instruction. Ce droit dont dispose l'avocat pour produire des observations n'emporte pas l'obligation du magistrat instructeur de communiquer l'entier dossier. La chambre criminelle rappelle régulièrement ce tempérament. Elle a ainsi déclaré dans l'arrêt n° 01-84.779 du 30 octobre 2001 que « lorsque le prévenu n'a fait aucune déclaration sur le fond, l'absence de certains documents au dossier au moment de sa consultation par l'avocat ne peut entraîner l'annulation du procès-verbal d'interrogatoire de première comparution ».

Depuis le 1er janvier 2000, le juge d'instruction français est tenu de notifier à l'intéressé son droit de faire connaître ses moyens de défense portant sur la nullité des actes accomplis avant son interrogatoire. Ainsi, l'avocat de la personne mise en cause doit soulever la nullité de toute pièce faisant partie du dossier qui est portée à sa connaissance au cours de l'interrogatoire de première comparution.

---

1 Crim., 22 mars, 2017, n° 16-83.928.

**447.** Il s'avère nécessaire que les déclarations et observations de la personne mise en cause doivent figurer intégralement sur le procès-verbal de l'interrogatoire du magistrat. La loi ne fait pas peser expressément cette obligation sur le magistrat instructeur, mais la pratique judiciaire révèle que le procès-verbal doit comporter intégralement les mots employés par la personne poursuivie. À l'instar de la pratique judiciaire haïtienne, le juge d'instruction français doit se contenter de recueillir simplement des déclarations de la personne poursuivie sans être autorisé à discuter des propos de ce dernier[1].

**448.** Ces analyses démontrent que la procédure pénale française garantit formellement le droit à l'assistance d'avocat au bénéfice de la personne privée de liberté lors de l'interrogatoire de première comparution au stade de l'information. Il est permis à l'avocat de l'intéressé de présenter ses moyens de défense afin de contrebalancer les charges retenues contre son client.

Le droit à l'assistance d'avocat s'étend au témoin dans la procédure pénale haïtienne. Cette prérogative n'est pas conférée par le législateur français à la personne mise en examen qui ne peut se faire assister que d'un avocat choisi ou désigné aux termes de l'article 80-2, alinéa 1 du code de procédure pénale. Alors que le droit à l'assistance d'avocat est obligatoire dans le droit haïtien, le législateur français et la jurisprudence de la Cour européenne des droits de l'homme en font un droit facultatif de sorte que la personne concernée peut y renoncer expressément. Ainsi, les droits de la défense semblent être mieux protégés dans la procédure pénale haïtienne que dans celle française.

**449.** L'avocat peut avoir besoin du temps pour préparer la défense de son client et l'interrogatoire peut ne pas s'effectuer dans l'immédiat. Aussi, la présence de l'avocat ou du témoin de la personne poursuivie peut être retardée en raison de multiples difficultés. Dans ces hypothèses, les procédures pénales haïtienne et française permettent à la personne concernée de garder le silence.

**450. Droit au silence.** La notion du droit au silence renvoie à l'interdiction de s'auto-incriminer dans les procédures pénales dans le respect du principe de la présomption d'innocence. Ce droit n'est pas édicté formellement par le législateur haïtien. Celui-ci peut se déduire de l'article 8.2, g de la Convention américaine qui proclame que « L'accusé a droit de ne pas être obligé à témoigner contre lui-même ou à se déclarer coupable ». L'esprit de cette disposition

---

1 Crim., 15 mars 1973, n° 72-93.562.

conventionnelle peut justifier son application dans le cadre de l'interrogatoire de la personne mise en cause dans la procédure de l'information en ce que celle-ci précise que les garanties s'appliquent à toute personne dont sa culpabilité n'a pas été établie « pendant l'instance ». Dans ce contexte, la phase d'instruction devant un magistrat dans le cadre du débat contradictoire peut s'analyser comme une véritable instance.

**451.** La Cour de cassation haïtienne n'a pas encore l'occasion de se prononcer sur le droit au silence dans le contentieux de la privation de liberté au stade de l'instruction. La pauvreté de la jurisprudence de la Cour de cassation haïtienne en la matière peut s'expliquer par l'absence de débats sur le droit au silence dont dispose la personne poursuivie dans la procédure de l'information. En pratique, le juge d'instruction rappelle rarement à l'inculpé son droit de garder le silence lors de son interrogatoire.

**452.** Le législateur français confère à la personne poursuivie le droit au silence de manière plus précise. Le magistrat instructeur est tenu d'informer l'intéressé de son droit au silence en cas de difficultés pour procéder à son interrogatoire, conformément à l'article 116, alinéas 4 et 5 du CPP. La consécration de ce droit se justifie du fait que l'avocat peut ne pas disposer de temps nécessaire pour la préparation de la défense de son client. C'est ainsi que la chambre criminelle a affirmé que « le juge d'instruction est tenu d'informer la personne mise en examen de son droit de se taire dans le cadre de l'interrogatoire de première comparution »[1].

**453.** La stratégie du silence peut poser des difficultés significatives dans le cadre de la recherche de la vérité puisque les déclarations facilitent considérablement la découverte des preuves et indices au cours de l'information. La jurisprudence de la chambre criminelle a raisonné de cette manière en affirmant que « le juge doit désormais contrôler l'existence d'indices de participation aux faits de la personne mise en examen en matière d'application de mesure de sûreté »[2].

La solution de la chambre criminelle consacre l'extension du droit au silence à toutes les mesures privatives de liberté à la phase de l'information. Le juge d'instruction a l'obligation d'informer la personne poursuivie de ce droit. C'est en ces termes que la chambre criminelle a déclaré qu'« il appartient à la juridiction d'instruction

---

1 Crim., 7 février 1917, n° 16-84.353.

2 Crim., 24 février 2021, n° 20-86.537.

supérieure d'exercer un contrôle sur l'existence d'indices de participation aux faits imputés en matière de mise en œuvre des mesures de sûreté dans le but de vérifier si la personne mise en cause ne s'auto-incriminait »[1]. Aussi, le Conseil constitutionnel a affirmé que « - lorsque la Chambre de l'instruction est saisie d'une requête en nullité formée contre une décision de mise en examen ou d'un appel à l'encontre d'une ordonnance de placement en détention provisoire, elle doit s'assurer qu'il existe des indices graves et concordants rendant vraisemblable que les personnes mises en examen aient pu participer, comme auteurs ou comme complices, à la commission des infractions dont elle est saisie ; - lorsqu'elle est saisie du règlement d'un dossier d'information (soit dans le cadre d'un appel formé contre une ordonnance de règlement, soit à la suite d'un renvoi après cassation), la Chambre de l'instruction doit apprécier si les charges qui pèsent sur le mis en examen sont suffisantes »[2].

**454.** Cette solution était déjà préconisée par le Conseil dans sa décision n° 2020-886 QPC du 4 mars 2021. En l'espèce, le Conseil a déclaré que les dispositions de l'article 396 du CPP contestées contreviennent au droit de se taire en ne prévoyant pas que le prévenu traduit devant le juge des libertés et de la détention doit être informé de ce droit et a considéré que « l'office confié au juge des libertés et de la détention par l'article 396 du même code peut le conduire à porter une appréciation des faits retenus à titre de charges par le procureur de la République dans sa saisine ». Les Sages ont relevé que « lorsqu'il présente ses observations, le prévenu peut être amené à reconnaître les faits qui lui sont reprochés ». Le fait même que le juge des libertés et de la détention invite le prévenu à présenter ses observations peut être de nature à lui laisser croire qu'il ne dispose pas du droit de se taire. Or, si la décision du juge des libertés et de la détention est sans incidence sur l'étendue de la saisine du tribunal correctionnel, en particulier quant à la qualification des faits retenus, les observations du prévenu sont susceptibles d'être portées à la connaissance de ce tribunal lorsqu'elles sont consignées dans l'ordonnance du juge des libertés et de la détention ou le procès-verbal de comparution ».

La jurisprudence du Conseil est établie en la matière en ce que le Conseil a affirmé dans la décision n° 2021-920 QPC du 18 juin 2021 qu'« il appartient au juge de s'assurer de l'existence d'indices graves

1 Crim., 27 janvier 2021, n° 20-85.990.

2 Décision n° 2021-895/901 QPC,9 avril 2021.

ou concordants justifiant vraisemblablement la participation de la personne mise en cause à l'infraction en matière de privation de liberté ».

**455.** L'obligation de contrôle de l'existence de ces indices à toutes les phases de la procédure pénale implique nécessairement le droit à la notification du droit au silence au bénéfice de la personne concernée. Le manquement à la notification de ce droit n'emporte pas l'illégalité de la décision du juge, mais les déclarations faites par la personne concernée ne pourront pas être à la base de sa condamnation ultérieure. Le droit au silence de la personne poursuivie ne dispense pas le juge d'instruction de respecter le délai qui lui est imparti pour clôturer son instruction. C'est dans cet esprit que les politiques criminelles haïtienne et française instaurent le droit à l'indication sur la durée de l'information.

**456. Droit à l'indication sur la durée de l'information.** La durée de l'information s'inscrit dans la célérité des investigations menées par le juge d'instruction dans le cadre de la manifestation de la vérité. L'émergence du principe de célérité dans la privation de liberté avant procès s'inscrit dans une double démarche : la recherche de gain de temps et la politique contre les détentions excessives[1]. Dans ce cadre, le juge doit mettre fin à un moment donné à ses actes de procédure afin de clôturer son information.

**457.** La question de célérité des procédures pénales préoccupent la justice pénale moderne au point que l'alinéa 3 de l'article 9 du Pacte international relatif aux droits civils et politiques consacre le principe de célérité par l'expression « délai raisonnable » dans le but d'éviter de laisser traîner en longueur des procédures pénales. Ce principe s'inscrit dans la politique de la mise à disposition de la personne mise en cause à la justice et de la prévention de la disparition des preuves.

**458.** Le respect du délai raisonnable dans les procédures pénales est consacré par l'article 5§3 de la Convention européenne de sauvegarde des droits de l'homme et l'article 7.5 de la Convention américaine relative aux droits de l'homme. La Cour européenne a condamné la France pour la violation de l'article 5§3 de la Convention en raison « d'un placement en garde à vue d'une personne pendant plus de cinq jours sans l'intervention d'un magistrat »[2]. Toutefois, la Cour relativise

1 S. Amrani-Mekki, « le principe de célérité », RFAP 2008/1, n° 125, pp. 43-53.

2 CEDH, 23 novembre 2010, *Moulin c. France*, n° 37104/06.

cette règle en faisant une appréciation *in concreto* du délai raisonnable en ce qu'elle a considéré dans un arrêt de Grande Chambre que « la mesure de garde à vue de huit heures, sans l'intervention d'un magistrat, était justifiée par des circonstances exceptionnelles »[1]. L'appréciation *in concreto* du délai raisonnable est retenue également par la Cour dans le contentieux de la détention provisoire en tant que celle-ci a admis que « des raisons exceptionnelles peuvent justifier le non-respect du délai raisonnable »[2].

**459.** Dans le droit haïtien, l'article 7 de la loi du 29 juillet 1979 sur l'appel pénal exige le délai maximum de trois mois pour clôturer l'instruction. Le deuxième alinéa de cette disposition dispose : « Faute par le juge instructeur de pouvoir se conformer au délai imparti, il devra justifier son retard par une ordonnance spéciale à communiquer dans les vingt-quatre heures au Doyen du tribunal ».

La compréhension du premier alinéa de cette disposition législative partage la conception de la célérité de l'information en instituant une durée maximum de trois mois à la procédure d'instruction. Cette durée, vraisemblablement courte, risque d'avoir des incidences sur l'efficacité de la recherche de la vérité dans des dossiers complexes.

Une affaire portant sur l'ordre public économique, c'est-à-dire la grande criminalité financière, peut impliquer de multiples acteurs, ce qui conduira le juge instructeur à avoir besoin davantage de temps pour découvrir la vérité. Le législateur haïtien semble y avoir pensé puisque le dernier alinéa de l'article 7 de ladite loi autorise la prolongation de la durée de l'information. Néanmoins, la loi n'exige pas une ordonnance de prolongation du Doyen du tribunal en cas de non-respect de la durée maximum de trois mois. Celle-ci impose tout simplement au magistrat instructeur de motiver le retard de la clôture de son information. On en déduit que la politique criminelle haïtienne édicte une prolongation automatique de la durée de l'information.

L'automatisation de la prolongation de la durée de la procédure peut ne pas influer sur l'efficacité du procès pénal. Mais l'absence de limitation temporelle de celle-ci peut faciliter des détentions excessives, abusives et arbitraires, voire la surpopulation carcérale.

**460.** La loi n'exige pas du juge instructeur de notifier la durée maximale de trois mois qui lui est impartie dans le cadre du traitement de l'affaire, certes, mais instaure un droit implicite au bénéfice de l'inculpé. Ce droit

---

1 CEDH, 29 mars 2010, *Medvedyev c. France*, § 124.

2 CEDH, 25 septembre 2006, *Bernard c. France*, n° 27678/02.

s'explique par la prérogative dont dispose l'inculpé pour intenter une action de « prise à partie » à l'encontre du magistrat instructeur défaillant. L'analyse de l'alinéa 1er de l'article 7 de la loi du 29 juillet 1979 sur l'appel pénal montre que la procédure pénale haïtienne consacre implicitement un droit à l'indication prévisible sur le délai de trois mois de l'information.
La pratique judiciaire révèle que l'inculpé peut être maintenu en détention provisoire pendant une dizaine d'années dans l'attente de la clôture de l'information. Face à cette situation arbitraire, il n'est pas conféré à ce dernier le droit de demander sa mise en liberté pour détention excessive. La surpopulation carcérale dans le droit haïtien se traduit par l'accumulation de cette situation.

**461.** La notion de délai raisonnable a intégré l'avant-procès pénal français par l'article 175-2 du code de procédure pénale qui dispose que « la durée de l'instruction ne peut excéder un délai raisonnable au regard de la gravité des faits nécessaires reprochés à la personne mise en examen, de la complexité des investigations nécessaires à la manifestation de la vérité et de l'exercice des droits de la défense ». L'alinéa 9 de l'article 116 du code de procédure pénale oblige le juge d'instruction d'indiquer à la personne poursuivie, dès l'interrogatoire de première comparution, la durée prévisible de l'information lorsqu'il « estime que le délai prévisible d'achèvement de l'information est inférieur à un an en matière correctionnelle ou à dix-huit mois en matière criminelle ». À l'expiration de cette durée prévisible, la personne poursuivie peut demander la clôture de l'information par une ordonnance de renvoi ou de non-lieu en application de l'article 175-1, alinéa 1er du code de procédure pénale.

**462.** Le rôle de l'avocat est déterminant dans la procédure pénale haïtienne et la consécration des droits paraît beaucoup plus explicite en matière de privation de liberté avant procès dans le droit français. La consécration de ces droits dans le droit français évite des détentions arbitraires et excessives au stade de l'information.

**463.** La reconnaissance des droits au bénéfice de la personne poursuivie dans la privation de liberté avant jugement exprime la volonté politique des pouvoirs publics de prévenir les détentions excessives et la surpopulation carcérale. L'application de ces droits est laissée au pouvoir discrétionnaire du juge d'instruction dans le droit haïtien. Le pouvoir étendu dont disposent les magistrats entraîne en général les investigations longues, alors que les personnes mises en cause sont privées de liberté.

Les abus judiciaires se font de plus en plus fréquents dans la procédure pénale haïtienne au stade de l'information, ce qui explique l'engorgement des prisons. Le législateur doit se pencher sur la consécration formelle de ces droits et les faits assortir d'un droit de nullité dans le cas de leur méconnaissance.

La consécration du délai raisonnable est déterminante pour la préparation de la défense de la personne poursuivie, d'où l'intérêt de la confidentialité des communications entre l'avocat et le mis en cause.

**464. Confidentialité des communications entre l'avocat et le mis en cause.** Le droit à l'assistance d'avocat implique nécessairement des échanges entre la personne mise en cause et son conseil. Le déroulement de ces échanges doit s'effectuer à l'abri du contrôle auditif afin de garantir la confidentialité des communications entre la personne concernée et son avocat. Les communications entre la personne mise en cause et son défenseur peuvent se réaliser oralement ou par écrit lorsque cette dernière est laissée en liberté. Cette formalité n'est régie par aucun texte normatif au sein des deux procédures pénales étudiées. Cela va de soi lorsque l'intéressé est libre de ses mouvements puisque ce dernier peut gérer librement les modes opératoires de ses échanges avec son avocat. Ce droit fait l'objet d'importantes restrictions lorsque la personne poursuivie est détenue.

**465.** Le législateur haïtien n'exprime pas sa préoccupation en matière de la libre communication de l'avocat avec son client eu égard à l'absence de textes normatifs. En pratique, la prérogative de l'assistance d'un avocat lors de l'interrogatoire de l'inculpé se prolonge jusqu'à la clôture de l'instruction. Cela étant, l'avocat mentionné sur le procès-verbal d'interrogatoire de première comparution bénéficie du droit de communiquer librement avec la personne poursuivie détenue. Ce dernier peut solliciter du juge d'instruction « une autorisation de visite » pour se rendre à la prison. À l'occasion de son entretien avec son client, l'avocat peut demander au magistrat de mentionner le nom d'un interprète dans « l'autorisation de visite » pour faciliter l'entretien lorsque son client ne comprend pas ou ne parle pas les langues créole et française.

L'entretien ne se déroule pas réellement à l'abri du contrôle auditif des agents de l'administration pénitentiaire en raison de l'inexistence des parloirs destinés à cette fin. Dans la pratique, sauf dans des cas de détention des célébrités, des politiques de renom ou des personnes issues de la classe sociale privilégiée, les échanges s'effectuent discrètement derrière les barreaux des cellules.

**466.** Le fondement légal du droit à la confidentialité des communications entre le détenu et son avocat peut être emprunté à l'article 8.2, d de la Convention américaine. L'absence de garanties judiciaires quant à la confidentialité des entretiens des détenus avec leur avocat préoccupe le droit interaméricain. La Cour interaméricaine a conclu dans plusieurs arrêts à la violation de la libre communication de la personne poursuivie avec son défenseur au sens de l'article 8.2, d de la Convention précitée. Dans l'affaire Castillo Petruzzi et autres c. Pérou précitée, la Cour a considéré que « l'empêchement pour les avocats de s'entretenir en privé avec leurs clients contreviennent au respect des droits de la défense en raison de la violation de l'article 8.2 de la Convention américaine qui exige le respect de la confidentialité des communications entre l'avocat et son client ».
De même, dans l'affaire Lori Berenson Mejía c. Pérou, la Cour interaméricaine a constaté la violation de l'article 8.2 de la Convention puisque « le tribunal militaire n'a pas permis à l'accusée de s'entretenir librement et en privé avec son conseil »[1]. Dans sa jurisprudence établie, la Cour de San José rappelle régulièrement l'admission de l'existence du contrôle visuel de cet entretien, mais interdit tout contrôle auditif.
**467.** La transposition dans la procédure pénale haïtienne de ce mode opératoire admis par la Cour interaméricaine en matière de la libre communication de l'avocat avec son client détenu peut engendrer des cas massifs de violation des principes de confidentialité et de protection de la vie privée de la personne détenue. Par souci de sécurité, les correspondances peuvent être ouvertes automatiquement par les agents de l'administration pénitentiaire aux fins de vérification. L'admission d'une telle ingérence se justifie par le manque de moyens de contrôle de sécurité efficaces dans les établissements pénitentiaires haïtiens.
**468.** La formalité relative au principe de confidentialité de la libre communication de l'avocat avec son client diffère sur le plan légal et logistique dans la procédure pénale française. Le droit à la libre communication de la personne mise en examen résulte de l'alinéa 3 de l'article 63-4 et de l'alinéa 1er de l'article 278 du code de procédure pénale. L'avocat peut demander au juge d'instruction un « permis de visite » aux fins de rencontrer son client à la maison d'arrêt. Contrairement à la procédure pénale haïtienne, l'administration pénitentiaire met à la disposition de la personne détenue un parloir pour

---

1 CIADH, 25 novembre 2004, *Lori Berenson Mejía c. Pérou*, Série C, n° 119, § 88.14 et 88.27.

s'entretenir avec son avocat à l'abri des tiers. L'avocat peut décider d'échanger avec son client des correspondances qui sont couvertes par la confidentialité au départ et à l'arrivée. La personne privée de liberté est libre de communiquer avec son conseil jusqu'à sa condamnation définitive. Ainsi, le droit à l'assistance de l'avocat au bénéfice de la personne poursuivie se prolonge en dehors de sa cellule. C'est exactement dans cet esprit que la Cour européenne a conclu à la violation du droit à la libre communication entre l'avocat et son client sur le fondement de l'article 8 de la Convention européenne de sauvegarde des droits de l'homme. En l'espèce, un policier avait intercepté une feuille de papiers pliée en deux, sur laquelle l'avocat avait écrit un message et l'avait remise à ses clients dans la « salle des pas perdus » du tribunal lors d'une escorte policière. La Cour était amenée à déterminer si l'interception par un officier de police judiciaire d'un papier remis par un avocat à son client à la suite d'un débat contradictoire constituait une atteinte au secret des correspondances.
La Cour a précisé qu'« une feuille de papiers pliée en deux, sur laquelle un avocat a écrit un message puis l'a remise à ses clients, est une correspondance protégée au sens de l'article 8 de la Convention européenne. Le contenu des documents intercepté par le policier importe peu dès lors que, quelle qu'en soit la finalité, les correspondances entre un avocat et son client portent sur des sujets de nature confidentielle et privée. L'interception n'était donc ici pas justifiée »[1].
Selon la Cour, l'article 8 de la Convention consacrant le droit de « toute personne au respect de sa correspondance » protège la confidentialité des communications de l'avocat avec son client, indifféremment du contenu et de la forme de la correspondance.
**469.** La chambre criminelle semble aller plus loin dans le respect de la notion de libre communication de la personne poursuivie avec son avocat. La Haute juridiction était appelée à statuer sur l'éventuelle irrégularité du placement en détention provisoire à l'occasion d'un débat contradictoire différé devant le juge des libertés et de la détention pendant «l'incarcération provisoire » de la personne mise en cause. La chambre criminelle a relevé que « lorsque le procureur de la République sollicite le placement en détention provisoire de la personne mise en examen, cette dernière peut solliciter un délai pour préparer sa défense. Le débat contradictoire qui doit se tenir devant le juge des libertés et de

1 CEDH, 28 août 2018, *Laurent c. France*, n° 28798/13.

la détention est alors différé et, jusque-là, l'intéressé est incarcéré provisoirement. Dans l'attente du débat, l'avocat choisi par la personne mise en examen a le droit d'obtenir un permis de communiquer avec elle pour préparer sa défense. Le défaut de délivrance de cette autorisation rend le débat irrégulier, ce qui entraîne la remise en liberté de l'intéressé en cas de placement en détention provisoire ».
En conséquence, la chambre criminelle a estimé que « cette assistance ne change rien à l'irrégularité qui entraîne l'annulation du placement en détention provisoire et la remise en liberté de l'intéressé. Il en va de l'effectivité des droits de la défense qui impose la libre communication entre la personne mise en examen et l'avocat qu'elle a choisi »[1].
**470.** Cette solution exprime la consécration du droit de la libre communication entre la personne détenue avec son avocat choisi dans le cadre de l'effectivité des droits de la défense. Ce droit ne peut être suppléé par un avocat remplaçant. L'effectivité des droits de la défense est renforcée par le décret n° 2022-95 du 31 janvier 2022 qui consacre la possibilité, pour un avocat désigné ou commis d'office, d'obtenir un permis de communiquer au nom d'autres avocats de son cabinet. Ainsi, le droit de permis de visite s'étend à l'ensemble des collaborateurs du cabinet de l'avocat de la personne mise en cause au sens des droits de la défense et du principe de la présomption d'innocence. Ce principe se prolonge dans le droit d'accès au dossier.
**471. Droit d'accès au dossier.** L'efficacité de la défense ne peut être déterminée sans disposer du contenu des pièces essentielles que comporte le dossier de la procédure. Il semble que les politiques criminelles haïtienne et française n'instituent pas le droit d'accès au dossier de la procédure au bénéfice de la personne détenue dans le cadre de l'information.
Le législateur haïtien ne consacre aucune disposition qui confère cette prérogative en faveur de la personne privée de liberté dans la procédure de l'information. Non plus, la Convention américaine et la jurisprudence de la Cour de cassation haïtienne ne pallient cette lacune législative au stade de l'information. En réalité, le droit d'accès au dossier est reconnu à l'avocat de la personne poursuivie à la phase du jugement dans le cadre du contradictoire. Il en est ainsi de la réalisation de l'expertise pénale à la demande de la personne poursuivie en ce que le conseil de cette dernière ne peut avoir copie du rapport de cette expertise. De même, l'avocat de l'inculpé ne peut obtenir copie du

---

1 Crim., 10 mars 2021, n° 20-86.919.

rapport d'expertise de la réalisation de l'autopsie de la victime en cas d'infractions de meurtre ou d'assassinat. Ce n'est qu'au stade de jugement que l'avocat peut contester l'illégalité ou l'irrégularité dont sont entachées des pièces du dossier de l'instruction.

**472.** La jurisprudence de la Cour interaméricaine comble cette lacune en la matière en ce qu'elle consacre un droit général d'accès au dossier à toutes les phases de la procédure pénale. La Cour a exigé, dans l'arrêt du Tribunal Constitutionnel c. Pérou le 31 janvier 2001, « l'accessibilité à l'ensemble des éléments de preuve au profit de la personne mise en cause dans les procédures pénales ». La jurisprudence de la Cour interaméricaine rappelle constamment que le droit d'accès au dossier doit être garanti à la personne mise en cause à tous les stades de la procédure pénale.

Puisque le droit interaméricain intègre l'ordonnancement juridique haïtien, la jurisprudence de la Cour interaméricaine est transposable au stade de l'information dans la procédure pénale haïtienne. L'on peut donc affirmer que le droit d'accès au dossier de la procédure de l'information est reconnu à la personne détenue à la phase de l'information au sein de la justice pénale haïtienne. Toutefois, la pratique judiciaire haïtienne révèle que le dossier de la procédure de l'information n'est jamais porté à la connaissance de la personne détenue par l'intermédiaire de son défenseur. En conséquence, l'interdiction d'accès aux pièces de la procédure prive véritablement l'intéressé de la possibilité de neutraliser l'accusation au stade de l'instruction.

**473.** Dans la procédure pénale française, le droit d'accès au dossier de la procédure de l'instruction est conféré au conseil de la personne mise en cause aux termes de l'alinéa 3 de l'article 114 du code de procédure pénale. L'avocat dispose de la prérogative d'obtenir communication du dossier quatre jours ouvrables au plus tard avant chaque interrogatoire de la personne mise en examen et pendant les jours ouvrables, sous réserve de ne pas entraver le bon fonctionnement du cabinet d'instruction. Ce droit de communication permet à l'avocat de détenir certaines pièces essentielles du dossier afin de préparer efficacement la défense de son client.

**474.** Pendant longtemps, la doctrine avait laissé la possibilité de reproduction ou de copie des pièces du dossier à la seule discrétion du juge d'instruction. Cette prudence s'expliquait par le risque d'entrave au secret de l'instruction en raison de probables divulgations des pièces du dossier à la négligence du conseil ou à l'impulsion de son client.

Depuis la loi n° 83-466 du 10 juin 1983 portant abrogation ou révision de certaines dispositions de la loi n° 81-82 du 2 février 1981 et complétant certaines dispositions du code pénal et du code de procédure pénale, le législateur commençait à consacrer progressivement cette prérogative au profit de l'avocat dans le cadre du prolongement du droit à la communication du dossier. Ainsi, l'avocat était autorisé à obtenir copie du dossier de la procédure et du procès-verbal de l'interrogatoire ou de confrontation de son client. Il lui était interdit d'en faire la reproduction pour les communiquer aux tiers, voire à son client. En clair, la détention de ces pièces était autorisée « pour son usage exclusif » afin de préserver le secret de l'instruction.

**475.** Les avocats s'élevaient contre cette restriction au motif que celle-ci contrevenait au principe des droits de la défense de telle sorte que les informations essentielles du dossier ne devaient pas être tenues à l'abri du détenu en tant que principal intéressé de la procédure. Ces critiques ont poussé le législateur à encadrer la transmission des pièces du dossier de l'avocat à son client au stade de la procédure de l'instruction. Désormais, l'avocat, après la première comparution de son client, dispose de la prérogative de se faire délivrer copie de tout ou partie des pièces et actes du dossier en application de l'alinéa 4 de l'article 114 du code de procédure pénale. Ce dernier est autorisé à en transmettre une reproduction à son client en contrepartie d'une attestation de confidentialité en application de l'alinéa 5 de l'article 114 précité.

La chambre criminelle a rappelé le principe du droit de communication des pièces du dossier à l'avocat en considérant que « la possibilité de se faire délivrer une copie des pièces du dossier d'une information en cours n'est ouverte à l'avocat de la personne concernée qu'après sa première comparution en qualité de mise en examen ou sa première audition comme partie civile »[1].

Dans le même ordre d'idées, la jurisprudence de la chambre criminelle a consacré le droit d'accès indirect des parties au dossier par l'intermédiaire de leur avocat[2] et qu'il « n'est pas imposé au magistrat instructeur de remettre le dossier de l'information à une personne poursuivie avant la saisine de la juridiction de jugement »[3]. L'avocat est tenu de « soumettre au magistrat instructeur, par lettre recommandée avec avis de réception, la liste des pièces dont il souhaite transmettre

---

1 Crim., 25 octobre 2011, n° 11-81.677.
2 Crim., 22 janvier 2002, 00-82.215.
3 Crim., 16 décembre 2009, n° 09-86.298.

une reproduction à son client », conformément à l'alinéa 7 de l'article 114 du CPP. Dans ce cadre, le juge d'instruction ou le président de la Chambre de l'instruction peut, en cas de recours, s'opposer à cette remise en application de l'article 114, alinéas 8 et 9 du même code. Toutefois, le silence du juge d'instruction ou du président de la Chambre de l'instruction dans les délais impartis vaut décision implicite d'acceptation, et l'avocat peut, en conséquence, communiquer librement à la personne détenue les pièces listées dans sa correspondance adressée au magistrat.

**476.** La question de la communication des pièces du dossier de la procédure diffère dans la jurisprudence de la Cour européenne. À l'instar du droit français qui prévoit la délivrance de la copie du dossier aux parties non assistées d'un avocat, la Cour de Strasbourg a considéré que « le droit d'accès au dossier doit être reconnu au profit de la personne non-assistée »[1]. Cette solution paraît logique du fait que l'esprit de l'article 6 de la Convention européenne de sauvegarde des droits de l'homme admet que la personne mise en cause puisse assurer seule sa défense dans les procédures pénales. Si l'intéressé décide d'assurer seul sa défense, il est légitime de l'autoriser à accéder aux pièces de la procédure afin qu'il puisse faire valoir ses moyens de défense.

**477.** Le droit français est donc conforme à la jurisprudences de la Cour européenne en ce qui concerne le droit d'accès au dossier de la procédure à la personne poursuivie en même temps que son conseil. En tout état de cause, l'information peut faire l'objet de multiples interrogatoires qui peuvent conduire le magistrat instructeur à juger utile de confronter les déclarations des parties. Dans ce cadre, la personne poursuivie doit être convoquée pour recueillir ses déclarations et les observations de son défenseur.

**478. Droit à la convocation aux interrogatoires et confrontations.** Les interrogations et confrontations consistent à apporter le véritable éclairage aux faits imputés à la personne poursuivie en vue de faciliter l'intime conviction du juge. Le face-à-face entre les protagonistes peut provoquer bien évidemment des interactions, mais ne consiste pas essentiellement à la discussion des déclarations entre elles.

**479.** La distinction entre l'interrogatoire proprement dit et un acte d'instruction s'avère complexe. Mais la jurisprudence de la chambre criminelle française arrive à les différencier. L'interrogatoire est défini

1 CEDH, 18 mars 1997, *Foucher c. France*, n° 22209/93.

par la chambre criminelle comme « l'échange de questions et de réponses au cours duquel la personne concernée est invitée à s'expliquer sur les faits ou les pièces de la procédure et au cours duquel sa responsabilité pénale peut être éventuellement engagée en fonction des réponses aux questions. Celui-ci se caractérise par le fait que le juge peut pousser ses questions dans toutes les directions et sur tous les points du procès, discuter les affirmations de l'intéressé, lui montrer les lacunes ou les contradictions de ses explications »[1].

Il résulte de cette définition jurisprudentielle que le seul recueil des déclarations spontanées de la personne détenue par le magistrat instructeur dans le but d'éclairer un élément d'information sans être suivi de questions ne peut pas s'analyser comme un interrogatoire proprement dit. Cette définition jurisprudentielle française reflète le sens des dispositions de l'article 401 du code d'instruction criminelle haïtien, qui consacre la mise à disposition d'un questionnaire par le juge d'instruction aux grands fonctionnaires de l'État dans le cadre de leur déposition en qualité de témoins.

C'est à juste titre que le juge d'instruction peut juger utile de confronter les déclarations des parties. Le juge peut recueillir à tout moment des déclarations des parties, qui peuvent se faire assister de leur avocat. C'est dans ce sens que l'article 24.3, c de la Constitution haïtienne de 1987 et l'alinéa 2 de l'article 114 du code de procédure pénale français prévoient la présence de l'avocat lors de ces opérations.

**480.** Les procédures pénales haïtienne et française comportent des différences quant au rôle de l'avocat dans la procédure de convocation de la personne détenue aux interrogatoires et confrontations. Alors que la présence de l'avocat est indispensable dans ces opérations dans la procédure pénale haïtienne au regard de l'article 25.1 de la Constitution de 1987, l'alinéa 2 de l'article 114 du code de procédure pénale français autorise en principe le déroulement de ces opérations en l'absence de l'avocat. Dans la pratique judiciaire haïtienne, le magistrat n'est pas tenu de convoquer l'avocat de la personne détenue. Il incombe à la personne mise en cause de prendre l'attache téléphonique de son conseil à l'issue de la réception de son extraction de l'établissement pénitentiaire pour l'informer de la date de son interrogatoire. Sur l'autorisation du juge d'instruction, l'avocat est admis à poser des questions au cours de ces opérations. Mais les questions de l'avocat ne

1 Crim., 21 février 1967, Bull. n° 72.

peuvent porter que sur la précision d'une déclaration de son client ou sur la demande d'une précision d'une question posée à son client.

**481.** Dans le droit français, la participation de la personne mise en examen aux auditions et confrontations est régie par l'alinéa 2 de l'article 114 du CPP. La convocation de l'avocat peut s'opérer par lettre recommandée avec avis de réception ou par télécopie avec récépissé ou verbalement. La chambre criminelle confirme le droit dont dispose la personne mise en examen de participer aux auditions et confrontations au cours de l'information en vue de contrebalancer les charges retenues contre elle[1]. La personne peut librement renoncer à l'assistance de son conseil en ce que la chambre criminelle a affirmé qu'« il résulte des dispositions de l'article 114 du code de procédure pénale que la renonciation à se prévaloir de l'irrégularité de la convocation de l'avocat au débat ne peut intervenir qu'au moment du débat contradictoire »[2]. La renonciation à la présence de l'avocat aux auditions et confrontations par la personne mise en examen empêche la nullité de la mesure de sûreté décidée à l'encontre de cette dernière[3].

**482.** La preuve de la présence de l'avocat ne diffère pas dans les deux systèmes juridiques. La mention de la présence de l'avocat est portée par le greffier du magistrat instructeur sur le procès-verbal d'interrogatoire. Le rôle de l'avocat lors des interrogatoires et confrontations est réglementée par l'alinéa 1er de l'article 120 du CPP. Il appartient au magistrat instructeur d'autoriser à l'avocat de poser, s'il y a lieu, certaines questions lors du déroulement des interrogatoires ou confrontations. Lorsqu'il existe un climat de confiance entre le juge d'instruction et l'avocat, l'intervention du conseil sur certaines questions lors du déroulement de ces opérations est en général autorisée.

Dans les deux procédures pénales étudiées, une fois éclairé sur les faits, le juge peut décider de clôturer son instruction. À l'inverse, il peut décider d'approfondir ses investigations et adopter des actes d'instruction supplémentaires en vue de découvrir la vérité. Il doit rendre ainsi des ordonnances dont la signification peut lui être exigée.

**483. Signification des ordonnances.** Les ordonnances du juge d'instruction peuvent porter sur le recours ou le maintien de la privation de liberté de la personne mise en cause. La loi doit permettre à la

1 Crim., 12 décembre 2018, n° 18-85.154.
2 Crim., 11 décembre 2019, n° 19-86.039.
3 Crim., 24 janvier 2018, n° 17-86.317.

personne poursuivie de contester ces ordonnances devant une juridiction supérieure. Les politiques criminelles haïtienne et française instaurent des prérogatives au profit de la personne poursuivie en permettant à son conseil de suivre les progrès de la procédure et d'envisager l'opportunité de contester les actes réalisés par le juge d'instruction.

**484.** Le droit à la signification des ordonnances du juge d'instruction dont bénéficie la personne poursuivie paraît obscur dans la législation pénale haïtienne. Il ressort de l'article 8 de la loi et de l'alinéa 4 de l'article 10 du 29 juillet 1979 sur l'appel pénal qu'il n'est pas permis de déterminer l'obligation du juge instructeur de signifier à l'avocat de la personne mise en cause les ordonnances définitives. Ce dernier a un simple droit d'accès indirect à la signification des ordonnances du magistrat instructeur par l'entremise de son client. La signification de ces ordonnances se fait à l'établissement pénitentiaire lorsque la personne mise en cause est détenue et l'avocat peut en prendre connaissance à la diligence de son client. Le ministère public, quant à lui, est informé de ces ordonnances par la voie de communication à la diligence du juge d'instruction. Il n'est pas exigé du juge d'instruction un délai pour procéder à la signification de ces ordonnances. L'absence de délai imparti pour la signification desdites ordonnances peut entraîner des conséquences sur la durée de la détention de la personne détenue.

**485.** Le droit à la signification des ordonnances susceptibles d'appel est reconnu à la fois à la personne poursuivie et à son conseil dans le droit français en application de l'alinéa 4 de l'article 183 du code de procédure pénale. Les alinéas 1er et 2 de l'article 183 du même code prévoient que la signification doit s'effectuer dans les plus brefs délais. Cette signification peut se faire verbalement, par lettre recommandée avec avis de réception ou par l'intermédiaire du chef d'établissement pénitentiaire si la personne poursuivie est détenue. L'objectivité de la privation de liberté de la personne mise en cause à la phase préparatoire du procès pénal se traduit également par la protection du principe de la présomption d'innocence (Chapitre 2).

# Chapitre 2

# La protection de la présomption d'innocence

**486.** La protection d'innocence constitue l'un des contrepoids à la privation de liberté au stade de l'avant-procès pénal dans les procédures pénales hattienne et française. Si la force de la présomption d'innocence regroupe un ensemble de droits au bénéfice de la personne privée de liberté, l'effectivité de ces droits doit être garantie afin d'éviter des détentions excessives, arbitraires et illégales. Les législations criminelles haïtienne et française, ainsi que la Convention européenne et la Convention américaine garantissent le respect de ces droits par des mécanismes de droit de nullité et de réparation en cas de violation. Ces garanties judiciaires permettent à la personne privée de liberté de contrebalancer les charges qui sont retenues contre elle et favorisent l'équilibre des parties en protégeant les droits de la défense[1].

**487.** La protection de la présomption d'innocence correspond à la politique criminelle française car l'article préliminaire, § I, alinéa 1er du code de procédure pénale dispose : « La procédure pénale doit être équitable et contradictoire et préserver l'équilibre des droits des parties ». Cela dit, la personne privée de liberté à la phase préparatoire du procès pénal dispose des droits de la défense, doit bénéficier de l'égalité des armes et participer à la discussion des procédures. Cet équilibre des droits s'inscrit dans l'article 6 de la Convention européenne qui garantit le droit à un procès équitable entre les parties au procès. Cette disposition conventionnelle exige la garantie des droits de l'individu en matière de privation de liberté avant procès afin d'éviter des actes arbitraires des autorités publiques.

**488.** La protection de la présomption d'innocence intègre en partie la pratique de la privation de liberté avant procès dans la procédure pénale haïtienne. C'est dire que les droits de la personne privée de liberté au stade de l'avant-procès pénal ne sont pas suffisamment protégés par des garanties judiciaires dans le droit haïtien. C'est au stade de jugement que le législateur haïtien édicte les garanties liées à la protection de ce principe au profit de la personne privée de liberté.

---

1 F. Desportes et L. Lazerges-Cousquer, *Traité de Procédure pénale*, 4e Éd., Economica, 2015, p. 323.

Cette différence dans la protection de la présomption d'innocence est illustrée au sein des deux procédures pénales par l'action en nullité lié aux droits affirmés (Section 1) et celui lié aux principes de l'égalité des armes et du contradictoire (Section 2).

## Section 1

## L'action en nullité de la privation de liberté lié au respect des droits affirmés

**489.** Les droits de la défense supposent que la personne privée de liberté soit informée des faits qui lui sont reprochés afin de pouvoir les discuter. L'intéressé doit être en mesure de participer aux investigations utiles à la manifestation de la vérité.
Alors que le législateur haïtien ne consacre pas formellement l'action en nullité liée au respect des droits dont bénéficie l'individu au stade de l'avant-procès pénal, son homologue français instaure des causes de nullité aux articles 79 à 230 du code de procédure pénale. C'est ainsi que l'article 171 du même code dispose : « Il y a nullité lorsque la méconnaissance d'une formalité substantielle prévue par une disposition du présent code ou toute autre disposition de procédure pénale a porté atteinte aux intérêts de la partie qu'elle concerne.
Dans le droit haïtien, les droits de la défense peuvent se déduire de l'article 24.3 de la Constitution de 1987 et de l'article 8.2 de la Convention américaine. Dans la procédure pénale française, la question de la protection des droits de la défense est instituée par la combinaison de l'article préliminaire, I et de l'article 803-6 du code de procédure pénale concernant les personnes faisant l'objet d'une mesure privative de liberté. Si le premier texte paraît protecteur des droits des victimes au détriment des personnes privées de liberté, le second énonce des droits qui permettent à la personne suspectée ou poursuivie de discuter les preuves liées aux procédures de garde à vue et de privation de liberté au stade de l'information judiciaire. C'est ainsi que la Cour européenne a considéré que la nécessité de « protéger des droits non pas théoriques ou illusoires, mais concrets et effectifs, vaut spécialement pour les

droits de la défense eu égard au rôle éminent que le droit à un procès équitable, dont ils dérivent, joue dans une société démocratique »[1].

**490.** La protection de la présomption d'innocence en matière de privation de liberté avant procès repose sur le respect d'un certain nombre de droits dont dispose la personne privée de liberté à toutes les étapes dans les procédures pénales haïtienne et française. Ces deux systèmes juridiques instaurent la nullité liée au droit à la notification du contenu de l'accusation (§ 1) et celle liée aux facilités matérielles dans la privation de liberté (§ 2).

## § 1 – La nullité liée au droit à la notification du contenu de l'accusation

**491**. La notification de la nature et de la date et du lieu de l'infraction se rapporte à la notification des charges retenues contre la personne privée de liberté dans les procédures pénales. Les informations relatives à l'accusation doivent être notifiées à la personne concernée afin qu'elle ne soit pas privée de chance d'établir son innocence. Autrement dit, les faits reprochés doivent être portés à la connaissance de l'intéressé aux fins de pouvoir les discuter aussi bien au stade de la garde à vue qu'à celui de l'information judiciaire.

**492. Nullité liée au droit à l'information sur les faits de la garde à vue.** La personne suspectée ne peut envisager sa défense sans disposer du contenu des faits qui lui sont reprochés. La procédure pénale haïtienne ne protège pas formellement le droit à l'information en matière de privation de liberté au stade de l'enquête pénale. Le législateur haïtien n'instaure pas une cause de nullité de la mesure de garde à vue en cas de défaut de notification des charges au suspect. Ce droit est institué à la phase de jugement dans la procédure pénale haïtienne en application des articles 160 et suivants du code d'instruction criminelle au stade de l'instance correctionnelle et des article 190 et suivants du même code devant le tribunal criminel. Ce faisant, le législateur haïtien s'aligne sur la position du Comité des droits de l'homme des Nations unies.

**493.** Le Comité des droits de l'homme a affirmé à maintes reprises que le principe des droits de la défense prévu à l'article 14-3, a du Pacte international relatif aux droits civils et politiques ne s'étend pas à l'avant-procès pénal. Selon le Comité, à ce stade, la personne privée de

1 CEDH, 19 janv.2005, *Makhfi c.France*, n°59335/00

liberté n'a pas encore le statut « d'inculpé » et ne peut, en conséquence, s'en prévaloir. Le Comité a estimé que « ce n'est qu'après avoir été officiellement inculpée d'une infraction pénale qu'une personne peut se prévaloir du droit à être informée dans le plus court délai. Cette disposition ne s'applique pas aux personnes placées en garde à vue en attendant le résultat de l'enquête de police ; celles-ci peuvent en revanche faire valoir le droit qui leur est reconnu au paragraphe 2 de l'article 9 du Pacte »[1]. Fort heureusement, l'interprétation de l'article 24.3 de ladite Constitution prévoyant « la notification du ou des motifs de l'arrestation ou de la détention » peut permettre de déduire la reconnaissance du droit à l'information de la nature et de la cause de l'accusation au gardé à vue. Il en est ainsi des articles 7.4 et 8.2 de la Convention américaine relative aux droits de l'homme.

**494.** Ces deux dispositions conventionnelles mettent à la charge des enquêteurs l'obligation de notifier les charges à la personne gardée à vue. La Cour interaméricaine a estimé que « l'accusé doit être notifié de la nature des faits qui lui sont reprochés »[2]. Dans l'affaire Tibi c. Équateur, la Cour interaméricaine, s'inspirant de la jurisprudence de la Cour européenne quant à la double notification de la nature et de la cause de l'accusation à la phase préparatoire du procès pénal, a déclaré que « La privation du droit à l'information sur le contenu de l'accusation met la personne gardée à vue en difficulté pour préparer sa défense »[3]. La Cour a précisé : « Pour se conformer à l'article 8.2, b de la Convention, l'État est tenu d'informer l'accusé non seulement des charges retenues à son encontre, autrement dit des actions ou des inactions qui lui sont reprochées, mais également des raisons qui ont conduit l'État à les formuler, des preuves sur lesquelles il fonde son accusation, ainsi que de la qualification juridique des faits en cause »[4]. La Cour interaméricaine a considéré que le respect de ce droit au profit de la personne privée de liberté constitue une garantie nécessaire à l'équilibre des droits des parties en matière de garde à vue.

---

1 CDH, *Paul Kelly c. Jamaïque*, Com. n° 253/1987, R. 1991 (UN Doc. A/46/40), § 5.8 ; CDH, *Khatchatrian c. Arménie*, Com. n° 1056/2002, R. 2006 (UN Doc. A/61/40), § 6.4 ; CDH, *Clifford Mc Lawrence c. Jamaïque*, Com.n° 702/1996, R. 1997 (UN Doc. A/52/40), § 5.9 ; CDH, *Desmond Williams c. Jamaïque*, Com. n° 561/1993, R. 1997 (UN Doc. A/52/40), § 9.2.

2 CIADH, 24 juin 2005, *Acosta Calderón c. Équateur*, Série C, n° 129, § 118.

3 CIADH, 7 septembre 2004, *Tibi c. Équateur*, Série C, n° 114, § 187.

4 CIADH, 17 novembre 2009, *Barreto Leiva c. Venezuela*, Série C, n° 206, § 28.

**495.** Dans la procédure pénale française, le droit à la notification des charges de la procédure de garde à vue constitue la base de la contradiction au stade de l'enquête. L'article 803-6 du code de procédure pénale édicte le droit à l'information sur la qualification des faits reprochés au stade de l'information. L'article 63-1 du même code affirme : « Toute personne placée en garde à vue est immédiatement informée (...) de la nature de l'infraction sur laquelle porte l'enquête ». La chambre criminelle adopte ainsi une jurisprudence rigoureuse en la matière considérant que « le défaut d'information portant sur la nature de l'infraction porte atteinte aux intérêts de la personne concernée »[1]. Ce principe est édicté à l'article 5§2 de la Convention européenne de sauvegarde des droits de l'homme. La Cour européenne a considéré, dans une affaire portant sur la garde à vue, que l'article 63-1 précité qui prévoit la notification immédiate du droit à l'information sur les charges de la mesure de garde à vue est conforme aux exigences de la Convention européenne[2]. La Cour de Strasbourg a affirmé qu'« en matière pénale, une information précise et complète des charges pesant contre un accusé est une condition essentielle de l'équité de la procédure »[3]. L'exercice de ce droit peut s'effectuer verbalement ou par écrit, et la preuve est vérifiable sur le procès-verbal du placement en garde à vue. La violation de ces droits peut emporter la nullité des procédures d'enquête et d'instruction.

**496. Nullité liée à l'information sur les faits de l'instruction.** La connaissance du contenu de l'accusation est si nécessaire à la phase de l'information que la personne poursuivie peut parvenir à aider le magistrat à prendre de la hauteur dans les charges fournies par l'accusateur. La connaissance des faits reprochés par la personne concernée n'est donc pas insignifiante dans la privation de liberté au stade de l'information.

**497.** Dans la procédure pénale haïtienne, l'information sur la nature des faits et de la cause de l'accusation au stade de l'information découle des articles 24.3, a de la Constitution de 1987, 8.2, b et 7.4 de la Convention américaine. L'article 24.3, a de la Constitution subordonne l'exécution du mandat à la notification de celui-ci à la personne concernée. Ainsi, cette disposition lie l'exécution du mandat à l'arrestation. L'arrestation peut entraîner la privation de liberté de l'intéressé avant sa présentation

---

1 Crim., 16 juin 2015, n° 14-87.878.
2 CEDH, 20 novembre 2008, *Maire d'Église c. France*, n° 20335/04.
3 CEDH, Grande chambre, 25 mars 1999, *Pélissier c. France*, n° 25444/94.

devant le magistrat. La présentation de l'intéressé à la suite de l'exécution du mandat peut conduire à son placement en détention provisoire à l'initiative du juge.
Cette disposition constitutionnelle prévoit ainsi la notification des motifs de la détention au cours de l'exécution du mandat.
**498.** Le vocabulaire juridique employé à l'article 24.3, b de la Constitution se réfère au vocable « prévenu ». Or, le statut de prévenu s'applique juridiquement à la phase de jugement. Toutefois, les articles 7.4 et 8.2 de la Convention américaine semblent combler cette lacune juridique en permettant à la personne privée de liberté à la phase d'instruction de bénéficier de la notification en détail des charges retenues contre elle. La Cour interaméricaine en a fait l'application dans sa jurisprudence en ce qu'elle a exigé, dans l'arrêt Barreto Leiva c. Venezuela du 7 novembre 2009, de l'État de mettre en place des mécanismes de notification en détail des charges retenues à l'encontre de la personne mise en cause à toutes les étapes de la procédure pénale. Par transposition du droit interaméricain, il en résulte qu'il est instauré dans la procédure pénale haïtienne un droit de nullité de la privation de liberté dans la procédure de l'information en cas de défaut de notification du contenu de l'accusation à la personne concernée.
**499.** Le législateur français et le droit régional européen garantissent le droit à la notification du contenu de l'accusation au profit de la personne privée de liberté à la phase de l'information. Cette garantie se décline dans l'article préliminaire, III, alinéa 2 du code de procédure pénale qui confère le droit à toute personne poursuivie d'avoir connaissance des charges retenues contre elle. L'article 803-6 du même code exige la notification d'un ensemble de droits dont la qualification de l'infraction reprochée au profit de la personne poursuivie. Il en est de même de l'article 116 propre à la phase d'instruction.
La chambre criminelle exige la nécessité d'une information complète au bénéfice de l'individu en matière de privation de liberté à la phase de l'instruction. La juridiction suprême a affirmé que « Le prévenu doit être informé d'une manière détaillée de la nature et de la cause de la prévention dont il est l'objet et il doit être mis en mesure de se défendre tant sur les divers chefs d'inculpation qui lui sont imputés que sur chacune des circonstances aggravantes susceptible d'être retenue à sa charge : l'arrêt qui relève d'office une circonstance aggravante non

visée dans le titre de poursuite alors que le prévenu est non comparant doit être cassé »[1].

Il en est ainsi du droit de l'Union européenne et de la jurisprudence de la Cour européenne des droits de l'homme. Les articles 47 alinéa 2 et 48 de la Charte des droits fondamentaux de l'Union européenne consacrent une conception très large du droit à la notification du contenu de l'accusation à la personne privée de liberté au stade de l'instruction. Alors que l'article 47, alinéa 2 de la Charte proclame le droit à l'assistance d'un conseil, de se défendre soi-même et de représentation à toutes les étapes de la procédure pénale, l'article 48 de ce texte exige explicitement le respect des droits de la défense au profit de tout accusé en la matière. Le droit pour toute personne poursuivie d'être informée de la nature et de la cause de l'accusation portée contre elle se place donc au sommet des droits énoncés aux dispositions de la Charte de l'Union européenne.

**500.** La Cour européenne, pour sa part, a affirmé, dans l'affaire Pélissier c. France du 25 mars 1999, que « l'information sur l'accusation constitue la base juridique et factuelle des reproches formulées contre la personne mise en cause ». La Cour de Strasbourg a rappelé la nécessité d'une information complète au bénéfice de l'intéressé et considéré que « l'information doit porter sur la qualification juridique et le fondement de l'accusation doit être donné dans une langue que la personne concernée comprend ».

**501.** Il ressort de ces approches analytiques que la nécessité de porter le contenu de l'accusation à la connaissance de la personne privée de liberté en matière de l'information judiciaire explique la place essentielle des droits de la défense dans le cadre de l'objectivité de la manifestation de la vérité dans l'avant-procès pénal.

La méconnaissance de ce droit peut emporter la nullité de la privation de liberté au stade de l'information dans les procédures pénales haïtienne et française dans le but de compenser le poids de l'action répressive à la phase d'instruction. La consécration de cet équilibre de droits offre la possibilité à la personne privée de liberté de participer à la recherche des preuves au stade de l'instruction et peut refléter la crédibilité de la privation de liberté infligée à la personne concernée.

**502.** Le droit à l'information sur les charges retenues contre la personne privée de liberté au stade de l'avant-procès pénal ne suffit pas pour

---

1 Crim., 20 septembre 2000, n° 99-82.846. Voir aussi : Crim., 21 nov. 2000, n° 00-80.616.

rendre effectif l'exercice des droits de la défense. Il est donc fondamental que l'intéressé dispose des facilités matérielles pour élaborer sa stratégie de défense aux fins d'anticiper d'éventuelles surprises des autorités publiques (§ 2).

### § 2 – La nullité liée au droit aux facilités matérielles dans la privation de liberté

**502.** Les facilités matérielles se rapportent aux temps et moyens nécessaires donnés à la personne détenue pour préparer sa défense. La complexité de l'infraction poursuivie peut exiger une préparation juridique beaucoup plus poussée afin de déterminer la stratégie de défense en vue de faciliter la remise en liberté de l'intéressé. À cet égard, la personne privée de liberté doit disposer davantage de temps, des moyens et informations utiles pour élaborer ses moyens de défense dans l'application de la privation de liberté avant jugement. Les procédures pénales haïtienne et française comportent des différences dans la consécration de ces droits.

**503. Cadre juridique du droit aux temps et moyens nécessaires dans le droit haïtien.** Le législateur haïtien semble limiter le bénéfice de ce double droit au stade du jugement. L'alinéa 1$^{er}$ de l'article 160 du code d'instruction criminelle (CIC) impose un délai de trois jours francs entre la citation correctionnelle et le jugement. Cette disposition s'aligne sur l'article 4 de la loi du 6 mai 1927 sur la comparution immédiate, qui prévoit l'opportunité pour le prévenu de bénéficier d'un délai maximum de quinze jours pour préparer sa défense. L'article 178 du CIC exige la signification de l'acte d'accusation à l'accusé dans un délai d'au moins huit jours avant sa comparution devant le tribunal criminel. En revanche, le législateur haïtien n'institue aucun délai au bénéfice de la personne privée de liberté au stade de l'enquête pénale et à celui de l'information judiciaire.

**504.** Les moyens et informations utiles constituent des garanties liées à l'accessibilité à des facilités matérielles permettant à la personne privée de liberté à la phase de l'avant-procès pénal de prendre connaissance des preuves qui sont à la base des charges retenues contre elle. L'alinéa 2 de l'article 166 du code d'instruction criminelle dispose que « les pièces pouvant servir à conviction ou à décharge seront représentées aux témoins et aux parties ». Il ressort de cette disposition que le droit de la communication de ces pièces est conféré à la personne privée de liberté simplement à l'instance correctionnelle.

**505.** L'arrêt du 8 juin 1943 de la Cour de cassation haïtienne précité a considéré que « l'obligation légale de dénoncer les faits de la prévention dans la citation au correctionnel est suffisamment remplie lorsque le prévenu ne peut se méprendre sur l'objet de la poursuite ». Aussi, l'arrêt du 29 juillet 1976 susmentionné de la juridiction suprême haïtienne a affirmé que « ... Toute preuve doit être soumise directement à l'audience dans sa source originaire et immédiate à la connaissance du juge par l'audition des témoins, l'interrogatoire du prévenu et les débats oraux sur les documents de la cause, et non par l'intermédiaire du dossier d'une instruction préalable ».

La situation est similaire devant le tribunal criminel en ce que l'article 211 du code d'instruction criminelle facilite à l'accusé la connaissance des pièces qui sont à la base de l'accusation. Ainsi, il est permis à l'accusé d'être informé des charges retenues contre lui en application de l'article 248 du CIC.

**506.** L'énoncé de ces dispositions légales et la jurisprudence de la Cour de cassation expriment l'absence du droit de nullité en matière de privation de liberté avant procès dans le droit haïtien en cas de manquement à l'octroi des moyens matériels au bénéfice de l'individu afin de permettre à ce dernier de contester les charges retenues contre lui. Or, ce droit peut offrir la possibilité aux personnes privées de liberté de se prémunir contre des détentions arbitraires et abusives. En ce sens, le droit interaméricain peut voler au secours de ces individus en la matière.

**507. Le secours du droit interaméricain.** Le droit interaméricain constitue l'ultime rempart pour non seulement protéger la présomption d'innocence, mais égalcment permettre l'équilibre dans l'application de la privation de liberté dans les procédures d'enquête et d'instruction. La jurisprudence de la Cour interaméricaine estime que la connaissance des moyens nécessaires par la personne privée de liberté constitue une garantie essentielle pour la préparation de sa défense dans l'avant-procès pénal au sens de l'article 8.2 de la Convention américaine.

Cette position s'illustre dans plusieurs arrêts. En l'espèce, à l'occasion d'une affaire concernant le Pérou, la Cour a condamné le Gouvernement péruvien parce que « les accusés n'ont pas été informés en temps utile et en détail des charges retenues à leur encontre, n'ont eu qu'un accès limité à l'ensemble des éléments de preuve versés au dossier, et le délai qui leur a été accordé pour organiser leur défense était extrêmement court au regard du droit qui leur est conféré, comme à n'importe quel autre accusé, d'examiner l'affaire et d'apprécier l'ensemble des éléments de preuve »[1]. Dans une autre affaire, la Cour a jugé que la méconnaissance des éléments de preuve par le requérant constitue une atteinte à ses droits de la défense du fait que le requérant n'a pu préparer efficacement sa défense en raison de sa mise au secret pendant trente-six jours[2]. Ainsi, la Cour a rappelé que la personne privée de liberté à la phase préparatoire du procès pénal « doit avoir la connaissance de l'intégralité des charges qui pèsent contre elle et accès à l'ensemble des preuves produites contre cette dernière »[3].

**508.** Le droit interaméricain s'aligne sur le droit international en la matière en ce que l'article 14.3, b du Pacte International relatif aux droits civils et politiques (PIDCP) prévoit que « Toute personne accusée d'une infraction pénale a droit, en pleine égalité, au moins aux garanties suivantes : [...] b) à disposer du temps et des facilités nécessaires à la préparation de sa défense et à communiquer avec le conseil de son choix ». De même, le Comité des droits de l'homme a considéré que « le droit pour un accusé d'avoir suffisamment de temps et de moyens pour préparer sa défense est un élément important de la garantie d'un procès équitable »[4]. Il en est ainsi lorsque la rigidité de la détention empêche le détenu de préparer sa défense dans le temps et avec les moyens nécessaires[5]. Selon le Comité des droits de l'homme, le droit aux moyens nécessaires pour préparer sa défense implique les facilités d'accès aux pièces essentielles de l'accusation[6].

Les démonstrations juridiques prouvent que la politique criminelle haïtienne n'édicte pas le droit aux temps et moyens nécessaires en faveur de la personne privée de liberté à la phase préparatoire du procès pénal. La non-consécration de ce double droit peut se déduire du droit interaméricain.

---

1 CIADH, 31 janvier 2001, *Tribunal Constitutionnel c. Pérou*, Série C, n° 71.
2 CIADH,12 novembre 1997, *Suárez Rosero c. Équateur*, Série C, n° 35, § 83
3 CIDH,30 mai 1999, *Castillo Petruzzi et autres c. Pérou*, Série C, n° 52.
4 CDH, *George Winston Reid c. Jamaïque*, Com. n° 355/1988, R. 1994 (UN Doc. A/49/40), § 14.2 ; CDH, *PaulKellyc. Jamaïque*, Com. n° 253/1987, R. 1991 (UN Doc. A/46/40), § 5.9.
5 CDH, Juana Peñarrieta et al c. Bolivie, Com. n° 176/1984, R. 1988 (UN Doc. A/43/40), § 15.2 et § 16 ; CDH, John Wight c. Madagascar, Com. n° 115/1982, R. 1985 (Un Doc. A/40/40), § 15.2 et § 17 ; CDH, Gabriel Manera Johnson c. Uruguay, Com. n° 123/1982, R. 1984 (UN Doc. A/39/40), § 9.3 et § 10 ;
6 CDH, Observation générale n° 32 (81) /2007 (UN Doc. CCPR/C/GC/32), § 33.

Contrairement au droit haïtien, la question de la garantie du droit aux temps et moyens nécessaires est clairement édictée dans la procédure pénale française.

**509. Cadre juridique du droit aux temps et moyens nécessaires dans le droit français.** Le législateur français ne prévoit pas explicitement la notion de temps nécessaire au bénéfice de la personne privée de liberté dans le domaine de la garde à vue. Cette garantie découle de la prérogative accordée à l'intéressé de s'entretenir avec son conseil dès le début de la mesure et lors de ses auditions par l'officier de police judiciaire. Le droit de l'entretien de trente minutes avec son avocat s'inscrit dans l'idée de permettre à la personne concernée d'élaborer ses moyens de défense. Ce temps imparti au gardé à vue pour s'entretenir avec son avocat lui permet de démontrer aux investigateurs sa non-participation aux faits imputés par l'établissement des constatations concrètes.

Au stade de l'instruction, le législateur introduit la notion de temps nécessaire dans diverses dispositions du code de procédure pénale. D'abord, l'alinéa 2 de l'article 114 du code de procédure pénale exige le respect du délai minimum de cinq jours ouvrables pour convoquer l'avocat de la personne poursuivie avant l'interrogatoire de cette dernière. L'alinéa 3 dudit article exige un délai de quatre jours ouvrables au plus tard au profit de l'avocat pour consulter le dossier avant chaque interrogatoire par le juge d'instruction.

Ensuite, l'alinéa 4 de l'article 145 du code de procédure pénale exige du juge des libertés et de la détention, compétent en matière de détention provisoire, d'aviser la personne mise en examen de son droit de demander un délai pour préparer sa défense. En pareil cas, il est interdit au magistrat de procéder au placement en détention provisoire de l'intéressé au sens de l'alinéa 7 de l'article 145 du CPP. C'est dans cet esprit que le juge des libertés et de la détention est tenu de ménager le délai de cinq jours ouvrables prévu à l'article 114 du code de procédure pénale concernant la convocation de l'avocat dans le cadre d'un débat contradictoire lorsqu'il envisage de prolonger la détention provisoire. Cette prérogative offre la possibilité à la personne détenue d'optimiser ses chances d'aboutir à sa mise en liberté anticipée. Enfin, l'article 197 du même code institue un délai minimum de deux à cinq jours d'observation selon le cas entre la date d'envoi de l'avis d'audience et la date de celle-ci devant la Chambre de l'instruction. Ce délai permet à la personne détenue d'anticiper d'éventuelles surprises devant ladite juridiction. Elle dispose ainsi davantage de temps pour préparer sa défense.

**510.** Ces divers délais permettent à l'avocat de préparer efficacement son client détenu dans le but de convaincre le juge de la non-imputation des faits reprochés. Ce raisonnement prend du sens au travers de la jurisprudence de la chambre criminelle qui a considéré que « l'absence de convocation de l'avocat lors de la prolongation de la détention provisoire porte atteinte aux intérêts de la personne concernée»[1].

**511.** La combinaison de ces dispositions insérées dans la procédure pénale française édicte le droit au temps nécessaire au bénéfice de la personne privée de liberté au stade de l'avant-procès pénal afin que cette dernière puisse discuter les preuves qui sont à la base de l'accusation. Par la discussion des preuves, l'intéressé peut prouver à l'autorité judiciaire son innocence, voire démontrer l'incompatibilité ou l'inopportunité de sa privation de liberté. L'accès à ces pièces traduit les moyens nécessaires accordés à l'intéressé pour convaincre les acteurs judiciaires de la légitimité de sa mise en liberté.

Ces facilités matérielles peuvent cependant constituer une entrave au secret de la procédure au sens de l'article 11 du code de procédure pénale qui ne concerne pas la personne poursuivie. C'est pourquoi l'article 114-1 CPP interdit à une partie à qui une reproduction de pièces d'instruction a été remise de la diffuser à des tiers.

Le législateur trouve enfin une formule équilibrée en tant qu'il édicte une prohibition au travers de l'article 63-4-4 du C P P en interdisant à l'avocat de divulguer à des tiers les informations relatives à la procédure d'enquête. Cet article dispose que « L'avocat ne peut faire état auprès de quiconque pendant la durée de la garde à vue ni des entretiens avec la personne qu'il assiste, ni des informations qu'il a recueillies en consultant les procès-verbaux et en assistant aux auditions et confrontations ».

**512.** Le législateur français prescrit le droit aux moyens nécessaires au bénéfice de la personne privée de liberté au stade préparatoire du procès pénal. L'article 63-1, 3° du CPP confère à la personne gardée à vue le droit de consulter, dans les meilleurs délais et au plus tard avant l'éventuelle prolongation de la garde à vue, les documents mentionnés à l'article 63-4-1 du même code. Ainsi, le gardé à vue dispose du temps pour élaborer sa stratégie de défense devant les autorités compétentes en la matière.

---

1 Crim., 4 décembre 2007, n° 07-86.794, D. 2008. AJ 356.

La Cour de cassation veille à la régularité de la motivation par le juge des libertés et de la détention de la décision d'autorisation de prolongation de garde à vue. La chambre criminelle a considéré, dans deux arrêts le 23 novembre 2016, que « la motivation d'une prolongation supplémentaire de garde à vue constitue une garantie essentielle contre le risque d'une atteinte disproportionnée à la liberté individuelle en ce qu'elle permet de s'assurer de l'effectivité du contrôle imposé au juge par la loi et permet à l'intéressé de connaître les raisons précises pour lesquelles la prolongation a été autorisée »[1].

**513.** Au stade de l'information, le bénéfice de la garantie des moyens nécessaires dont dispose la personne détenue est consacré par les articles 114, alinéas 3 et 4, 116 et 803-6 du code de procédure pénale. À cet effet, il faut distinguer la mise à disposition du dossier à l'avocat et aux parties sans avocat. L'alinéa 3 de l'article 114 du code de procédure pénale impose au juge d'instruction de mettre à la disposition de la personne poursuivie le dossier avant sa comparution. Cette situation suppose la privation préalablement de l'individu en matière de comparution forcée à la suite d'une mesure contraignante, telle l'exécution d'un mandat d'amener ou d'arrêt. L'exécution dudit mandat peut entraîner l'incarcération partielle de l'individu avant sa présentation devant le magistrat. À ce stade, la question est de savoir si l'intéressé doit avoir accès à l'entier dossier de la procédure d'instruction.

La chambre criminelle de la Cour de cassation adopte une jurisprudence constante en la matière en tant qu'elle impose la communication de l'ensemble des pièces disponibles au moment de la communication du dossier. Elle a ainsi affirmé que « la communication du dossier mise à la disposition du conseil doit, à peine de nullité, être complète et porter sur toutes pièces de la procédure en l'état où elle se trouve au moment où a lieu la communication »[2].

La juridiction suprême a réaffirmé cette solution dans un autre arrêt en considérant qu'il « n'est pas obligatoire que l'entier dossier soit dans le bureau du juge des libertés et de la détention au moment du débat contradictoire préalable à la décision de prolongation de la détention provisoire dès lors que ce dossier, en vertu de l'alinéa 3 de l'article 114 du CPP, avait été mis à la disposition des avocats dans le cabinet du

1 Crim., 23 novembre 2016, n° 16-81.904 et Crim., 23 novembre 2016, n° 15-83.649.

2 Crim., 28 juillet 1958, Bull. crim. n° 589.

juge d'instruction après la première comparution de la personne mise en examen »[1].

**514.** La connaissance de l'intégralité des pièces du dossier de la procédure facilite les contestations des preuves liées à la mesure privative de liberté décidée à l'encontre de la personne concernée.

Il résulte de ces analyses que la procédure pénale française consacre au bénéfice de la personne privée de liberté le droit aux temps et moyens nécessaires pour préparer sa défense à la phase préparatoire du procès pénal. L'exercice de ce double droit peut faciliter la mise en liberté de l'intéressé. Le législateur tempère le droit d'accès au dossier au stade de la garde à vue en ce qu'il n'impose pas la communication de l'ensemble des pièces de la mesure de garde à vue. Cette limite s'aligne sur l'article 7 de la Directive n° 2012/13/UE du 22 mai 2012 relative au droit à l'information dans le cadre des procédures pénales qui consacre « l'accès à toutes les preuves matérielles à charge ou à décharge détenues par les autorités, en temps utiles, et au plus tard, lorsqu'une juridiction est appelée à se prononcer ». Par ailleurs, le droit de nullité de la privation de liberté avant procès s'étend à la violation des principes de l'égalité des armes et du contradictoire ( Section 2).

## Section 2

## L'action en nullité de la privation de liberté liée aux principes de l'égalité des armes et du contradictoire

**515.** L'égalité des armes et le contradictoire constituent des principes directeurs qui guident les procédures pénales. Même si le premier est le corollaire du second, ces deux principes jouissent de leur autonomie. Ces principes visent à établir un équilibre entre l'action répressive et les intérêts des personnes privées dans les procédures pénales. Cet équilibre repose sur les chances égalitaires des parties et constitue la marque de fabrique de la justice pénale contemporaine. À ce propos, l'autorité judiciaire est astreinte à prendre en compte la participation

1 Crim., 1er février 2011, n° 10-87.875.

privée dans la recherche de la manifestation de la vérité. Cela étant, le recours à l'incarcération partielle ne peut être envisagé en dehors de l'appréciation de la parole de la personne concernée.

**516.** Les principes de l'égalité des armes et du contradictoire ne sont pas réservés à la seule matière pénale. En matière civile, la loi fait du juge le principal débiteur de ce double principe dans le procès. Il en est de même dans le contentieux administratif au point que le Conseil d'État français a affirmé que le principe du contradictoire est un principe général du droit[1]. Mais notre étude cantonne l'application de ces principes à la matière pénale.

Afin d'appréhender la portée des principes de l'égalité des armes et du contradictoire au stade de l'avant- procès dans ces deux systèmes juridiques, il est nécessaire de présenter préalablement leur cadre général (§ 1) qui permettra de déceler les droits à l'information et à la discussion s'en inspirant au bénéfice de la personne privée de liberté dans les procédures d'enquête et d'information (§ 2).

## § 1 – Cadre général de ces principes

**517.** Le lexique juridique entend par « principes de l'égalité des armes et du contradictoire » des principes qui consacrent « la liberté pour chacune des parties de faire connaître tout ce qui est nécessaire au succès de sa demande ou de sa défense ». À cet égard, la personne privée de liberté au stade préparatoire du procès pénal doit pouvoir discuter l'ensemble des moyens et des pièces que l'accusateur entend utiliser à son encontre. Dans ce cadre, l'équilibre des droits des parties s'opère par l'octroi des droits à la participation dans la recherche de la vérité et à la discussion au profit de la personne privée de liberté dans les procédures d'enquête et d'instruction.

**518.** Le législateur haïtien limite ce double principe à la seule phase de jugement en matière pénale par application des articles 166 et 247 du code d'instruction criminelle. Toutefois, ces principes peuvent se déduire de l'article 24.3, a de la Constitution qui consacre le droit à l'information sur les charges retenues contre la personne privée de liberté aux stades de la garde à vue et de l'instruction. Cette disposition

---

1 CE Ass., 13 décembre 1968, *Association Syndicale des propriétaires de Champigny-sur-Marne*, Rec. Lebon. Voir aussi : CE Sect., 26 mars 1976, *Conseil Régional de l'ordre des pharmaciens de la circonscription d'Aquitaine et autres*.

constitutionnelle paraît lacunaire du fait qu'elle garantit le seul droit à l'information sur l'arrestation et la détention. Or, l'arrestation n'implique pas systématiquement le placement en garde à vue qui peut s'opérer lors de l'interrogatoire de la personne concernée, qui était en liberté au départ. Cela dit, l'article 24.3, a ne fait pas peser sur l'accusateur l'obligation de porter à la connaissance de la personne privée de liberté l'ensemble des preuves qu'il entend utiliser dans le cadre des procédures d'enquête et de l'information. Or, le principe du contradictoire implique nécessairement le droit à la discussion de tous les moyens et des preuves que comporte l'action répressive au bénéfice de la personne privée de liberté à la phase de l'avant-procès pénal.

**519.** Fort heureusement, la Convention américaine peut combler ces lacunes institutionnelles haïtiennes par l'interprétation extensive de l'article 8.2, b et f qui consacre le droit à l'information sur les charges de l'accusation et le droit de discuter tous les éléments de preuve à charge et à décharge au profit de la personne mise en cause dans les procédures d'enquête et d'instruction.

Il ressort de cette disposition conventionnelle que la personne privée de liberté doit être sur le même pied d'égalité que son adversaire pour produire des preuves afin d'établir son innocence ou tenir en échec l'accusation dans les procédures d'enquête et d'information.

La personne mise en cause doit être informée des allégations de son adversaire et pouvoir les discuter librement. Le non-respect de ces principes doit en principe entraîner l'annulation de la privation de liberté décidée par l'autorité compétente. Malheureusement, l'application des principes de l'égalité des armes et du contradictoire n'intègre pas la pratique judiciaire haïtienne.

**520.** Dans la procédure pénale française, l'article préliminaire du code de procédure pénale dispose que « la procédure pénale doit être équitable et contradictoire et préserver l'équilibre des droits des parties ». Cette disposition est insérée par la loi du 15 juin 2000 précitée dans le code de procédure pénale dans le but de répondre aux exigences de l'article 6§1 de la Convention européenne de sauvegarde des droits de l'homme. À cet effet, la chambre criminelle de la Cour de cassation a eu l'occasion de rappeler, au visa de l'article 6§1 de la Convention européenne et des articles préliminaire et 197 du code de procédure pénale, que le principe du contradictoire est violé lorsque « les pièces faisant objet de la procédure ne sont portées à la connaissance d'aucune partie »[1].

**521.** La jurisprudence de la chambre criminelle se révèle rigoureuse quant à l'exigence de l'égalité des armes au stade préparatoire du procès en ce qu'elle a considéré que la rupture de l'égalité des armes à la phase préparatoire du procès pénal porte atteinte à l'équilibre des droits des parties. En l'espèce, deux personnes mises en examen avaient sollicité devant la Chambre de l'instruction la nullité de l'audition d'un expert, autorisée par le juge d'instruction, qui s'était déroulée en la seule présence du ministère public en application de l'article 82 du code de procédure pénale. Leur demande était rejetée par la Chambre de l'instruction au motif que l'article 82 du CPP autorise le seul procureur de la République à assister à tout acte lui paraissant utile à la manifestation de la vérité. Cette solution était confirmée par la cour d'appel, qui estimait qu'aucun grief n'aurait été causé aux demandeurs en raison de la possibilité de discuter l'avis de l'expert devant les juridictions du fond en cas de renvoi devant une juridiction de jugement. Mais la chambre criminelle, sous le visa de l'article 6§1 de la Convention européenne, a cassé l'arrêt de la cour d'appel en déclarant que « le principe de l'égalité des armes, tel qu'il résulte de l'exigence d'une procédure équitable et contradictoire, impose que les parties au procès pénal disposent des mêmes droits ; qu'il doit en être ainsi, spécialement, du droit pour l'avocat d'une partie d'assister à l'audition d'un expert effectuée sur réquisitions du procureur de la République »[2]. Ce faisant, la chambre criminelle s'aligne sur la conception large de l'article 6§1 de la Convention européenne adoptée par la Cour pour le repositionner à toutes les étapes de la procédure pénale dans l'application des principes de l'égalité des armes et du contradictoire. La Cour européenne a estimé que « chaque partie doit avoir la possibilité de défendre sa cause dans des conditions qui ne la placent pas dans une situation de net désavantage par rapport à son adversaire »[3].

**522.** Le Conseil constitutionnel a abondé dans ce sens en affirmant que « le principe du respect des droits de la défense constitue un des principes fondamentaux reconnus par les lois de la République en précisant que celui-ci implique, notamment en matière pénale,

---

1 Crim., 6 novembre 2013, n° 13-85.658.
2 Crim., 11 mai 2010, n° 10-80.953 : AJ pénal 2010.510, obs. Renaud-Duparc.
3 CEDH, 22 mai 2008, *Gacon c. France*, n° 1092/04.

l'existence d'une procédure juste et équitable garantissant l'équilibre des droits des parties »[1]. Dans cette même lignée, la notion d'équilibre de droits des parties au stade de l'avant-procès pénal est prévue aux articles 47, alinéa 2 de la Charte de l'Union européenne et 14.1 du Pacte international relatif aux droits civils et politiques.
En somme, les principes de l'égalité des armes et du contradictoire constituent un mécanisme juridique qui permet de faire obstacle à la privation de liberté au stade des procédures d'enquête et d'information dans la procédure pénale française et dans le régionalisme européen. À ce titre, la personne privée de liberté doit être en mesure de prendre connaissance des observations ou pièces produites par la partie poursuivante et de les discuter. Tel est le sens de l'article préliminaire du code de procédure pénale français qui préconise l'équilibre des droits des parties au procès. L'exigence du respect de ce double principe exprime la participation personnelle de la personne privée de liberté à la manifestation de la vérité ( § 2).

## § 2 – La nullité liée au droit à la participation privée à la recherche de la vérité

**523.** La participation de la personne privée de liberté à la recherche de la vérité garantit la crédibilité de la mesure judiciaire afin d'éviter l'arbitraire des autorités publiques. Celle-ci peut se manifester par la contestation des charges et le recueil d'informations essentielles sur les faits reprochés. Le droit à la participation privée à la recherche de la vérité résulte du droit à l'information dont dispose la personne mise en cause au stade préparatoire du procès pénal. L'obstruction à la participation de la personne privée de liberté à la recherche de la vérité peut conduire à la nullité de la procédure. Cette action en nullité peut être lié au contenu de l'accusation et au droit à la discussion des preuves à charge et à décharge.
**524.** La personne privée de liberté dans les procédures de garde à vue et d'information peut proposer sa collaboration dans le cadre de la manifestation de la vérité. Il s'agit ainsi de l'intervention de la personne poursuivie dans la procédure qui s'aligne sur le principe de la liberté de la preuve. Ce droit, pour citer Jean Pradel, est « au cœur de la

1 Décision n° 89-260, DC du 28 juillet 1989, Loi relative à la sécurité et à la transparence des marchés financiers.

contradiction puisque le droit de proposer est celui de faire entendre sa voix, d'indiquer au juge ses moyens de défense »[1].

L'exercice de cette prérogative s'effectue par les demandes d'actes de procédures, l'accès au dossier et les demandes sur l'état d'avancement du dossier tant au stade de la garde à vue qu'à la phase de l'information.

**525. Demandes d'actes de procédures.** La politique criminelle haïtienne n'offre pas l'opportunité à la personne privée de liberté de demander des actes d'investigations dans le cadre du placement en garde à vue. L'article 10 du code d'instruction criminelle confère cette prérogative aux agents de police rurale et urbaine, ainsi qu'aux juges de paix en qualité d'officiers de police judiciaire. Il incombe à ces seules autorités de rechercher les preuves liées aux faits faisant l'objet de mesure de garde à vue. De même, l'article 24.3, alinéa a de la Constitution exclut l'intervention de la partie privée dans la mesure de garde à vue, en ce sens que la notification de la nature de l'accusation n'implique pas le droit aux demandes d'investigations au bénéfice du gardé à vue. Ce droit à la notification des charges de l'accusation permet tout simplement à la personne concernée de préparer efficacement sa défense.

**526.** En pratique, le gardé à vue est admis à apporter la preuve contraire par la présentation de ses moyens de défense par application de l'article 7.4 de la Convention américaine qui proclame : « Toute personne arrêtée ou détenue sera informée des raisons de l'arrestation et recevra notification, dans le plus court délai, de l'accusation ou des accusations portées contre elle ».

Les déclarations à décharge de la personne gardée à vue peuvent servir d'orientations dans la recherche du véritable auteur de l'infraction. Il en est ainsi des infractions qui font peser sur la personne suspectée la présomption de culpabilité. En pareil cas, l'intéressé peut être amené à démontrer les circonstances qui entourent la commission des faits reprochés afin de prouver son innocence. À ce titre, la personne gardée à vue participe activement à la recherche de la vérité de telle manière que ses déclarations peuvent conduire l'officier de police judiciaire à guider l'accusation.

**527.** Cette contribution privée à la manifestation de la vérité peut s'entendre du droit implicite reconnu à la personne gardée à vue en

---

1 J. Pradel, *La montée des droits du délinquant au cours de son procès. Essai d'un bilan*, Mélanges LARGUIER,Pug, Grenoble, 1993, p 223 et s. V. également FRISON-ROCHE (M-A), *Contradiction, in Dictionnaire de la Justice*, PUF, 2004.

raison de la charge de la preuve qui lui incombe dans la mise en œuvre de l'action répressive pour une catégorie d'infractions. Dans ce contexte, le droit à la participation à la recherche de la vérité paraît s'étendre à toutes les infractions lorsque le gardé à vue est amené à apporter la preuve contraire aux charges de l'accusation. Ce droit résulte de l'interprétation *a contrario* des textes constitutionnel et conventionnel susmentionnés qui imposent la notification des charges à la personne gardée à vue. De cette notification l'intéressé peut proposer aux enquêteurs sa contribution et recueillir des témoignages utiles à la découverte de la vérité, ce qui lui offre l'opportunité de prouver son innocence.

Il est regrettable que la Cour de cassation haïtienne et la Cour interaméricaine n'aient pas encore l'opportunité de se prononcer explicitement sur l'admission ou pas de la participation privée au stade de la procédure d'enquête.

**528.** La question de l'intervention privée semble n'être pas explicitement consacrée par le législateur dans la procédure pénale française en matière de garde à vue. Peut-être, le législateur estime-t-il que la personne gardée à vue n'est pas encore confrontée à des poursuites en raison de l'absence de réelle poursuite à ce stade. Toutefois, l'admission des interventions privées peut se déduire de l'opportunité offerte à l'avocat de la personne gardée à vue pour produire des observations au profit de son client lors des interrogatoires et confrontations en application de l'article 63-1, 3° du code de procédure pénale. En formulant ses observations écrites, l'avocat est habilité à proposer la recherche des témoignages à décharge ou orienter, selon le cas, l'officier de police judiciaire ou le procureur de la République ou le juge des libertés et de la détention vers des pistes de vérité. C'est dans ce sens que Christine Gavalda-Moulenat a suggéré l'admission d'une sorte d'enquête privée dans la mise en œuvre de la garde à vue par l'introduction d'une disposition qui prescrirait que « L'avocat peut faire valoir dans ses observations la nécessité de certaines investigations »[1].

Cette proposition était formulée par Cédric Porteron, qui a préconisé l'insertion d'une phrase à l'alinéa 4 de l'article 63-4 du code de procédure pénale qui édicterait qu'« À l'issue de l'entretien dont la durée ne peut excéder trente minutes, l'avocat présente, le cas échéant,

---

1 Ch. Gavalda-Moulenat, *Le principe du contradictoire en procédure pénale*, Thèse, Univ. Montpellier 1, 2005, n° 544, p 334.

des observations écrites qui sont jointes à la procédure. Il peut formuler par écrit des questions relatives aux circonstances entourant l'infraction sur laquelle porte l'enquête, auxquelles l'officier de police judiciaire est tenu, sauf impossibilité matérielle, de répondre. Il peut faire valoir dans ses observations la nécessité de certaines investigations »[1].

Cette formule serait une avancée considérable non seulement pour la transparence de la procédure, mais exprimerait la préoccupation du législateur français sur la question de la contradiction dans les procédures pénales. Mais le législateur français semble estimer que le droit positif français offre suffisamment de possibilités au suspect pour participer activement à la recherche de la vérité.

**529. Demandes d'investigations au stade de l'instruction.** L'objectif de l'instruction préparatoirc consiste à découvrir la vérité au travers de preuves ou d'indices probants. La recherche de la vérité se réalise par des actes d'instruction, tels les auditions des témoins, les interrogatoires et confrontations des parties, les demandes d'expertises etc. À cet effet, il est nécessaire qu'une partie ne soit pas désavantagée par rapport à son adversaire puisque le déséquilibre des droits peut altérer la vérité. C'est dire que l'équilibre des droits des parties peut optimiser l'efficacité et la fiabilité de l'information judiciaire.

**530.** Le législateur haïtien concentre les prérogatives des demandes d'investigations entre les seules mains du magistrat du parquet. Cette concentration judiciaire est prescrite dès l'ouverture de l'information en ce que l'article 48 du code d'instruction criminelle subordonne l'ouverture de l'information à la discrétion du commissaire du Gouvernement. Ce pouvoir étendu du parquet se voit renforcer dans l'opportunité dont il dispose pour formuler des demandes de nouvelles informations par application de l'article 114 du CIC. De même, son droit à la participation à la recherche de la vérité connaît un renforcement accru dans la nécessité de son réquisitoire supplétif en cas de découverte des faits nouveaux au cours du déroulement de l'instruction préparatoire en application de l'article 123 du même code. Le parquet dispose de la même prérogative en matière d'auditions des témoins en ce qu'il lui appartient de citer ces derniers pour comparaître devant le juge d'instruction en application de l'article 59 du CIC.

**531.** La procédure pénale haïtienne édicte ainsi un arsenal juridique des droits au bénéfice du ministère public pour participer à la recherche de

---

1 C. Porteron, *Droit à l'information et procédure pénale. Contribution à l'étude des droits de la personne poursuivie*, Thèse, Nice, 2002, p 778.

la vérité à la phase de l'information. Dans ce cadre, l'article 59 du code d'instruction criminelle laisse à la discrétion du parquet la présentation des témoins devant le juge d'instruction. À ce titre, le ministère public dispose d'un large pouvoir décisionnel qui lui permet d'empiéter sur l'indépendance du juge d'instruction dans la recherche de la vérité. Ce pouvoir étendu conféré au parquet peut favoriser l'entrave à l'exercice de la justice pénale par la pratique de la politique dilatoire dans des affaires où peuvent être impliquées des personnalités politiques. Un tel pouvoir conduit régulièrement à l'inertie du parquet à la suite de la demande de comparution, à l'initiative du magistrat instructeur, de certaines personnalités politiques en qualité de témoins dans le cadre de la recherche de la vérité.

**532.** Le législateur haïtien et la Constitution de 1987 ne consacrent pas formellement le bénéfice des demandes d'investigations au profit de la personne privée de liberté au cours du déroulement de l'instruction préparatoire. Ce droit peut se puiser de l'article 24.3 alinéa a de la Constitution qui exige la notification des motifs de la détention à l'inculpé. Cette disposition constitutionnelle peut être comprise comme le droit à la personne concernée de pouvoir apporter la preuve contraire à l'accusation afin de prouver son innocence au sens de l'article 8.2, alinéa f de la Convention américaine qui consacre à la personne poursuivie le droit à l'interrogation des témoins à charge et à décharge. Cette interrogation ne peut s'effectuer que par la comparution de ces témoins devant le juge d'instruction.

En réalité, les magistrats instructeurs utilisent rarement des dispositions conventionnelles pour motiver leurs ordonnances. La pratique révèle que ces derniers font généralement droit aux demandes d'investigations des inculpés, par l'intermédiaire de leurs avocats, pour éclaircir certains points d'ombre de l'accusation. Ces demandes peuvent concerner une expertise pénale, l'audition des témoins, le transport sur les lieux etc.

Le bénéfice de ce droit doit être reconnu formellement en droit interne à la personne privée de liberté à la phase d'instruction afin de crédibiliser l'instruction préparatoire et renforcer l'efficacité du procès pénal par la possibilité d'obtention des faits pouvant élucider la vérité en amont, ce qui peut faciliter la tâche de la juridiction de jugement ou de celle d'appel en cas de contestation de l'ordonnance de non-lieu. Cette prérogative peut avoir des répercussions sur la privation de liberté avant jugement en ce que les éléments factuels peuvent conduire à ordonner la mise en liberté de la personne concernée.

**533.** Le législateur français confère le droit à la participation de la personne mise en examen à la recherche de la vérité à plusieurs niveaux. À titre liminaire, l'alinéa 1er de l'article 81 du code de procédure pénale édicte que « Le juge d'instruction procède à tous les actes d'information qu'il juge utiles à la manifestation de la vérité. Il instruit à charge et à décharge ». Dans le prolongement de cet article, le législateur autorise la personne privée de liberté à solliciter du juge d'instruction la réalisation d'expertise pénale ou toutes mesures utiles à la manifestation de la vérité au regard de l'article 156 du CPP. L'article 165 du même code permet à la personne poursuivie de proposer au juge d'instruction le contenu de cet examen. De même, la personne concernée peut demander au magistrat instructeur « d'ordonner une pièce utile à l'information, de procéder à son interrogatoire, à l'audition d'un témoin, à une confrontation, à un transport sur les lieux ou à tous actes utiles à la manifestation de la vérité dont une expertise ». Le refus du magistrat instructeur doit se traduire par une ordonnance motivée dans un délai n'excédant pas un mois en application de l'alinéa 9 de l'article 81 du CPP.

**534.** La chambre criminelle a affirmé dans plusieurs arrêts l'admission de la participation de la personne poursuivie à la recherche de la vérité à la phase de l'information en ce qu'elle a rappelé que « Faute par le juge d'instruction d'avoir statué, par une ordonnance motivée susceptible d'appel de plein droit, dans le délai d'un mois, sur la requête par laquelle un mis en examen lui demande de revenir sur sa décision et de lui octroyer le statut de témoin assisté, la partie concernée peut saisir directement la Chambre de l'instruction »[1].

Cette solution se prolonge dans la demande de traduction en ce que « le juge d'instruction qui n'entend pas faire droit à une demande de traduction de pièces de la procédure doit rendre une ordonnance motivée au plus tard dans le délai d'un mois à compter de la demande »[2]. La juridiction suprême a rappelé le droit aux investigations reconnu à la personne privée de liberté à la phase de l'information en tant qu'elle a précisé que « la demande de copie de documents placés sous scellés et déposés au greffe à titre de pièces à conviction doit être présentée

---

1 Crim., 6 octobre 2015, n° 15-82.700 D. actu. 22 oct. 2015, obs. Goetz.

2 Crim., 4 novembre 2015, n° 15-84.012, D. actu. 19 nov. 2015, obs. Fucini; D. 2016. Pan. 153, obs. Barbier; AJ pénal 2016. 219, obs. Gallois.

selon les modalités prévues à l'article 82-1 du code de procédure pénale »[1].
La combinaison de ces arrêts et les dispositions légales susmentionnées expriment l'avancée considérable que connaît la procédure pénale française par rapport à celle haïtienne dans le domaine de l'admission des demandes privées d'investigations au stade de l'information. La garantie de ce droit à la participation privée à la recherche de la vérité à la phase préparatoire du procès pénal au bénéfice de la personne mise en cause s'opère également par les facilités matérielles de l'accusation.
**535. Participation privée par l'accès au dossier de la garde à vue.** L'accès au dossier constitue la pierre angulaire de l'exercice du principe du contradictoire et de celui de l'égalité des armes. L'affirmation du droit à l' « enquête privée » paraît utopique dans la procédure pénale haïtienne puisque l'OPJ ne permet pas en pratique au gardé à vue de se procurer les dossiers de la procédure. La consécration de ce droit peut se puiser dans la jurisprudence de la Cour interaméricaine qui exige « la communication de l'ensemble des pièces à la personne mise en cause au stade préparatoire du procès pénal dans le but de permettre à cette dernière d'assurer efficacement sa défense »[2]. Dans ce cadre, le gardé à vue doit pouvoir participer personnellement à la recherche de la vérité au cours de la procédure à la lumière de la jurisprudence interaméricaine.
La doctrine et le législateur haïtiens doivent porter une attention particulière aux évolutions de la jurisprudence de la Cour de San José afin d'introduire l'équilibre des droits des parties au stade de la garde à vue, ce qui peut favoriser le respect de l'exercice effectif des droits de la défense à ce stade.
**536.** L'admission de la participation du suspect au déroulement de la garde à vue par le biais d'accès au dossier est reconnue explicitement dans la procédure pénale française. Pourtant, aucune disposition du code de procédure pénale n'autorise une communication personnelle de l'ensemble du dossier de la procédure de garde à vue. L'accès à certaines pièces du dossier peut faciliter l'efficacité et la pertinence des observations de l'avocat du suspect au cours du déroulement de la procédure. L'exclusion de l'ensemble des pièces du dossier est affirmée par chambre criminelle en tant qu'elle a estimé que « l'absence

1 Crim., 28 octobre 20014, n° 14-84.796, D. actu. 17 décembre 2014, obs. Fucini; AJ pénal 2015. 216, obs. Royer.
2 CIADH, *affaire Tribunal Constitutionnel c. Pérou* précitée.

de communication de l'ensemble des pièces du dossier de la garde à vue n'est pas de nature à priver la personne d'un droit effectif et concret à un procès équitable, dès lors que l'accès à ces pièces est garanti devant la juridiction d'instruction et de jugement »[1]. Ainsi, la Cour de cassation a concédé que l'accès limité au dossier conféré à l'avocat du suspect peut être compensé devant le juge d'instruction et celui de jugement.
La jurisprudence de la Cour européenne s'aligne sur la position restrictive des droits en faveur du gardé à vue adoptée par la jurisprudence de la chambre criminelle. Selon la Cour de Strasbourg, la restriction de l'accès au dossier de la procédure de garde à vue se trouve justifiée puisque « l'accès pourrait être modulable selon les procédures et les circonstances »[2]. Il en est ainsi de l'article 7 de la Directive n° 2012/13/UE du 22 mai 2012 relative au droit à l'information dans le cadre des procédures pénales qui prescrit le droit au défenseur de la personne gardée à vue d'avoir « accès à toutes les preuves matérielles à charge ou à décharge détenues par les autorités, en temps utile et, au plus tard, lorsqu'une juridiction est appelée à se prononcer ».
Les législations pénales française et régionale européenne s'uniformisent donc en matière de l'accès au dossier de la procédure dans le cadre de la participation privée de la personne gardée à vue à la manifestation de la vérité. Puisque l'information suppose la mise en mouvement de l'action publique, le droit d'accès au dossier de la procédure se trouve renforcé au profit de la personne privée de liberté au stade de l'information.
**537. Participation privée par l'accès au dossier de l'instruction.** Il a été souligné que le juge d'instruction est tenu d'interroger la personne poursuivie avant d'envisager de la placer en détention provisoire. Dès l'interrogatoire de première comparution, la personne concernée ne doit pas être privée d'exercer ses droits de la défense. En pareil cas, la communication du dossier est essentielle du fait que la conviction du juge n'est pas exclusivement tributaire des charges de l'accusation. Par souci d'équilibre, la personne poursuivie doit avoir la possibilité de participer, au même titre que l'accusateur, à la recherche de la vérité.
Dans la procédure pénale haïtienne, il a été démontré que le droit à la communication des pièces du dossier est reconnu à la personne mise en cause à la phase de jugement. C'est au cours de l'instruction de l'affaire au prétoire que l'avocat de la personne privée de liberté peut solliciter

1 Crim, 19 septembre 2012, op., cit.
2 CEDH, 12 janvier 2012, *Trymbach c. Ukraine*, op., cit.

tous les actes qui peuvent lui paraître utiles à la manifestation de la vérité. Cette lacune juridique n'est pas non plus comblée par l'article 24.3, a de la Constitution du 29 mars 1987, ni par les articles 7.4 et 8.2, alinéa b de la Convention américaine relative aux droits de l'homme. Ces dispositions prévoient la seule notification des charges à la personne concernée.

**538.** L'interprétation de l'article 122 du code d'instruction criminelle peut servir de fondement à la reconnaissance de l'enquête privée au stade de l'instruction. Les charges nouvelles sous forme de nouveaux témoignages, pièces et procès-verbaux utiles à la manifestation de la vérité sont admises devant le juge d'instruction par application de l'article 122 du code d'instruction criminelle. Sont considérés comme nouvelles charges, les déclarations des témoins, pièces et procès-verbaux qui, n'ayant pu être soumis à l'examen du juge d'instruction, sont cependant de nature, soit à fortifier les preuves qu'elle aurait trouvées trop faibles, soit à donner aux faits de nouveaux développements utiles à la manifestation de la vérité ».

Cette disposition paraît indigeste sur le plan rédactionnel en raison du pronom personnel « elle » employé par le législateur puisque la disposition concerne les investigations menées par le juge d'instruction. Il convient alors de s'interroger sur la place de ce pronom personnel dans cet article. En outre, l'article 122 précité se place sous le chapitre IX du CIC portant sur des ordonnances des juges d'instruction quand la procédure est incomplète. Cela sous-entendrait que les nouvelles charges évoquées par le législateur devraient être admises dans la procédure de l'information à l'issue de l'ordonnance du magistrat instructeur. Cela va de soi puisque le juge d'instruction doit communiquer le dossier de la procédure au commissaire du Gouvernement avant de rendre son ordonnance de clôture afin que ce dernier puisse prendre son réquisitoire définitif. À cette occasion, le magistrat du parquet peut évidemment porter à la connaissance du juge ses investigations sur des faits nouveaux dont il dispose et qui n'étaient pas préalablement soumis à son appréciation.

En tout état de cause, ces « nouvelles charges » se traduisent également par des informations supplémentaires données aux faits dont le magistrat a été initialement saisi. Ainsi, le placement en détention provisoire du juge d'instruction pouvait être préalablement décidé sur la base des premières informations dont il disposait. En clair, ces éléments constituent des informations additionnelles qui n'étaient pas soumises à l'appréciation du magistrat lors de sa première décision de recourir à une mesure privative de liberté. En pareil cas, le parquet, tout comme la personne détenue, peut porter ces nouvelles informations à la connaissance du juge. Dans ce contexte, le parquet peut saisir le juge d'instruction par un réquisitoire supplétif ou additionnel en application de l'article 123 du même code, d'autant que le texte indique clairement que la saisine du juge s'opère par réquisitoire du commissaire du Gouvernement. Ainsi, l'appellation du nouvel acte adopté par le magistrat du parquet ne peut être qu'un réquisitoire supplétif ou additionnel. Pour cela, il est nécessaire que la personne privée de liberté puisse avoir accès à ces nouvelles charges afin de pouvoir les contester dans le sens de la présomption d'innocence puisque le magistrat instruit à charge et à décharge. Le droit de la discussion de ces charges nouvelles implique la participation de la personne privée de liberté à la manifestation de la vérité.

**539.** Le droit à la participation de la personne poursuivie à l'instruction préparatoire peut se déduire de la jurisprudence de la Cour interaméricaine des droits de l'homme, en ce sens que la Cour étend ce droit à toutes les étapes du procès pénal. La Cour a affirmé que « les conditions dans lesquelles les avocats ont assuré la défense des accusés n'étaient absolument pas propres à leur permettre d'exercer efficacement leur mission, dans la mesure où ils n'ont pu avoir accès au dossier que le jour qui précède l'arrêt de la décision en première instance »[1]. Dans le prolongement de l'égalité des armes, la Cour a également rappelé, dans l'affaire Tribunal Constitutionnel c. Pérou du 31 janvier 2001, que « les accusés n'ont pas été informés en temps utile et en détail des charges retenues à leur encontre et n'ont eu qu'un accès limité à l'ensemble des éléments de preuve versés au dossier. Le délai qui leur a été accordé pour organiser leur défense était extrêmement court au regard du droit qui leur est conféré, comme à n'importe quel autre accusé, d'examiner l'affaire et d'apprécier l'ensemble des éléments de preuve ». La jurisprudence de la Cour interaméricaine a ainsi précisé que le droit d'accès à l'entier dossier au bénéfice de la personne mise en cause est applicable aux procédures d'enquête et d'instruction.

**540.** Le législateur français confère explicitement la prérogative à la personne privée de liberté de participer à la recherche de la vérité par le biais d'accès au dossier de la procédure d'information. L'alinéa 3 de

---

1 CIADH, *affaire Castillo Petruzzi et autres c. Pérou*, décision du 30 mai 1999, Série C, n° 52, § 141.

l'article 114 du code de procédure pénale français exige du juge d'instruction de mettre à la disposition de l'avocat de la personne mise en examen l'ensemble des pièces du dossier quatre jours ouvrables au plus tard avant chaque interrogatoire de la personne mise en examen. La chambre criminelle a déclaré que la personne mise en examen est même habilitée à avoir la copie du dossier après sa première comparution par l'entremise de son avocat par application de l'alinéa 4 de l'article 114 du code de procédure pénale, et impose la mise à disposition de l'entier dossier à la personne privée de liberté lors du débat contradictoire devant le juge des libertés et de la détention[1].

**541.** La communication du dossier à l'intéressé peut permettre d'anticiper d'éventuelles surprises du magistrat instructeur lors du débat contradictoire. Ainsi, la personne poursuivie dispose de l'opportunité de solliciter des témoins à décharge et de produire des preuves contraires aux charges retenues à son encontre.

Il est évident que la participation privée occupe une place considérable dans la recherche de la vérité au stade de l'instruction dans le droit français. D'autres mécanismes renforcent la participation de la personne mise en cause à la recherche de la vérité en matière de privation de liberté avant procès. Il en est ainsi du droit à l'information sur l'état d'avancement de la procédure reconnu à la personne privée de liberté au cours du déroulement de l'information.

**542. Participation privée à l'instruction par l'information sur l'état d'avancement de la procédure.** Le droit de s'informer de l'avancement de l'instruction s'inscrit dans la notion de « droit au juge »[2] reconnu à la personne poursuivie à la phase de l'information par les articles 5§3 de la Convention européenne de sauvegarde des droits de l'homme et 8.1 de la Convention américaine relative aux droits de l'homme. Cette prérogative offre la possibilité à la personne concernée d'apporter de nouvelles preuves, qui peuvent être utiles à la manifestation de la vérité. Ce droit constitue un véritable outil de l'exercice du contradictoire.

**543.** Dans la procédure pénale haïtienne, l'article 7 de la loi du 29 juillet 1979 sur l'appel pénal fait peser sur le juge d'instruction l'obligation de motiver le retard de son ordonnance de règlement au-delà du délai de

1 Crim., 8 décembre 2015, n° 15-85.895. Voir en ce sens : Crim., 8 juin 2017, n° 17-82.183.

2 J. Pradel, *La procédure pénale française à l'aube du troisième millénaire*, Éd., Cujas, septembre 2006 : Jean Pradel a affirmé que le droit au juge s'entend de l'opportunité « de réveiller le principe du contradictoire. »

trois mois sous peine de prise à partie. Même si le législateur fait du Doyen du tribunal de première instance le véritable destinataire de la communication de la durée excessive de la procédure, la personne poursuivie demeure la principale concernée face à la lenteur de l'information menée par le magistrat instructeur. À cet égard, cette dernière ne peut être maintenue en détention provisoire sans avoir aucune explication sur la décision de prolongation de la durée de l'information. L'intéressé dispose de la prérogative de demander au magistrat instructeur l'état d'avancement de l'instruction qu'il mène. Autrement dit, la personne concernée peut solliciter du juge d'instruction les raisons qui justifieraient le non-respect du délai initial qui lui est imparti dans le cadre de son information. Cette demande ne contrevient pas au caractère secret de l'instruction du fait qu'elle porte strictement sur les raisons de l'inobservation du délai initial de trois mois impartis au juge d'instruction pour clôturer son information.

**544.** Soulignons au passage que ce droit est également ouvert à la personne poursuivie laissée en liberté. Il est alors incompréhensible d'interpréter le délai édicté à l'article 7 de ladite loi comme le délai de la détention préventive ou provisoire puisque le magistrat instructeur est tenu de le respecter même dans le cas où la personne mise en cause est laissée en liberté et les autres parties au procès en sont aussi bénéficiaires. Cette analyse montre que l'expression « détention préventive prolongée » tenue dans la communauté des juristes haïtienne est défectueuse et inappropriée. Il est souhaitable que les professionnels du droit, y compris certains assistants techniques étrangers aux pouvoirs publics haïtiens, pensent à rompre la perception traditionnelle de l'appellation de « détention préventive prolongée » pour laisser émerger la vraie appréhension de la prolongation de la détention préventive dans la procédure pénale haïtienne.

**545.** Dans la procédure pénale française, la question du droit à l'information sur l'avancement de la procédure de l'information au profit de la personne privée de liberté est édictée par les articles 175 et 175-2, alinéa 2 du code de procédure pénale. Selon l'article 175 du code de procédure pénale, le juge d'instruction doit « communiquer le dossier au procureur de la République et en avise en même temps les avocats des parties ou les parties dont la personne détenue aussitôt que l'information lui paraît terminée ». La connaissance de l'avancement du dossier permet à la personne privée de liberté de produire ses observations et formuler des demandes au juge d'instruction dans un délai d'un mois en application de l'article 175, IV, 2° du CPP auxquelles le procureur de la République peut aussi répondre par des observations complémentaires adressées au magistrat instructeur. Cette disposition établit une véritable contradiction entre les parties à la phase préparatoire du procès pénal au travers duquel la personne poursuivie participe activement à la recherche de la vérité au même titre que le parquet.

Aux termes de l'alinéa 2 de l'article 175-2, au-delà du délai de deux ans à compter de l'ouverture de l'information, le juge d'instruction est tenu de justifier, par une ordonnance motivée, les raisons de la durée de la procédure et la poursuite de l'information en précisant les perspectives de règlement. Cette disposition traduit le renforcement des principes du contradictoire et de l'égalité des armes au bénéfice de la personne poursuivie au cours du déroulement de l'information.

**546.** Les éléments d'explication que comporte l'ordonnance du magistrat instructeur sur l'état d'avancement de la procédure permet à la personne privée de liberté d'avoir une compréhension large du dossier et peut engendrer, en conséquence, des nouveaux débats contradictoires auxquels la personne poursuivie peut participer par l'introduction de ses observations. La personne détenue est amenée à produire des observations sur les explications fournies dans l'ordonnance du juge d'instruction, d'autant que l'article 175-3 du code de procédure pénale impose au juge d'instruction de tenir informée tous les six mois la partie civile de l'avancement de l'instruction.

**547.** L'objectif des demandes d'investigations et d'accès au dossier consiste à avoir l'opportunité de discuter l'intégralité des preuves qui sont à la base de l'accusation. Le droit de produire des observations au stade de la privation de liberté dans les procédures de garde à vue et d'information judiciaire implique la discussion des pièces dans le cadre de l'effectivité des droits de la défense. Ce droit exprime l'équilibre des droits des parties qui s'inscrit dans le droit à la discussion des preuves à charge reconnu à la personne privée de liberté dans les procédures de garde à vue et de l'information judiciaire. L'obstacle à l'exercice du droit à la discussion des preuves dont dispose la personne concernée peut entraîner la nullité de la procédure.

**548.** Le contrôle du respect des droits reconnus à la personne privée de liberté au stade préparatoire du procès pénal paraît indispensable à la jouissance effective des droits de la défense. La politique criminelle doit garantir la séparation des fonctions répressives afin de prémunir des personnes contre des détentions arbitraires, illégales et excessivement longues. Pour cela, la personne mise en cause doit avoir la possibilité de contester les actes d'investigations et faire réexaminer la mesure privative de liberté dont elle fait l'objet.

**549.** Le législateur haïtien et son homologue français prévoient la séparation des autorités de poursuite et de celles de jugement. Ces deux législations criminelles confèrent le droit de contrôle des mesures privatives de liberté avant jugement.

Ce droit de contrôle est institué dans le droit haïtien au travers de l'article 26.1 de la Constitution de 1987 haïtienne et des articles 8, 13 et 15 de la loi du 29 juillet sur l'appel pénal. De même, les mesures privatives de liberté décidées au stade de l'enquête pénale et de l'instruction peuvent être soumises à l'examen d'une juridiction supérieure dans le droit français. Le contrôle de ces mesures est aussi consacré dans les régionalismes américain et européen.

Alors que la séparation des fonctions judiciaires tend à préserver l'équilibre des droits, l'exercice de ce contrôle peut révéler des inégalités de traitement entre les parties. Les analyses s'intéresseront au contrôle institutionnel des mesures privatives de liberté (Chapitre 3) et à l'insuffisance de ce contrôle (Chapitre 4) à la phase de l'avant-procès pénal.

# Chapitre 3

# Le contrôle institutionnel

**550.** La conciliation entre la recherche de la vérité et la préservation de l'ordre public peut conduire l'autorité judiciaire à recourir à la privation de liberté de la personne soupçonnée dans la commission de l'infraction. Néanmoins, l'efficacité de la justice pénale repose sur la crédibilité des mesures coercitives décidées et le respect des droits de la personne poursuivie. Cet équilibre permet de se soustraire à l'arbitraire des autorités publiques en matière d'action répressive à toutes les étapes de la procédure pénale.
Les procédures pénales haïtienne et française abondent dans ce sens en conciliant la sauvegarde de l'ordre public et la garantie des droits de la personne privée de liberté à la phase préparatoire du procès pénal. Il est institué dans ces deux systèmes juridiques le principe de contrôle institutionnel au stade de l'avant-procès pénal afin de s'assurer de la fiabilité des preuves. La garantie de cette fiabilité judiciaire s'opère essentiellement par le contrôle exercé sur les actes de procédure.
**551.** L'application de la privation de liberté avant procès est susceptible d'engendrer d'éventuels abus d'autorité et d'erreurs judiciaires. La probabilité de ces inconvénients est telle qu'il importe de permettre à la personne concernée de soumettre les irrégularités ou l'illégalité des actes d'enquête et d'investigations à l'appréciation d'une autorité supérieure. À cet égard, il estnécessaire d'encadrer rigoureusement les mesures privatives de liberté dans le but d'éviter, autant que faire se peut, la violation des droits de la personne concernée. À ce titre, le contrôle des mesures privatives de liberté dans les procédures d'enquête et d'information implique le réexamen des mesures défavorables à la personne concernée. C'est l'effet classique de la procédure d'appel contre les décisions des juridictions de niveau inférieur.
**552.** L'objectif de ce contrôle consiste à éviter l'application effective de la mesure privative de liberté décidée à l'encontre de la personne concernée et s'inscrit dans le prolongement des droits de la défense. Les procédures pénales haïtienne et française prescrivent au bénéfice du mis en cause les recours contre les actes issus de la garde à vue et des mesures privatives de liberté dans le cadre de l'information judiciaire afin de réguler les pouvoirs de chaque acteur judiciaire. Dans cette

perspective, la personne concernée peut contester la violation des droits qui lui sont reconnus et des règles attachées aux mesures privatives de liberté au stade préparatoire du procès pénal. Ces contestations supposent lecontrôle exercé sur la privation de liberté tant au stade de l'enquête (Section 1) qu'à celui de l'information judiciaire (Section 2).

## Section 1

## Le contrôle de la privation de liberté au stade de l'enquête

**553.** Le double objectif de la détention policière consiste à attenter à la liberté individuelle de l'individu dans le but de découvrir la vérité dans le cadre de l'enquête. C'est dire que la détention policière vise l'audition de la personne suspectée afin de recueillir des informations nécessaires à la manifestation de la vérité. Celle-ci peut être décidée par l'officier de police judiciaire ou le parquet ou le juge d'instruction dès lors qu'il existe à l'encontre du suspect des soupçons de participation à la commission de l'infraction reprochée. Il est donc nécessaire que la justice pénale institue un mécanisme de contrôle de celle-ci en raison du caractère attentatoire de la mesure de garde à vue.

**554.** Dans la procédure pénale haïtienne, le contentieux de la garde à vue se déduit essentiellement des articles 10 du code d'instruction criminelle, 24.3, a de la Constitution du 29 mars 1987 et 7.2,3 et 4 de la Convention américaine relative aux droits de l'homme. Seule l'interprétation extensive de l'article 10 du code d'instruction criminelle doublée de la pratique judiciaire peut permettre de déterminer le pouvoir de contrôle du parquet sur le placement en garde à vue au stade de l'enquête. En revanche, cette mesure relève de l'autorité du juge d'instruction au stade de l'instruction préparatoire en application des dispositions des articles 77 et 78 du même code à la suite de l'exécution du mandat d'amener.

La politique criminelle haïtienne subordonne l'opportunité et la légalité de la mesure à l'appréciation d'une autorité hiérarchique supérieure dans le cadre du respect des droits de la personne gardée à vue. Le contrôle de la mesure de garde à vue s'exerce par le parquet ou le Doyen du tribunal de première instance du ressort dont relève l'infraction reprochée.

**555.** Il en va autrement dans la procédure pénale française. Le contrôle du déroulement de la garde à vue est prévu aux articles 63-9, 77 et 154 du code de procédure pénale selon que l'on est au stade de l'enquête ou à la phase de l'information judiciaire. Au stade de l'enquête, ce contrôle est assuré par le parquet ou le juge des libertés et de la détention (JLD) selon la durée de la garde à vue. C'est le juge d'instruction qui est l'autorité de contrôle de la régularité et de la légalité du placement en garde à vue à la phase d'instruction.
Ces différences et similitudes vont se combiner dans les développements suivants afin de démontrer le contrôle judiciaire et le contrôle juridictionnel des mesures privatives de liberté au stade de l'avant-procès pénal. Alors que le contrôle judiciaire tend à exercer un deuxième regard sur la mesure privative de liberté par l'autorité supérieure du même degré de juridiction (§1), celui juridictionnel correspond à l'examen exercé par une autorité d'une juridiction supérieure (§2).

### § 1 – Le contrôle judiciaire de la procédure de garde à vue

**556.** L'exercice du contrôle judiciaire suppose la double mission du ministère public en tant qu'il tend à apprécier la légalité et l'opportunité du placement en garde à vue. La légalité de la mesure s'apprécie par la vérification de l'existence des soupçons à l'encontre de la personne suspectée et l'adéquation entre le motif retenu par l'officier de police judicaire et les prévisions légales en la matière. L'opportunité de la mesure s'apprécie en fonction de la proportionnalité de ce motif aux faits reprochés. Ce double contrôle sur la procédure de garde à vue est édicté aussi bien dans la procédure pénale haïtienne que dans celle française.
**557. Le contrôle exercé sur le placement en garde à vue.** Le placement en garde à vue varie en fonction de l'étape de la procédure pénale en cause. Celui-ci présente des mécanismes différents selon si l'on est au stade de l'enquête pénale ou à la phase d'instruction préparatoire. Le contrôle judiciaire peut ainsi s'exercer sur la mesure de garde à vue tant au stade de l'enquête qu'à la phase d'instruction.
**558.** La prérogative du placement en garde à vue est confiée à l'officier de police judiciaire et au magistrat du parquet dans le domaine de l'enquête dans les procédures pénales haïtienne et française. L'article 12 du code d'instruction criminelle haïtien impose aux enquêteurs de transmettre toutes les pièces et tous les renseignements, ainsi que de

déférer la personne détenue à la suite de l'arrestation au ministère public au regard des articles 10 et 11 combinés de ce code.

À vrai dire, le législateur haïtien institue une compétence concurrente dans le domaine de l'autorité de contrôle du placement en garde à vue au stade de l'enquête pénale. Les articles 10 et 11 du code d'instruction criminelle confèrent une certaine autonomie à l'officier de police judiciaire en matière du placement en garde à vue en ce que le législateur n'exige pas des agents de police judiciaire et des juges de paix d'aviser le parquet de la mesure de garde à vue envisagée. L'officier de police judicaire doit notifier à la personne gardée à vue l'ensemble des droits prévus aux articles 24.3, a de la Constitution de 1987 et 8.2 de la Convention américaine. À ce titre, le magistrat du parquet exerce son contrôle sur la légalité et la régularité du placement en garde à vue du suspect. S'il s'avère que la procédure est viciée, le ministère public peut procéder à la mise en liberté de l'individu. De même, si le magistrat du parquet estime que la mesure est disproportionnée par rapport à la gravité des faits reprochés, il peut en accorder la mainlevée, à charge pour l'intéressé de se représenter en justice.

**559.** Ce même pouvoir appartient au ministère public dans la situation de flagrance en ce que l'article 30 du CIC permet au commissaire du Gouvernement de décerner le mandat de dépôt à l'encontre de la personne contre laquelle il existerait des indices graves d'avoir participé à la commission d'une infraction. Le magistrat du ministère public dispose également du pouvoir d'émettre le mandat d'amener à l'encontre de la personne suspectée dans la même circonstance lorsque l'intéressé est en fuite. L'exécution du mandat peut conduire à la détention policière de l'individu, ce qui constitue un placement en garde à vue. L'exécution de ce mandat peut être suivie de la présentation de la personne gardée à vue devant le commissaire du Gouvernement, qui peut le placer sous écrou après son interrogatoire.

**560.** Logiquement, la mise sous écrou de la personne mise en cause dans le cadre d'une infraction de flagrance devrait s'analyser comme le placement en garde à vue en raison de la fonction de poursuite du parquet. Ce raisonnement peut s'expliquer par la subordination de la poursuite en matière criminelle à l'ouverture de l'information judiciaire en application de l'article 35 du CIC, qui exige la transmission de l'ensemble des pièces de l'infraction de flagrance du parquet au juge d'instruction.

Il résulte de ces analyses que le contrôle judiciaire du placement en garde à vue au stade de l'enquête relève *in fine* de la compétence du ministère public dans la procédure pénale haïtienne.

**561.** Il a été indiqué que la compétence du placement en garde à vue est dévolue au juge d'instruction à la phase de l'information. Ce transfert de compétence paraît logique puisqu'à ce stade, l'appréciation des faits reprochés est soumise à l'autorité du magistrat instructeur. Il appartient à ce dernier de déterminer l'opportunité de mettre à disposition de la justice l'individu qu'il estime pouvoir être utile à la manifestation de la vérité. L'article 46 du code d'instruction criminelle autorise le juge d'instruction à « faire tous les actes attribués au commissaire du Gouvernement en matière de flagrant délit ».

Par analogie, l'article 46 précité peut s'analyser comme une disposition qui confère au magistrat instructeur le pouvoir de « délégation de pouvoir » à l'officier de police judiciaire en matière de flagrant délit. Cette délégation de pouvoir peut entraîner la privation de liberté de l'intéressé à la suite de son audition à l'initiative de l'officier de police judiciaire. Cette mesure privative de liberté ne peut s'analyser que comme une mesure de garde à vue.

Théoriquement, il y a un contrôle judiciaire qui s'effectue par le magistrat instructeur sur la régularité des auditions réalisées par l'officier de police judiciaire à la suite de la comparution de l'intéressé devant lui. Ce contrôle judiciaire manque d'intérêt du fait que cette garde à vue se déroule en principe sous l'autorité du juge d'instruction. Il serait illusoire d'espérer la mise en liberté du gardé à vue au motif que la mesure serait entachée d'irrégularités. En pratique, si des irrégularités se révèlent au cours des auditions de l'OPJ, le magistrat délégant procède à de nouvelles auditions et ordonne la détention provisoire de l'intéressé afin d'éviter l'annulation de la procédure par l'entremise d'un contrôle juridictionnel de la cour d'appel, juridiction d'instruction supérieure.

**562.** La situation est similaire lorsque la garde à vue se réalise à la suite d'un mandat d'amener émis préalablement par le magistrat du parquet dans le cadre d'un flagrant délit. L'affaire étant en instruction préparatoire, la personne gardée à vue doit être présentée devant le juge d'instruction qui peut, à ce moment-là, exercer un contrôle judiciaire sur la régularité de la détention policière. À ce titre, le juge d'instruction est habilité à ordonner la mise en liberté de l'intéressé. Il en est ainsi de la saisine du cabinet d'instruction en ce que le gardé à vue, sous l'autorité du parquet, doit être présenté devant le juge d'instruction avant d'envisager son placement en détention provisoire aux termes des articles 26 de la Constitution de 1987 et 80 du code d'instruction criminelle combinés. L'exercice du contrôle judiciaire sur la régularité du placement en garde à vue au regard de l'infraction reprochée permet au magistrat instructeur de placer l'intéressé en détention provisoire ou de le mettre en liberté.

**563.** La procédure pénale française institue une compétence partagée entre l'officier de police judicaire et le procureur de la République dans l'initiative du placement en garde à vue selon l'article 63 du CPP. Ce même texte affirme de plus que le procureur de la République est l'autorité de contrôle de la mesure. L'officier de police judiciaire peut décider de procéder au placement en garde à vue de la personne suspectée, mais ce dernier doit en informer le procureur de la République aux termes de l'article 63, alinéa 1 du code de procédure pénale. À l'inverse, le procureur de la République peut requérir l'OPJ pour procéder au placement en garde à vue de la personne suspectée.

**564.** Dans le premier cas, les enquêteurs doivent informer, dès le début de la mesure, le procureur de la République des motifs retenus pour justifier ce placement en garde à vue et prévus à l'article 62-2. À cet égard, les enquêteurs sont tenus de notifier au gardé à vue tous ses droits. C'est à ce stade que le magistrat du parquet exerce son contrôle judiciaire en appréciant la pertinence des motifs et la proportionnalité de la mesure à la gravité des faits évoqués par l'OPJ par application de l'alinéa 2 de l'article 62-3 du CPP, et peut modifier la qualification des faits choisie par l'enquêteur. Dans ce cadre, l'officier de police judiciaire est tenu d'indiquer sur le procès-verbal du placement en garde à vue les motifs et la qualification retenus, soit par lui-même soit par le procureur de la République, conformément à l'alinéa 2 de l'article 63 et à l'article 64, 1° du même code.

**565.** Des critiques s'élèvent contre le pouvoir de contrôle du parquet sur le placement en garde à vue en raison de sa dépendance hiérarchique avec le pouvoir exécutif de telle sorte que celles-ci provoquent un débat agité dans le droit français.

La mesure de garde à vue est si attentatoire à la liberté individuelle qu'elle doit être en principe appréciée par un magistrat indépendant et impartial au sens des articles 66 de la Constitution de 1958 française et 5§3 de la Convention européenne concernant le droit à la liberté et à la sûreté. Or, il apparaît que le parquet ne présente pas cette double condition en raison de sa subordination à l'exécutif. Cette question préoccupe la jurisprudence de la chambre criminelle de la Cour de cassation française, la Cour européenne des droits de l'homme et le droit de l'Union européenne.

**566.** La jurisprudence de la chambre criminelle adhère à la position de la Cour européenne en matière de qualité du ministère public dans le cadre de l'appréciation de la garde à vue. Dans un premier temps, la Cour de cassation avait considéré le magistrat du parquet comme une véritable autorité judiciaire qui pouvait assurer le contrôle judiciaire de la garde à vue. La chambre criminelle avait précisé que « la garde à vue relève d'une faculté que l'officier de police judiciaire tient de la loi et qu'il exerce sous le contrôle du procureur de la République, ou le cas échéant, du juge d'instruction »[1].

Sous l'influence de l'arrêt de la Cour européenne du 15 décembre 2010, la chambre criminelle a opéré un revirement important[2]. En l'espèce, la Haute Cour était amenée à statuer sur la qualité du procureur de la République pour prolonger la garde à vue d'une heure cinq minutes de plus à l'issue du délai de vingt-quatre heures de la garde à vue. La chambre criminelle a estimé que « la libération de l'intéressé s'était effectuée à l'issue d'un délai compatible avec l'exigence de brièveté imposée par l'article 5§3 de la Convention européenne de sauvegarde des droits de l'homme ». Toutefois, la juridiction suprême a retenu l'incompétence du parquet pour procéder à la prolongation de la mesure au motif que « le ministère public n'est pas une autorité judiciaire au sens de l'article 5§3 de la Convention européenne en raison de son manque d'indépendance et d'impartialité »[3]. La chambre criminelle a confirmé sa jurisprudence établie en ce qu'elle a rappelé dans un autre arrêt « l'incompétence du ministère public pour contrôler valablement les mesures de garde à vue au sens de l'article 5 §3 de la Convention européenne »[4].

**567.** Dans une affaire croate, l'on aurait pu croire que la Cour de cassation reconnaîtrait au parquet français le statut d'autorité judiciaire. La Cour a estimé que le parquet croate était une autorité judiciaire compétente pour émettre un mandat européen au sens de l'article 5§3 susmentionné au regard de la Constitution croate, qui prévoit que le «

---

1 Crim., 4 janvier 2005, Bull. n° 04-84.876.

2 Citons en ce sens, J.-F. Renucci, « La Cour européenne persiste et signe : le procureur français n'est pas un magistrat au sens de l'article 5 de la Convention européenne des droits de l'homme », Recueil Dalloz, Dalloz, 2011, pp. 277.

3 Crim., 15 décembre 2010, n° 10-83.674.

4 Crim., 18 janvier 2011, n° 10-84.980, AJ pénal 2011, p. 198, note L. Ascensi.

procureur général a un statut autonome et indépendant »[1]. Cette solution pourrait pénétrer la procédure pénale française du fait que, au même titre que la Constitution croate, l'article 66 de la Constitution française reconnait au parquet le statut d'autorité judiciaire. D'autant que les articles 30 et 31 issus de la loi n° 2013-669 du 25 juillet 2013 relative aux attributions du garde des sceaux et des magistrats du ministère public en matière de politique pénale et de mise en œuvre de l'action publique confèrent un statut automne et impartial au parquet. L'article 30 du code de procédure pénale supprime les instructions individuelles des parquets dans le placement en garde à vue. De même, l'article 31 du même code édicte le devoir d'impartialité auquel est soumis le ministère public. Mais, à ce jour, la chambre criminelle de la Cour de cassation semble rester fidèle à sa jurisprudence établie en la matière en retenant que le magistrat du ministère public ne peut être considéré comme une autorité judiciaire au sens de l'article 5§3 de la Convention européenne compte tenu de son lien hiérarchique avec le pouvoir exécutif.

**568.** La question de la qualité d'autorité judiciaire du parquet demeure controversée aussi bien dans le droit français que dans celui européen. La jurisprudence du Conseil constitutionnel considère clairement que le parquet remplit la mission du principe constitutionnel d'indépendance. Selon les Sages, il découle du premier alinéa de l'article 64 de la Constitution que « Le Président de la République est garant de l'indépendance de l'autorité judiciaire. Il découle de l'indépendance de l'autorité judiciaire, à laquelle appartiennent les magistrats du parquet, un principe selon lequel le ministère public exerce librement, en recherchant la protection des intérêts de la société, l'action publique devant les juridictions pénales »[2].

Pour sa part, la jurisprudence de la Cour européenne refuse jusqu'à présent de reconnaître au parquet la qualité d'autorité judiciaire en raison de son lien de subordination au pouvoir exécutif. La Cour a clairement affirmé que « les membres du ministère public ne remplissent pas la double exigence d'indépendance et d'impartialité à l'égard de l'exécutif de sorte qu'ils ne peuvent exercer des fonctions judiciaires au sens de l'article 5§3 de la Convention européenne »[3]. En clair, le ministère public est dénué de qualité d'autorité judiciaire pour

1 Crim., 7 janvier 2020, n° 19-87.741.
2 Décision n° 2016-555 QPC du 22 juillet 2016.
3 CEDH, 23 novembre 2010, *Moulin c. France*, n° 37104/06, cons. 59. ; CEDH (GC), 29 mars 2010, *Medvedyev et autres c. France*, n°3394/03.

exercer le contrôle juridictionnel sur la garde à vue eu égard à son lien de subordination au pouvoir exécutif.

**569.** S'agissant du contrôle judiciaire de la procédure de garde à vue exercé au stade de l'instruction, l'article 154 du code de procédure pénale confère au juge d'instruction le pouvoir de donner commissoire rogatoire à l'officier de police judiciaire pour auditionner toute personne soupçonnée dans le cadre de la procédure de l'information. Cette commission rogatoire peut intervenir à la suite de l'exécution d'un mandat d'amener ou d'arrêt. L'individu arrêté peut faire l'objet de retenue dans les locaux de police, auquel cas l'officier de police judiciaire doit en informer le juge d'instruction. Les enquêteurs sont tenus d'informer le magistrat du contenu de l'audition. Dans ce contexte, le contrôle de la garde à vue est exercé par le juge d'instruction. L'exercice de ce contrôle judiciaire manque d'intérêt du fait que la mesure de garde à vue se déroule sous l'autorité de ce même magistrat. Il en est autrement si la personne gardée à vue est arrêtée dans une situation de flagrance pour une autre infraction et que les faits révèlent qu'elle a participé à l'infraction pour laquelle le magistrat est saisi. En pareil cas, l'intéressé sera traduit devant le magistrat instructeur qui peut, en cette circonstance, exercer un contrôle judiciaire sur la régularité de la mesure de garde à vue.

**570.** Le placement en garde à vue à l'initiative de l'officier de police judiciaire ou du magistrat du parquet conduit à des auditions, à la présentation ou au déferrement de la personne suspectée et peut être amené à être prolongé. Ces actes sont assujettis au contrôle juridictionnel qui permet au magistrat d'orienter l'enquête par des instructions aux enquêteurs. Ces instructions concernent le contrôle des auditions et celui de la prolongation de la mesure ou de la présentation ou du déferrement de la personne mise en cause.

**571. Le contrôle judiciaire des auditions.** L'article 42 du code d'instruction criminelle haïtien exige des officiers et agents de police judiciaire de transmettre sans délai les « dénonciations, procès-verbaux et autres actes par eux faits » dans le cadre de la délégation obtenue du commissaire du Gouvernement en matière d'enquête. Cette disposition instaure clairement un lien de subordination entre l'OPJ et le ministère public en tant que celle-ci oblige les enquêteurs d'adresser le compte rendu de tous les actes issus du déroulement de la garde à vue au parquet. Il en est de même au stade de l'instruction de sorte que l'officier de police judiciaire doit informer le juge d'instruction du déroulement de la garde à vue en application des articles 46 et 69 combinés du code d'instruction criminelle qui confèrent le pouvoir au juge instructeur d'ordonner des « instructions et des notes » aux enquêteurs dans le cadre de la commission rogatoire. À ce titre, le juge d'instruction exerce un véritable contrôle judiciaire sur le contenu des auditions réalisées par les enquêteurs au cours du déroulement de la garde à vue.

**572.** Dans le droit français, l'article 63, alinéa 2 du CPP impose à l'officier de police judiciaire de tenir informé le procureur de la République du déroulement de la garde à vue. Le compte rendu sur les auditions offre la possibilité au parquet de déterminer le maintien de la mesure au regard des principes de nécessité et de proportionnalité. Par le biais de ce contrôle, le parquet attire en général l'attention de l'officier de police judiciaire sur le respect de la durée légale de la mesure.

Les attributions conférées au parquet sont dévolues au juge d'instruction en la matière à la phase de l'information en application de l'alinéa 2 de l'article 154 du code de procédure pénale. Les enquêteurs doivent rendre compte au magistrat instructeur sur les auditions réalisées, ce qui permet à ce dernier d'orienter les investigations. C'est ainsi que la chambre criminelle a déclaré que « l'information doit être donnée au juge d'instruction dans les meilleurs délais afin qu'il puisse exercer son contrôle »[1].

À l'issue des auditions, deux hypothèses peuvent se présenter : le contrôle des auditions peut révéler la nécessité de prolonger la garde à vue ou entraîner la présentation dugardé à vue devant l'autorité judiciaire. Ces deux hypothèses sont soumises au contrôle judiciaire.

**574. Le contrôle judiciaire de la prolongation ou de la présentation ou du déferrement du mis en cause.** Le gardé à vue ne peut pas être maintenu définitivement dans les locaux de police. La prolongation de la détention policière de ce dernier doit être autorisée par un magistrat devant lequel l'intéressé doit être présenté en vue de décider de l'orientation de l'affaire. Il s'agit ici d'un contrôle judiciaire dont le résultat peut engendrer la mise en liberté ou le maintien en garde à vue de l'intéressé.

**575.** La question de la prolongation de la garde à vue paraît confuse dans le droit haïtien. L'article 26 de la Constitution haïtienne de 1987 exige la présentation de la personne gardée à vue devant un juge dans

---

1 Crim., 19 décembre 2000, n° 00-86.715 : Dr. pénal 2001. Comm. 55, obs. Maron.

le délai de quarante-huit heures. Or, l'article 12 du code d'instruction criminelle prescrit le déferrement de la personne gardée à vue dans un délai maximum de trois jours. Ce délai de trois jours pourrait s'analyser comme la prolongation du délai initial de quarante-huit heures. Ce raisonnement ne peut tenir puisque cette disposition ne précise pas l'autorité publique habilitée à prolonger la mesure au-delà du délai constitutionnel de quarante-huit heures au sens de l'article 26 de la Constitution de 1987.

Le législateur haïtien doit donc penser à uniformiser ces deux dispositions afin de garantir l'efficacité de la procédure de garde à vue.

**576.** La prolongation de la garde à vue est édictée par l'article 63 du code de procédure pénale dans le droit français. Cette disposition autorise le procureur de la République à prolonger la mesure de garde à vue de vingt-quatre heures supplémentaires. Cela dit, même si la mesure est décidée par l'officier de police judiciaire pour le délai initial de vingt- quatre heures, il appartient au procureur de la République de décider son maintien ou pas. Il en est de même dans le cadre de l'information judicaire, auquel cas le juge d'instruction ou le juge des libertés et de la détention selon les cas peuvent procéder à titre exceptionnel à deux prolongations de vingt-quatre heures chacune de la mesure de garde à vue en application de l'article 706-88 du CPP relatif à la criminalité organisée.

**577.** La présentation de la personne gardée à vue présente des différences dans ces deux systèmes juridiques. La présentation du gardé à vue au stade de l'enquête pénale s'entendrait de la présence physique de l'intéressé dans le bureau du juge de paix ou du commissaire du Gouvernement à la lumière des articles 26 de la Constitution haïtienne de 1987, 10, 11 et 12 du code d'instruction criminelle. De même, la personne doit être présentée physiquement devant le magistrat instructeur dans le cadre de l'information judiciaire.

En revanche, le législateur français consacre une dérogation à la présence physique de la personne gardée à vue dans le bureau du magistrat de telle manière que l'audition de l'intéressé peut se réaliser par visioconférence en application de l'article 706-71 du code de procédure pénale. Aux termes de cette disposition, l'audition ou l'interrogatoire de la personne privée de liberté dans les procédures d'enquête et de l'information est admise par « l'utilisation de moyens de télécommunication audiovisuelle ».

**578.** Le législateur français a institué la systématisation de l'audience par visioconférence pendant la période de l'état d'urgence sanitaire en matière de prolongation de la détention provisoire dans le but d'éviter la propagation de l'épidémie à la lumière de l'article 5 de l'ordonnance du 25 mars 2020 portant adaptation de règles de procédure pénale sur le fondement de la loi n° 2020-290 du 23 mars 2020 d'urgence pour faire face à l'épidémie de Covid-19.

Le magistrat du parquet ou le juge d'instruction ou le juge des libertés et de la détention serait habilité à recourir au procédé de visioconférence, sans l'accord du suspect, pour réaliser l'entretien avec ce dernier dans le cadre de la procédure de garde à vue. La chambre criminelle était amenée à se prononcer sur le caractère obligatoire ou non de l'autorisation des parties pour recourir à l'audience par visioconférence en matière de détention provisoire. La Haute juridiction a confirmé l'arrêt de la Chambre de l'instruction au motif que « l'ensemble des dispositions de l'article 706-71 du code de procédure pénale, sans exclusion, est visé par cette disposition dérogatoire qui s'appliquait à la date du débat et permettait au juge des libertés et de la détention de passer outre au refus de visioconférence exprimé par le mis en examen »[1].

**579.** Le Conseil constitutionnel était saisi le 16 octobre 2020 par l'arrêt n° 2351 du 13 octobre 2020 de la chambre criminelle d'une question prioritaire de constitutionnalité (QPC) afin de statuer sur la conformité de l'article 5 de ladite ordonnance, fondé sur l'article 706-71 du code de procédure pénale qui autorise le magistrat en charge de la procédure pénale ou le président de la juridiction saisie de recourir au cours de la procédure pénale au moyen de télécommunication audiovisuelle, à l'article 16 de la Déclaration des droits de l'homme et du citoyen. Le requérant avait soulevé que le recours automatique à la visioconférence, c'est-à-dire sans l'accord des parties, dans le cadre de l'audience pénale méconnaissait les droits de la défense de telle sorte que la présence physique de la personne mise en cause est nécessaire pour assurer sa défense.

Le Conseil constitutionnel a rappelé que les droits de la défense sont garantis par l'article 16 de la Déclaration des droits de l'homme et du citoyen de 1789, et a affirmé que « le recours à un moyen de télécommunication audiovisuelle n'est qu'une faculté pour le juge, les dispositions contestées ne soumettent son exercice à aucune condition légale et, qu'il s'agisse des situations mentionnées au paragraphe précédent ou de toutes les autres, ne l'encadrent par aucun critère ». En

1 Crim., 22 juillet 2020, n° 20-82.213.

conséquence, les Sages ont précisé la nécessité de la présentation physique de l'intéressé devant la juridiction pénale en l'état des conditions dans lesquelles s'exerce le recours à ces moyens de télécommunication et a déclaré que « les dispositions contestées portent une atteinte aux droits de la défense que ne pouvait justifier le contexte sanitaire particulier résultant de l'épidémie de covid-19 durant leur période d'application et que ces dispositions sont donc contraires à la Constitution »[1]. À la lumière de cette décision, la présence physique du gardé à vue s'impose, sauf l'accord de l'intéressé à l'entretien à distance, devant le magistrat dans le cadre du contrôle judiciaire de la mesure.

Au même titre que le placement en garde à vue, le déroulement de la mesure s'opère sous le contrôle judiciaire dans les procédures pénales haïtienne et française. Ce deuxième regard paraît insuffisant pour garantir des droits du gardé à vue et se double du contrôle juridictionnel (§2) dans ces deux systèmes répressifs.

### § 2 – Le contrôle juridictionnel de la procédure de garde à vue

**580.** Le regard judiciaire exercé au premier degré sur la régularité et le déroulement de la mesure de garde à vue semble ne pas garantir suffisamment les droits de la personne suspectée. Il est institué dans les procédures pénales haïtienne et française le contrôle juridictionnel pour renforcer l'indépendance de la surveillance de l'application de la mesure. La mise en œuvre de ce contrôle s'exerce de la même manière que le contrôle judiciaire exercé au premier degré. Ce contrôle juridictionnel s'exerce à la fois sur le placement en garde à vue et le déroulement de la mesure.

**581. Le contrôle juridictionnel du placement en garde à vue.** L'on rappelle que le placement en garde à vue constitue la formalité judiciaire par laquelle l'officier de police judiciaire retient l'individu afin d'être entendu dans le cadre de la recherche de la vérité à la suite de la commission d'une infraction. Il a été ainsi souligné que cette formalité peut se réaliser aussi bien à la phase de l'enquête pénale qu'au stade de l'instruction préparatoire. Dans les deux cas, les politiques criminelles haïtienne et française prescrivent un double contrôle sur cette formalité. La personne gardée à vue peut n'être pas satisfaite du contrôle du parquet ou du juge judiciaire et sollicite le regard judiciaire

1 Décision n° 2020-872 QPC du 15 janvier 2021.

indépendant d'un autre magistrat. C'est dire que le manquement à la régularité du placement en garde à vue est susceptible de contrôle par un juge autre que celui dont relève la mesure.

**582.** Dans le droit haïtien, l'article 26 de la Constitution prévoit que « toute arrestation ou maintien en détention doit être apprécié par « un juge » au-delà de quarante-huit heures ». Même si l'autorité de décision de la mesure reste l'officier de police judiciaire, sous le contrôle judiciaire du ministère public, cette disposition constitutionnelle impose le contrôle juridictionnel par un juge judiciaire dans le cadre des poursuites pénales. Mais quel juge ?

**583.** La logique impose d'écarter la compétence du juge de paix en la matière. Ce raisonnement ne peut tenir pour deux raisons. D'une part, l'article 12 du code d'instruction criminelle exige déjà du juge de paix de déférer la personne concernée devant le parquet dans les soixante-douze heures dans le domaine de l'enquête. D'autre part, le juge de paix étant l'auxiliaire du parquet et du juge d'instruction ne peut apprécier la décision de ses supérieurs hiérarchiques. Ce pouvoir de contrôle juridictionnel semble être conféré au Doyen du tribunal de première instance par application de l'article 26.1 de ladite Constitution qui prévoit la compétence de ce dernier pour apprécier la légalité de l'arrestation et de la détention, indifféremment de l'autorité qui prend la mesure. Néanmoins, l'article 26.1 précité limite la compétence du Doyen au maintien de la garde à vue ou à la mise en liberté de la personne concernée, mais ne précise pas la durée du maintien de la détention policière.

Le manque de clarté des articles 26 et 26.1 peut créer de sérieux obstacles à l'effectivité de ce contrôle juridictionnel. Le législateur doit apporter des précisions sur ces dispositions afin de ne pas faciliter la surpopulation carcérale par l'accumulation des détentions excessives, inutiles et arbitraires, étant entendu que des gardés à vue sont généralement incarcérés dans des prisons.

**584.** Dans la procédure pénale française, le contrôle juridictionnel sur le placement en garde à vue au stade de l'enquête pénale s'opère par le juge des libertés et de la détention dans la procédure d'enquête et la Chambre de l'instruction dans le domaine de l'information judiciaire. L'alinéa 2 de l'article 803-3 du code de procédure pénale impose le déferrement de la personne suspectée devant l'instance correctionnelle en matière de délit dans un délai n'excédant pas vingt heures lorsque la prolongation de la garde à vue n'est pas édictée par le juge des libertés et de la détention ou le juge d'instruction. Toutefois, la personne gardée à vue peut ne pas être jugée dans l'immédiat et l'audience doit être différée en raison de l'indisponibilité du tribunal. Le ministère public ne disposant plus de compétence pour maintenir la garde à vue de l'intéressé, le juge des libertés et de la détention peut, sur réquisitions du ministère public, ordonner le placement en détention provisoire de la personne prévenue par application de l'article 396 du code de procédure pénale. C'est à ce titre que le juge des libertés et de la détention exerce le contrôle juridictionnel sur le placement en garde à vue à la phase de l'enquête. C'est le sens même de l'arrêt de la chambre criminelle qui a confirmé le pouvoir étendu du juge des libertés et de la détention à tous les stades de la procédure pénale[1]. Il en résulte que le juge des libertés et de la détention dispose d'un large pouvoir dans la matière pénale pour garantir la liberté individuelle à toutes les étapes de la procédure pénale. Le législateur, depuis la loi n° 2004-204 du 9 mars 2004 portant adaptation de la justice aux évolutions de la criminalité « dite Loi Perben II », confère ainsi ce pouvoir étendu au juge des libertés et de la détention dans l'ensemble des procédures, en ce sens que les pouvoirs de ce dernier ne se limitent pas à la seule instruction en matière pénale.

**585.** Au même titre que la chambre criminelle de la Cour de cassation française, la Cour de Strasbourg n'exclut pas la compétence du procureur de la République pour décider la mesure de garde à vue, mais limite sa compétence à la durée initiale prévue par la loi. C'est dire qu'au-delà de la durée légale, la personne concernée doit être présentée devant un juge[2]. Cet arrêt concerne deux affaires qui portent sur l'arrestation des requérants somaliens par l'armée française sur le sol somalien et dans les eaux territoriales somaliennes.

Ces individus furent rapatriés en France pour être poursuivis pour actes de piraterie. Dans le premier cas, leur transfert dura quatre jours et une vingtaine d'heures. Dans le second cas, la durée de leur détention policière dura six jours et seize heures avant leur arrivée en France. Arrivés en France, ces suspects furent placés en garde à vue avant d'être présentés devant un juge après quarante- huit heures.

Cette pratique conduisit à la saisine de la Cour européenne des droits de l'homme. Il est énoncé dans l'arrêt de la Cour européenne que « des circonstances tout à fait exceptionnelles justifient la durée de cinq jours

---

[1] Crim., 9 mars 2012, Bull. 109.

2 CEDH, 4 décembre 2014, *Ali Samatar c. France*, D. 2015. 303, note J.-F. Renucci ; JCP 2 février 2015, n° 134.

de la privation de liberté subie par les personnes gardées à vue entre leur arrestation et leur arrivée sur le territoire français ». Cependant, la Cour a relevé que, « dès leur arrivée en France, les suspects sont maintenus en garde à vue durant quarante-huit heures plutôt que présentés immédiatement devant un juge d'instruction. La Cour a estimé que rien ne justifiait la prolongation de la garde à vue de ces individus et a estimé que la mesure s'opère effectivement sous le contrôle du procureur de la République, mais ce dernier ne peut se substituer au pouvoir du juge d'instruction ou un autre magistrat dans le cadre du contrôle juridictionnel au sens de l'article 5§3 de la Convention européenne de sauvegarde des droits de l'homme . En conséquence, la Cour de Strasbourg a considéré que « la non-présentation des individus, arrêtés en Somalie pendant plusieurs jours, c'est-à-dire au-delà de quarante-huit heures, à un juge contrevient au droit à un contrôle juridictionnel effectif sur la mesure de garde à vue consacré par l'article 5§3 de la Convention ».

**586.** Par cette décision, la Cour européenne des droits de l'homme ne reconnaît donc pas la qualité d'autorité judiciaire au parquet français. Elle a confirmé sa jurisprudence établie en la matière en ce qu'elle a déjà affirmé dans l'arrêt n° 371004/06 Moulin c. France du 23 novembre 2010 que le parquet ne peut pas être considéré comme l'autorité judiciaire en raison de sa dépendance avec le pouvoir exécutif. Le refus de la reconnaissance de la qualité « d'autorité judiciaire » au parquet paraît sensé du fait qu'il semble être gênant que ce dernier exerce en même temps la double fonction de poursuite et de jugement sur une mesure attentatoire à la liberté individuelle.

**587.** Les procédures pénales haïtienne et française se ressemblent en matière de contrôle juridictionnel du placement en garde à vue. Le ministère public haïtien et celui français ne peuvent exercer le contrôle juridictionnel du placement en garde à vue, étant entendu que cette prérogative est dévolue au juge judiciaire.

**588.** Le contrôle juridictionnel se pose autrement au stade de l'instruction. Cette situation découle de la saisine de l'instance du cabinet d'instruction lorsque le ministère public envisage d'engager des poursuites pénales pour les infractions délictuelles complexes ou criminelles. La solution est classique dans la deuxième hypothèse en ce que la privation de liberté initiale en termes de garde à vue peut se prolonger lorsque le juge d'instruction décide de mettre l'intéressé en examen. Le magistrat peut ordonner le placement en détention provisoire de l'intéressé qui comparait devant lui. La personne concernée peut contester sa privation de liberté devant la juridiction supérieure. Le nouveau juge judiciaire saisi exerce un contrôle juridictionnel sur la régularité et la légalité de la mesure. En réalité, ce n'est pas la détention provisoire proprement dite qui est contestée, mais c'est la légalité de la garde à vue qui entraîne le placement en détention provisoire.

**589.** Le contrôle juridictionnel de la garde à vue est formellement conféré à la Chambre de l'instruction dans la procédure pénale française au stade de l'instruction. Ce contrôle s'exerce par la notion classique de l'effet dévolutif de l'appel. Il appartient à la Chambre de l'instruction d'assurer le contrôle sur la légalité de la mesure de placement en garde à vue à la suite d'éventuelles contestations survenues concernant le placement en détention provisoire. Cette solution est affirmée par la jurisprudence établie de la chambre criminelle, qui a estimé qu'« il incombe à la Chambre de l'instruction de contrôler que la mesure de garde à vue remplit les exigences de l'article 62-2 du code de procédure pénale, en relevant au besoin un autre critère que celui ou ceux mentionnés par l'officier de police judiciaire »[1].

**590.** Dans la procédure pénale haïtienne, une telle action a peu de chance de prospérer du fait que les articles 26.1 et 26.2 ne réglementent pas en profondeur le contentieux de la garde à vue. Ces dispositions constitutionnelles ne confèrent pas formellement au Doyen du tribunal de première instance le pouvoir de contrôle du contentieux de la garde à vue au stade de l'instruction. Celles-ci semblent limiter le contrôle juridictionnel du Doyen en la matière au stade de l'enquête.

L'exercice du recours contre la garde à vue décidée par le juge d'instruction devant le Doyen perd son intérêt du fait que l'illégalité ou l'irrégularité de la mesure est concrètement absorbée par le placement en détention provisoire. C'est dire que la privation de liberté du suspect, présenté devant le juge d'instruction, repose sur l'appréciation souveraine exercée par le magistrat sur les nécessités du placement en détention provisoire. En réalité, le magistrat instructeur réévalue les irrégularités qui entachent la mesure de garde à vue au moment de l'interrogatoire de l'intéressé. Le contrôle juridictionnel de la garde à vue à la phase d'instruction demeure donc irréaliste dans le droit haïtien.

**591.** Le magistrat devant lequel est portée la contestation du placement en garde à vue doit tenir compte de l'ensemble des droits reconnus à la personne concernée. Au-delà des actes d'investigations comme les

---

[1] Crim., 28 mars 2017, n° 16-85.018.

auditions, la prolongation de la garde à vue, la présentation de la personne suspectée et autres, le juge doit apprécier le respect ou non de l'ensemble des droits consacrés au bénéfice de l'intéressé dès le début de la mesure jusqu'à la fin de celle-ci. Or, la garantie des droits de la personne gardée à vue se limite au contrôle sur certains droits au cours du déroulement de la garde à vue. D'où la nécessité de la poursuite de l'accès au juge par le contrôle de la privation de liberté au stade de la procédure de l'information (Section 2).

## Section 2

## Le contrôle de la privation de liberté au stade de l'information

**592.** La procédure de l'information est l'étape judiciaire destinée à approfondir les investigations dans le but de rechercher la vérité. Alors qu'elle est obligatoire en matière criminelle, elle se réalise dans le domaine correctionnel dans le cadre des infractions complexes. Celle-ci est menée sous l'autorité du juge d'instruction qui est considéré à lui seul comme une juridiction du premier degré au sens de la séparation des fonctions judiciaires dans la matière pénale.
Dans un souci d'équilibre, la procédure pénale prescrit le contrôle des actes adoptés à ce stade par une juridiction supérieure dans le but de garantir les droits reconnus à la personne privée de liberté. Ce contrôle juridictionnel constitue la continuité du droit d'accès au juge dans le cadre de l'équilibre des droits des parties à la phase préparatoire du procès pénal. Dans cette perspective, les actes juridictionnels décidés au cours et à la fin de l'information sont assujettis au contrôle d'un autre juge judiciaire.
**593.** Les politiques criminelles haïtienne et française semblent répondre à cette exigence procédurale en matière de mesures privatives de liberté au stade de l'information. Le législateur haïtien institue des mécanismes de contrôle pour apprécier les décisions du juge d'instruction dans la procédure pénale, tout comme son homologue français qui confère des pouvoirs à la Chambre de l'instruction pour connaître des actes décidés

par le juge d'instruction et le juge des libertés et de la détention. À cet égard, les législations pénales haïtienne et française instituent les procédures de réformation et de révision des actes juridictionnels.
Alors que la notion de réformation tend à l'annulation des actes juridictionnels, la révision consiste à approfondir les investigations réalisées au premier degré. La personne privée de liberté dispose des prérogatives d'appel pour demander le réexamen des actes qu'elle estimerait attentatoires à ses droits. En pareils cas, au même titre que la Chambre de l'instruction dans la législation pénale française, la cour d'appel constitue la juridiction d'instruction du second degré en matière de contrôle des actes juridictionnels au stade de l'information judiciaire dans la procédure pénale haïtienne.

**594.** Les attributions de ces juridictions consistent à connaître des appels des ordonnances rendues à la phase de l'information par le juge d'instruction dans les deux procédures pénales étudiées, ainsi que le juge des libertés et de la détention dans la procédure pénale française. Dans le droit français, quand il s'agit de trancher une alternative (ex : accorder ou non une expertise, prononcer ou non un non-lieu ou un renvoi, prononcer ou non un mandat de dépôt), l'ordonnance est bien susceptible d'appel. En revanche, quand il s'agit de contester les conditions d'une mesure d'investigation, il s'agit d'un recours en annulation (ex : mise sur écoute illégale, perquisition illégale faite sans le consentement etc… ). Dans ce cadre, il s'agit donc d'une action en nullité et non appel au sens de l'article 206 CPP.
En tout état de cause, ces juridictions sont donc habilitées à procéder au réexamen des investigations menées dans le cadre de l'instruction. Celles-ci disposent ainsi du pouvoir de réformation (§1) et de révision (§2) sur l'ensemble des actes d'instruction.

### § 1 – La réformation de l'instruction

**595.** Le droit à la réformation de l'instruction paraît juste du fait que l'œuvre du juge d'instruction n'est pas exempte d'imperfections et d'erreurs. Il serait illusoire d'attacher la vérité absolue aux investigations et décisions du magistrat. Pour cela, les parties doivent disposent de l'opportunité pour faire réexaminer les actes et décisions du juge d'instruction par une autre autorité judiciaire indépendante. Dans cette perspective, les ordonnances qui sont susceptibles d'appel et celles de règlement doivent être communiquées à la personne privée de liberté afin que cette dernière puisse non seulement suivre l'évolution de la procédure, mais également exercer ses droits de la défense.

**596.** Le juge d'instruction a une double attribution en tant qu'il dispose d'un pouvoir d'officier de police judiciaire et de juridiction d'instruction. Dans son rôle d'OPJ, il peut procéder à des auditions, recourir à des perquisitions ou transports sur les lieux etc. En revanche, à chaque fois qu'il est amené à statuer sur une demande ou ordonner une mesure, il agit en qualité de juridiction. À cet égard, ses décisions ou ses mesures t constituent des actes juridictionnels. Les mesures décidées dans cette double attribution constituent l'entière instruction. Ces actes sont susceptibles de contrôle dans le cadre des droits de la défense. À ce propos, les politiques criminelles haïtienne et française prescrivent la procédure de réformation dans le but de purger les investigations du juge d'instruction.

**597.** La procédure de réformation vise le réexamen des ordonnances rendues par le juge d'instruction au cours de l'information. La personne privée de liberté peut relever appel de ces ordonnances dans le but de faire apprécier le bien-fondé de la décision du juge en vue de l'infirmer. Le contrôle exercé sur ces ordonnances tend à l'appréciation de la légalité et de l'opportunité de la décision.

Le but du recours à la procédure de réformation est d'obtenir une décision favorable par l'infirmation des ordonnances contestées du juge d'instruction. La cour d'appel et la Chambre de l'instruction sont investies de pouvoirs pour substituer leur propre décision à celle du juge d'instruction. La compétence de ces juridictions d'instruction du second degré ne se limite pas à la seule appréciation de l'illégalité de l'acte juridictionnel contesté, mais s'étend au réexamen de celui-ci afin d'imposer leur propre décision.

**598.** Cette attribution est dévolue à la cour d'appel dans la procédure pénale haïtienne par la loi du 29 juillet 1979 sur l'appel pénal. L'article 8 de ladite loi dispose que « toutes les ordonnances définitives du juge d'instruction sont susceptibles d'appel... ». Il convient alors de se demander ce que l'on entend par « ordonnances définitives ».

Ni le législateur ni la jurisprudence de la Cour de cassation haïtienne n'apportent aucune précision sur cette question. C'est d'autant plus dommage que la notion d'ordonnance définitive est passée sous silence par la doctrine. Cette inertie institutionnelle nous conduit à en déterminer le sens inspiré de la définition doctrinale française de « l'ordonnance ».

**599.** Pour rappel, il a été relevé que l'ordonnance en matière d'instruction s'entend de l'acte par lequel le magistrat rend une décision judiciaire dans le cadre de l'information. « L'ordonnance définitive » peut être comprise comme « le dessaisissement du juge d'instruction d'une affaire à la suite de sa décision en vertu de la chose jugée ». C'est dire qu'une ordonnance ne met pas fin à la procédure de l'information. Autrement dit, celle-ci n'est pas irrévocable et est attaquable devant une juridiction supérieure. Dans ce cadre, l'ordonnance de clôture du juge d'instruction revêt un caractère définitif et non irrévocable du fait qu'elle peut être attaquée devant la juridiction d'instruction du second degré. Il en est ainsi de l'ordonnance de mainlevée ou de liberté provisoire dont les irrégularités peuvent être portées devant la juridiction d'instruction supérieure. Donc, certaines ordonnances du magistrat peuvent être considérées comme des mesures d'administration judiciaire et d'autres comme des actes juridictionnels, donc définitives, contre lesquels la voie de l'appel est ouverte.
**600.** Dans la procédure pénale française, il est autorisé à la Chambre de l'instruction de contrôler les ordonnances rendues par le juge d'instruction par la voie de l'appel aux termes des articles 185 et suivants du code de procédure pénale. Cependant, les procédures pénales haïtienne et française limitent les cas d'appel au profit de la personne mise en cause. Cette limitation de la voie de l'appel porte sur le déroulement et la clôture de l'information judiciaire.
**601. Le contrôle des actes juridictionnels irréguliers.** La législation pénale haïtienne n'offre pas les possibilités à la personne privée de liberté de faire constater l'illégalité de l'ensemble des actes d'instruction. La politique pénale haïtienne n'édicte pas des mécanismes de contrôle de la cour d'appel sur les actes d'investigations réalisés par le juge d'instruction au cours du déroulement de l'information. Il en est ainsi lorsque la personne concernée sollicite du magistrat instructeur l'audition d'un témoin au sens de la contradiction. La situation est semblable lorsque le juge d'instruction recourt à des perquisitions dans les locaux de la personne poursuivie. Aussi, la personne concernée ne peut porter le refus d'une demande de contre-expertise pénale ou de la réalisation des examens du magistrat instructeur devant la cour d'appel. Pourtant, le droit à ces demandes d'investigations est reconnu à cette dernière au sens du droit à l'information et du principe du contradictoire à la phase de l'information judiciaire.

L'impossibilité de la demande de la personne poursuivie pour réexaminer les actes d'instruction s'explique par la pratique du silence des juges d'instruction haïtiens aux demandes d'investigations formulées par les inculpés.

**602.** Il en va autrement lorsque ces actes d'investigations sont réalisés à la suite de la « délégation de pouvoir » du magistrat aux officiers de police judiciaire. La « délégation de pouvoir » donnée par le juge d'instruction aux agents de police judicaire ou juges de paix ou à un autre juge d'instruction pour réaliser des investigations s'opère par la voie d'ordonnance du magistrat instructeur. Même si le contenu des investigations ne peut être porté devant la cour d'appel, la personne concernée peut créer un obstacle à la réalisation de ces actes en relevant appel de l'ordonnance de « délégation de pouvoir » en la matière au sens de l'article 8 de la loi du 29 juillet 1979 sur l'appel pénal. Par effet suspensif de l'appel, les investigations visées ne pourraient être exécutées avant que la cour d'appel ne statue sur leur légalité ou opportunité.

**603.** L'exercice de cet appel peut se heurter à des difficultés matérielles. D'une part, l'appel paraît illogique et insensé du fait que le magistrat instructeur ne peut en principe se heurter à des obstacles dans le cadre de l'exercice de la justice dans la recherche de la vérité. L'ordonnance de « délégation de pouvoir » destinée à la réalisation des investigations semble constituer une mesure d'administration judiciaire. Celle-ci ne peut être considérée comme une ordonnance définitive susceptible de recours. D'autre part, cet appel manque d'intérêt du fait que l'appelant doit justifier le grief que lui causerait l'acte contesté, d'autant que la pertinence de l'appel doit permettre l'annulation du contenu des investigations. Or, le contenu des opérations n'est pas encore connu à ce stade. En pareil cas, la demande d'investigations apparaît entrer dans les attributions d'administration judiciaire du juge instructeur.

**604.** En revanche, le refus de faire droit à une demande d'investigations peut faire grief à la personne privée de liberté, ce qui peut être attentatoire au droit à l'information et au principe du contradictoire dont bénéficie la personne concernée. L'intéressé peut solliciter de la cour d'appel la nullité de tout acte de procédure qui lui apparaît entacher d'illégalité par application de l'article 19 de la loi du 29 juillet 1979 sur l'appel pénal. Néanmoins, cette loi reste muette sur l'orientation de l'affaire après l'annulation de l'acte de procédure, en ce sens que l'on ignore complètement si la cour d'appel reprend à sa charge la continuation de l'information pour la clôturer elle-même ou renvoyer

le dossier devant le magistrat instructeur pour recommencer l'opération annulée et poursuivre l'information.
L'idée de l'annulation de l'opération viciée est de permettre de purger la procédure afin de garantir les droits de la défense et d'éviter les détentions arbitraires. La lacune de ladite loi laisse déduire l'annulation de l'acte irrégulier de l'infirmation de l'ordonnance du juge d'instruction.
**605.** Le droit positif haïtien n'oblige pas le juge d'instruction à répondre aux demandes d'investigations des parties au sens du droit à la participation privée à la recherche de la vérité. Cette lacune peut mettre à mal l'effectivité des droits de la défense et place vraisemblablement la personne privée de liberté en net désavantage par rapport au ministère public à la phase de l'information. La nullité de l'acte d'instruction irrégulier paraît tributaire de l'ordonnance rendue du juge d'instruction à la lumière de l'article 8 de la loi de 1979 susmentionnée.
**606.** Le contrôle des actes d'instruction en cours d'information paraît ainsi controversé dans la procédure pénale haïtienne. Le législateur n'encadre pas suffisamment la procédure d'annulation des opérations viciées et ne fixe pas clairement les décisions du juge d'instruction qui ouvrent la voie de l'appel.
En conséquence, la personne privée de liberté au stade de l'information ne dispose pas effectivement du droit de soumettre les irrégularités des actes d'instruction à l'examen de la cour d'appel. L'absence de cette prérogative ne préserve pas les personnes privées de liberté contre les erreurs judiciaires et détentions arbitraires, excessives et inutiles.
**607.** Dans la procédure pénale française, le droit d'appel est exclusivement réservé à la personne privée de liberté pour certaines ordonnances spécifiques au stade de l'information. Au même titre que les autres parties, la personne privée de liberté peut relever appel de l'ordonnance du juge qui a, d'office ou sur déclinatoire, statué sur sa compétence au sens de l'alinéa 3 de l'article 186 du CPP ». Cela dit, la personne privée de liberté est confrontée à des restrictions du droit d'appel des actes du juge d'instruction eu égard à la règle générale de l'aspect exceptionnel de l'appel. Cette restriction législative est susceptible de favoriser l'arbitraire et s'apparente à un déni de justice au détriment de la personne concernée.
**608.** La chambre criminelle encadre l'application de ladite règle en permettant de contester les décisions du juge d'instruction en cas d'excès de pouvoir. Ainsi, la personne poursuivie peut remettre en cause le bien-fondé d'une décision du juge d'instruction pour excès de

pouvoir par la voie de « l'appel-nullité ». La chambre criminelle a déclaré que « si les ordonnances du président de la Chambre de l'instruction prévues par l'article 186-1 du code de procédure pénale ne sont pas susceptibles de recours, il en est autrement lorsque cette décision est entachée d'excès de pouvoir »[1].
La personne privée de liberté peut saisir la Chambre de l'instruction d'une demande tendant à l'annulation de la décision de rejet du juge d'instruction concernant un acte d'investigations comme des auditions, interrogatoires ou confrontations à une demande pour constater la prescription de l'infraction reprochée, à une expertise pénale ou à un examen médical ou psychologique. De même, la requête en annulation de la personne détenue est admise contre le refus de sa demande de contre-expertise ou de complément d'expertise formulée sur le fondement de l'article 167 du code de procédure pénale. Dans ces hypothèses, le refus du magistrat instructeur de faire droit aux demandes de l'intéressé peut fait l'objet d'une ordonnance motivée susceptible d'annulation devant la Chambre de l'instruction en application de l'alinéa 3 de l'article 173 du code de procédure pénale.
**609.** Deux précisions doivent être apportées dans le cadre de la requête en annulation contre les demandes d'expertise, de contre-expertise ou de supplément d'expertise. D'une part, l'alinéa 4 de l'article 167 du code de procédure pénale prévoit le droit d'appel- nullité par la personne poursuivie contre l'ordonnance de refus de contre-expertise ou de complément d'expertise du juge d'instruction. C'est dire qu'en cas de silence du juge d'instruction pendant un délai d'un mois, la personne privée de liberté peut porter sa demande directement devant la Chambre de l'instruction par application de l'article 167 du code de procédure pénale. D'ailleurs, la chambre criminelle ne fait pas application rigide de la condition de délai fixé par le magistrat en la matière. La Haute juridiction a estimé que « la demande de complément d'expertise ou de contre-expertise est admise devant la Chambre de l'instruction saisie du règlement de la procédure sans que le délai prévu à l'alinéa 3 de l'article 167 puisse être opposé à la partie concernée »[2].
**610.** Il est vrai que l'alinéa 3 de l'article 167 du code de procédure pénale ne prévoit pas explicitement l'appel direct devant la Chambre de l'instruction contre le refus d'une demande d'expertise, mais cela va

---

1 Crim., 8 janvier 2013, D. Actu. 8 févr. 2013, obs. Bombled ; RSC 2013. 400, obs. Boccon-Gibod; AJ pénal 2013. 222, obs. Gallois.
2 Crim., 2 octobre 2001, n° 00-85.724, D. 2002. Somm. 1458, obs. Pradel.

de soi qu'une demande de contre-expertise ou de complément d'expertise s'assimilerait à une demande d'expertise. Car cette demande tend à contrebalancer la réalisation d'une première expertise. Dans ce contexte, la saisine directe de la Chambre de l'instruction devrait également s'appliquer en cas de silence du magistrat à la suite d'une demande d'expertise.
Ce raisonnement est écarté par la chambre criminelle qui a déclaré que « la partie est tenue de saisir le président de la Chambre de l'instruction lorsqu'elle interjette appel contre l'inaction du juge d'instruction concernant une demande d'expertise »[1].

**611.** Cette solution paraît controversée dans la jurisprudence de la chambre criminelle de telle manière que cette dernière donnerait l'impression d'opérer un revirement de jurisprudence en la matière. En l'espèce, la chambre criminelle a affirmé que « le mis en examen est autorisé à saisir directement la Chambre de l'instruction en cas de silence du juge d'instruction dans le délai d'un mois à la suite d'une demande d'acte »[2]. Par interprétation extensive de cet arrêt, l'on pourrait croire que la jurisprudence de la chambre criminelle généralise la saisine directe de la Chambre de l'instruction pour connaître des contestations des demandes d'acte de procédure de l'information. Ainsi, elle assimilerait la demande d'expertise à une demande de contre-expertise ou de complément d'expertise au sens de l'alinéa 4 de l'article 167 du code de procédure pénale, ce qui paraîtrait logique.

**612.** Ce raisonnement ne peut tenir en raison du retrait général du « pouvoir de filtrage » du président de la Chambre de l'instruction en matière de demandes d'actes d'instruction au seul silence du magistrat instructeur. En outre, le législateur confère, en l'état actuel du droit, le pouvoir de « filtrage » au président de la Chambre de l'instruction dans le cadre de l'exercice de ces appels. Ce pouvoir de « filtrage » dont dispose ledit président peut créer un obstacle à l'effectivité des droits de la défense de la personne privée de liberté de telle sorte que ce pouvoir de refus insusceptible de recours peut priver l'intéressé du droit d'accès au juge aux fins de faire réexaminer une décision qui lui ferait grief. C'est d'ailleurs sous cet angle que la commission d'enquête dans l'affaire d'Outreau avait proposé la suppression du pouvoir de « filtrage » du président de la Chambre de l'instruction en matière d'appel des ordonnances du juge d'instruction dans le cadre de l'information.

1 Crim., 25 avril 2006, n° 05-86.248, D. 2006. IR 1636; AJ pénal 2006.317.
2 Crim., 6 octobre 2015, n° 15-82.700 D. actu. 22 octobre 2015, obs. Goetz.

**613.** Par la lecture de l'alinéa 4 de l'article 167 du CPP qui dispose que « Faute pour le juge d'instruction d'avoir statué dans le délai d'un mois, la partie peut saisir directement la Chambre de l'instruction », le législateur ne semble pas manifester l'intention de généraliser la suppression du pouvoir de filtrage du président de la Chambre de l'instruction en la matière. Cette disposition ouvre la saisine directe de la Chambre de l'instruction seulement en cas d'inertie du juge d'instruction. Le législateur circonscrit le contournement dudit président dans le seul cas du silence du magistrat, mais renvoie l'appel de ces ordonnances à la procédure prévue à l'article 186-1 du code de procédure pénale en cas de rejet explicite du magistrat. C'est la portée générale de l'arrêt de la chambre criminelle n° 15-82.700 du 6 octobre 2015 en cas d'inaction du magistrat à la suite d'une demande d'acte de procédure en matière d'instruction.
Le président de la Chambre de l'instruction semble conserver son pouvoir de « filtrage » de l'appel relevé des ordonnances de contre-expertise ou de complément expertise, tout comme en matière d'ordonnance de refus d'expertise. Si le président de ladite Chambre décide de faire droit à cette demande, il transmet le dossier au procureur général de la Chambre de l'instruction. Dans la négative, il ordonne le renvoi du dossier au juge d'instruction. Dans les deux hypothèses, sa décision est insusceptible de recours.
**614.** Il en résulte que la législation pénale française garantit la protection effective des droits de la défense de la personne détenue par la consécration du droit d'appel contre les actes de procédure du juge d'instruction. La chambre criminelle construit ainsi une jurisprudence constante dans le but de permettre à la personne privée de liberté de jouir pleinement de ses droits dont la violation emporte la sanction de la Chambre de l'instruction. La chambre criminelle a affirmé que « la demande de la personne mise en examen, tendant à la désignation d'un interprète chargé de l'assister dans ses entretiens avec son avocat, et à la prise en charge par l'État des frais en résultant, si elle bénéficie de l'aide juridictionnelle, ne peut être déclarée irrecevable »[1]. Dans le même sens, la Haute juridiction a jugé que « le juge d'instruction qui n'entend pas faire droit à une demande de traduction de pièces de la procédure doit rendre une ordonnance motivée au plus tard dans le délai d'un mois à compter de la réception de la demande, laquelle est

1 Crim., 25 mai 2005, n° 05-81.628.

susceptible d'appel »[1]. D'autant que l'alinéa 1er de l'article 206 du code de procédure pénale impose à la Chambre de l'instruction de prononcer, même d'office, l'annulation de tous les actes entachés d'irrégularité lorsqu'elle est saisie d'un appel contre les ordonnances de règlement.

**615.** La procédure pénale française se révèle beaucoup plus protectrice des droits de la défense que celle haïtienne avec l'instauration claire de la procédure d'appel contre les actes d'instruction préparatoire.

L'ambiguïté de la procédure pénale haïtienne en la matière n'empêche pas que l'annulation des actes irréguliers au cours de l'information connaît des effets et conséquences similaires dans les deux procédures pénales étudiées.

**616.** Le droit d'appel des actes d'instruction vise la purge de l'information, mais n'entend pas favoriser la lenteur de la procédure. La demande en annulation formulée par la personne mise en cause n'empêche pas la poursuite de l'information judiciaire. Le juge instructeur doit communiquer le double du dossier à la juridiction d'instruction supérieure afin que ce dernier puisse continuer à procéder à des actes d'investigations utiles à la manifestation de la vérité. C'est dire que la saisine de la juridiction supérieure d'instruction n'emporte pas le dessaisissement du magistrat instructeur.

Cette conception de conservation de compétence en la matière est prévue à l'article 13 de la loi du 29 juillet 1979 sur l'appel pénal dans la procédure pénale haïtienne. Le tempérament posé à cette disposition législative par l'insertion de l'expression « sauf décision contraire de la cour d'appel » se rallie à l'esprit de l'alinéa 2 de l'article 19 de ladite loi, qui autorise la cour d'appel à se substituer au juge d'instruction pour poursuivre l'information lorsqu'elle est saisie d'un appel d'une ordonnance. En dehors de cette hypothèse, le magistrat maintient son pouvoir d'investigations en matière d'appel d'un acte de procédure qui semble être entaché d'irrégularités.

**617.** Le législateur français prescrit la poursuite de l'information lorsque la personne mise en cause saisit la Chambre de l'instruction d'une requête en nullité contre un acte de procédure en application de l'article 187 du code de procédure pénale. La personne concernée dépose sa requête motivée au greffe de la Chambre de l'instruction en adressant une copie de cette requête au juge d'instruction afin que ce dernier puisse transmettre le double du dossier au président de cette Chambre au sens de l'alinéa 3 de l'article 175 du CPP. La procédure de

---

1 Crim., 4 novembre 2015, n° 15-84.012.

nullité des actes d'instruction étant caractérisée par la rapidité, le législateur impose au président de la Chambre de l'instruction un délai de huit jours suivant la réception du dossier pour statuer, par une ordonnance insusceptible de recours, sur la recevabilité de la requête en application de l'alinéa 5 de l'article 173 du CPP. À l'occasion de cette saisine en annulation, l'alinéa 1er de l'article 174 du code de procédure pénale impose à toutes les parties à invoquer devant la Chambre de l'instruction l'ensemble des nullités qui leur paraissent entacher manifestement la procédure de l'information en cours. Cette règle législative permet d'éviter l'accumulation des recours abusifs en nullité qui pourraient ralentir l'aboutissement de l'information.

**618.** Théoriquement, l'annulation de l'acte d'instruction irrégulier peut entraîner trois types de sanctions. D'abord, la décision d'annulation de la juridiction d'instruction supérieure peut affecter seulement l'acte attaqué, c'est-à-dire celui contre lequel la demande en annulation est sollicitée. Dans cette hypothèse, les autres actes d'instruction conservent leur légitimité dans la procédure. Ensuite, l'annulation de l'acte irrégulier peut affecter également les actes ultérieurs de l'information. Enfin, l'annulation de l'acte de procédure irrégulier peut s'étendre à tout ou partie des actes subséquents.

**619.** Le législateur français regroupe ces trois modes de sanctions susmentionnés à l'alinéa 2 de l'article 206 du code de procédure pénale. Il est énoncé à cette disposition qu'il appartient à la Chambre de l'instruction de « prononcer la nullité de l'acte qui en est entaché et, s'il y échet, de tout ou partie de la procédure ultérieure, lorsqu'elle découvre une cause de nullité ». Sur le fondement de cette disposition, la chambre criminelle a jugé que « la Chambre de l'instruction ne peut pas se contenter de prononcer l'annulation de l'acte irrégulier, mais elle se doit de rechercher s'il y a lieu d'étendre l'annulation à d'autres actes de la procédure, en raison de leur lien nécessaire avec l'acte nul, lien nécessaire qui doit être apprécié selon les critères objectifs, et non d'après une perspective purement subjective qui serait génératrice d'un arbitraire contraire aux exigences de la légalité procédurale »[1]. L'alinéa 3 de l'article 174 du code de procédure pénale prescrit que les actes ou pièces annulés par la Chambre de l'instruction sont retirés du dossier de la procédure de l'information. L'annulation de l'acte irrégulier ne

1 Crim., 26 janvier et 19 avril 2000, B. 46, 159 et 160 : « Après annulation, le juge d'instruction peut poursuivre son information à partir des éléments qui subsistent, mais sans pouvoir se référer, même indirectement, aux actes annulés ».

s'étend pas aux autres actes de la procédure en ce que cette nullité emporte l'inexistence de l'acte, c'est-à-dire l'acte n'a jamais existé.

**620.** Le législateur haïtien ne prévoit pas en revanche ces modes de sanctions dans la procédure pénale. Ce dernier se contente de limiter l'annulation des irrégularités entachant les actes de la procédure à la seule infirmation de l'ordonnance du juge d'instruction au sens de l'alinéa 1er de l'article 19 de la loi du 29 juillet 1979 sur l'appel pénal. À ce titre, le silence du législateur peut influer sur l'efficacité du résultat de l'information puisque l'acte dont l'irrégularité est constatée au cours de l'information constitue l'un des éléments à charge contre la personne privée de liberté s'il n'est pas écarté de la procédure. Par souci de garantir l'effectivité des droits de la défense, le législateur haïtien devait préciser la sanction assignée à l'annulation de tout acte irrégulier au cours de l'information judiciaire. En tout état de cause, ce contrôle juridictionnel s'étend aux actes juridictionnels privatifs de liberté du juge d'instruction dans les deux législations criminelles étudiées.

**621. Le contrôle des actes juridictionnels privatifs de liberté.** Notre analyse portera sur le contentieux d'appel des décisions privatives de liberté pendant l'information. Ces décisions se diversifient en placement en détention provisoire, assignation à résidence sous surveillance électronique, et le cas échéant, en placement sous contrôle judiciaire et en l'interdiction de quitter le territoire. Il faut rappeler ici que le caractère privatif de la mesure de contrôle judiciaire dans le droit français et celle de l'interdiction de quitter le territoire dans le droit haïtien résulte des limitations de déplacements et de la sévérité de ces mesures.

**622.** S'agissant de l'assignation à résidence dans le droit haïtien, l'on doit souligner que cette mesure n'est pas expressément instituée par le législateur haïtien après plusieurs tentatives de transposition par des magistrats instructeurs. À cet égard, il ne peut exister des mécanismes de contrôle en la matière dans le but de protéger les droits de l'inculpé. Il en est ainsi de la mesure d'interdiction de quitter le territoire dont l'application ne repose que sur la pratique.

**623.** La mesure d'assignation à résidence sous surveillance électronique est en revanche encadrée dans la procédure pénale française de telle manière que le juge d'instruction ou le juge des libertés et de la détention ne peuvent pas y recourir en l'absence des indices graves ou concordants à l'égard de la personne mise en examen selon l'article 142-5 du code de procédure pénale.

**624.** Le contrôle sur l'assignation à résidence sous surveillance électronique peut s'exercer de deux manières. Premièrement, cette mesure peut faire l'objet de contrôle judiciaire interne en ce que la personne concernée peut solliciter du juge d'instruction sa mainlevée ou sa modification en application du dernier alinéa de l'article 142-12 du CPP. Deuxièmement, le véritable contrôle juridictionnel est dévolu à la Chambre de l'instruction en application de l'article 186 du code de procédure pénale. Le magistrat doit d'abord vérifier l'existence des indices graves ou concordants contre l'intéressé avant de procéder au placement en assignation à résidence avec surveillance électronique. Ainsi, la personne privée de liberté peut contester devant la Chambre de l'instruction, quel que soit l'auteur de la décision, la validité de la mise en examen en prouvant l'absence d'indices graves ou concordants contre elle par application de l'article 105 du même code et de la jurisprudence établie de la chambre criminelle en la matière.

**625.** S'agissant du contrôle judiciaire, le magistrat instructeur doit justifier l'existence d'indices graves ou concordants contre la personne privée de liberté lorsqu'il recourt à cette mesure de sûreté. Ce dernier institue un double contrôle sur les mesures de contrôle judiciaire par la voie de l'appel. La personne concernée peut relever appel de l'ordonnance de placement sous contrôle judiciaire en application de l'article 186 du code de procédure pénale. À l'appui de son appel, elle peut soulever l'absence d'indices graves ou concordants contre elle. La chambre criminelle a fait application de ce raisonnement dans l'arrêt n° 20-85.990 du 27 janvier 2021 en ce qu'elle a rappelé tout d'abord que « la Chambre de l'instruction statuant sur les mesures de sûreté doit s'assurer, à chacun des stades de la procédure, même d'office, que les conditions légales de telles mesures sont réunies, en particulier l'existence d'indices graves ou concordants rendant vraisemblable la participation de la personne, comme auteur ou complice, à la commission des infractions poursuivies ». Ensuite, la juridiction suprême a précisé que « l'obligation de constater l'existence de tels indices cesse, sauf contestation sur ce point, en cas de placement en détention provisoire sanctionnant des manquements volontaires aux obligations du contrôle judiciaire ». Enfin, la Haute juridiction a entériné l'arrêt de la Chambre de l'instruction en estimant que « la décision de la Chambre de l'instruction se justifie par l'absence d'une telle contestation et l'existence caractérisée d'un manquement entrant dans les prévisions de l'article 141-2 précité et estime souverainement qu'il doit donner lieu à révocation du contrôle judiciaire ».

**626.** S'agissant de la détention provisoire, les législateurs haïtien et français instaurent un droit de contrôle sur la mesure durant l'information au bénéfice de la personne poursuivie. La cour d'appel de la justice haïtienne et la Chambre de l'instruction dans la justice française disposent des prérogatives d'examen de l'illégalité, l'irrégularité ou l'opportunité de la détention provisoire. À ce titre, elles peuvent connaître des contestations contre le placement en détention provisoire et celles relatives à la mise en liberté de l'individu. L'ordonnance de placement en détention provisoire et le refus de mise en liberté ne peuvent être contestés que par la voie de l'appel. Le contrôle de la détention provisoire s'effectue depuis l'ordonnance de placement en détention jusqu'aux demandes de mise en liberté.

**627.** La procédure pénale haïtienne prescrit des mécanismes de mise en liberté de la personne privée de liberté après avoir fait l'objet de placement en détention provisoire. Le législateur ne précise pas si l'on peut relever appel du placement en détention provisoire ni édicte expressément la voie de contestation en cas de refus de demandes en mise en liberté formulées par la personne poursuivie. Toutefois, l'article 8 de la loi du 29 juillet 1979 sur l'appel pénal ouvre la voie de l'appel contre toutes les ordonnances définitives du juge d'instruction.

Il importe de s'interroger sur la nature du mandat de dépôt, c'est-à-dire si celui-ci peut être considéré comme une ordonnance définitive. La réponse à cette interrogation permettra de savoir si la cour d'appel dispose du pouvoir de contrôle sur le placement en détention provisoire dans la procédure pénale haïtienne.

**628.** Le législateur haïtien ne définit pas la notion de mandat de dépôt. Par étude comparative, l'on peut s'inspirer du droit français pour déterminer l'acception de la notion de mandat de dépôt, qui peut s'entendre de « l'injonction adressée par le juge de la détention à tout dépositaire de la force publique de conduire la personne poursuivie à la maison d'arrêt, ou au chef de l'établissement pénitentiaire de la recevoir et de la détenir jusqu'à nouvel ordre »[1]. Il en résulte que le mandat de dépôt doit être compris comme une ordonnance de placement en détention provisoire.

Cette définition s'aligne ainsi sur l'esprit de l'article 80 du code d'instruction criminelle qui prévoit la possibilité de mise sous écrou de la personne poursuivie par le biais du mandat de dépôt. Par son caractère attentatoire à la liberté, celui-ci peut être considéré comme

---

1 R. Merle et A. Vitu, *Traité de droit criminel*, op., cit.

une ordonnance juridictionnelle qui ouvre la voie de recours en appel devant la cour d'appel à la lumière de la combinaison des articles 8 et 10 de la loi du 29 juillet 1979 précitée.
Ce mandat revêt un caractère définitif de telle sorte que le juge d'instruction ne peut le révoquer que par la voie du contentieux de mainlevée ou liberté provisoire. Dès lors, le mandat de dépôt s'analyse comme le titre de détention dont le contrôle est assuré par l'exercice de l'appel, la mainlevée ou la liberté provisoire.
**629.** Les procédures de contrôle par la mainlevée et la liberté provisoire ne constituent pas un contrôle juridictionnel proprement dit du fait que ledit contrôle est assuré par le magistrat, qui est l'auteur de la décision du placement en détention provisoire. C'est le rejet de ces demandes formulées par la personne poursuivie qui peut être porté devant la cour d'appel. Dans l'esprit des articles 80, 95, 96 du code d'instruction criminelle, le législateur haïtien semble avoir pensé à offrir à l'inculpé sa libération anticipée. L'appel du mandat de dépôt du juge d'instruction demeure la voie classique du contrôle exercé sur la détention provisoire, qui comprend la mainlevée et la liberté provisoire dont le rejet peut faire l'objet d'appel. L'ancien article 80 du code d'instruction criminelle issu de la loi du 24 juin 1924 avait limité le droit de l'appel de l'ordonnance de mainlevée du juge d'instruction au seul magistrat du parquet. Cette disposition est modifiée par la loi du 29 mars 1928 en ce que le dernier alinéa du nouvel article 80 du CIC dispose désormais que « L'ordonnance de mainlevée n'est sujette à aucun recours ». Or, l'article 8 de la loi du 29 juillet 1979 sur l'appel pénal institue un droit d'appel général de toutes les ordonnances définitives du juge d'instruction. En ce sens, il a été démontré que l'ordonnance définitive s'entend de la décision qui met fin à un litige qui était soumis à l'appréciation du juge d'instruction. De même, l'article 13 de la loi de 1979 susmentionnée précise que les ordonnances du juge d'instruction, outre l'ordonnance de clôture, peuvent être relevées d'appel.
Cela va de soi que l'ordonnance de mainlevée du juge d'instruction peut entraîner le maintien en détention de la personne poursuivie. C'est le sens même de l'article 11 de la loi de 1979 sur l'appel pénal qui institue le droit de l'appel des ordonnances de mise en liberté provisoire ou de maintien en détention. Il est évident que les articles 8, 11 et 13 combinés de la loi de 1979 précitée, loi spéciale, consacrent le droit de l'appel de l'ordonnance de mainlevée. Donc, l'article 80 du code d'instruction

criminelle et les articles 8, 11 et 13 de la loi du 29 juillet 1979 sur l'appel pénal sont contradictoires.
En conséquence, l'on peut retenir que la mainlevée peut faire l'objet d'appel en raison de l'adage selon lequel la loi spéciale déroge à la loi générale.
**630. Le contrôle de la détention par la voie de l'appel dans le droit haïtien.** L'analyse de l'article 13 de la loi du 29 juillet 1979 sur l'appel pénal exprime que le juge peut rendre, au-delà de l'ordonnance de clôture, d'autres ordonnances dans le cadre de l'information. Lesdites ordonnances sont susceptibles d'appel devant la cour d'appel. L'appel exercé contre ces ordonnances est en principe dépourvu d'effet suspensif. À cet égard, le mandat de dépôt du juge d'instruction s'analysant comme une véritable ordonnance de placement en détention provisoire peut faire l'objet d'appel. Plus loin, l'article 15 de la loi susmentionnée impose à la cour d'appel le délai maximum de trente jours pour statuer en matière de détention provisoire. Partant, la combinaison des articles 13 et 15 de la loi du 29 juillet 1979 sur l'appel pénal justifient le droit d'appel contre le mandat de dépôt en vue de faire réexaminer le bien-fondé de la mesure de détention provisoire. À ce titre, la cour d'appel exerce un véritable contrôle juridictionnel sur la mesure de détention provisoire. Cette juridiction d'instruction du second degré peut exercer ce même contrôle à la suite du rejet des demandes en mainlevée et liberté provisoire.
**631.** Le contrôle juridictionnel de la cour d'appel sur la détention provisoire dans la procédure pénale haïtienne comporte des lacunes importantes. Le législateur haïtien doit se pencher sur la réglementation de la procédure d'appel de ce contentieux afin de garantir l'cffectivité des droits de la défense. Ce serait aussi l'occasion pour le législateur d'impartir un délai au magistrat instructeur pour répondre aux demandes des parties et préciser que l'inertie de ce dernier ouvre la voie de l'appel. Car la saisine de la cour d'appel est tributaire de la décision explicite ou implicite du juge d'instruction. Or, le juge d'instruction peut décider de passer sous silence la demande formulée par la partie. Sans l'encadrement juridique des demandes d'actes des parties, le contrôle juridictionnel de la cour d'appel sur l'information demeurera utopique, et l'autorité judiciaire continuera à mettre à mal le principe des droits de la défense dans la procédure pénale haïtienne.

**632. Le contrôle de la détention par la voie de l'appel dans le droit français.** Les articles 145 et 148 combinés du code de procédure pénale autorisent la personne privée de liberté à la phase de l'information à relever appel des ordonnances relatives au placement en détention provisoire, à la prolongation de la mesure ou au rejet d'une demande de mise en liberté. De même, l'ordonnance qui subordonne la mise en liberté de la personne concernée à des mesures de contrôle judiciaire peut être contestée par la voie de l'appel.

Le principe du contradictoire est garanti entre les parties dans le contentieux de l'appel des mesures privatives de liberté avant jugement de telle manière que le procureur général dispose d'un délai de quarante-huit heures pour la mise en état de l'affaire par application de l'alinéa 1er de l'article 194 du CPP. À cet égard, l'alinéa 2 de l'article 197 du même code exige que les parties soient avisées de la tenue de l'audience dans le même délai en la matière. Dans ce cadre, l'examen de l'appel de la Chambre de l'instruction se cantonne à l'appréciation du bien-fondé et de la régularité de la détention provisoire eu égard à la règle de l'unique objet[1]. C'est ainsi que la chambre criminelle a estimé que l'appelant n'est pas habilité à contester la décision de placement en détention provisoire lors de l'appel exercé contre l'ordonnance de rejet de demande en mise en liberté[2]. Sur le fondement de cette règle de spécialité de l'appel, la chambre criminelle a opéré un revirement de jurisprudence quant à l'appréciation de l'irrégularité du mandat de dépôt par la voie de l'appel. La juridiction suprême a ainsi affirmé que « la règle de l'unique objet ne peut être opposée à la personne mise en examen qui fonde son appel d'une ordonnance de placement en détention provisoire sur l'irrégularité du mandat d'arrêt en vertu duquel elle a été appréhendée »[3]. Désormais, la jurisprudence de la chambre criminelle déborde la règle de l'unique objet pour consacrer une conception large de la notion de contrôle de l'irrégularité de la procédure de l'information judiciaire.

**633.** D'un autre côté, la personne privée de liberté peut solliciter, conjointement avec son acte d'appel, de la Chambre de l'instruction la célérité par la procédure de référé-liberté ou de demande directe en mise en liberté. Les procédés de référé-liberté et de demande de mise en liberté directe devant la Chambre de l'instruction n'enlèvent pas le droit de l'appel de la personne poursuivie, mais ceux-ci y sont liés au contraire.

1 Crim., 23 février 2011, B. n° 36.
2 Crim., 2 octobre 2012, B. n° 202.
3 Crim., 6 décembre 2016, n° 16-86.021.

Dans ces hypothèses, l'appel est dépourvu d'effet suspensif, c'est-à-dire l'exercice de cet appel ne peut obstruer l'exécution de l'ordonnance de la détention provisoire de l'intéressé.

**634. Le contrôle de la détention provisoire par le référé-liberté.** Le législateur français prescrit un double contrôle de la détention provisoire devant la juridiction d'instruction du second degré. D'une part, il confère un pouvoir de contrôle à la Chambre de l'instruction par la voie classique de l'appel. D'autre part, il institue une célérité de contrôle par le président de la Chambre de l'instruction.

**635.** La personne mise en cause est admise à recourir à la procédure de référé-liberté par application de l'article 186-1 du CPP aux fins de faire réexaminer le bien-fondé de sa privation de liberté dans un temps célère. Dans ce cadre, le demandeur à l'action, c'est-à-dire la personne détenue, doit remplir une triple condition. D'abord, la personne concernée doit faire appel de l'ordonnance de placement du juge des libertés et de la détention le jour suivant de la décision. Ensuite, ce dernier doit solliciter expressément du président de la Chambre de l'instruction l'examen immédiat de son appel sans attendre l'audience de ladite Chambre. Enfin, sa demande d'examen par ledit président doit être formulée en même temps que son appel.

La contradiction entre les parties se traduit par les observations formulées par la personne poursuivie et les réquisitions prises par le procureur de la République lors de l'audience en cabinet dudit président. L'audience n'est certes pas publique, mais les principes du contradictoire et de l'égalité des armes sont garantis.

**636.** L'objectif de la procédure de référé-liberté étant la célérité, le président de la Chambre de l'instruction est tenu de rendre sa décision le troisième jour ouvrable suivant la demande. Si le président de la Chambre de l'instruction infirme l'ordonnance de placement en détention provisoire du premier juge, il lui substitue sa propre décision en ordonnant la mise en liberté de la personne détenue. Cette décision emporte le dessaisissement de la Chambre de l'instruction.

En revanche, si le Président confirme l'ordonnance de placement en détention provisoire, il soumet le dossier à l'examen de l'appel de la Chambre de l'instruction, audience à laquelle il ne peut participer[1]. Dans les deux cas, la décision du président de la Chambre de l'instruction est insusceptible de recours. Par ailleurs, la personne

1 Crim., 20 février 1985, B. n° 80. Voir aussi : Crim., 13 janvier 1993, B. n° 17.

détenue est autorisée à demander que sa requête soit directement examinée par la Chambre de l'instruction en application de l'article 187-2 du CPP. En pareil cas, la Chambre de l'instruction doit statuer le cinquième jour suivant la demande. Ainsi, il peut résulter de ce procédé un double examen par la formation collégiale.

**637. Le contrôle de la détention provisoire par la demande de mise en liberté devant la Chambre de l'instruction.** Les demandes de mise en liberté peuvent être portées directement devant la Chambre de l'instruction en cas d'inertie du magistrat du premier degré. Les développements suivants porteront sur la demande de mise en liberté directe devant la Chambre de l'instruction lorsque l'affaire est pendante devant le juge du premier degré. Dans cette hypothèse, soit l'affaire concerne le dossier de l'information relevant de l'autorité du juge d'instruction, soit celle-ci porte sur le contentieux de la détention provisoire émanant du juge des libertés et de la détention.

**638.** S'agissant du dossier de l'information, le législateur français confère à la personne détenue la prérogative de solliciter directement de la Chambre de l'instruction une demande de mise en liberté en l'absence de comparution depuis plus de quatre mois devant le juge d'instruction et que celui-ci ne rend pas son ordonnance de règlement en application de l'article 148-4 du CPP. Cette possibilité offerte par l'article 148-4 du CPP incite le juge d'instruction à porter une attention particulière sur la détention de la personne poursuivie durant l'information judiciaire. La chambre criminelle généralise ce défaut de comparution en estimant que celle-ci ne s'entend pas uniquement de la comparution aux fins d'interrogatoire sur le fond, mais de toute comparution devant le juge quel qu'en soit l'objet[1]. Alors, l'inertie du juge d'instruction peut être sanctionnée par la Chambre de l'instruction. Donc, la collégialité de la Chambre de l'instruction exerce un contrôle sur la détention, étant entendu que l'examen des juges du second degré se limite à l'appréciation de l'irrégularité du déroulement de l'information.

**639.** Le contentieux de la détention provisoire peut faire également l'objet d'une demande de mise en liberté devant la Chambre de l'instruction à la suite de l'inaction du juge des libertés et de la détention concernant la demande de mise en liberté sollicitée par la personne poursuivie. Le silence du juge des libertés et de la détention pendant

1 Crim., 6 juin, 2000, B. n° 211 ; Procéd. 2000, comm. 222 ; D. 2001, somm. p. 517.

trois jours sur une demande transmise par le juge d'instruction, avant l'ordonnance de ce dernier, s'assimile à une décision implicite de rejet. Ce refus implicite peut être porté à l'appréciation de la Chambre de l'instruction, qui peut ordonner la mise en liberté de l'auteur de la demande par application de l'article 148 du CPP. Il en est ainsi de la déclaration d'incompétence du juge d'instruction lorsqu'aucun autre juge n'est saisi de l'affaire. Il serait incompréhensible de pénaliser le justiciable malgré l'inertie de la justice pénale.

**640.** Le président de la Chambre de l'instruction dispose d'un pouvoir de filtrage avant de transmettre le dossier au procureur général de cette Chambre, et sa décision ne peut faire l'objet de recours au regard de l'article 148-8 du CPP. Si la demande n'est pas déclarée irrecevable par ledit président, l'article 148 du CPP impose à la Chambre de l'instruction de statuer dans les vingt jours de sa saisine . En cas de non-respect du délai imparti, l'auteur de la demande doit être mise en liberté automatiquement.

Il résulte de ces diverses analyses que la Chambre de l'instruction constitue une véritable juridiction du second degré pour porter un regard indépendant sur l'irrégularité du contentieux de la détention provisoire. Par ce pouvoir, celle-ci y exerce un contrôle juridictionnel qui permet à la personne privée de liberté d'exercer ses droits de la défense.

**641.** Ce deuxième regard sur la détention provisoire peut inspirer confiance aux justiciables en la justice. C'est vraisemblablement sur la base de la fiabilité de la justice pénale que la chambre criminelle a jugé, sur le fondement de l'article 13 de la Convention européenne, qu'« il est interdit de priver la personne détenue de « son droit au recours préventif et effectif en cas de conditions de détention indignes ». Au-delà de l'appréciation des conditions de détention indignes, la chambre criminelle a estimé que « le juge judiciaire a l'obligation de garantir à la personne détenue un recours préventif et effectif permettant de mettre un terme à la violation de l'article 3 de la Convention européenne de sauvegarde des droits de l'homme »[1].

**642.** La solution de la chambre criminelle est suivie par le Conseil constitutionnel. En l'espèce, le Conseil constitutionnel, saisi d'une QPC n° 20-81.739 du 9 juillet 2020 de la Cour de cassation, était amené à apprécier la conformité des articles 137-3, 144 et 144-1 du code de procédure pénale par rapport, entre autres, à l'article 16 de la

1 Crim., 8 juillet 2020, n° 20-81.739.

Déclaration des droits de l'homme et du citoyen de 1789 concernant le droit au recours effectif devant une juridiction. Le Conseil a relevé que « la possibilité offerte à la personne détenue de saisir le juge administratif par la voie de référé sur le fondement des articles L521-2 et L521-3 du code de justice administratif ne permet pas de mettre fin à la détention indigne ». Ainsi, le Conseil a conclu à l'inconstitutionnalité de l'article 144-1 du CPP en ce que celui-ci méconnaît le droit au recours effectif devant le juge judiciaire consacré par l'article 16 la Déclaration des droits de l'homme de 1789 »[1]. Le Conseil constitutionnel étend la solution qu'il a dégagée le 2 octobre 2020 aux condamnés de telle sorte que le droit au recours pour mettre fin à la détention pour des conditions indignes s'applique après la condamnation de la personne concernée[2].

La réaction du législateur n'a pas tardé puisque la loi n° 2021-403 du 8 avril 2021 tendant à garantir le droit au respect de la dignité en détention crée au bénéfice tant des détenus provisoires que des personnes condamnées une procédure tendant à faire reconnaitre et cesser l'existence des conditions indignes de détention.

La procédure pénale française exprime l'attachement des jurisprudences de la chambre criminelle et du Conseil constitutionnel au respect du principe de la liberté de la personne mise en cause à la phase préparatoire du procès pénal, lequel principe ne pouvant être garanti que par l'exercice du contrôle de la détention provisoire.

**643.** Il est donc démontré que les procédures pénales haïtienne et française instaurent des mécanismes de contrôle au second degré sur les actes d'instruction et ceux privatifs de liberté du juge d'instruction et du juge des libertés et de la détention pendant le déroulement de la procédure de l'information.

Ce contrôle juridictionnel permet à la personne détenue de soumettre par la voie de l'appel les irrégularités, qui entachent les décisions du juge d'instruction à la juridiction d'instruction du second degré dans le but d'obtenir sa mise en liberté. Dans la procédure pénale haïtienne, ce contrôle indépendant est exercé par la juridiction d'appel, tandis que cette mission incombe à la Chambre de l'instruction dans la procédure pénale française. Il est ainsi permis à la personne détenue de soumettre la clôture de l'information à l'examen de la juridiction supérieure du second degré afin d'ordonner sa mise en liberté.

---

1 Décision n° 2020-858/859 QPC du 2 octobre 2020.

2 Décision n° 2021-898 QPC du 16 avril 2021.

**644. Le contrôle de la fin de l'information judiciaire.** La fin de l'information suppose l'édification du juge d'instruction sur la manifestation de la vérité après avoir mené ses investigations et disposé des éléments probants. À cet égard, le magistrat doit décider la suite judiciaire de l'affaire. Le législateur haïtien confère à la cour d'appel le pouvoir de procéder au réexamen de l'information menée par le juge d'instruction par la voie de l'appel en application de l'article 8 de la loi du 29 juillet 1979 sur l'appel pénal.

La procédure est similaire dans la procédure pénale française en ce que l'alinéa 1er de l'article 186 du code de procédure pénale permet à la personne mise en examen de relever appel de l'ordonnance de règlement du juge d'instruction devant la Chambre de l'instruction.

**645.** Dans la procédure pénale haïtienne, l'ordonnance de clôture est réglementée par les articles 115 à 119 du code d'instruction criminelle. D'abord, l'article 115 du CIC prévoit que le juge d'instruction rend une ordonnance de non-lieu lorsque les preuves révèlent l'insuffisance des charges contre la personne poursuivie. En pareil cas, l'inculpé détenu doit être mis en liberté s'il n'est détenu pour une autre cause. Toutefois, l'appel exercé par le parquet contre cette ordonnance de non-lieu crée un obstacle à la mise en liberté de l'intéressé. Dans ce cas, l'inculpé est maintenu en détention provisoire et l'affaire doit être portée devant la cour d'appel pour statuer sur la procédure de l'information. Le maintien de l'inculpé en détention en pareille circonstance se heurte à la légalité du fait qu'aucun texte répressif ne prévoit l'effet suspensif de l'appel du parquet sur la mise en liberté de la personne poursuivie.

Ce raisonnement se justifie par la pratique générale de la procédure civile qui institue l'effet suspensif en matière d'appel. Cette pratique paraît maladroite puisque celle-ci ne généralise pas l'effet suspensif de l'appel de l'ordonnance de règlement de telle sorte que l'appel exercé par la partie civile n'influe pas sur la détention de l'inculpé à la lumière de l'article 10 du CIC.

**646.** Il en résulte que la demande de réexamen de la partie civile devant la cour d'appel ne peut remettre en cause la mise en liberté de la personne mise en cause. Donc, le contrôle de la procédure de l'information révèle une combinaison des règles générales de la procédure civile qui instituent l'effet suspensif en matière d'appel et des normes répressives. La combinaison de ces textes rend confuse la procédure de l'appel de l'ordonnance de règlement du juge d'instruction. Pourtant, le principe de légalité impose que la sanction pénale doit être prévue par la loi et doit être suffisamment claire et précise. Or, l'article 9 de la loi du 29 juillet 1979 sur l'appel pénal n'apporte aucune précision sur l'appel exercé par le ministère public contre l'ordonnance de non-lieu du magistrat instructeur. Dans ce cadre, l'ordonnance de non-lieu devrait emporter la mise en liberté de la personne poursuivie dont le maintien en détention provisoire s'avère illégal au regard du principe de légalité pénale.

Cette lacune rédactionnelle de ladite loi doit préoccuper le législateur au sens du respect des droits de la défense et de l'efficacité de la procédure de l'information. Il est souhaitable d'ajouter à l'article 9 de cette loi l'effet suspensif de l'appel exercé par le ministère public contre l'ordonnance de non-lieu du magistrat, ce qui éviterait l'ambivalence de la procédure d'appel de l'ordonnance de non-lieu du juge d'instruction.

**647.** Ensuite, les articles 116, 117 et 119 autorisent le juge d'instruction à renvoyer la personne poursuivie devant le tribunal de simple police, le tribunal correctionnel ou le tribunal criminel lorsque les investigations démontrent la découverte des charges suffisantes à l'encontre de la personne concernée. Dans les deux hypothèses, le juge d'instruction doit rendre son ordonnance de clôture dans les cinq jours suivant la réception du dossier, après le réquisitoire définitif du ministère public par application de l'alinéa 2 de l'article 7 de la loi du 29 juillet 1979 sur l'appel pénal.

Une fois l'ordonnance rendue, la personne détenue dispose du droit d'interjeter appel contre l'ordonnance de renvoi en jugement dans le délai de dix jours suivant la date de la signification de ladite ordonnance en application de l'alinéa 4 de l'article 10 de la loi de 1979 précitée. Dans cette optique, la mise en l'état du dossier de l'information doit être effectuée dans les dix jours et l'audience doit avoir lieu dans la huitaine à venir aux termes de l'article 14 du CIC. De même, l'article 9 de ladite loi autorise le parquet à appeler l'ordonnance de clôture du magistrat instructeur. À ce propos, apparaît une confusion dans la pratique judiciaire haïtienne. Alors qu'il est astreint dans le code d'instruction criminelle annoté par Jean Vandal le délai d'un jour franc dans l'article 9 précité pour l'exercice de l'appel du parquet, ledit article inséré dans le code d'instruction criminelle annoté par Menan Pierre-Louis et Patrick Pierre-Louis soustrait le parquet au délai d'appel. Cette confusion peut entraver la sécurité juridique de la fin de l'instruction des magistrats instructeurs et porter une atteinte disproportionnée aux droits et libertés fondamentaux des individus. À défaut d'obtenir le texte authentique publié dans le Journal « Le Moniteur », l'exercice de l'appel de l'ordonnance de clôture dans un délai illimité par le magistrat du ministère public et l'évocation de tardiveté de l'appel du parquet après le délai d'un jour franc par l'inculpé sont tous les deux admis. Il est donc urgent que le Ministère de la Justice et de la Sécurité Publique pense à uniformiser la codification des textes normatifs, notamment le code d'instruction criminelle, en collaboration avec les auteurs, au sens de la fonction politique de la justice.

**648.** Il est regrettable que le législateur n'impose pas un délai à la cour d'appel pour rendre sa décision (arrêt-ordonnance), circonscrivant le délai maximal de trente jours seulement en matière du contentieux de la détention provisoire au travers de l'article 15 de la loi du 29 juillet 1979 sur l'appel pénal. Cependant, la procédure s'inscrit dans le respect des principes du contradictoire et de l'égalité des armes du fait que le dernier alinéa de l'article 16 de ladite loi impose la mise à disposition du dossier aux parties au greffe de la cour d'appel. L'article 17 de ladite loi permet aux parties de présenter leurs moyens le jour de l'audience au sens de la libre communication.

**649.** Il est donc institué dans la procédure pénale haïtienne un mécanisme de contrôle au bénéfice des parties, dont l'inculpé détenu, pour procéder au réexamen de l'ensemble de l'information du juge d'instruction. Ce moyen de contrôle permet le prolongement de l'exercice des droits de la défense de la personne mise en cause à la phase de l'information en vue d'obtenir sa mise en liberté. Néanmoins, la lacune relative à la précision de délai pour la cour d'appel de statuer sur l'ordonnance contestée peut entraver l'effectivité des droits de la défense, lesquels droits s'entendent du droit d'obtenir réponse aux demandes formulées. Le législateur doit penser à combler cette lacune législative afin de préserver l'inertie de la juridiction du second degré en matière de contrôle de l'ordonnance de règlement du magistrat instructeur.

**650.** La procédure est identique dans la procédure pénale française en ce que l'ordonnance de règlement du juge d'instruction est strictement liée au réquisitoire définitif du procureur de la République. Le procureur de la République dispose d'un délai d'un mois pour communiquer son réquisitoire définitif suivant la date de la transmission du dossier de l'information lorsque la personne mise en examen est détenue et trois mois dans les autres cas, conformément à l'alinéa 2 de l'article 175 du CPP. Dans son réquisitoire définitif, si le parquet s'estime édifié et que l'affaire ne nécessite pas un supplément d'information, ce dernier émet son avis sur la suite judiciaire à donner à l'affaire en procédant à la qualification de l'infraction reprochée au regard des textes applicables en la matière. Son réquisitoire peut varier en avis de non-lieu ou de renvoi devant la cour d'assises en matière criminelle, devant l'instance correctionnelle en cas de délit. L'ordonnance de non-lieu emporte la mise en liberté immédiate de la personne concernée aux termes de l'alinéa 2 de l'article 177 du code de procédure pénale. Étant indépendant vis-à-vis du réquisitoire définitif du procureur de la République, le magistrat instructeur rend son ordonnance en fonction des éléments de preuve à charge et à décharge dont il dispose. En tout état de cause, il notifie l'ordonnance de clôture aux parties dont la personne détenue et son avocat afin que la personne mise en cause puisse exercer son recours en cas d'ordonnance de renvoi.

**651.** S'agissant de l'ordonnance de renvoi en jugement devant le tribunal correctionnel, l'ordonnance de règlement emporte la cessation des mesures de sûreté, telles la détention provisoire, les mesures de contrôle judiciaire ou de placement en assignation à résidence avec surveillance électronique au regard de l'alinéa 2 de l'article 179 du CPP. Toutefois, par une ordonnance distincte motivée, l'alinéa 3 de cette disposition autorise le magistrat à maintenir le contrôle judiciaire ou l'assignation à résidence sous surveillance électronique ou solliciter du juge des libertés et de la détention la prolongation de l'incarcération de l'intéressé. L'inaction du tribunal correctionnel pendant un délai de deux mois est sanctionnée par la mise en liberté de la personne concernée à l'initiative de la Chambre de l'instruction en application de l'alinéa 4 de l'article 179 du code de procédure pénale. Si l'audience lui apparaît impossible d'avoir lieu dans ce délai de deux mois, le tribunal peut anticiper le non-respect de ce délai en procédant à la prolongation de la détention de la personne mise en cause aux termes de l'alinéa 5 de l'article 179 du même code.

**652.** S'agissant de la notification des ordonnances, l'alinéa 1$^{er}$ de l'article 183 du code de procédure pénale ne prévoit pas la notification de l'ordonnance de renvoi à la victime. Cette notification perd son intérêt puisque la victime doit être appelée de toute façon à l'audience pour faire valoir ses droits devant la juridiction de jugement saisie. L'ordonnance de non-lieu au bénéfice de la personne détenue doit être notifiée à cette dernière au regard dudit article. Dans ce cadre, la victime est admise à relever appel de l'ordonnance de non- lieu en application de l'alinéa 2 de l'article 186 du CPP.

**653.** La procédure pénale française instaure un contrôle au second degré sur la clôture de l'instruction en conférant un pouvoir d'annulation et de substitution à la Chambre de l'instruction en matière d'ordonnance de renvoi du magistrat instructeur. Ce contrôle juridictionnel élargit les droits de la défense de la personne détenue au stade de l'information. Dans cette perspective, la réformation de l'instruction constitue le rempart de l'application des mesures privatives de liberté avant jugement. Ce contrôle permet de faire cesser les effets des actes juridictionnels du magistrat du premier degré. Néanmoins, la réformation ne constitue pas le seul mode de contrôle de l'information dans les procédures pénales haïtienne et française. Les juges du fond du second degré peuvent estimer que les preuves se rapportant au dossier de l'information lui paraissent insuffisantes. Dans ce contexte, l'examen de l'appel du dossier fait l'objet de révision (§ 2) dans le but d'approfondir les investigations par un supplément d'information dans le cadre de la recherche de la vérité.

## § 2 – La révision de l'instruction

**654.** La procédure de révision suppose l'examen de l'affaire par la juridiction d'instruction du second degré. Celle-ci diffère de celle de la condamnation définitive de l'individu dans les procédures pénales haïtienne et française. Les articles 345 et suivants du code d'instruction criminelle haïtien, ainsi que les articles 622 et suivants du code de procédure pénale français confèrent aux Cours de cassation de ces deux systèmes juridiques le pouvoir de réexaminer les condamnations pénales qui sont entachées d'erreur judiciaire.

**655.** La procédure de révision consiste à apprécier les irrégularités qui entachent les actes juridictionnels du juge d'instruction. La juridiction du second degré peut connaître des actes adoptés pendant l'instruction et de tous ceux qui passeraient sous silence du magistrat. Cette juridiction supérieure peut infirmer l'ordonnance et prescrire un supplément d'information lorsque celle-ci se rapporte aux lacunes issues de la procédure de l'information. Les législations criminelles haïtienne et française confèrent à la cour d'appel et la Chambre de l'instruction le pouvoir de contrôler la régularité de l'information judiciaire dans le but de prévenir l'impunité dans la justice pénale. Alors que la révision est régie dans le droit français par les articles 201 à 205 du code de procédure pénale, celle-ci est réglementée dans la procédure pénale haïtienne par l'article 19 de la loi du 29 juillet 1979 sur l'appel pénal.

**656.** Cet article 19 appelle deux observations. La première consiste à relever que le nouvel examen de l'information se déroule sous l'autorité de la cour d'appel, peu importe que le supplément d'information soit confié à un juge d'instruction ou un juge de la cour d'appel. Le juge chargé de ce supplément d'information contrôle l'ensemble de l'information du juge du premier degré au nom et pour le compte de la cour d'appel, qui rend un arrêt de clôture à la fin du nouvel examen de l'affaire.

La seconde consiste à constater que le législateur ne consacre pas expressément le « pouvoir de révision » de la cour d'appel par l'évocation. Un tel pouvoir se déduit de l'expression « toute mesure jugée utile ». Par cette expression, le statut de témoin d'un individu devant le cabinet d'instruction ou le placement en détention provisoire de l'inculpé laissé en liberté par le magistrat instructeur peut être modifié au cours du nouvel examen de l'affaire. En pareille circonstance, la saisine ou non de la cour d'appel de la totalité de l'information importe peu.

**657.** L'expression « pouvoir de révision » peut se comprendre de deux manières en cas d'appel de l'ordonnance de règlement du juge d'instruction.

D'une part, la juridiction d'instruction du second degré dispose des prérogatives de se substituer au juge d'instruction pour mener des actes en cas d'appel de l'entier dossier de la procédure. Le pouvoir de révision de cette juridiction tient de l'examen de la totalité de l'ensemble de l'information.

D'autre part, ce « pouvoir de révision » peut être mis en œuvre, en dehors de la saisine de la totalité du dossier de l'information, par « l'évocation » qui autorise la juridiction d'instruction du second degré d'outrepasser la règle de l'unique objet de l'appel. La révision permet à ladite juridiction de s'autosaisir de l'entier dossier au travers de l'examen de l'appel d'une question déterminée au cours du déroulement de l'instruction. Ladite juridiction peut se substituer au juge d'instruction pour procéder à des actes nécessaires à la manifestation de la vérité. À ce titre, elle poursuit et termine l'information à la place du juge d'instruction.

Somme toute, la procédure de révision de la procédure de l'information s'exerce en cas d'ordonnance de règlement ou de celle en cours d'instruction. Ces deux modalités de contrôle résultent des conditions de mise en œuvre et du contenu de la révision de l'information.

**658. Les conditions de mise en œuvre de la révision de l'instruction.** La révision de l'information ne peut être mise en œuvre qu'à partir de la saisine de la juridiction du second degré. Une fois saisie, cette dernière peut procéder à des actes d'investigations supplémentaires. Dans ce cadre, ladite juridiction peut recourir à la révision de la procédure de l'instruction lorsqu'elle est saisie de l'entier dossier ou d'une question déterminée de la procédure. Dans le premier cas, celle-ci dispose d'un pouvoir direct de révision de la procédure et exerce un pouvoir indirect de révision de l'instruction dans le second cas.

**659. L'exercice direct de révision de l'instruction.** L'exercice direct de révision de l'information suppose que la juridiction d'instruction du second degré ait la connaissance de la totalité du dossier de l'instruction. À ce moment, cette dernière examine immédiatement et directement l'ensemble des preuves que comporte le dossier afin de déterminer les irrégularités dont est entachée la procédure. Il en est ainsi de l'appel de l'ordonnance de renvoi ou de non-lieu du magistrat instructeur. Sur demande de réexamen des parties, la juridiction d'instruction du second degré peut procéder à des actes juridictionnels qui n'ont pas été réalisés par le juge d'instruction. Cette voie de l'appel est ouverte, selon le cas, à la personne détenue, au parquet et à la victime. Mais les développements ne porteront que sur l'exercice de l'appel en cas d'ordonnance de renvoi en jugement. Car la voie de l'appel perd son intérêt pour la personne détenue en cas d'ordonnance de non-lieu, qui peut faire l'objet d'appel à l'initiative du parquet et de la partie civile quant à ses intérêts civils.

**660.** Dans la procédure pénale haïtienne, il est énoncé à l'article 9 de la loi du 29 juillet 1979 sur l'appel pénal que « le ministère public a le droit d'interjeter appel de ladite ordonnance… ». L'expression « ladite ordonnance » renvoie effectivement aux « ordonnances définitives ». Il ne s'agit pas d'une seule ordonnance, mais toutes les ordonnances rendues par le magistrat instructeur en cours et à la fin de l'information. Or, l'expression susmentionnée s'apparente à une seule ordonnance. Le législateur devrait employer l'expression « toute ordonnance », ce qui engloberait les ordonnances en cours de l'information, les ordonnances de renvoi et de non-lieu.

De toute façon, cet appel peut s'exercer lorsque le parquet estime que les faits retenus dans l'ordonnance de renvoi devant le tribunal correctionnel sont de nature criminelle. Dans ce cadre, le ministère public peut solliciter de la cour d'appel la requalification des faits par la voie de l'appel. À ce titre, la cour d'appel peut estimer nécessaire d'approfondir les investigations du juge d'instruction par la réalisation d'un supplément d'information ou d'une nouvelle instruction. De même, il ressort de la combinaison des articles 2 et 10 de la loi du 29 juillet 1979 sur l'appel pénal que la personne poursuivie peut soumettre l'examen de l'ordonnance de renvoi du juge d'instruction à l'appréciation de la cour d'appel. Dans ce cadre, la cour d'appel ne peut pas se contenter d'infirmer l'ordonnance dont elle est saisie lorsqu'elle découvre des irrégularités dans le dossier de l'information au motif que les preuves qui lui sont transmises sont insuffisantes. Il incombe à cette dernière de procéder à un nouvel examen de l'information judiciaire.

**661.** L'alinéa 2 de l'article 19 de la loi de 1979 précitée confère à la cour d'appel le pouvoir de confier le réexamen de l'affaire, soit à un magistrat instructeur, soit à un juge de ladite cour. Le magistrat délégué, investi de pouvoirs d'instruction, dispose de la même indépendance du juge d'instruction initialement saisi. D'ailleurs, l'alinéa 2 de l'article 19 de ladite loi n'interdit pas la délégation de pouvoir de la cour d'appel au premier juge d'instruction. À ce titre, le magistrat délégué peut procéder à tous les actes d'instruction, tels l'interrogatoire de l'inculpé, les auditions des témoins, les perquisitions des locaux, les transports sur les lieux etc.

**662.** L'on déduit de l'expression « toute mesure jugée utile » insérée dans l'alinéa 2 dudit article que l'extension du pouvoir de révision du magistrat délégué peut s'étendre à des personnes, qui ne sont pas visées dans l'appel de l'ordonnance de renvoi. Ce magistrat peut inculper toute personne non renvoyée devant la cour d'appel. En revanche, en tant que juge délégué, ce dernier ne dispose pas de pouvoir de juridiction pour rendre des ordonnances et apprécier les résultats de l'information. Ce pouvoir est en principe dévolu à la collégialité de la cour d'appel en application de l'article 21 de la loi de 1979 qui dispose expressément qu'il appartient à la cour de « rendre l'arrêt à la fin de l'appréciation de l'appel d'une ordonnance du juge d'instruction ».

**663.** Ce diminutif de pouvoir de révision du magistrat délégué peut empêcher la mise en œuvre du pouvoir d'instruction du juge d'instruction. Car si ce dernier dispose de prérogatives d'inculper des personnes étrangères à l'appel de l'ordonnance, il devrait être habilité à placer ces dernières en détention provisoire dans le cadre de la protection de l'ordre public. Or, l'ordonnance de placement en détention provisoire se traduit par le mandat de dépôt dans la procédure pénale haïtienne. Un tel procédé du magistrat délégué pourrait être compris comme un excès de pouvoir.

**664.** L'alinéa 2 de l'article 19 de la loi susmentionnée dispose que la désignation du juge délégué se fait « selon la procédure ou les dispositions légales régissant le cabinet d'instruction, ce, jusqu'à l'arrêt de clôture ». Il ressort de cette disposition que le juge délégué peut procéder à tous les actes que le juge d'instruction peut accomplir dans le cadre d'une information au premier degré. Par l'esprit de cette disposition, le magistrat délégué devrait disposer de prérogatives pour procéder au placement en détention provisoire de toutes personnes qu'il juge utiles à la manifestation de la vérité par le biais du mandat de dépôt au même titre que le juge d'instruction. Dans le même sens, le juge délégué devrait rendre toute ordonnance dans le cadre de la révision de l'instruction préparatoire.

Cette disposition peut soulever diverses interprétations eu égard à son manque de clarté et avoir des conséquences importantes sur l'efficacité de l'information. Il est donc nécessaire que le législateur y apporte un éclairage. Pour l'heure, l'exercice direct de révision de l'information judiciaire de la cour d'appel permet le contrôle sur l'ensemble des actes juridictionnels, dont le placement en détention provisoire, adoptés au premier degré de l'instruction. En conséquence, le mécanisme de révision peut faciliter la mise en liberté de la personne privée de liberté au stade de l'information judiciaire.

**665.** Même si les composantes de « l'ordonnance de clôture » diffèrent dans les deux procédures pénales, l'exercice direct de la révision de l'instruction préparatoire est similaire dans la procédure pénale française. Lorsqu'il existe des charges suffisantes contre la personne poursuivie, l'ordonnance de règlement varie en ordonnance de renvoi en matière correctionnelle ou ordonnance de mise en accusation en matière criminelle. La Chambre de l'instruction exerce directement un pouvoir de révision sur la procédure de l'information. Aux termes de l'article 185 du code de procédure pénale, le parquet dispose du droit de relever appel de toute ordonnance du juge d'instruction : qu'il s'agisse de l'ordonnance de non- lieu, des ordonnances « de renvoi ou de mise en accusation », voire des ordonnances en cours d'instruction. La saisine de la Chambre de l'instruction implique le réexamen du dossier de la procédure en cas d'ordonnance de règlement.

Néanmoins, la révision de l'information est circonscrite dans l'appel de l'ordonnance de non- lieu eu égard au contenu de l'étude, qui porte sur le respect des droits de la personne détenue. La personne détenue peut être renvoyée devant le tribunal correctionnel lorsque le juge d'instruction estime que les faits faisant l'objet de l'information sont de nature correctionnelle en application de l'article 179 du CPP. De même, le juge d'instruction peut rendre une ordonnance de mise en accusation à l'encontre de la personne mise en cause lorsque les faits révèlent une infraction de nature criminelle à la fin de l'information par application de l'article 181 du code de procédure pénale. Dans ce cadre, la personne détenue peut soumettre l'examen de ces ordonnances de renvoi ou de mise en accusation devant la Chambre de l'instruction sur le fondement de l'article 186 du CPP. À ce titre, la Chambre de l'instruction doit reprendre le dossier de la procédure de l'information du juge du premier degré avant d'imposer sa solution. Cette juridiction d'instruction du second degré dispose de larges prérogatives pour examiner l'ensemble des preuves du dossier et ordonner tout supplément d'information si les charges retenues contre la personne poursuivie lui paraissent insuffisantes en application des article 201 et 205 du CPP. Celle-ci est habilitée à statuer sur les irrégularités dont est entachée l'information et infirmer l'ordonnance contestée du juge d'instruction.

**666.** La solution de la Chambre de l'instruction est tributaire du nouvel examen de l'ensemble des faits faisant l'objet de l'information devant le juge d'instruction. À cet effet, la Chambre de l'instruction dispose d'un pouvoir direct de révision sur la procédure de l'information en matière de contrôle des « ordonnances de renvoi ou de mise en accusation ». Ce faisant, cette dernière doit reprendre la totalité de la procédure afin d'examiner les irrégularités qui entachent l'acte faisant l'objet de l'appel.

Ce pouvoir de révision de la Chambre de l'instruction ne doit pas être compris comme la remise en cause de l'indépendance du premier magistrat instructeur. Le magistrat délégué par la collégialité des juges au sein de ladite Chambre peut corriger les erreurs qui entachent les actes du premier juge d'instruction et accomplir tous les actes d'instruction qui lui paraissent utiles à la manifestation de la vérité. Le pouvoir de coercition du juge délégué ne peut néanmoins déborder les actes d'instruction pour apprécier la fin de ce nouvel examen et ordonner des actes juridictionnels au regard de l'alinéa 1er de l'article 201 du code de procédure pénale. Ainsi, ce dernier n'est pas autorisé à apprécier la demande en mise en liberté de la personne détenue.

**667.** Il faut relever que la procédure de révision de l'information ne s'applique pas lorsque la Chambre de l'instruction reprend l'information sur charges nouvelles. En pareille circonstance, cette juridiction ne révise pas l'information du juge du premier degré du fait qu'elle est déjà saisie de l'ensemble du dossier en menant l'information jusqu'à sa clôture. Dans cette optique, les prérogatives du « pouvoir de révision » auraient dû lui échapper en cas d'ordonnance en cours d'information eu égard à la règle de l'unique objet.

Les politiques criminelles haïtienne et française autorisent l'exercice indirect de la révision de la totalité de la procédure par la voie « d'évocation » lorsque la juridiction d'instruction du second degré est saisie d'une question déterminée en cours d'information.

**668. L'exercice indirect de révision de l'instruction.** La règle de l'unique objet fait obstacle à la révision de l'intégralité de la procédure lorsque la juridiction d'instruction supérieure n'est saisie que d'une question du dossier de l'information. À cet effet, l'examen de l'appel tend à statuer sur le bien-fondé d'un acte d'information ou d'une ordonnance du juge d'instruction. Dans ce cadre, la révision de l'information judiciaire ne devrait pas s'appliquer. Il en est ainsi de l'appel de l'ordonnance du placement en détention provisoire exercé par la personne poursuivie. À ce titre, le pouvoir de ladite juridiction devrait se limiter à prononcer l'annulation de l'acte irrégulier. Toutefois, la juridiction d'instruction supérieure peut disposer de la faculté de connaître de l'entier dossier, alors qu'elle est saisie en cours d'information d'une question déterminée. Dans cette perspective, cette dernière poursuit les investigations menées par le juge d'instruction initialement saisi et clôture l'information à la place de ce dernier. Pour ce faire, la juridiction d'instruction du second degré doit déborder la limite de son pouvoir de révision qui lui est assigné par la loi en s'emparant de la totalité de l'affaire. Dans ce cadre, cette dernière applique la règle de « l'évocation » pour exercer de façon indirecte son pouvoir de révision sur l'information. C'est ainsi que les procédures pénales haïtienne et française édictent l'exercice indirect de la révision de l'information judiciaire par le biais de l'évocation.

**669.** Le législateur haïtien ne confère pas expressément à la cour d'appel le pouvoir de révision de l'information par la notion d'évocation. L'alinéa 2 de l'article 19 de la loi de 1979 sur l'appel pénal dispose que « la cour d'appel peut infirmer l'ordonnance relevée d'appel, lorsqu'elle estime suffisantes les pièces de l'information menée par le juge instructeur ». Par l'expression « pièces de l'information », il apparaît que le législateur enserre la compétence de la cour d'appel à ne pouvoir que compléter l'information du juge d'instruction en cas de saisine de l'appel d'une ordonnance de l'ensemble du dossier. La faculté pour la cour d'appel de réviser l'information, c'est-à-dire la totalité du dossier par l'évocation, semble être exclue.

**670.** Il est cependant énoncé à l'alinéa 2 de cette disposition que la cour d'appel peut procéder au supplément d'information ou à une nouvelle information ou « toute mesure jugée utile ». L'expression « toute mesure jugée utile » peut s'entendre de la faculté dont dispose la cour pour connaître des questions dont elle n'a pas été saisie. Dans ce cadre, la cour d'appel peut statuer sur l'ensemble du dossier lorsqu'elle est saisie seulement d'un acte de la procédure. Cela fait, cette dernière procède à la révision de l'information par la voie de l'évocation et peut ainsi déléguer le pouvoir d'instruction à un de ses juges ou un autre juge d'instruction.

La loi de 1979 sur l'appel pénal ne précise pas si le juge initialement saisi peut être délégué à cette fin. Quel que soit le magistrat délégué, la cour conserve le pouvoir de juridiction et le droit de juger en ce qu'il lui appartient exclusivement de rendre des ordonnances. Le pouvoir du magistrat délégué se limite à n'accomplir que des actes d'instruction.

**671.** Contrairement à la législation pénale haïtienne, l'exercice indirect de la révision de l'information est consacré formellement par le législateur français, qui confère à la Chambre de l'instruction les pouvoirs de contrôler l'ensemble du dossier par l'évocation. La Chambre de l'instruction dispose d'un pouvoir d'évocation totale ou partielle à la lumière de l'alinéa 2 de l'article 207 du code de procédure pénale. Lorsque l'évocation est totale, la Chambre de l'instruction procède à la révision de l'ensemble du dossier en reprenant l'information jusqu'à sa clôture. Dans ce cadre, elle exerce un contrôle juridictionnel sur les actes accomplis par le juge d'instruction initialement saisi, procède à des actes de procédure supplémentaires et se substitue au juge d'instruction pour imposer sa solution. En cas d'évocation partielle, l'examen de l'appel que cette celle-ci réalise peut s'étendre à quelques actes de la procédure.

**672.** Il n'y a pas grand intérêt à évoquer dans cette étude les divers cas de l'exercice indirect de l'usage de révision par l'évocation. Il importe de retenir simplement le pouvoir de révision de la Chambre de l'instruction par la voie de l'évocation après avoir annulé l'acte d'instruction soumis à son appréciation. Après avoir découvert le vice dans l'acte soumis à son examen, celle-ci peut rectifier les erreurs commises par le premier juge d'instruction, ordonner un supplément d'information lorsqu'elle estime insuffisantes les preuves dont elle dispose et procéder à de nouvelles poursuites à l'encontre des personnes non renvoyées devant elle. Au même titre que la cour d'appel dans la procédure pénale haïtienne, la Chambre de l'instruction ne procède pas elle-même à l'information complémentaire, mais doit confier cette tâche à un magistrat de sa juridiction ou à un juge d'instruction de son ressort qui peut être le juge d'instruction primitivement saisi de l'affaire, conformément à l'alinéa 1er de l'article 205 du CPP.

**673.** La délégation de pouvoir de la Chambre de l'instruction au même juge d'instruction ne suppose pas la remise en cause de l'indépendance de ce dernier dans le cadre des actes de procédure qu'il a accomplis. Le magistrat délégué peut procéder à tous les actes nécessaires à la manifestation de la vérité, voire aux faits dont le juge d'instruction n'était pas saisi lors de l'information au premier degré. Ce dernier peut procéder à l'interrogatoire de la personne mise en examen, à l'audition des témoins, ordonner des expertises, procéder à des perquisitions, délivrer des commissions rogatoires etc.

**674.** Le pouvoir d'apprécier le résultat de l'information appartient à la Chambre de l'instruction en ce qu'il est interdit au magistrat délégué de statuer sur une demande de mise en liberté en application de l'alinéa 1er de l'article 201 du CPP. Cela étant, il incombe à la Chambre de l'instruction de rendre des ordonnances puisqu'elle conserve le pouvoir de juridiction. Si, au contraire, la Chambre de l'instruction estime régulière l'opération contestée, elle ne peut que renvoyer le dossier au magistrat du premier degré.

**675.** La procédure de révision indirecte par l'évocation présente une particularité dans le domaine du contentieux de la détention provisoire. La question est de savoir si la Chambre de l'instruction peut se réserver le contentieux de la détention provisoire lorsqu'elle est à l'initiative de la détention provisoire. La chambre criminelle était amenée à se prononcer sur cette question au regard du principe du double degré de juridiction. En l'espèce, il était demandé si la Chambre d'accusation pouvait connaître du contentieux de la détention provisoire lorsqu'elle décernait elle-même le mandat de dépôt à l'encontre de la personne poursuivie. En principe, l'examen de l'appel doit se diriger contre l'objet ayant été tranché par le juge du premier degré eu égard au principe du double degré de juridiction. Pendant longtemps, la chambre criminelle avait reconnu la prérogative à la Chambre de l'instruction de connaître du contentieux de la détention provisoire en violation du principe du double degré de juridiction. La jurisprudence de la chambre criminelle se fondait vraisemblablement sur le principe de l'évocation de l'appel, prévu à l'article 568 du code de procédure civile (CPC), pour reconnaître la compétence de la Chambre de l'instruction pour connaître automatiquement du contentieux de la détention provisoire dont elle est elle-même à l'initiative[1].

**676.** Cette règle de l'unique objet est retenue dans le domaine civil en ce que la Cour de cassation a précisé que, sur le fondement de l'article 568 du code de procédure civile (CPC), « la cour d'appel peut statuer sur la demande de prestation compensatoire non tranchée en première instance, dès lors qu'elle constate que la mesure ordonnée par le premier juge avait pour objet de lui fournir les éléments de fait lui permettant de déterminer la valeur du droit d'usufruit de l'épouse sur l'immeuble commun »[2].

Quant à la matière pénale, la jurisprudence de la chambre criminelle avait évolué en abandonnant la compétence automatique de la Chambre d'accusation consacrée par l'arrêt Pesquet du 22 février 1977 en la matière dans l'arrêt Léger du 24 novembre 1977. En l'espèce, la chambre criminelle déclinait la compétence automatique de la Chambre d'accusation en la matière, mais estimait que « celle-ci pouvait conserver le contentieux de la détention seulement si elle se réservait le contentieux ultérieur, c'est-à-dire si elle se réservait expressément la faculté d'en ordonner, le cas échéant, la prolongation ou d'y mettre fin ». Plus tard, la chambre criminelle ressuscitait l'arrêt Pesquet en remettant en cause l'arrêt Léger en estimant que « la Chambre de l'instruction qui décerne un mandat de dépôt est chargée du contentieux suscité par ce mandat, sauf si elle n'en veut pas et ce, même en cas de silence de ladite Chambre »[3]. Cet arrêt a confirmé la violation du principe du double degré de juridiction dans les arrêts Pesquet et Léger. La méconnaissance de ce principe a conduit le Conseil constitutionnel à conclure à la non-conformité de l'article 207 du code de procédure pénale aux articles 6 et 16 de la Déclaration des droits de l'homme et du citoyen de 1789 en estimant que « la faculté offerte à la Chambre de l'instruction pour se réserver le contentieux ultérieur de la détention provisoire, alors qu'elle en est l'auteure, prive le mis en examen du droit au double degré de juridiction et méconnaît le principe d'égalité entre

1 Crim., 22 février 1977, Bull. crim. N° 69; D. 1977. IR 184, obs. Anonyme ; JCP 1978. II. 18781, note P. Chambonavait confirmé l'arrêt Pesquet du 22 décembre 1959.

2 Civ.1ère., 28 octobre 2009, n° 08-20.724.

3 Crim., 5 février 2002, n° 01-87.704, Bull. crim. n° 18; D. 2002. IR 1012.

les justiciables »[1]. Dès lors, la détention provisoire à l'initiative de la Chambre de l'instruction ne peut plus être portée devant ladite Chambre au motif qu'elle se réservait le contentieux ultérieur. Ce faisant, la décision de la Chambre de l'instruction contrevient au principe du double degré de juridiction. Notons que la solution du Conseil constitutionnel s'applique en matière de contrôle judiciaire et d'assignation à résidence sous surveillance électronique.

**677.** Il est donc démontré que les procédures pénales haïtienne et française édictent des mécanismes de contrôle direct et indirect sur la procédure de l'information judiciaire par la voie de la révision. Ce pouvoir de révision est conféré à la juridiction supérieure d'instruction dans les deux systèmes juridiques. L'analyse du contenu de la révision s'avère nécessaire aussi bien au niveau de la cour d'appel dans le droit haïtien qu'à celui de la Chambre de l'instruction dans la procédure française.

**678. Le contenu de la révision de l'instruction.** La révision de l'information implique des actes d'investigations supplémentaires par la juridiction d'instruction supérieure. Elle confère à ladite juridiction le droit d'étendre son pouvoir de coercition à des faits nouveaux et des personnes que ne comportait l'appel de l'ordonnance qui lui est soumis. Cette juridiction supérieure délègue toutes ses prérogatives au nouveau magistrat instructeur qu'elle choisit, mais conserve son pouvoir juridictionnel. La révision de l'information se réalise par le complément d'information, l'extension des poursuites à des faits nouveaux ou à des personnes étrangères à l'appel et à la conservation du pouvoir juridictionnel de la juridiction d'instruction supérieure.

**679. L'exécution d'un complément d'information**. Un supplément d'information s'impose lorsqu'il est révélé que la procédure est entachée d'irrégularités et que les preuves soumises à l'appréciation de la juridiction d'instruction du second degré apparaissent insuffisantes. Cette juridiction supérieure doit se faire une large idée de la procédure avant de proposer sa solution. Pour cela, il est nécessaire qu'un ensemble d'actes soient accomplis afin de déterminer la vérité. Les parties sont admises à participer à la matérialisation du supplément d'information. Celles-ci peuvent formuler des demandes aux fins de procéder à un quelconque acte d'instruction. Ces demandes peuvent présenter sous forme de mémoire à l'audience ou dans les mêmes

---

1 Décision n° 2010-81 QPC, JO 19 décembre 2010. 22375; D. 2011, Chron. 17 déc ; ibid. 2011.

formes prévues en matière d'instruction au premier degré lorsqu'elles sont formulées devant le magistrat délégué chargé de la nouvelle information. Ces prérogatives sont édictées dans les procédures pénales haïtienne et française en matière de reprise de l'information.

**680.** L'article 17 de la loi du 29 juillet 1979 sur l'appel pénal dans le droit haïtien dispose que « les parties et leurs conseils sont admis à produire des mémoires jusqu'au jour de l'audience ». L'emploi de l'expression « jusqu'au jour de l'audience » sous-entend que les mémoires peuvent être déposés avant la tenue de l'audience, c'est-à-dire au cabinet du magistrat délégué en cours d'information. Les demandes d'actes sous forme de requête sont exclues à ce stade procédural. Or, l'alinéa 2 de l'article 19 de ladite loi précise que la désignation du magistrat délégué peut se faire selon la procédure et les dispositions légales régissant le cabinet d'instruction.

**681.** La reprise de l'information par le juge délégué s'opère de la même façon dont l'information se réalise au premier degré par le juge d'instruction. La demande d'actes formulée par une partie devrait en principe se présenter sous forme de requête au juge délégué reprenant l'information. Il résulte de ces deux dispositions que la personne détenue peut solliciter du magistrat délégué des demandes d'actes sous forme de mémoire ou de requête en cas de reprise de l'information. De même, le mémoire de la personne concernée peut être déposé devant la cour d'appel. Selon la combinaison de ces deux dispositions, la cour d'appel et le juge délégué peuvent être destinataires des demandes de supplément d'information.

**682.** Dans la procédure pénale française, il est énoncé à l'alinéa 1er de l'article 205 du code de procédure pénale que la délégation de la Chambre de l'instruction peut être confiée à l'un des magistrats de ses membres ou un juge d'instruction du ressort afin de reprendre la procédure de l'information. Le pouvoir d'instruction du magistrat délégué est similaire à celui du juge d'instruction primitivement saisi.

Il convient de s'interroger sur le véritable destinataire des demandes de supplément d'informations dans le cadre de la révision de la procédure. À cette interrogation, la jurisprudence de la chambre criminelle considère que le destinataire de la demande de supplément d'information varie en fonction du stade de la procédure. Cette demande peut se présenter sous forme de mémoire si elle est présentée lors de la tenue de l'audience par la Chambre de l'instruction ou sous forme de demande d'actes devant le juge d'instruction dans les formes prévues à l'article 81 du CPP lorsqu'elle est sollicitée en cours d'instruction. La chambre criminelle a jugé que « le président de la Chambre de l'instruction ou son greffier peut être destinataire de la demande de supplément d'information »[1].

**683.** La procédure de demande de supplément d'information connaît une avancée considérable dans la procédure pénale française en ce qu'il est énoncé que « le supplément d'information ou le refus d'y procéder à la demande d'une partie ou du ministère public doit faire l'objet d'un arrêt de la Chambre de l'instruction »[2]. En tout état de cause, la demande de supplément d'information peut s'étendre à des faits nouveaux et des personnes non renvoyées devant la juridiction d'instruction supérieure au sein des deux procédures pénales étudiées.

**684. L'extension des poursuites à des nouveaux faits ou des personnes étrangères à l'appel.** La compétence du juge d'instruction se limite à la saisine *in rem* dans le cadre de l'information. C'est dire que les investigations ne peuvent pas porter sur des faits n'étant pas visés dans le dossier faisant l'objet d'instruction. Cependant, les poursuites peuvent s'étendre à des faits nouveaux lorsqu'il est constaté que l'information faisant l'objet d'appel est incomplète. Si l'affaire est estimée complète, la révision de l'information doit être cantonnée au contrôle des qualifications des faits, l'éventuelle modification des faits et le renvoi du dossier et des personnes mises en cause devant la juridiction de jugement compétente. Ainsi, la juridiction du second degré peut infirmer l'ordonnance faisant l'objet de l'appel.

**685.** L'insuffisance des preuves permet à la juridiction du second degré de se soustraire à la limite de la saisine *in rem* en ce qu'elle peut étendre la reprise de l'information à des faits que le premier juge d'instruction lui-même n'avait pas apprécié dans le cadre de ses investigations. De même, celle-ci peut décider d'étendre sa saisine à des personnes qui n'étaient pas entendues par le juge primitivement saisi dans le cadre de l'affaire et à celles qui ne sont pas renvoyées devant elle.

**686.** Alors que l'extension des poursuites à d'autres faits et à d'autres personnes n'est pas explicitement instituée dans la procédure pénale haïtienne, le législateur français prescrit celle-ci formellement dans la procédure pénale française.

Il n'est pas précisé dans la loi de 1979 sur l'appel pénal si la cour d'appel peut étendre les poursuites à des faits que ne comporte pas l'ordonnance du juge d'instruction. Non plus, il n'est pas mentionné

1 Crim., 10 juin 1997, B. n° 230.
2 Crim., 20 mai 1980, B. n° 153.

dans cette loi si la cour peut faire comparaître devant elle des personnes qui n'ont pas figuré dans ladite ordonnance. Ce pouvoir d'extension des poursuites peut se déduire de l'alinéa 2 de l'article 19 de cette loi qui confère à la cour d'appel le pouvoir de procéder à « toute mesure jugée utile ». Cette disposition offre la faculté à la cour de déborder la saisine *in rem* en l'autorisant à accomplir tous les actes nécessaires à la manifestation de la vérité. Ainsi, la cour d'appel peut légitimement estimer que l'inculpation d'une personne non renvoyée devant elle peut être utile à la manifestation de la vérité. Dans le même sens, cette disposition confère à la cour d'appel le pouvoir de mener des investigations sur des faits qui n'étaient pas visés dans l'inculpation du magistrat instructeur, d'autant que cette disposition législative permet l'ouverture d'une nouvelle information.

**687.** Cette faculté suppose que la cour peut s'autosaisir des faits extérieurs du dossier de la procédure. Cette latitude conférée à la cour d'appel pour procéder à une nouvelle information paraît inquiétante face au principe du double degré de juridiction. Dans tous les cas, cette déduction permet de combler la lacune législative en la matière et permet la protection des droits de la défense de telle sorte que la partie détenue peut orienter la cour d'appel vers d'autres personnes ou d'autres faits qui seraient omis par le juge instructeur initialement saisi de l'affaire.

**688.** Le législateur français prescrit expressément l'extension des poursuites aux faits nouveaux et à d'autres personnes à l'alinéa 1er de l'article 202 du code de procédure pénale. Il résulte de cette disposition que le pouvoir de révision de la Chambre de l'instruction ne se borne pas à l'effet dévolutif de l'appel et à la saisine *in rem*. La Chambre de l'instruction est autorisée à accorder un non-lieu à la personne détenue pour des faits qui étaient considérés comme charges à son encontre dans l'ordonnance du juge d'instruction. Ladite Chambre dispose d'un droit d'autosaisine en disposant du pouvoir de requalification des faits qui lui sont soumis, de procéder à une mise en examen complémentaire, voire retenir des faits qui n'étaient même pas visés dans l'acte de poursuite initial. Mais l'extension des poursuites doit viser des faits qui résultent du dossier de la procédure. Il ne s'agit pas ici d'une nouvelle information.

**689.** Même si l'article 202 du CPP écarte les faits extérieurs à l'application de l'extension des poursuites, la question du double degré de juridiction peut se poser ici. L'extension des poursuites peut s'étendre à des personnes qui n'étaient pas visées dans l'ordonnance

soumise à l'appréciation de la Chambre de l'instruction. Il est énoncé à l'article 204 du code de procédure pénale que « la Chambre de l'instruction peut également, quant aux infractions résultant du dossier de la procédure, ordonner que soient mises en examen des personnes qui n'ont pas été renvoyées devant elle, à moins qu'elles n'aient fait l'objet d'une ordonnance de non-lieu devenue définitive ».
Cette disposition appelle deux observations. D'une part, le sens de cette disposition correspond à la règle selon laquelle la juridiction d'instruction n'est pas saisie *in personae* en ce sens que les personnes étrangères à l'acte de poursuite initial peuvent être mises en cause lors de l'exercice indirect de la révision de l'information par le biais de l'évocation. La personne détenue est admise à demander à la Chambre de l'instruction d'entendre une personne qu'elle estime être le véritable auteur de l'infraction reprochée afin de prouver sa non-imputation aux faits poursuivis. De même, la Chambre de l'instruction peut décider, d'office, de mettre en examen une personne dont la responsabilité pénale n'était pas visée dans l'ordonnance du juge d'instruction. Un tel pouvoir que détient cette juridiction s'aligne sur le principe de l'absence de saisine *in personae* en matière d'instruction. D'autre part, cette disposition indique que le pouvoir de révision de l'information que détient la Chambre de l'instruction par l'évocation ne s'évade pas de l'effet dévolutif de l'appel. Le non-lieu dont bénéficie la personne détenue au stade de l'instruction au premier degré s'impute sur la révision de l'information par la voie de l'appel. Si la personne détenue a bénéficié d'un non-lieu ne faisant pas l'objet d'appel, l'évocation ne peut lui être opposée par la Chambre de l'instruction pour la mettre en examen[1].

**690.** Cette limite à l'évocation constitue une garantie judiciaire au bénéfice de la personne détenue devant la juridiction d'instruction du second degré. À ce titre, la mise en liberté ne faisant pas l'objet d'appel ordonnée par le juge d'instruction du premier degré est considérée comme un acquis judiciaire devant la juridiction d'instruction supérieure. Il en ressort que la Chambre de l'instruction peut mettre en examen des personnes renvoyées devant elle seulement pour des faits dont elle est saisie. S'il est vrai que le magistrat délégué constitue le bras exécutant de la Chambre de l'instruction dans la mise en œuvre du pouvoir de révision, il appartient à ladite Chambre de prononcer la solution de la fin du supplément d'information. C'est dire que la

1 Crim., 22 août 2012, B. n° 174.

Chambre de l'instruction conserve le pouvoir juridictionnel dans le cadre de la procédure de révision.

**691. La conservation du pouvoir juridictionnel de la juridiction d'instruction supérieure.** La révision de l'information ne comporte pas seulement des actes d'instruction, tels les interrogatoires, les auditions, les perquisitions etc. Celle-ci englobe également des actes juridictionnels, comme l'examen de la régularité des actes de l'information, des demandes d'actes formulées par les parties, ainsi que le réexamen du placement en détention provisoire, du contrôle judiciaire ou de l'assignation à résidence avec surveillance électronique et du règlement de l'information. L'ensemble de ces actes juridictionnels relèvent de l'autorité de la juridiction d'instruction du second degré.

**692.** Il apparaît que tous ces actes juridictionnels ne sont pas réglementés dans le droit haïtien en cas d'évocation. Le législateur et la loi ne soufflent mot d'une décision juridictionnelle en cours d'exécution du supplément d'information. On ignore si le juge délégué peut recourir au placement en détention provisoire d'une personne.

Dans la pratique, c'est le magistrat délégué qui exerce le pouvoir juridictionnel sur l'ensemble des actes juridictionnels en matière de révision de l'information judiciaire. À ce titre, ce dernier s'empare du pouvoir de juridiction pour apprécier les demandes d'actes en cours d'exécution de supplément d'information ou la régularité des actes juridictionnels, notamment la détention provisoire.

**693.** Le législateur haïtien semble écarter le pouvoir juridictionnel du magistrat délégué en matière de règlement du supplément d'information. L'alinéa 2 de l'article 19 de la loi du 29 juillet 1979 susmentionnée précise que « la fin du supplément d'information prend la forme d'arrêt de clôture ». Même si cette disposition ne précise pas explicitement l'autorité de la décision de règlement, l'emploi de l'expression « l'arrêt de clôture » rend invraisemblable la compétence du juge délégué en la matière en raison du principe selon lequel le juge d'instruction rend toujours une ordonnance. En outre, l'article 21 de ladite loi précise que « le recours en Cassation est ouvert contre l'arrêt rendu ». Il en déduit que la décision de règlement dans le cadre du supplément d'information relève de la collégialité de la cour d'appel saisie. Dans ce cadre, la cour d'appel conserve le pouvoir juridictionnel en matière de décision de règlement en cas de supplément d'information.

**694.** Dans la procédure pénale française, le pouvoir de révision de la juridiction d'instruction du second degré est encadré légalement. Il est indiqué aux articles 208 et 209 combinés du code de procédure pénale que la décision juridictionnelle en matière de supplément d'information relève de la compétence de la Chambre de l'instruction. Il revient à celle-ci de prononcer le non-lieu au bénéfice de la personne poursuivie après l'exécution du supplément d'information, ou, au contraire, de la renvoyer devant le tribunal correctionnel ou décider de sa mise en accusation.

**695.** Ces analyses révèlent que les procédures pénales haïtienne et française instaurent des mécanismes permettant à la personne détenue de soumettre la fin de la procédure de l'information au réexamen d'une juridiction d'instruction supérieure afin de mettre fin à sa privation de liberté. Le contrôle de la juridiction du second degré peut porter sur la régularité des actes juridictionnels du juge d'instruction initialement saisi. Cette juridiction d'instruction du second degré peut procéder à des actes qui n'étaient pas réalisés par le juge d'instruction primitivement saisi. À ce titre, il incombe à celle-ci d'ordonner la mise en liberté de la personne détenue. Donc, la procédure de révision constitue l'un des moyens de l'exercice du contrôle de la privation de liberté à la phase de l'information judiciaire. Néanmoins, l'exercice de ce contrôle paraît insuffisant dans le cadre de l'équilibre de la sauvegarde de l'ordre public par la répression pénale et le respect des droits et libertés fondamentaux dans les deux législations criminelles étudiées (Chapitre 4)

# Chapitre 4

# L'insuffisance du contrôle institutionnel

**696.** La phase préparatoire du procès pénal oppose fondamentalement trois parties. D'abord, la mission du magistrat du parquet consiste à soumettre la qualification des faits et les preuves pertinentes à l'examen du juge pour déterminer la responsabilité de l'auteur de l'infraction reprochée. À cet égard, ce dernier garantit l'ordre public contre les comportements antisociaux. Ensuite, la personne mise en cause dispose des droits pour discuter le bien-fondé des charges retenues à son encontre. Dans ce cadre, cette dernière peut proposer de nouvelles preuves pour contrebalancer l'accusation. Enfin, la victime doit pouvoir apporter sa version des faits dans le but de contribuer à l'intime conviction du juge.

**697.** Il en résulte que le parquet veille au respect de l'ordre social prescrit par la loi, la personne suspectée ou poursuivie peut être assignée à des mesures coercitives, dont la privation de liberté, pour les nécessités des procédures, et la partie civile peut demander la réparation du dommage que lui causerait l'infraction poursuivie. Dans cette perspective, la conduite des procédures nécessite une égalité des droits entre le magistrat du ministère public et les parties en raison des intérêts opposés qui sont en jeu. Or, les procédures pénales haïtienne et française reflètent une inégalité des droits entre le ministère public et la personne mise en cause en matière de privation de liberté avant procès. Cette disparité des droits semble impacter l'effectivité du contrôle institutionnel des mesures privatives de liberté au stade de l'avant-procès pénal. La personne privée de liberté se voit donc conférer des pouvoirs réduits dans l'exercice des voies de recours à l'encontre des mesures privatives de liberté avant jugement.

Cette insuffisance du contrôle institutionnel dans les mesures privatives de liberté avant jugement se traduit par l'inégalité des droits entre les parties dans la détention policière (Section 1) et l'équilibre relatif des droits des parties dans le contrôle de l'information (Section 2).

## Section 1

## L'inégalité des droits entre les parties dans la détention policière

**698.** La question d'inégalité des droits des protagonistes en matière de contrôle juridictionnel concerne la disparité des prérogatives des parties dans l'exercice des voies de recours contre les opérations réalisées en matière de privation de liberté avant jugement. Au sens large, la notion de « partie » peut se définir comme les « habituels protagonistes du procès pénal ou tous ceux qui participent au débat judiciaire, soit en qualité d'accusateur, soit en qualité de défendeur »[1]. Il ressort de cette définition doctrinale que le ministère public est une partie à part entière dans le procès pénal au même titre que la personne mise en cause et la partie civile.

**699.** Le terme « partie » n'est pas formellement défini par le législateur et la doctrine dans le droit pénal haïtien. L'article 429 du code d'instruction criminelle énonce vaguement la notion de partie. Cette qualité est explicitement consacrée par la Cour de cassation dans l'arrêt du 8 août 1870 qui a affirmé, sous l'article 429 du CIC annoté par Menan Pierre-Louis, que « le statut de partie est reconnu au prévenu, à la partie civile et au magistrat du ministère public ».

**700.** Les articles 82-1, 82-3, 175-1 et 221-2 du code de procédure pénale français attribuent la désignation de « partie » à la personne mise en examen et la partie civile. Par ces dispositions, il apparaît que le ministère public n'est pas considéré comme « partie », et la personne gardée à vue semble en être exclue. Même si le gardé à vue dispose des droits, la qualité de partie ne lui est pas formellement reconnue. Par commodité, nous désignons ce dernier comme partie dans notre étude, d'autant que le statut de gardé à vue ne se borne pas au stade de l'enquête et peut s'étendre à la phase d'instruction lorsque la mesure de garde à vue s'opère dans le cadre de l'information judiciaire.

**701.** Il faut relever que le procès pénal oppose en principe la personne mise en cause et le parquet en raison de la fonction de rétribution de la peine au nom de la société, la partie civile se limitant à la seule

---

1 F. Desportes et L. Lazerges-Cousquer, *Traite de procédure pénale*, op. cit, p. 1147.

obtention des dommages-intérêts. Pour cela, la qualité de partie ne devrait pas être attribuée à la partie civile. En conséquence, notre analyse portera sur le caractère abstrait du droit au recours consacré à la personne mise en cause au cours du déroulement de la garde à vue (§1) et à la fin de la procédure (§2).

### § 1 – Le droit au recours abstrait du mis en cause au cours du déroulement de la mesure

**702.** La prédominance des pouvoirs du parquet dans la recherche de la vérité dans les procédures d'enquête et d'instruction démontre que le procès pénal est une chose d'État. C'est pourquoi le magistrat du parquet est habilité à recourir à la mise en mouvement de l'action publique à l'encontre de la volonté de la victime de l'infraction poursuivie.

Pour que la contestation des mesures privatives de liberté avant jugement soit réelle, la politique criminelle doit équilibrer les droits entre les parties dans le cadre de l'exercice des voies de recours contre les décisions des autorités publiques. La concurrence de prérogatives entre les parties s'aligne sur le principe d'égalité des citoyens devant la justice pénale et s'inscrit dans le respect du principe d'équilibre des droits dans les procédures pénales.

**703.** Le défaut de l'égalité des armes entre les parties entrave le droit à la discussion des preuves dans la recherche de la vérité et engendre une inégalité importante dans l'exercice du contrôle juridictionnel des procédures pénales. C'est ainsi que les procédures pénales haïtienne et française révèlent l'insuffisance du contrôle institutionnel dans la mesure de garde à vue.

Alors que le magistrat du parquet dispose des pouvoirs élargis en matière de contestation de la mesure de garde à vue, la personne mise en cause occupe une place réduite dans le cadre de l'examen de la régularité de la mesure.

La place envahissante réservée au ministère public dans le contentieux de la garde à vue attribue probablement au parquet le rôle de défenseur de la société.

**704.** L'article 12 du code d'instruction criminelle haïtien permet de constater que le législateur place le ministère public en première ligne en matière de contrôle de la pratique de la garde à vue en conférant à ce dernier le droit de réguler la procédure de placement en garde à vue. Ce pouvoir de régulation de la mesure est également conféré au juge

d'instruction en application de la combinaison des articles 46 et 69 du même code.
Dans la procédure pénale française, les prérogatives du parquet se voient renforcées en matière de placement en garde à vue depuis la loi n° 2004-204 du 9 mars 2004 portant adaptation de la justice aux évolutions de la criminalité, dite loi Perben II. Depuis l'apparition de cette loi, le procureur de la République dispose d'un pouvoir étendu à la fois dans la mise en œuvre et le contrôle du placement en garde à vue.

**705.** La personne gardée à vue dispose d'un pouvoir réduit dans les deux législations pénales étudiées, ce qui empêche cette dernière de s'ériger en contrepoids aux prérogatives du parquet aux fins d'exercer un pouvoir de surveillance sur la mesure. L'on soustrait à la personne gardée à vue des droits essentiels, qui peuvent lui offrir l'opportunité de prouver efficacement sa non-imputation aux faits reprochés. Or, la justice pénale repose sur le principe d'impartialité et celui de l'égalité des armes entre les parties, qui concourent au processus judiciaire.

**706.** Les législateurs haïtien et français doivent instaurer une disparité équilibrée entre les parties dans le cadre du contrôle de la mesure de garde à vue. Le ministère public et la personne gardée à vue doivent se trouver dans des conditions égalitaires pour exercer un contrôle sur le placement de la mesure. Mais le parquet semble être omniprésent dans le déroulement de la garde à vue. Le pouvoir étendu du parquet ne devrait pas traduire l'anéantissement de la garantie des droits dont bénéficie le gardé à vue dans la mise en œuvre de la procédure.
Le droit à l'assistance d'un avocat et la participation de la personne gardée à vue à des investigations paraissent nécessaires à la lumière du principe fondamental de l'égalité des armes entre les parties dans les procédures pénales. Le gardé à vue devrait être autorisé à faire contrôler la régularité de la mesure au même titre que le ministère public. À ce titre, ce dernier pourrait contrebalancer concurremment le contrôle *a priori* exercé par le parquet sur la mesure dans le cadre de la manifestation de la vérité. C'est ainsi que la Recommandation (Rec2000- 19) du Comité des ministres du Conseil de l'Europe du 6 octobre 2000 a préconisé l'établissement des contrepoids à la mesure de garde à vue. Selon cette Recommandation, le ministère public s'entend de « l'autorité chargée de veiller à l'application de la loi en tenant compte, d'une part, des droits des individus et de la nécessaire efficacité du système de justice pénale, d'autre part ». À la lumière de cette mission ainsi définie, la personne gardée à vue ne devrait pas

s'éloigner du ministère public en termes de droits dans le cadre du contrôle juridictionnel exercé sur la mesure.

**707.** Contrairement à l'esprit de ladite recommandation, les procédures pénales haïtienne et française ne prescrivent pas une politique réelle de protection équilibrée des prérogatives entre l'accusateur et le suspect en matière de contrôle sur le bien-fondé du placement en garde à vue. L'inégalité des droits entre ces protagonistes peut impacter la règle de l'égalité des armes dont est dénué le contrôle juridictionnel de la procédure de garde à vue dans les procédures d'enquête et d'instruction au sein des procédures pénales haïtienne et française. Le droit au recours reconnu au gardé à vue paraît ainsi apparent tant à la phase de l'enquête qu'au stade de l'information dans ces deux procédures pénales.

**708. Le droit au recours apparent du gardé à vue dans l'enquête.** La garde à vue est si attentatoire à la liberté qu'un contrôle juridictionnel sur son bien- fondé paraît nécessaire afin d'éviter la privation de liberté arbitraire. Ce contrôle constitue une surveillance pour préserver le principe de la liberté dans les procédures pénales. Dans l'esprit de cette mission, les législateurs haïtien et français instituent des droits au bénéfice des parties dans le contentieux de la garde à vue à la phase d'enquête. L'opposition entre ces droits révèle une disparité importante au profit du parquet.

**709.** Il est énoncé aux articles 12 du code d'instruction criminelle (CIC) haïtien et 62-2 du code de procédure pénale français que la garde à vue constitue une mesure coercitive qui se déroule sous le contrôle du ministère public au stade de l'enquête. Cela étant, il est institué un pouvoir de contrôle d'office au bénéfice du parquet dans la mise en œuvre de la mesure.

L'article 12 du CIC confère un pouvoir de contrôle au ministère public pour apprécier la régularité de la garde à vue décidée par les agents et officiers de police judiciaire. Il appartient au parquet de décider de l'orientation de l'affaire une fois l'intéressé est déféré devant lui. L'illégalité de l'arrestation qui est à l'origine de la détention policière ou celle de la détention policière en raison du non-respect de son déferrement devant le juge peut être sanctionnée par le parquet en application de l'article 12 précité. À ce titre, le ministère public dispose d'un pouvoir de contrôle intense sur la régularité de la mesure.

**710.** Le législateur ne soustrait pas réellement au gardé à vue le droit au recours contre la mesure. Car les articles 26.1 et 26.2 de la Constitution de 1987 autorisent la personne gardée à vue à soumettre l'irrégularité du placement en garde à vue à l'examen du Doyen du tribunal de première instance. À cet effet, l'intéressé doit disposer des pièces de l'accusation afin de démontrer le caractère illégal de la détention policière. Or, l'accès au dossier semble lui être interdit puisqu'aucun texte normatif interne ne mentionne explicitement la communication des pièces de la procédure à ce dernier au cours du déroulement de la procédure. Au contraire, le parquet détient les pièces essentielles de la procédure et ne les communique qu'à la tenue de l'audience devant ledit Doyen. Dans ce cadre, la possibilité dont dispose le gardé à vue pour avoir la connaissance de l'entier dossier à l'occasion de l'audience donne l'impression de placer l'intéressé sur le même pied d'égalité que le ministère public en matière de contrôle de la mesure. Ce raisonnement apparaît intenable du fait que l'intéressé ne dispose pas de temps nécessaire pour déterminer efficacement la stratégie de sa défense en raison de la célérité de la procédure, l'audience étant sans report ni tour de rôle aux termes de l'article 26.1 de la Constitution de 1987. Dans cette perspective, la personne gardée à vue se trouve en net désavantage en matière de recours contre la garde à vue par rapport au ministère public, qui détient l'ensemble du dossier dès le début du placement en garde à vue.

**711.** Cette disparité des droits favorise manifestement le ministère public pour former à charge la conviction du juge. Cette même possibilité n'est pas offerte à la personne gardée à vue dans le cadre des droits de la défense. Cette inégalité des armes entre ces deux parties marginalise l'équilibre des droits dans l'exercice de contrôle de la mesure de garde à vue dans la procédure d'enquête. Pourtant, la contradiction des intérêts opposés est nécessaire à la fiabilité de la vérité dans le processus judiciaire.

**712.** La voix de la personne gardée à vue semble être bafouée dans la mise en œuvre de la procédure de garde à vue au sein de la procédure pénale haïtienne. L'impossibilité matérielle à laquelle se heurte le gardé à vue pour contester le bien-fondé de la mesure devant une juridiction exprime clairement le caractère apparent du droit au recours dont dispose ce dernier dans le contrôle de la mesure dans la procédure pénale haïtienne. Cette inégalité de traitement judiciaire établit l'insuffisance du contrôle institutionnel de la privation de liberté au stade de l'enquête dans le droit haïtien. Car le droit au recours conféré au gardé à vue pour contester l'illégalité du placement en garde à vue n'est pas réellement effectif. Ces lacunes caractérisent le caractère utopique du droit au recours reconnu à la personne privée de liberté dans le contentieux de la garde à vue dans la politique criminelle haïtienne.

**713.** Le décalage entre la consécration formelle du droit au recours contre le placement en garde à vue et l'effectivité de ce droit se constate un peu moins dans la procédure pénale française.

Le procureur de la République est le contrôleur par excellence de la garde à vue au stade de l'enquête par application de l'article 62-2 du code de procédure pénale. Le législateur français cantonne la mesure de garde à vue dans un équilibre entre la protection de la liberté individuelle et l'efficacité de l'enquête. Pour cela, il est nécessaire que le contrôle de la mesure dont bénéficie la personne gardée à vue soit effectif. La personne concernée doit pouvoir demander concrètement la nullité de la mesure en raison de la violation des droits dont elle dispose. Dans cette perspective, le législateur doit garantir à la personne gardée à vue l'accès effectif au juge pour faire examiner l'éventuel grief que lui causerait la mesure. C'est d'ailleurs la raison d'être de la présence de l'avocat au cours du déroulement de la garde à vue dans le but de faciliter la découverte de certaines irrégularités dont le contrôle doit être apprécié par l'autorité judiciaire. Les irrégularités de la mesure sont sanctionnées par la nullité de sorte que le droit au recours reconnu au gardé à vue contre la mesure ne soit pas dénué de sens.

**714.** Il semble que le législateur prescrit un recours *a fortiori* au profit de la personne privée de liberté en matière de garde à vue au stade de l'enquête. Le seul contrôle qui est susceptible d'être exercé sur l'exécution de la garde à vue au stade de l'enquête est assuré par le ministère public lui-même en ce qu'il est autorisé à ce dernier à vérifier les opérations réalisées par les enquêteurs. Ce pouvoir offre au parquet l'opportunité de s'enquérir de la marche à suivre de la mesure. Le législateur impose à l'officier de police judiciaire d'informer le magistrat du parquet dès le début de la mesure.

**715.** L'exercice du contrôle de la mesure par le parquet se prolonge à l'issue du délai maximal de la garde à vue en tant qu'il appartient à ce dernier d'orienter l'affaire devant l'instance pénale compétente. Ces prérogatives ne sont pas conférées à la personne gardée à vue pour contester l'exécution de la mesure dans le cadre des droits de la défense. La contestation *a posteriori* de l'exécution de la mesure est le seul moyen que le législateur laisse au gardé à vue pour faire valoir ses droits. La garde à vue une fois exécutée, la régularité de la mesure peut être contestée à l'occasion de l'audience correctionnelle ou devant le juge d'instruction lorsqu'elle est à la base de l'information judiciaire à l'encontre de l'intéressé.

**716.** L'exercice de ce contrôle perd son intérêt du fait que l'exécution de la mesure traduit la privation de liberté de la personne concernée. Cette incarcération est tant attentatoire au principe de la liberté que la personne gardée à vue aurait dû avoir la possibilité d'y mettre fin à tout moment par l'introduction d'une action devant le juge judiciaire. Mais le législateur réduit cette dernière à un simple « soumis » à la dictature de son dominant, qui est le parquet. L'arbitraire du magistrat du parquet ne peut être sanctionné en cours d'exécution de la mesure, et la réparation de la détention abusive de la garde à vue est préférée à la cessation nécessaire des effets de celle-ci. Il apparaît donc injuste de laisser une latitude au parquet pour attenter à la liberté de l'individu sans établir une politique préventive en vue de prémunir les personnes contre des décisions arbitraires et illégales.

**717.** Cette imprudence semble interpeller le législateur français, qui consacre des garanties judiciaires contre l'arbitraire du magistrat du parquet dans le cadre du recours à la garde à vue. L'article 77-2 du code de procédure pénale autorise la personne gardée à vue à questionner le procureur de la République sur le dossier de la procédure afin de pouvoir présenter ses observations. Il en ressort que les droits de la défense semblent préoccuper le législateur en matière de privation de liberté dans la procédure d'enquête. Ainsi, le législateur tend à renforcer la conception du principe de la liberté.

**718.** La connaissance du dossier de la procédure peut favoriser la remise en cause des charges que comporte l'accusation. Le législateur juge que le recueil d'informations constitue un outil essentiel pour contrôler la crédibilité de l'enquête. Pour cette raison, il serait incompréhensible de laisser peser sur le suspect laissé en liberté des charges injustifiées à durée indéterminée. Le législateur prescrit ainsi le contrôle de la durée de l'enquête à l'issue de l'exécution de la mesure de garde à vue.

**719.** Bien qu'il soit permis au suspect de s'enquérir de l'orientation que le parquet entend donner à l'affaire, ce nouvel article paraît en partie inutile du point de vue des droits de la défense et du contrôle de la garde à vue pour deux raisons. D'une part, il serait illusoire de penser qu'une personne laissée en liberté aurait intérêt à rafraîchir la mémoire du parquet sur l'oubli des poursuites à son encontre. D'autre part, le droit à l'information sur le progrès de la procédure ne peut rétroagir sur les effets traumatisants de la garde à vue. D'autant que l'intérêt du recours dans la justice pénale consiste à se prémunir contre les atteintes à la liberté ou faire cesser celles-ci par l'exercice des contestations judiciaires. Cependant, le droit conféré à la personne qui était déjà gardée à vue pour interroger le parquet sur la suite qu'il entend donner à la procédure ne garantit pas la prévention de la liberté. Dans cette optique, le contrôle de la durée de la procédure ne peut s'étendre à l'exercice du contrôle réel sur la garde à vue.

**720.** La rédaction de l'article 77-2 du code de procédure pénale manque de réalisme et semble être inutile à l'équilibre entre la privation de liberté par la garde à vue et le respect du droit à la liberté. Cette tentative d'équilibre instituée par le législateur français manque d'inspiration et se détache de l'effectivité du droit au recours dont l'individu doit bénéficier au cours de la garde à vue. La place réduite réservée au gardé à vue dans la procédure d'enquête met ce dernier en net désavantage par rapport à son contradicteur dans le cadre du contrôle de la mesure. Le droit au recours reconnu à la personne gardée à vue paraît apparent, ce qui caractérise l'insuffisance de la consécration du contrôle institutionnel de la privation de liberté au stade de l'enquête.

**721.** Il en va autrement lorsque la mesure de garde à vue est à l'initiative du juge des libertés et de la détention. Les articles 706-88 et 706-88-1 du code de procédure pénale en matière de criminalité organisée autorisent le juge des libertés et de la détention à procéder à la prolongation de la garde à vue. Il faut avoir à l'esprit que cette prolongation empêche la personne concernée de reprendre ses activités quotidiennes. Les effets attentatoires à la liberté nécessitent l'intervention de l'autorité judiciaire afin d'apprécier son opportunité ou sa régularité. L'intéressé doit disposer des possibilités pour contester la mesure si elle l'estime entachée d'irrégularités. C'est ainsi que la personne gardée à vue est admise à soumettre l'examen de cette prolongation décidée par le juge des libertés et de la détention à la Chambre de l'instruction en application de l'article 186-1 du code de procédure pénale. La Chambre de l'instruction bénéficie d'un renforcement de pouvoirs en cas de prolongation de la mesure à l'initiative du juge des libertés et de la détention. Cependant, l'intervention judiciaire ne s'effectue qu'après l'exécution d'un premier intervalle de l'exécution de la mesure. Il en déduit que le législateur français prescrit un contrôle tardif dans l'application de la garde à vue.

**722.** Bien que le contrôle exercé par la Chambre de l'instruction ne soit pas négligeable, il n'en demeure pas moins que le droit au recours effectif est soustrait à la personne privée de liberté dans la mise en œuvre de la garde à vue. Le contrôle effectué par la Chambre de

l'instruction en cas de prolongation de la mesure ne prémunit pas l'individu contre d'éventuels abus du magistrat du parquet en raison du large pouvoir dont dispose ce dernier en matière de privation de liberté au stade de l'enquête.
Partant, l'équilibre entre la liberté individuelle et la garantie de l'efficacité de l'enquête est viciée dès le début de la mise en œuvre de la garde à vue.

**723.** Ces développements révèlent la place réduite qu'occupe la personne gardée à vue dans les procédures pénales haïtienne et française en matière de contrôle du placement en garde à vue. L'écart entre l'existence du droit de contrôle au bénéfice du gardé à vue et l'effectivité de ce droit au recours est si important que l'équilibre entre le principe de la liberté et l'efficacité de l'enquête paraît imaginaire. D'ailleurs, la création d'un droit doit être suivie d'un recours effectif en cas de violation de celui-ci. C'est ainsi que nous nous opposons à l'idée « du droit à la nationalité » évoquée par Monferrier Dorval[1]. L'ancien Bâtonnier Dorval, éminent juriste haïtien, a semblé confondre la consécration constitutionnelle d'un droit avec l'existence réel de celui-ci du fait que n'est pas reconnu dans le droit haïtien un droit au recours effectif contre le refus de demande de nationalité haïtienne. Il en est ainsi de l'article 173.2 de la Constitution haïtienne qui précise : « Nul tribunal, nulle juridiction contentieuse ne peut être établie qu'en vertu de la loi. Il ne peut être créé de tribunal extraordinaire sous quelque dénomination que ce soit ». Il en déduit que la consécration constitutionnelle d'un droit diffère de l'existence réelle de celui- ci.

**724.** Le désintérêt des politiques criminelles haïtienne et française face à la prise en compte réelle des droits de la défense conçoit le droit au recours contre la garde à vue comme un idéal sur lequel la personne privée de liberté ne peut que fantasmer. Ce caractère utopique du droit au recours du gardé à vue se constate au stade de l'information judiciaire.

**725. Le droit au recours apparent dans l'information judiciaire.** La garde à vue relève de la compétence partagée entre plusieurs acteurs judiciaires, qui détiennent la qualité de « l'autorité judiciaire » dans les procédures pénales haïtienne et française. Dans la procédure pénale haïtienne, le parquet et le juge d'instruction partagent la compétence concurrente de l'initiative de la mesure de garde à vue. Le législateur

1 M. Dorval, Droit constitutionnel de la nationalité : Approches diachronique et synchronique, C3 éditions, janvier 2020.

français confère, selon le cas, cette prérogative au parquet, au juge d'instruction. Cependant, le juge des libertés et de la détention n'intervient que pour les prolongations de la garde à vue exécutée lors de l'enquête selon l'article 706-88 notamment. Mais notre analyse mettra en relief la notion de recours contre la garde à vue décidée au stade de l'information judiciaire.

**726.** La combinaison des articles 77 à 80 du code d'instruction criminelle haïtien autorise le juge d'instruction à inculper et placer en détention provisoire toute personne qu'il juge utile à la manifestation de la vérité. Mais il se peut que le magistrat instructeur ne dispose pas d'éléments suffisants pour procéder à la privation de liberté d'une personne. De même, le juge peut se trouver dans l'impossibilité d'interroger la personne concernée afin d'envisager ou non de procéder à son placement en détention provisoire. Par application des articles 46 et 69, alinéa 2, combinés du même code, le magistrat instructeur peut déléguer des pouvoirs à l'officier de police judicaire aux fins d'interroger (auditionner) la personne concernée. La personne visée a le statut de témoin et non de suspect, et peut faire l'objet de garde à vue.

**727.** Le respect des droits de la défense exige le droit au recours au bénéfice de la personne gardée à vue pour contester tous les actes de l'officier de police judicaire. C'est dire qu'en cas de délégation de pouvoir du juge d'instruction, la loi doit garantir le droit à la personne gardée à vue de soumettre l'irrégularité qui entacherait la mesure de garde à vue à l'examen d'un autre juge autre que le juge primitivement saisi de l'affaire. Car l'intéressé peut faire l'objet d'un mandat d'amener dont l'exécution peut être irrégulière. Face à cette situation, l'intéressé devrait disposer d'un droit au recours contre la garde à vue survenue à la suite de l'exécution du mandat. L'on constate malheureusement le droit au recours apparent du gardé à vue à la phase de l'information.

**728.** Le juge d'instruction est l'autorité de contrôle de la mesure à la lumière du principe séparatiste des fonctions judiciaires à la phase préparatoire du procès pénal. Aux termes des articles 26, 26.1 et 26.2 de la Constitution de 1987, le défaut de présentation du gardé à vue devant le magistrat instructeur dans le délai de quarante-huit heures devrait être sanctionné par la mise en liberté de l'intéressé par l'introduction d'un recours devant le Doyen du tribunal de première instance pour détention illégale. De même, l'irrégularité qui entacherait l'exécution du mandat d'amener ouvre en principe la voie au recours devant ledit Doyen contre le placement en détention.

**729.** En réalité, deux obstacles se dressent devant l'effectivité de ce recours. Le premier obstacle résulte de l'incidence de la délégation de pouvoir sur le contrôle du temps de la garde à vue. En pratique, la prolongation du délai initial de quarante-huit heures se trouve tacitement dans la délégation de pouvoir du juge d'instruction aux enquêteurs. Cela étant, l'effectivité du recours contre l'irrégularité dont est entachée la garde à vue heurte l'indépendance du juge d'instruction. Dans ce cadre, l'action peut être déclarée irrecevable par le Doyen en raison du respect de l'indépendance du magistrat instructeur. Concrètement, la présentation de l'ordonnance de délégation de pouvoir du juge d'instruction par le ministère public à l'audience extraordinaire devant le Doyen suffit pour justifier l'irrecevabilité du recours initié par la personne gardée à vue.

Le second obstacle tient à l'objectif de l'information judiciaire. La loi confère au juge d'instruction des armes répressives pour préserver les preuves dans le but de s'assurer de l'efficacité de l'information et de la finalité de l'information consistant en l'obtention de la vérité à la suite de la commission d'une infraction. L'audition et l'interrogatoire constituent des modes opératoires du magistrat pour parvenir à la vérité. Ces deux opérations peuvent engendrer le placement en détention provisoire de l'intéressé.

**730.** Le juge d'instruction ne peut pas envisager de placer une personne en détention provisoire sans l'avoir préalablement interrogée, conformément à l'article 80 du CIC. Pour cette raison, la personne faisant l'objet de détention policière par délégation de pouvoir du magistrat instructeur a le statut de témoin et non d'inculpé. Mais le placement en détention provisoire constitue la stratégie du magistrat instructeur pour contourner la nullité de la garde à vue en cas d'irrégularités dans l'exécution du mandat d'amener.

**731.** Le recours à la détention provisoire fait perdre le pouvoir d'appréciation du Doyen sur l'irrégularité qui entacherait la mesure. Car le mandat de dépôt transforme le statut de témoin de la personne gardée à vue en celui d'inculpé dont le contentieux ne peut être porté que devant la cour d'appel au regard de la règle du double degré de juridiction d'instruction. Dans ce cadre, le Doyen perd toute autorité de contrôle sur la détention provisoire ordonnée par le magistrat instructeur. À ce titre, le principe du droit au recours contre l'arrestation illégale devient un idéalisme juridique qui ne permet pas concrètement au suspect de faire réexaminer la mesure de garde à vue dont il fait l'objet à la suite d'une arrestation entachée d'illégalité.

**732.** Cependant, l'article 67 du code d'instruction criminelle place le ministère public au cœur de l'audition de quiconque que le juge estime nécessaire à la manifestation de la vérité. Cette disposition confère au commissaire du Gouvernement une influence sur le pouvoir de contrainte du magistrat instructeur pour assurer la comparution forcée du témoin devant lui afin d'être entendu. Cette situation s'assimile à celle de la personne arrêtée sur délégation de pouvoir du juge d'instruction du fait que le statut de témoin de l'individu peut muter en inculpé en cours d'audition par l'officier de police judiciaire. Pourtant, ce dernier ne bénéficie pas à ce stade des mêmes droits que le ministère public pour faire annuler la mesure de contrainte dont il fait l'objet.
**733.** Il en résulte que le gardé à vue, quelle qu'en soit l'origine (à l'issue de l'exécution du mandat d'amener ou lors d'une audition en qualité de témoin), ne bénéficie pas du droit à un recours effectif en matière de garde à vue au stade de l'information. À cette phase, le matérialisme du droit au recours contre la détention policière qui est conféré à ce dernier par les articles 26, 26.1 et 26.2 de la Constitution de 1987 ne paraît pas concret.
**734.** L'irréalisme du droit au recours contre la mesure de garde à vue à la phase de l'information s'atténue dans la procédure pénale française. La marginalisation du droit de la personne gardée à vue semble connaître une certaine souplesse à la phase de l'information.
La mesure de garde à vue relève d'une compétence partagée entre le juge d'instruction et le juge des libertés et de la détention au stade de l'information judiciaire. Alors que les articles 154 et 706-88 du code de procédure pénale habilitent le juge d'instruction à recourir au placement en garde à vue ou à la prolongation de celle-ci, le juge des libertés et de la détention n'intervient que dans les prolongations de la mesure selon les articles 706-88, alinéa 2 et 706-88-1 du même code. Dans les deux hypothèses, l'exécution de la mesure impacte si considérablement la vie quotidienne de la personne gardée à vue qu'il paraît nécessaire d'offrir à cette dernière les possibilités de faire cesser à tout moment les effets traumatisants de la mesure.
**735.** Par souci de garantir les droits de la défense, le législateur français se montre favorable à l'instauration du droit au recours pour interrompre l'exécution et les effets de la mesure. Il est institué dans la procédure pénale française un double contrôle sur la garde à vue à la phase d'instruction. Le législateur prescrit un contrôle en cours d'instruction et un autre à la fin de la procédure de l'information.

S'agissant du contrôle en cours d'instruction, le législateur établit l'équilibre entre l'efficacité des investigations et l'arbitraire du juge. Car l'ordonnance de prolongation de la mesure à l'initiative du juge des libertés et de la détention peut revêtir un caractère attentatoire aux intérêts du gardé à vue. L'intéressé dispose ainsi des prérogatives pour contester le bien-fondé de ladite ordonnance par la voie de l'appel, en cas d'irrégularités, devant la Chambre de l'instruction en application de l'article 186-1 du code de procédure pénale. Cette possibilité de l'appel de cette ordonnance caractérise le droit au recours reconnu à la personne concernée contre la garde à vue décidée en cours d'instruction par le juge des libertés et de la détention. Il en est ainsi du contrôle de la mesure exercé pendant l'information lorsque celle-ci est décidée par le juge d'instruction.

**736.** Il faut noter au passage que le magistrat instructeur dispose d'un double pouvoir en matière de procédure de garde à vue. L'article 154 du code de procédure pénale autorise ce dernier à prendre l'initiative du placement en garde à vue, d'une part, et le magistrat est admis à procéder à la prolongation de la mesure aux termes de l'article 706-88 du même code, d'autre part.

Dans les deux hypothèses, l'ordonnance de placement en garde à vue ou de prolongation de celle-ci est susceptible d'appel devant la Chambre de l'instruction. Cependant, l'article 185 du CPP exclut l'admission de l'appel à l'initiative de la personne gardée à vue en concentrant tous les pouvoirs entre les mains du procureur de la République en la matière. À ce titre, seul le ministère public peut relever appel de l'ordonnance de placement en garde à vue ou celle de prolongation de la mesure.

Par cette disposition, le législateur impose injustement la dictature de l'accusation à la personne gardée à vue. Dans ce contexte, l'exclusion du droit au recours de cette dernière contre le placement et la prolongation de la mesure de garde à vue entrave ses droits de la défense. Peut- être, la politique du législateur tendrait à éviter l'engorgement de la Chambre de l'instruction ou l'entrave à la protection de l'ordre public par un flux de recours.

**737.** Cette disparité des droits entre les parties semble vraisemblablement préoccuper le législateur qui la pallie en cours d'exécution de la mesure. L'article 173 du code de procédure pénale autorise le juge d'instruction et les parties, dont la personne gardée à vue, à solliciter la Chambre de l'instruction pour tout acte de procédure entaché de nullité. Cette disposition appelle deux précisions.

Premièrement, les actes susceptibles d'appel sont exclus du champ d'application de cet article. Contrairement au placement en détention provisoire, la garde à vue peut faire l'objet d'une demande en nullité devant la Chambre de l'instruction. Deuxièmement, il convient de noter que le parquet est quasiment omniprésent dans cette procédure en ce que ce dernier peut lui-même requérir le magistrat instructeur afin de procéder à cette saisine s'il estime qu'une nullité entache un acte, et doit être avisé lorsque la saisine de la Chambre de l'instruction est à l'initiative du juge d'instruction.
Même si le ministère public n'est pas le principal intéressé en cas de saisine de l'initiative du magistrat instructeur, il n'en demeure pas moins que son avis peut influencer la décision de la juridiction d'instruction supérieure. Or, le gardé à vue ne dispose pas de cette prérogative, le législateur se contentant de ne lui conférer qu'un droit à l'information. Toutefois, le gardé à vue est admis à saisir la Chambre de l'instruction d'une requête en nullité au sens du troisième alinéa de cet article s'il estime que la garde à vue est entachée d'irrégularité. En outre, le législateur français permet au suspect d'obtenir la nullité de la garde à vue par application de l'article 803-6 du code de procédure pénale.
**738.** L'article 803-6 du code de procédure pénale prévoit un ensemble de droits qui préservent les intérêts de la personne faisant l'objet de privation de liberté à la phase préparatoire du procès pénal. La chambre criminelle se rallie ainsi à cette disposition dans plusieurs arrêts. La jurisprudence de la chambre criminelle affirme que l'irrégularité dont est entachée la procédure de garde à vue peut être soumise à l'examen de la chambre de l'instruction. Par interprétation de l'article 803-6 précité, la chambre criminelle a estimé que « la remise du document récapitulant les droits de la personne gardée à vue ne peut suppléer le défaut d'énonciation des droits lors du placement en garde à vue »[1].
S'il est vrai que cet arrêt porte sur l'irrégularité qui a entaché la procédure, il va sans dire que l'examen de ladite irrégularité a été apprécié par la Chambre de l'instruction. La chambre criminelle a rappelé dans l'arrêt n° 16-85.018 du 28 mars 2017 que « le contrôle de la légalité de la garde à vue relève de l'autorité de la Chambre de l'instruction ». À ce titre, le suspect est habilité à soumettre le contrôle du bien-fondé de la mesure de garde à vue à la Chambre de l'instruction

1 Crim., 1er décembre 2015, n° 15-84.874.

lorsque le parquet décide d'orienter l'affaire vers l'information judiciaire.

**739.** Quant au stade de la fin de l'information, le contrôle de la garde à vue s'assimile à celui conféré par l'article 77-2 du CPP à la personne qui avait fait préalablement l'objet de placement en garde à vue. L'appel de l'ordonnance du juge d'instruction peut conduire la Chambre de l'instruction à exercer un contrôle *a posteriori* sur l'irrégularité dont est entachée la mesure de garde à vue. Le contentieux ne porte pas réellement sur l'appréciation du bien-fondé de la garde à vue, mais sur la nullité des irrégularités dont celle-ci serait entachée. La juridiction d'instruction du second degré exerce indirectement un contrôle sur la garde à vue à la lumière de l'article 186-1 du code de procédure pénale.

**740.** Dans l'esprit de l'article 77-2 du CPP concernant le droit de questionner la procédure de l'enquête reconnu à la personne préalablement gardée à vue, le droit de l'appel de l'ordonnance de règlement du juge d'instruction est dépourvu de tout intérêt en matière de garde à vue du fait que le contrôle *a posteriori* indirect de la mesure ne peut pas supprimer les éventuels abus dont peut faire l'objet l'intéressé au moment du placement ou de la prolongation de la mesure de garde à vue. Par cette politique d'exclusion de l'admission de la contestation du placement en garde à vue et de la prolongation de la mesure, la politique criminelle française préfère la protection de l'ordre social à la prépondérance du principe de la liberté. Le législateur atténue cette rigidité répressive par l'ouverture des prérogatives au bénéfice de la personne gardée à vue dans le but d'interrompre l'exécution de la mesure en cas d'irrégularités avérés.

**741.** Il est donc révélé que le ministère public occupe une place envahissante dans le contentieux de la garde à vue dans les procédures pénales haïtienne et française. Le législateur haïtien compromet l'efficacité de la défense du gardé à vue par la place réduite qui est assignée à ce dernier dans le contentieux de garde à vue. En revanche, la prépondérance des prérogatives du parquet dans la procédure pénale française ne marginalise pas totalement le principe du contradictoire dans l'application de la mesure de garde à vue.

**742.** Bien que la politique pénale française ne soit pas orthodoxe en ce qui concerne l'équilibre des droits en la matière, elle se montre plus préoccupée des droits de la défense contrairement à la procédure pénale haïtienne. Les possibilités offertes à la personne gardée à vue pour faire annuler les irrégularités qui entachent la procédure de garde à vue sont certes insuffisantes, mais, contrairement à la procédure pénale haïtienne dans laquelle le droit au recours à la personne gardée à vue est apparent, celles-ci permettent l'exercice encadré du droit au recours du gardé à vue.

Le contrôle juridictionnel de la garde à vue dans les procédures pénales haïtienne et française ne correspond pas en réalité à la neutralité du processus judiciaire de telle manière que chacune des parties devrait avoir la même chance pour emporter la conviction du juge. Dans la législation haïtienne, le contrôle de la mesure paraît une illusion qui ne permet pas d'éclaircir l'ombre du conflit entre les parties à la phase de l'avant-procès pénal en raison de l'obstruction à la parole du gardé à vue dans les débats judiciaires.

**743.** La politique de limitation de pouvoirs mise en place au détriment de la personne gardée à vue par rapport à l'omniprésence du parquet dans ce contrôle juridictionnel fait douter de la volonté réelle du législateur haïtien d'instituer les droits de la défense dans le contentieux de la garde à vue. Le décalage des prérogatives entre le ministère public et le gardé à vue donne l'impression que le mécanisme de contrôle juridictionnel de la mesure est un instrument de vantardise de l'État de droit dans la justice pénale haïtienne.

**744.** Tout compte fait, la personne privée de liberté ne bénéficie pas des mêmes prérogatives que le ministère public dans les deux procédures pénales étudiées afin de prouver l'illégalité de la garde à vue ou faire examiner les irrégularités dont celle-ci serait entachée. L'on souhaite donc que les législateurs haïtien et français projettent à l'avenir l'adaptation du contentieux de la garde à vue au principe de l'égalité des armes dans la matière pénale afin de rendre effectif le droit au recours du gardé à vue. Cet amendement est autant nécessaire pour pallier la lacune du contrôle de la fin de la garde à vue (§ 2).

## § 2 – Le droit au recours abstrait du mis en cause à la fin de la gardeà vue

**745.** Les procédures pénales haïtienne et française prévoient la saisine de l'instance correctionnelle à l'issue de la garde à vue lorsque la qualification pénale retenue par le parquet ne s'avère pas complexe et que des investigations approfondies ne paraissent pas nécessaires. Le ministère public peut librement saisir le juge correctionnel dans le but de faire prononcer des réponses pénales applicables aux faits reprochés.

**746.** Le législateur haïtien limite cette procédure à la situation de flagrance. Dès l'intitulé de la loi du 6 mai 1927 relative à la comparution

immédiate, le législateur n'entend pas généraliser la procédure de comparution immédiate à l'enquête pénale, mais limite son application aux seuls cas de flagrant délit. Cette loi ne prend pas en compte la mesure de garde à vue issue de l'enquête à l'initiative du parquet en dehors de flagrant délit. Cette restriction risque de se trouver en conflit avec des dispositions du code d'instruction criminelle.
L'article 37 du code d'instruction criminelle autorise le commissaire du Gouvernement à ouvrir l'enquête, notamment en matière de dénonciation. Dans cette optique, l'enquête pénale ne revêt pas un caractère flagrant et est menée à partir des investigations policières en application des articles 20 et 21 du même code. Dans le même ordre d'idées, l'article 41 du code d'instruction criminelle habilite le parquet à déléguer ses pouvoirs aux officiers et agents de police judiciaire pour mener des opérations en dehors de flagrant délit. Au cours de ces opérations, les enquêteurs peuvent estimer que le placement en garde à vue de la personne concernée peut être utile à la manifestation de la vérité. Dans ce cas, la personne mise en cause peut être déférée devant le tribunal correctionnel si le ministère public estime que les faits reprochés sont de moindre gravité.

**747.** Cependant, la loi du 6 mai 1927 précitée cantonne la saisine de l'instance correctionnelle aux situations de flagrance. L'on déduit de la loi de 1927 que la fin de la garde à vue, en dehors de flagrant délit, doit emporter la saisine automatique du cabinet d'instruction lorsque le parquet décide de mettre l'action publique en mouvement à l'encontre de la personne gardée à vue en raison de sa participation à l'infraction de nature correctionnelle. Cette restriction, fondée sur l'origine de la garde à vue, peut entraîner l'engorgement de la justice pénale et la surpopulation carcérale eu égard à la portée de l'article 2 de ladite loi sur la faculté du commissaire du Gouvernement pour procéder au placement en détention provisoire à l'encontre de l'intéressé. Selon cette disposition, il exige du ministère public l'obligation de faire comparaître l'intéressé « à la plus prochaine audience » sans impartir à ce dernier un délai butoir.
L'article 4 de la loi précitée autorise le juge correctionnel à accorder la liberté provisoire pour un délai de quinze jours maximum afin de permettre au prévenu de préparer efficacement sa défense.

**748.** Cette loi dépasse le statut de présumé innocent du gardé à vue, qui est devenu prévenu en raison de sa présentation devant le tribunal correctionnel. Car l'intéressé devrait être entendu avant d'être placé en détention provisoire. Il est étonnant que la loi confère à l'autorité de poursuite, c'est-à-dire le parquet, le pouvoir de procéder au placement en détention provisoire de la personne concernée puisque le ministère public et la personne gardée à vue sont en principe deux contradicteurs dans le contentieux de la garde à vue qui entraîne l'instance correctionnelle. Conférer un tel pouvoir au parquet méconnaît le principe d'impartialité dans la mise en œuvre des mesures privatives de liberté avant jugement.

**749.** Même si l'article 4 de cette loi offre la possibilité au prévenu, initialement gardé à vue, de bénéficier de la liberté provisoire pour préparer sa défense, il n'en demeure pas moins que la place envahissante qu'occupe le parquet dans la procédure est critiquable. L'on constate l'omniprésence du ministère public dans ladite procédure en ce qu'il y remplit à la fois le rôle de juge et de partie. Le parquet peut décider à la fois l'opportunité des poursuites et le placement en détention provisoire de l'intéressé. À l'inverse, la personne concernée n'est pas autorisée à contester la mesure de placement en détention provisoire dont elle fait l'objet. L'exclusion de ce droit au recours exprime la stigmatisation de la personne gardée à vue dans la procédure de comparution immédiate au sein de la procédure pénale haïtienne.
Dès lors, la procédure pénale haïtienne ne garantit pas le recours effectif du prévenu dans la mise en œuvre de la procédure de comparution immédiate à l'issue de la garde à vue. Il est donc souhaitable que le législateur soit conscient de la nécessité d'amender cette loi afin de subordonner la décision de placement en détention provisoire à l'appréciation du juge judiciaire en cas d'impossibilité du tribunal lors de la procédure de comparution immédiate. Dans ce cadre, la nécessité de la protection de l'ordre public serait contrebalancée par la garantie du principe de la liberté.

**750.** Le législateur français ne différencie pas l'origine de la garde à vue dans l'application de la procédure de comparution immédiate. Il est énoncé à l'article 63-8 du code de procédure pénale que la personne gardée à vue peut être remise en liberté ou déférée devant le procureur de la République à l'issue de la mesure de garde à vue. S'il s'agit d'un déferrement, le magistrat du parquet informe l'intéressé de l'orientation qu'il entend donner à l'affaire par application de l'alinéa 1er de l'article 393 du CPP. À cet égard, trois possibilités sont réservées au gardé à vue. D'abord, le procureur de la République peut proposer une des mesures alternatives aux poursuites prévues aux articles 41-1 et 41-2 du code de procédure pénale, telles la composition pénale, la médiation pénale, l'avertissement pénal probatoire, la médiation pénale etc. Dans

cette perspective, la personne concernée reste libre. Ensuite, le magistrat peut saisir le juge d'instruction s'il estime que les faits reprochés nécessitent des investigations approfondies et qu'une mise en examen est nécessaire dans le cadre de la manifestation de la vérité. Enfin, ce dernier peut saisir le tribunal correctionnel sur le fondement de l'article 394 du même code s'il estime que les faits sont de nature correctionnelle et de faible gravité. Dans le dernier cas, il peut convoquer l'intéressé à l'audience correctionnelle ou décider que le jugement de ce dernier dans l'immédiat par la procédure de comparution immédiate en application de l'alinéa 1er de l'article 395 du code de procédure pénale.
Par souci de garantir la représentation de la personne concernée en justice ou protéger l'ordre public, le prévenu peut être placé en détention provisoire si la tenue de l'audience correctionnelle paraît impossible le jour même. L'alinéa 3 de l'article 396 du code de procédure pénale exige que le juge des libertés et de la détention exerce un contrôle sur les charges retenues par le parquet à l'encontre de l'intéressé. Ainsi, le juge des libertés et de la détention peut, par une décision motivée, placer l'intéressé en détention provisoire jusqu'à sa comparution devant le tribunal correctionnel en application de l'alinéa 1er de l'article 396 du CPP.

**751.** Ce contentieux de la détention provisoire fait l'objet d'un débat contradictoire *a minima*. L'alinéa 3 de l'article 396 du CPP autorise le prévenu à présenter des observations devant le juge des libertés et de la détention. Cette possibilité offerte à l'intéressé donnerait l'impression que les droits de la défense de ce dernier seraient garantis dans la procédure de comparution immédiate. Pourtant, cette disposition n'est pas dépourvue de critiques, en ce sens que les observations présentées devant le magistrat paraissent insuffisantes pour garantir l'effectivité des droits de la défense du gardé à vue dans le cadre de la comparution immédiate. C'est ainsi que le Conseil constitutionnel a estimé que l'invitation du juge des libertés et de la détention au prévenu pour présenter ses observations est attentatoire au droit au silence. Le Conseil constitutionnel a considéré que « le prévenu qui comparaît devant le juge des libertés et de la détention et qui n'est pas expressément averti de la possibilité qui lui est offerte de bénéficier du droit de se taire pourrait être tenté de s'auto-incriminer pour éviter un placement en détention provisoire »[1].

1 Décision n° 2020-886 QPC du 4 mars 2021.

**752.** La méconnaissance du droit au silence traduit le mépris de la présomption d'innocence dans la mise en œuvre de la procédure. Cette méconnaissance persiste dans l'exclusion du droit au recours au bénéfice de la personne privée de liberté en matière de placement en détention provisoire. Car l'ordonnance de placement en détention provisoire du juge des libertés et de la détention est insusceptible de recours dans le cadre de l'application de la comparution immédiate à la suite de la garde à vue. Une telle exclusion pose un problème sérieux quant à l'effectivité des droits de la défense dont devrait disposer le gardé à vue dans la mise en œuvre de la procédure de comparution immédiate dans la procédure pénale française.
**753.** La question du droit effectif au recours au bénéfice de la personne gardée à vue est donc bannie en matière de comparution immédiate à l'issue de la garde à vue dans les procédures pénales haïtienne et française. La stigmatisation des intérêts de la défense influe sur le respect de l'équilibre des parties à la phase de l'avant-procès pénal dans ces deux systèmes juridiques.
Il en résulte que les politiques criminelles haïtienne et française limitent le droit au recours de la personne concernée contre les irrégularités qui entachent la mesure de garde à vue. Cette disparité des droits entre le gardé à vue et le ministère public traduit l'insuffisance du contrôle institutionnel sur la mesure de garde à vue dans les procédures d'enquête et de l'information judiciaire.
Cette inégalité des droits connaît un tempérament dans l'information judicaire en ce que les législations criminelles française et haïtienne instaurent un équilibre des droits relatif entre les parties dans le contrôle des mesures privatives de liberté au stade de l'instruction préparatoire (Section 2).

## Section 2

## L'équilibre relatif des droits des parties dans le contrôle de l'information

**754.** Le principe de l'égalité des armes implique un droit de surveillance égalitaire entre les parties sur les actes de la procédure de l'information. Les chances du ministère public et des parties privées doivent être similaires pour contester les décisions du magistrat instructeur au cours du déroulement et à la fin de l'information. Si l'on ne peut pas affirmer l'existence d'une inégalité des droits entre les parties à cette phase, il n'en demeure pas moins que le parquet y exerce une influence non négligeable.
Le ministère public dispose d'un pouvoir important pour influencer les décisions relatives au contrôle juridictionnel des actes d'instruction et de juridiction du juge d'instruction. Au contraire, la place de la personne détenue est davantage réduite dans la procédure de l'information.
Dès le début de la procédure de l'information, le parquet dispose des prérogatives importantes au détriment de la personne poursuivie. Outre son pouvoir de déclencher l'information par l'introduction du réquisitoire introductif, le ministère public est omniprésent dans la réalisation de nombreuses opérations du fait que certaines décisions du juge sont tributaires des réquisitions de ce dernier. Ce pouvoir étendu du parquet se constate dans les procédures pénales haïtienne et française dans plusieurs domaines, tels le recours au mandat d'arrêt, le placement en détention provisoire de la personne mise en cause en matière correctionnelle, la mise en liberté d'office ou sur demande de l'intéressé, la réalisation des auditions, interrogatoires, confrontations ou perquisitions ou le supplément d'information etc.
De même, le ministère public occupe une place prépondérante en matière d'appel des ordonnances au stade de l'information. Dans cette perspective, la personne détenue semble être mise à l'écart au profit du ministère public, et le contrôle de la privation de liberté institué au stade de l'information méconnaît le principe de l'égalité des armes. Dans ce cadre, la limitation des droits reconnus à la personne poursuivie s'explique par l'omniprésence du ministère public dans les actes d'instruction (§1) et ceux de juridiction (§2).

## § 1 – L'omniprésence du ministère public dans le contrôle des actes d'instruction

**755.** Les larges prérogatives accordées au ministère public dans le cadre du contrôle des actes d'instruction soulèvent beaucoup de difficultés au sein des procédures pénales haïtienne et française. La primauté du ministère public dans l'exercice de ce contrôle peut donner l'impression que la personne poursuivie serait étrangère dans le contentieux des mesures privatives de liberté à la phase de l'information. Dans ce cadre, la personne détenue occupe une place réduite dans les actes de vérifications matérielles et de recueil d'informations.
**756.** Le juge d'instruction est investi de pouvoirs pour procéder aux vérifications matérielles et recueillir des informations utiles à la manifestation de la vérité. Ces vérifications matérielles peuvent se réaliser par des transports sur les lieux aux fins de procéder à des constatations matérielles des objets ou des perquisitions dans le cadre de la recherche de la vérité. Cette recherche de la vérité peut s'effectuer par la réalisation des auditions, confrontations ou interrogatoires. Ces opérations sont essentielles dans le cadre des investigations en vue de découvrir la vérité judiciaire. Curieusement, le parquet se trouve au cœur de ces opérations au détriment de la personne détenue. Or, les investigations du juge d'instruction doivent s'aligner sur la règle d'impartialité.
**757.** Alors que l'omniprésence du ministère public se constate dans les opérations d'auditions et de perquisitions dans la procédure pénale haïtienne, les pouvoirs de ce dernier semblent être contrebalancés dans les auditions, confrontations ou interrogatoires, ainsi que dans les perquisitions dans la procédure pénale française.
En matière de perquisition et d'audition des témoins, le législateur haïtien place le ministère public dans une situation de supériorité par rapport à la personne poursuivie. D'emblée, l'article 49 du code d'instruction criminelle impose la présence du commissaire du Gouvernement dans le transport sur les lieux du juge d'instruction. Les perquisitions effectuées par le juge d'instruction doivent se réaliser sous le contrôle du parquet en application de l'article 73 du code d'instruction criminelle. En revanche, le législateur soustrait le droit d'appel à la personne détenue contre les irrégularités qui entacheraient ces perquisitions.
**758.** Il en est ainsi des auditions des témoins par le juge d'instruction. L'article 59 du code d'instruction criminelle confère un pouvoir de

filtrage au ministère public en matière de comparution des témoins devant le magistrat instructeur en subordonnant la citation de ces derniers aux réquisitions du commissaire du Gouvernement. Par ce pouvoir de filtrage, le commissaire du Gouvernement peut décider de ne pas donner suite à l'ordonnance de citation du juge d'instruction dans le cadre du recueil d'informations et de renseignements, ce qui peut obstruer la manifestation de la vérité. Cette inertie judiciaire se fait de plus en plus présente dans la procédure judiciaire haïtienne dans des affaires de nature politique dans lesquelles sont soupçonnés des proches de l'exécutif ou d'autorités politiques. Rappelons ici que le parquet est placé strictement dans un lien de subordination au pouvoir exécutif. Dans cette perspective, les commissaires du Gouvernement peuvent être mis en disponibilité à la discrétion du ministre de la Justice et de la Sécurité publique. Dans la pratique, certains juges d'instruction tentent de temps en temps de contourner le pouvoir de filtrage du ministère public en confiant la citation de témoin à un huissier du cabinet d'instruction. Mais cette pratique judiciaire peut impacter l'efficacité de la procédure de l'information du fait que cet acte d'audition peut être annulé dans le cadre de l'appel de l'ordonnance du juge ou, le cas échéant, lors du procès pénal, en raison de la violation de la légalité procédurale instituée à l'article 59 précité.

**759.** Le législateur exclut la personne détenue dans la procédure d'audition des témoins. Cette exclusion pourrait se justifier par le caractère secret de l'instruction si la personne concernée avait la possibilité de discuter ultérieurement les déclarations des témoins puisque le juge instruit à charge et à décharge. Mais rappelons que la personne mise en cause n'a pas accès au dossier de la procédure de l'information.

Dans le même sens, le commissaire du Gouvernement est omniprésent dans la comparution forcée des témoins en matière d'audition. L'article 67 du code d'instruction criminelle impose au juge d'instruction de solliciter des « conclusions du commissaire du Gouvernement pour contraindre toute personne citée à comparaître pour être entendue ». L'excuse légitime du témoin qui ne pouvait comparaître au cabinet du juge doit être soumise à l'appréciation du ministère public dans le but de recueillir ses « conclusions » au sens de l'article 68 du code d'instruction criminelle.

**760.** Il est vrai que le juge d'instruction n'est pas lié par les réquisitions du ministère public, les prérogatives dont dispose ce dernier dans la réalisation de l'audition expriment la volonté politique du législateur de conférer vraisemblablement au parquet la plénitude de surveillance des preuves dans le cadre de l'information. Dès lors, le législateur haïtien consacre une inégalité des droits entre le ministère public et la personne détenue dans la procédure d'instruction. Cette disparité de traitement judiciaire reflète l'insuffisance du contrôle institutionnel sur les actes d'instruction. Mais la pratique pallie cette inégalité eu égard à la mission du juge d'instruction d'instruire à charge et à décharge.

**761.** Ce pouvoir de contrôle étendu sur les actes d'instruction est conféré au procureur de la République dans la procédure pénale française. Il est indiqué à l'alinéa 1er de l'article 119 du code de procédure pénale que « le procureur de la République peut assister aux interrogatoires, auditions, confrontations et auditions ». L'alinéa 2 dudit article dispose que « Chaque fois qu'il fait connaître au juge d'instruction son intention d'y assister, le greffier du juge d'instruction doit l'avertir par simple note, au plus tard l'avant-veille de l'interrogatoire ». En qualité d'assistant à ces interrogatoires, auditions ou confrontations, le ministère public dispose du droit de questionner le juge d'instruction sur ces actes et formuler des observations, tout comme les parties privées. Cependant, ces opérations intéressent essentiellement la personne détenue dans le cadre du recueil d'informations utiles à la manifestation de la vérité.

**762.** La présence du ministère public n'est pas obligatoire en matière de transports sur les lieux et perquisitions du juge d'instruction dans la procédure pénale française. Le juge d'instruction dispose des pouvoirs pour se transporter sur les lieux afin de procéder à des perquisitions dans le cadre de la manifestation de la vérité en application de l'article 92 du code de procédure pénale. Il importe d'apporter plusieurs précisions qui gouvernent les procédures de transport et de perquisition du juge d'instruction.

Il convient de relever que l'obligation d'information au parquet n'emporte pas la présence obligatoire de ce dernier sur les lieux des opérations. Il en est ainsi de la personne détenue en ce que cette dernière doit être informée lorsque le juge d'instruction entend réaliser ces opérations.

**763.** Cette obligation d'information ne s'étend pas à l'avocat lorsque la personne concernée n'est privée de liberté ou n'a pas subi d'interrogatoire[1]. C'est ainsi que l'alinéa 1er de cet article précise clairement que le parquet dispose de la faculté et non de l'obligation

---

1 Crim., 3 avril 2013: D. 2013. 1068, obs. Léna; ibid. 1940, obs. Destraz.

d'accompagner le magistrat instructeur dans ces opérations. De même, la présence de la personne poursuivie n'est pas obligatoire en matière de transport sur les lieux et d'opérations de vérifications matérielles ou de perquisition dès lors que les droits de la défense sont respectés. Il en déduit que le législateur a tendance à écarter la personne détenue de la réalisation des actes d'instruction dans le cadre de l'information, alors que la présence de cette dernière peut contribuer à minimaliser les charges retenues contre elle.

Le législateur ne consacre pas un droit à la personne détenue d'être présente dans la réalisation de certains actes d'instruction du juge. Il est regrettable qu'un tel droit ne soit pas conféré à l'intéressé afin de lui permettre d'optimiser ses chances d'obtenir sa mise en liberté.

**764.** Il se peut que les nécessités de l'information imposent le déplacement du magistrat en dehors de sa compétence territoriale afin de recueillir des informations utiles à la manifestation de la vérité. L'article 93 du code de procédure pénale autorise ce dernier à se transporter avec son greffier sur toute l'étendue du territoire. Le juge d'instruction doit en aviser non seulement le parquet, mais il est également tenu de préciser à ce dernier les motifs de son déplacement.

L'article 93-1 du même code consacre également l'extension de compétence territoriale au magistrat instructeur pour effectuer des actes de procédure dans un État étranger ou un État membre de l'Union européenne dans le cadre d'une commission rogatoire. Après avoir avisé le procureur de la République, il peut, avec l'accord des autorités compétentes de l'État concerné, se transporter avec son greffier sur le territoire de cet État aux fins de procéder à des auditions.

**765.** Le pouvoir du parquet s'intensifie en matière de demande de supplément d'information au cours de l'instruction. L'article 82, alinéa 2 du CPP confère le droit au procureur de la République de « solliciter à tout moment du juge instructeur la communication du dossier, mais également tout acte d'information qui lui paraît utile à la manifestation de la vérité dont le refus doit être exprimé par une ordonnance motivée dans les cinq jours suivant le réquisitoire du parquet ».

Il résulte de cette disposition un pouvoir étendu conféré au parquet dans le cadre de l'information. Cette disposition permet non seulement à ce dernier de codiriger les investigations avec le magistrat instructeur, mais le législateur garantit également la prise en compte de sa demande en anticipant l'inertie du juge par une obligation de statuer. Il va sans dire que le procureur de la République peut demander au magistrat instructeur d'assister à la réalisation de l'opération requise en application de l'article 119 du code de procédure pénale, qui autorise « le procureur de la République d'assister aux interrogatoires, auditions et confrontations de la personne mise en examen, de la partie civile et du témoin assisté ». Or, l'article 119 n'accorde pas la même possibilité à la personne détenue. Pourtant, cette dernière est la principale partie intéressée à toutes opérations utiles à la manifestation de la vérité afin qu'elle puisse établir son innocence et obtenir sa mise en liberté.

**766.** Cette disposition a été portée devant la chambre criminelle pour être considérée comme attentatoire au principe de l'égalité des armes en matière de procédure de l'information. En l'espèce, les personnes mises en examen avaient saisi la Chambre de l'instruction d'une requête en nullité de l'audition d'un expert autorisé par le juge instructeur sur réquisitions du procureur de la République aux termes de l'article 82 du code de procédure pénale. Les demandeurs ont évoqué le mépris de l'égalité des armes du fait que ladite audition s'était déroulée en la seule présence du ministère public. Cette demande était rejetée par la Chambre de l'instruction au motif qu'aucune disposition légale ne prévoit ni ne fait obligation au juge de convoquer les autres parties ou leurs avocats. Il était invoqué comme grief que le procès équitable et contradictoire implique que l'avocat d'une partie dispose du droit d'assister à l'audition d'un expert effectué sur réquisitions du parquet en présence de celui-ci. La chambre criminelle a estimé que « le principe de l'égalité des armes tel qu'il résulte de l'exigence d'une procédure équitable et contradictoire impose que les parties au procès disposent des mêmes droits ; qu'il doit en être ainsi, spécialement du droit pour l'avocat d'une partie d'assister à l'audition d'un expert effectuée sur réquisition du procureur de la République »[1].

**767.** Cet arrêt a remis donc en cause la prépondérance accordée au parquet dans la procédure de l'information par application de l'article 82 du code de procédure pénale. À la lumière de la jurisprudence de la chambre criminelle, la stigmatisation de la personne privée de liberté dans les actes d'instruction méconnaît l'exigence du respect du principe des droits de la défense qui résulte de l'égalité des armes entre les parties au procès pénal. La portée de cet arrêt remet désormais la personne détenue sur le même pied d'égalité avec le ministère public en matière des opérations d'actes d'instruction.

**768.** La question de la consécration inégalitaire des droits dans la réalisation des actes de procédure s'étend à la fin de l'instruction dans

1 Crim., 11 mai 2010, op. cit.

ces deux procédures pénales. Il est indiqué à l'alinéa 1er de l'article 7 de la loi du 29 juillet 1979 sur l'appel pénal que « le juge instructeur saisi d'une affaire a un délai de deux mois pour en mener l'instruction et communiquer les pièces de l'information au ministère public.. ». Au deuxième alinéa de cette disposition, il est énoncé que « le ministère public devra, sous peine de prise à partie, conclure définitivement dans les cinq jours de la réception des pièces ».

Par son réquisitoire définitif, le ministère public peut influencer l'ordonnance de clôture du juge d'instruction au désavantage de la personne détenue. De même, l'article 123 du code d'instruction criminelle haïtien accorde le droit au commissaire du Gouvernement de solliciter du juge d'instruction un supplément d'information en cas de découverte « des charges nouvelles » en cours d'instruction. L'article 123 du CIC, contrairement à l'article 82 du code de procédure pénale français, ne prévoit pas explicitement la prérogative du ministère public haïtien pour requérir des actes de procédure à tout moment au cours de l'information, mais offre la possibilité à ce dernier de solliciter à tout moment du juge d'instruction la réalisation de tout acte qu'il estime utile à la manifestation de la vérité, dès lors qu'il découvre des faits nouveaux qui sont en lien avec l'infraction reprochée. Ce pouvoir étendu du ministère public place ce dernier en position privilégiée par rapport à l'inculpé détenu.

**769.** Au vrai, il n'est pas interdit à la personne détenue de porter à la connaissance du juge des faits qui peuvent dissuader le juge à la maintenir en détention. Cependant, le législateur n'en fait pas un droit au bénéfice de cette dernière afin de solliciter la rétractation de la mesure privative de liberté dont elle fait l'objet au stade de l'instruction. Il est simplement réservé à l'intéressé le droit de soumettre le réexamen de la procédure de l'information à la juridiction supérieure du second degré. Il en résulte que le contrôle des actes d'instruction est formellement inégalitaire dans les législations pénales haïtienne et française en raison de la place réduite accordée à la personne poursuivie au profit de l'omniprésence du ministère public.

**770.** L'évolution de la jurisprudence de la chambre criminelle rompt avec cette situation inégalitaire des droits entre les parties en la matière afin de garantir le principe d'égalité devant la justice pénale. Grâce à cette avancée jurisprudentielle, la personne poursuivie se trouve désormais sur le même pied d'égalité que le ministère public en matière de contrôle d'actes d'instruction.

Il en va différemment dans la procédure pénale haïtienne dans laquelle la personne détenue est considérée comme étrangère à des opérations d'instruction dans le cadre de l'information. Cette dernière n'est pas admise à demander la nullité des actes de procédure effectués par le juge d'instruction même si elle estime que ces opérations sont entachées d'irrégularité. Le législateur haïtien préfère différer le droit de la personne poursuivie en permettant à cette dernière de contester ces opérations devant la juridiction de jugement ou devant la juridiction supérieure du second degré. Cette privation du droit au recours place cette dernière dans une situation désavantageuse dans la procédure pénale haïtienne et viole le principe d'égalité des justiciables dans la justice pénale à la lumière des articles 18 de la Constitution et 24 de la Convention américaine relative aux droits de l'homme.

**771.** La disparition de cette situation inégalitaire dans le droit haïtien semble n'être pas pour demain eu égard à l'inaction des avocats, qui ne tentent pas de mettre à l'épreuve les juges de la Cour de cassation sur l'exigence du respect du principe de l'égalité des armes dans la justice pénale. Cette passivité explique vraisemblablement le manque de débats sur la stigmatisation de la personne privée de liberté dans la procédure de l'information et l'influence importante du parquet dans le cadre du contrôle des actes juridictionnels (§ 2).

## § 2 – L'influence du parquet dans le contrôle des actes de juridiction

**772.** L'acte juridictionnel s'entend d'un acte par lequel le juge d'instruction adopte une mesure, soit d'office, soit à la demande d'une partie. Cette mesure prend la forme d'ordonnance et peut être adoptée dans le cadre de l'instruction.

Le ministère public semble occuper une place privilégiée par rapport à la personne poursuivie détenue en matière de contrôle exercé sur ces différentes ordonnances. Cette prépondérance au profit du ministère public entraîne un traitement inégalitaire entre les parties, ce qui compromet la chance de la personne détenue d'exercer un droit de regard sur les actes de contrainte non privatifs de liberté et dans les meures privatives de liberté.

**773. L'omniprésence du parquet dans le contrôle des mesures de contrainte du juge d'instruction.** La contrainte en matière de procédure de l'information s'entend du recours à la force publique pour s'assurer de la représentation en justice de la personne mise en cause. Les mesures de contrainte se réalisent par les mandats de comparution, d'amener et de recherche. Il faut avoir à l'esprit que ces mandats peuvent emporter la privation de liberté de la personne poursuivie, mais ne sont pas des mesures privatives de liberté par nature.

**774.** La qualité de partie poursuivante du parquet emporte la perte d'intérêt de ce dernier de relever appel de ces mandats dont l'exécution a pour objectif de garantir la représentation en justice de la personne poursuivie. Logiquement, un tel recours serait dénué de lucidité. Cependant, le parquet peut être défavorable à la poursuite de la personne mise en cause quand qu'il avait requis le classement sans suite ou le refus d'informer dans la procédure de l'information. Ce dernier peut ne pas s'aligner sur la même position que le juge d'instruction et, à ce titre, peut contester ces mandats par la voie de l'appel au nom de la protection de l'intérêt général et au sens de la notion de l'indisponibilité de l'action publique. C'est probablement sur la base de ce raisonnement que les procédures pénales haïtienne et française confèrent le droit au recours au ministère public contre ces mesures de contrainte du magistrat en cours d'instruction. Toutefois, ces deux législations pénales s'opposent quant au droit au recours reconnu à la personne poursuivie pour contester ces mandats.

**775.** Alors que la procédure pénale haïtienne instaure un droit d'appel général au profit du ministère public et de l'inculpé contre les ordonnances rendues en cours d'instruction, le législateur français confère un caractère limitatif au droit d'appel de la personne détenue en la matière.

L'article 8 de la loi du 29 juillet 1979 sur l'appel pénal autorise l'appel de toutes les ordonnances rendues par le juge d'instruction dans le droit haïtien. L'article 13 de la même loi, insérée dans le code d'instruction criminelle annoté par Menan et Patrick Pierre Louis, corrobore l'idée du droit d'appel général contre toutes les ordonnances rendues par le juge d'instruction en cours d'instruction. L'expression « autre qu'une ordonnance de clôture » insérée dans l'article 13 précité implique la possibilité de l'exercice de l'appel des ordonnances du juge d'instruction au cours de ses investigations dans le cadre de la recherche de la vérité. Il en résulte que les mandats de comparution, d'amener ou d'arrêt du juge d'instruction sont susceptibles d'appel dans la procédure pénale haïtienne. Le ministère public et la personne détenue peuvent les contester par la voie de l'appel devant la cour d'appel, qui est la juridiction d'instruction du second degré. Cette même prérogative est offerte au ministère public pour appeler des mandats de comparution, d'amener ou d'arrêt du juge d'instruction sur le fondement des articles 8 et 13 de la loi précitée combinés.

**776.** L'individu demeure libre dans le cadre de l'émission de ces mandats, certes, mais il ne faut pas croire que l'appel interjeté contre ces mesures manque d'intérêt dans l'application de la privation de liberté avant procès. L'exercice de l'appel trouve son intérêt dans la finalité privative de ces mandats en ce que l'exécution du mandat d'amener ou d'arrêt emporte la privation de liberté de la personne avant sa présentation devant le juge d'instruction. La personne concernée a donc intérêt à anticiper sa privation de liberté. Pour cela, elle devrait disposer des prérogatives pour les contester en ce qu'elle devrait pouvoir appeler de ces ordonnances-mandats du juge instructeur à la lumière de l'article 13 du code d'instruction criminelle.

**777.** Le code de procédure pénale français limite le droit d'appel de la personne mise en examen contre les ordonnances du juge d'instruction, tandis qu'il confère un droit d'appel général au parquet en la matière. Les articles 186 et 186-1 du code de procédure pénale listent exhaustivement les ordonnances du juge d'instruction ou du juge des libertés et de la détention qui ouvrent le droit d'appel à la personne mise en examen. Les mesures décidées par le magistrat sur le fondement de l'article 122 du CPP, c'est-à-dire les mandats de comparution, d'amener ou d'arrêt, ne figurent pas parmi les ordonnances prévues aux articles 186 et 186-1 précités. Le droit d'appel de ces mandats n'est pas reconnu à la personne poursuivie dans la procédure pénale française. Cependant, l'article 185 du même code confère un droit d'appel général au ministère public contre toutes les ordonnances du juge d'instruction.

Il résulte de l'article 185 précité que le parquet peut contester les mandats de comparution, d'amener ou d'arrêt par la voie de l'appel devant la Chambre de l'instruction. C'est pourquoi la chambre criminelle exige le respect des principes de nécessité et de proportionnalité en matière d'émission des mandats au sens de l'article préliminaire du code de procédure pénale[1].

**778.** L'opposition entre la procédure pénale haïtienne et celle française dans le domaine de l'appel des mesures contraignantes révèle la

---

1 Crim., 28 mai 2002, n° 02-81.924 ; Crim., 26 janvier 2000, n° 99-87.180.

possibilité de soustraire à la personne poursuivie sa liberté par les mesures contraignantes du juge d'instruction. L'admission d'un droit d'appel général au bénéfice de la personne mise en cause permet d'équilibrer la notion de sûreté et le principe de la liberté dans la procédure de l'information. La personne concernée dispose des mêmes possibilités que le parquet pour faire examiner les irrégularités, qui entacheraient les mandats de comparution, d'amener ou d'arrêt dans les procédures pénales haïtienne et française. Sous cet angle, la procédure pénale haïtienne semble devancer la procédure pénale française en matière de contrôle des mesures de contrainte dont l'exécution entraîne la privation de liberté dans la procédure de l'information.
L'influence du procureur de la République dans l'information judicaire ne prive pas totalement la personne détenue de son droit au recours contre les mesures privatives de liberté en cours d'instruction.
**779. L'influence du parquet dans le contrôle des mesures privatives de liberté.** La découverte de la vérité nécessite des investigations approfondies à tous les points de vue. Le magistrat peut procéder à des mesures utiles à la manifestation de la vérité. Ce dernier est amené à recourir à des mesures privatives de liberté à l'encontre de la personne poursuivie dans le but d'assurer l'efficacité de la procédure d'information et la représentation de cette dernière devant lui. Rappelons que ces mesures peuvent consister en la détention provisoire, l'assignation à résidence sous surveillance électronique, le contrôle judiciaire assorti de certaines obligations de limitations de déplacements ou l'interdiction de quitter le territoire dans le droit haïtien.
**780. L'influence du parquet dans le contentieux de la détention provisoire.** Le contentieux de l'appel de la détention provisoire implique l'examen de l'affaire par la juridiction d'instruction du second degré. Le pouvoir de révision de ladite juridiction ne s'étend pas à l'ensemble de la procédure. Même si la juridiction supérieure du second degré peut faire usage de l'effet dévolutif de l'appel pour avoir la connaissance complète des faits entraînant le placement en détention provisoire, il n'en demeure pas moins que le pouvoir de cette dernière se limite à la seule appréciation de la légalité ou de l'opportunité de la mesure. Cette juridiction peut maintenir la détention provisoire décidée par le magistrat du premier degré ou tout simplement ordonner la mise en liberté de l'intéressé. La juridiction d'instruction supérieure peut statuer non seulement sur la requête en nullité contre la mesure de

détention, mais également poursuivre elle-même l'information après avoir statué sur la demande dont elle est saisie.
Ce contentieux provoque l'opposition des droits entre le ministère public et la personne détenue. En pareil cas, la politique criminelle doit garantir l'équilibre des prérogatives entre les parties.

**781.** Dans la procédure pénale haïtienne, les avocats des personnes détenues privilégient en général la voie gracieuse au détriment de celle contentieuse de l'appel en nullité. Au lieu de solliciter de la cour d'appel la nullité du mandat de dépôt dont font l'objet leurs clients, ces avocats préfèrent soumettre une demande de mainlevée ou de liberté provisoire devant le juge d'instruction. Ce choix s'explique vraisemblablement du fait que les mandats du juge d'instruction ne sont pas considérés en réalité comme de véritables actes juridictionnels dans la communauté des juristes haïtienne. Or, il suffit d'un effort intellectuel pour déduire des articles 10, 13 et 15 de la loi du 29 juillet 1979 sur l'appel pénal que le mandat de dépôt du juge d'instruction permettant le placement en détention provisoire de l'inculpé constitue une véritable ordonnance, qui peut être relevée d'appel devant la juridiction d'instruction du second degré.

**782.** L'article 16 de la loi de 1979 précitée confère au ministère public la qualité de gestionnaire du sort de la procédure en conférant à ce dernier le monopole de la mise en état de l'affaire. Par la rédaction de cette disposition, le législateur a manqué de lucidité puisque cette prérogative peut favoriser la politique dilatoire du parquet afin de maintenir le plus longtemps possible l'intéressé en détention. D'autant que le défaut de mise en état de l'affaire n'est pas sanctionné par l'automatisme de la mise en liberté de la personne détenue. Car le magistrat du parquet est une partie intéressée à la procédure, tout comme les parties privées. Le rôle du parquet devrait se limiter à la transmission de l'entier dossier à la cour d'appel. La réception du dossier par la cour devrait emporter sa saisine, et, à partir de ce moment, cette dernière pourrait commencer à examiner les faits aux fins de mettre l'affaire en état pour la tenue de l'audience. Dans ce cadre, il incomberait à la cour et non au parquet de convoquer les parties à l'audience. Car en principe, c'est la collégialité de la cour d'appel saisie qui devrait disposer de la qualité de police de l'orientation de l'affaire et non le ministère public qui concourt à la procédure au même titre que la personne détenue.

**783.** Le dernier alinéa de l'article 16 de ladite loi soustrait, certes, au parquet le rôle de gestionnaire du dossier de la procédure, mais cette disposition paraît ambiguë du fait que son alinéa 1er confère à ce dernier le pouvoir de la mise en état de l'affaire. C'est donc à tort que la communauté des juristes estime que le ministère public est détenteur du dossier de la procédure. Au contraire, le législateur place ce dernier sur le même pied d'égalité avec les parties privées en ce que le dernier alinéa de l'article 16 de cette loi confère le simple statut de partie au parquet au même titre que la personne détenue ou la partie civile dans le cadre du contentieux de l'appel des ordonnances du juge d'instruction. À ce titre, le ministère public commet un excès de pouvoir lorsqu'il ne transmet pas le dossier de la procédure au président de la cour d'appel aux fins d'en assurer la distribution à une collégialité de juges.

En revanche, le large pouvoir dont dispose le ministère public dans la mise en état du dossier peut provoquer des détentions provisoires illimitées du fait que le législateur ne sanctionne pas le défaut de mise en état de l'affaire.

Il est nécessaire d'amender cette disposition lacunaire afin d'assurer la parité des droits entre le ministère public et l'appelant détenu dans le contentieux de l'appel en matière de détention provisoire dans la procédure pénale haïtienne. En l'état actuel de la législation pénale haïtienne, la pratique judiciaire du contrôle de la détention provisoire tend vers une insuffisance de contrôle institutionnel en raison de l'influence du ministère public sur la tenue de l'audience de la cour d'appel par la mise en état de l'affaire.

**784.** L'influence du procureur de la République n'est pas non plus négligeable en matière de contrôle de la détention provisoire dans la procédure pénale française. L'alinéa 1er de l'article 82 du code de procédure pénale confère au procureur de la République un droit d'appel général de toutes les ordonnances du juge d'instruction ou du juge des libertés et de la détention.

Le procureur de la République peut appeler de l'ordonnance de mise en liberté de la personne poursuivie placée en détention provisoire, dans un délai de quatre heures, devant le juge des libertés et de la détention ou du juge d'instruction en application de l'article 148-1-1, alinéa 2 du CPP en saisissant en même temps le premier président de la cour d'appel d'un référé-détention afin d'empêcher la mise en liberté immédiate de l'intéressé au regard de l'article 187-3 du même code. Cette double action influe sur l'ordonnance de mise en liberté du juge des libertés et de la détention et donne à celle-ci un caractère suspensif.

Ce mécanisme légal institué pour tenir en échec la mise en liberté immédiate de la personne détenue renforce l'emprise du ministère public dans le contrôle de la détention provisoire. Car le magistrat du parquet est non seulement admis à influencer l'ordonnance du juge d'instruction par ses réquisitions lorsqu'il doit statuer sur la demande de mise en liberté anticipée de la personne poursuivie, mais le législateur reconnaît également au ministère public le droit de contester la décision à intervenir lorsque celle-ci est favorable à l'intéressé. D'ailleurs, l'ordonnance de mise en liberté doit être notifiée au parquet afin que ce dernier puisse exercer son droit d'appel aux termes de l'article 148-1-1 du code de procédure pénale.

Cette double action ne confère pas le pouvoir de révision au président de la cour d'appel en tant que le pouvoir de ce dernier ne peut s'étendre à la réformation de la décision de mise en liberté du juge. Son pouvoir se limite à la seule suspension de la mise en liberté de la personne poursuivie dans l'attente de la décision du premier président de la cour d'appel et, le cas échéant, celle de la Chambre de l'instruction, qui statuera sur le fond de l'affaire.

**785.** Le recours en référé-détention du ministère public trouve son sens lorsque l'ordonnance de mise en liberté ne s'aligne pas sur les réquisitions du ministère public. La suspension de la mise en liberté de l'intéressé peut se fonder sur la nécessité de protéger l'ordre public ou s'assurer de l'efficacité de la procédure. Toutefois, la voie de la procédure de référé-détention n'est pas fermée lorsque l'ordonnance de mise en liberté est conforme aux réquisitions du ministère public. Le recours du parquet ne peut avoir d'effet suspensif sur la libération immédiate de l'intéressé sous prétexte de l'évolution factuelle de l'affaire.

En revanche, la procédure de référé-détention n'est pas applicable lorsque le magistrat refuse de procéder au placement en détention provisoire de la personne poursuivie. Il en est de même lorsque l'intéressé est mis en liberté à la suite du contentieux de la détention provisoire dont la prolongation est refusée. La chambre criminelle a estimé que « la mise en liberté avant l'expiration du titre dont la prolongation a été demandée n'ouvre pas la voie au recours en référé-suspension »[1].

En tout cas, l'article 187-3 du CPP impose au premier président de la cour d'appel de statuer dans un délai de deux jours ouvrables à partir de

---

1 Crim., 7 avril 2009, B. n° 70.

la demande dans le cadre de l'application de la procédure de référé-détention. L'audience est tenue au cabinet du premier président de ladite cour dans laquelle le ministère public, la personne poursuivie et son avocat peuvent présenter des observations écrites ou orales en application des dispositions de l'article 148-1-1 du CPP. Néanmoins, la personne poursuivie reste en détention pendant cette durée de deux jours ouvrables eu égard au caractère suspensif du recours exercé par le parquet.

**786.** Deux situations peuvent se présenter. D'une part, le premier président peut ordonner la suspension de la mise en liberté immédiate de l'intéressé s'il estime que son maintien en détention est nécessaire au regard des critères énoncés à l'article 144 du code de procédure pénale. Ainsi, la personne poursuivie est maintenue en détention dans l'attente de la décision de la Chambre de l'instruction sur l'appel exercé par le parquet. À cet égard, la comparution personnelle de l'intéressé est de droit, et la Chambre de l'instruction doit statuer dans un délai de dix jours dont le non-respect emporte la mise en liberté d'office de l'intéressé. D'autre part, le premier président de la cour d'appel peut ordonner la mise en liberté de l'intéressé s'il estime que son maintien en détention n'est pas opportun. L'inobservation du délai imparti est sanctionnée par la mise en liberté d'office de la personne poursuivie. Dans tous les cas, l'ordonnance du premier président de la cour d'appel est insusceptible de recours.

**787.** Cette même possibilité est offerte à la personne poursuivie pour contester le placement en détention provisoire par la procédure de référé-liberté. Il est autorisé à la personne mise en examen de soumettre le bien-fondé du placement en détention provisoire dont elle fait l'objet à l'examen du président de la Chambre de l'instruction par application de l'article 187-1 du code de procédure pénale. L'article 187-2 du même code permet à la personne poursuivie d'initier la procédure de référé-liberté devant la Chambre de l'instruction elle-même dans les mêmes conditions que devant le président de cette juridiction. Si la collégialité de ladite Chambre estime que la détention de l'intéressé est nécessaire, elle renvoie devant elle l'appel aux fins de statuer dans un délai de quinze jours maximum. Le président de cette Chambre peut ordonner la remise en liberté de l'intéressé et le placer sous contrôle judiciaire s'il estime que la détention provisoire n'est pas nécessaire. Cette décision de remise en liberté emporte le dessaisissement de la Chambre de l'instruction. À l'inverse, le président peut renvoyer l'examen de l'appel à la Chambre de l'instruction.

Dans tous les cas, l'ordonnance du président de la Chambre de l'instruction n'est pas susceptible de recours. C'est ainsi qu'il a été indiqué que la personne mise en examen n'est pas admise à demander l'annulation de l'ordonnance rendue par le président de la Chambre de l'instruction sur le placement en détention provisoire[1]. L'inutilité de ce recours se justifie du fait que la Chambre de l'instruction est appelée à connaître du fond de l'affaire.

**788.** La procédure de référé-détention constitue un mécanisme pour suspendre l'effet immédiat de la mise en liberté de la personne poursuivie. Cette politique d'obstruction à la décision du juge, maître de ses investigations, traduit l'influence du ministère public dans le contrôle de la détention provisoire.

Au-delà du droit d'appel général dont dispose le ministère public pour contester les ordonnances du juge d'instruction et du juge des libertés et de la détention, comme l'ordonnance de placement en détention provisoire, le législateur français offre la possibilité à ce dernier de retarder la mise en liberté de la personne poursuivie.

**789.** L'opposition entre la notion de sûreté et le principe de la liberté révèle l'influence du ministère public dans le contrôle de la détention provisoire au sein des procédures pénales haïtienne et française. Néanmoins, les intérêts de la personne mise en cause ne sont pas totalement stigmatisés en la matière. En réalité, le parquet dispose, certes, d'une influence dans le contrôle de la détention provisoire au sein des politiques criminelles haïtienne et française, mais les droits de la personne détenue ne sont pas totalement bafoués. L'équilibre des droits des parties paraît ainsi relatif dans le contrôle de la détention provisoire dans la procédure de l'information.

Les politiques criminelles haïtienne et française confèrent cette influence au ministère public en matière de contrôle sur la mesure d'assignation à résidence

**790. L'influence du parquet dans le contrôle de l'assignation à résidence.** La mesure d'assignation à résidence s'applique en milieu ouvert, certes, mais celle-ci constitue une mesure privative de liberté au sens du droit à la liberté du fait qu'elle consiste à immobiliser la personne poursuivie dans un lieu fixe. Le caractère privatif de la mesure se caractérise par le fait qu'elle circonscrit les mouvements de l'intéressé dans des endroits déterminés.

---

1 Crim., 10 février 2004, B. 35.

La mise en œuvre de cette mesure sur demande de l'intéressé fait perdre l'intérêt du droit au recours de ce dernier en la matière. Car il serait illogique que la personne mise en cause se plaigne du bien-fondé de sa propre demande. En revanche, lorsque la mesure est décidée par le magistrat, l'exercice du droit au recours reconnu à l'intéressé lui permet de faire valoir ses droits afin de contrebalancer les réquisitions du ministère public. Dans ce cadre, le législateur français prescrit les contrepoids au droit d'appel général du parquet en autorisant la personne poursuivie à interjeter appel de l'ordonnance du placement en assignation à résidence sous surveillance électronique en application de l'article 186 du code de procédure pénale.

**791.** Cette prérogative offerte à la personne mise en examen favorise la remise en cause du pouvoir d'orientation du ministère public par le biais de ses réquisitions. La personne détenue dispose d'autant de prérogatives que le ministère public pour soumettre le bien-fondé de cette mesure à l'examen de la Chambre de l'instruction. Les intérêts de la personne mise en examen ne sont pas absorbés par l'omniprésence du parquet dans la mise en œuvre de la mesure d'assignation à résidence sous surveillance électronique.

Dès lors, la procédure pénale française prescrit la parité des droits entre le ministère public et la personne poursuivie en la matière.

**792.** Ce cas de figure peut être semblable dans la transposition de la mesure d'assignation à résidence du droit français dans la procédure pénale haïtienne. Rappelons que l'influence du droit français dans la pratique judiciaire haïtienne occasionne en général l'imitation des mesures judiciaires consacrées formellement dans la procédure pénale française. Les juges d'instruction ont parfois tendance à substituer la mesure d'assignation à résidence au placement en détention provisoire lorsqu'ils estiment disposer des garanties suffisantes sur la représentation en justice de la personne poursuivie. En pareille circonstance, ces magistrats privilégient les mesures privatives de milieu ouvert afin d'éviter d'engorger les prisons. Pour ce faire, ces derniers procèdent par la voie d'ordonnance aux fins d'assigner l'inculpé à résidence. Étant donné que le recours à cette mesure se fonde sur la pratique judicaire, les juges d'instruction ne sollicitent pas les réquisitions du ministère public en la matière. Cependant, le fait que l'article 18 du code d'instruction criminelle confère le droit d'exécution général des ordonnances du juge d'instruction, cette ordonnance relative à la mesure d'assignation à résidence devrait être notifiée au parquet aux fins d'exécution.

**793.** La pratique révèle que la signification de ladite ordonnance s'adresse à la personne concernée à l'initiative du magistrat instructeur. Dans ce cadre, l'intéressé dispose du droit de contester celle-ci par la voie de l'appel en application de l'article 8 de la loi du 29 juillet 1979 sur l'appel pénal. En réalité, la personne concernée n'a pas intérêt à exercer cette voie de recours en raison de la souplesse de cette mesure par rapport à la détention provisoire qu'il encourt. Même si la personne poursuivie n'exerce pas ce recours, l'absence de connaissance de cette ordonnance par le parquet semble placer cette dernière en situation privilégiée dans le cadre d'éventuel recours contre la mesure. La mise en œuvre de l'assignation à résidence dans la pratique judiciaire crée donc une inégalité de traitements au profit de la personne mise en cause. À la différence de la procédure pénale française, la procédure pénale haïtienne consacre une inégalité des droits au détriment du ministère public dans la pratique de la mesure d'assignation à résidence. Toutefois, le pouvoir influent du parquet se constate dans le contrôle des mesures d'interdiction de quitter le territoire et de contrôle judiciaire.

**794. L'influence du parquet dans le contrôle des mesures d'interdiction de quitter le territoire et de contrôle judiciaire.** L'analyse des droits des parties dans le contentieux de l'interdiction de quitter le territoire paraît complexe eu égard à l'absence de règlementation de l'applicabilité de la mesure dans la législation pénale haïtienne. Du point de vue de la pratique, l'article 8 de la loi du 29 juillet 1979 sur l'appel pénal trouve son application dans le contentieux de la mesure d'interdiction de quitter le territoire en ce que l'ordonnance de ladite mesure du juge d'instruction peut être relevée d'appel devant la cour d'appel aussi bien par la personne poursuivie que par le ministère public. Les prérogatives dont disposent les parties en matière de contrôle d'assignation à résidence sont similaires à celles relatives au contrôle de mesure d'interdiction de quitter le territoire. Le parquet bénéficie d'une influence non négligeable en la matière par application de l'alinéa 1er de l'article 16 de la loi précitée. Néanmoins, la personne poursuivie dispose des prérogatives de faire valoir ses droits dans l'exercice de l'appel devant la cour d'appel en application des articles 8, 10 et 13 combinés de la loi du 29 juillet 1979 sur l'appel pénal.

**795.** La question de l'influence du ministère public est aussi importante dans la procédure pénale française en matière de contrôle judiciaire. D'abord, la mesure de contrôle judiciaire peut faire l'objet d'un contrôle interne à la phase de l'information. La personne mise en examen peut solliciter du juge d'instruction la mainlevée de la mesure en application de la combinaison des articles 140 et 142-7 du code de procédure pénale. Toutefois, le législateur permet au parquet d'exercer son influence sur la décision du magistrat instructeur, en ce sens que cette mainlevée est subordonnée à l'avis du procureur de la République en application de l'alinéa 1er de l'article 140 du CPP. À l'occasion de ses réquisitions, le ministère public peut justifier de la nécessité de placer la personne poursuivie sous contrôle judiciaire afin de garantir la protection de l'ordre public. Ensuite, il est institué un contrôle juridictionnel de la mesure au profit de la personne mise en cause sur le fondement de l'article 186 du CPP. L'intéressé dispose de la prérogative de demander à la Chambre de l'instruction d'apprécier la nécessité de cette mesure dans le but de retrouver la totalité de sa liberté de mouvements. Ce dernier peut contester l'ordonnance relative à la reconnaissance de contrôle judiciaire des États membres rendue par le juge des libertés et de la détention sur le fondement de l'article 696-70 CPP. En pareil cas, la personne concernée peut soumettre ladite ordonnance à l'examen de la Chambre de l'instruction à la lumière de l'article 186 du même code. Enfin, le ministère public a le droit, soit de remettre en cause les obligations relatives au contrôle judiciaire, soit de contester la mainlevée du placement sous contrôle judiciaire accordée à la personne poursuivie par le droit d'appel général dont il dispose par application de l'article 185 du code de procédure pénale.

**796.** Même si l'influence du ministère public ne compromet pas la prise en compte des droits de la personne poursuivie dans les contentieux des mesures d'assignation à résidence, de contrôle judiciaire et d'interdiction de quitter le territoire, le contrôle institutionnel instauré dans le contrôle desdites mesures se révèle insuffisant au sens des principes de la liberté et de la présomption d'innocence.

La place privilégiée du parquet se prolonge dans le contrôle de la clôture de l'information judiciaire dans les deux procédures pénales étudiées.

**797. La place privilégiée du parquet dans la clôture de l'instruction.** La clôture de l'information incombe au juge d'instruction. Il appartient seul à ce dernier de décider de l'orientation de l'affaire après s'être estimé suffisamment édifié dans le cadre de la recherche de la vérité. À cet égard, la procédure de l'information doit être limitée dans le temps afin de faciliter non seulement la réparation du préjudice de la victime mais également de ne pas maintenir la personne poursuivie en privation de liberté indéfiniment. Dans ce cadre, les politiques criminelles haïtienne et française prescrivent l'ordonnance de clôture dans le but de permettre à la personne détenue de connaître son sort. Dans cette perspective, le juge d'instruction peut décider de renvoyer la personne concernée devant la juridiction de jugement s'il estime disposer des charges contre elle ou conclure à un non-lieu en faveur de cette dernière. Dans tous les cas, le parquet se voit reconnaître le droit d'influencer l'orientation de la décision finale du magistrat instructeur. Aussi, le ministère public peut suspendre l'effet de l'ordonnance de règlement du juge d'instruction par la voie de l'appel.

**798.** La place privilégiée du ministère public dans la clôture de l'instruction préparatoire s'explique par le pouvoir d'exécution général dont dispose ce dernier en matière d'exécution des ordonnances du juge d'instruction. Ce pouvoir étendu peut avoir des conséquences considérables sur la privation de liberté de la personne poursuivie. Si l'ordonnance de clôture conclut à un non-lieu, la mise en liberté de l'intéressé ne peut être effective qu'après la signification de cette ordonnance à l'établissement pénitentiaire. Par son pouvoir exclusif et général d'exécution des ordonnances du juge d'instruction, le ministère public peut adopter une politique dilatoire dans le but de ralentir la mise en liberté de l'intéressé. Ce dernier peut obstruer la mise en liberté de la personne détenue en faisant fi de l'ordonnance de non-lieu du juge d'instruction.

**799.** Au même titre que l'inculpé détenu, le ministère public dispose de la prérogative de contester l'ordonnance de clôture du juge d'instruction dans le droit haïtien au sens des articles 8 et 9 combinés de la loi du 29 juillet 1979 sur l'appel pénal. Alors que l'article 8 de cette loi prévoit que « toutes les ordonnances définitives du juge d'instruction sont susceptibles d'appel », il est énoncé à l'article 9 que le ministère public a le « droit d'interjeter appel de l'ordonnance de clôture du magistrat instructeur. Cet appel sera formé par déclaration au greffe de ce tribunal par assignation à compter de la communication de l'ordonnance ». Ce droit d'appel de l'ordonnance de clôture est reconnu à la personne détenue par l'article 13 de la loi précitée.

**800.** Dans le même sens, l'inculpé resté en liberté dispose de cette même prérogative. L'ordonnance de clôture du magistrat instructeur doit être portée à la connaissance de ce dernier qui est entendu mais resté en liberté par le juge. Rappelons au passage que l'interrogatoire de l'inculpé en liberté est déterminant pour la crédibilité et l'objectivité de la décision du juge d'instruction au sens de l'article 80 du code d'instruction criminelle.

Si les dispositions de l'article 80 du CIC préservent les droits de la défense de l'individu, c'est-à-dire le droit d'être entendu par le magistrat instructeur et de contrebalancer les charges retenues contre lui, le législateur haïtien crée en même temps un obstacle à l'efficacité des investigations du juge d'instruction par l'article 90 du code pénal dont le contenu diffère selon l'auteur. Les auteurs qui annotent le code pénal emploie à la fois à cette disposition le vocable « détention » et celui de « destitution ». Dans le même sens, le législateur intègre la décision politique dans les investigations du juge d'instruction en ce que l'article 400 du code d'instruction criminelle subordonne la déposition des grands fonctionnaires de l'État en qualité de témoins à une ordonnance spéciale du Président de la République.

**801.** Les articles 90 du code pénal et 400 du code d'instruction criminelle favorisent une impunité au bénéfice des autorités politiques et grands fonctionnaires de l'État (grands commis de l'État), d'autant que l'article 90 du code pénal expose le juge d'instruction à la sanction de destitution ou détention à raison de l'ordonnance de renvoi rendue à l'encontre des personnalités susmentionnées sans l'autorisation du Chef de l'État. Le renvoi d'une autorité politique (Premier ministre, ministre, Directeur général, parlementaire etc..) ou d'un grand fonctionnaire de l'État (grand commis de l'État) devant la juridiction de jugement est subordonné à l'autorisation du Président de la République. À défaut d'interroger lesdites personnalités, l'ordonnance de renvoi du magistrat instructeur se heurte au principe de légalité au sens de la combinaison de l'alinéa 1$^{er}$ de l'article 77 et l'article 80 du CIC. Donc, les articles 90 du code pénal et 400 du code d'instruction criminelle mettent à mal la séparation des pouvoirs en mettant la justice sous coupe réglée de l'exécutif et compromet la règle de l'indépendance du juge judiciaire.

**802.** Notons au passage que l'article 77 du CIC généralise l'automatisme de l'inculpation de l'individu à la phase préparatoire du procès pénal. La portée de cette disposition légale ne limite que le pouvoir de contrainte du magistrat instructeur en ce que la détention provisoire de l'individu est subordonnée à son interrogatoire sans lequel, sauf en cas de fuite avérée, la neutralité et l'impartialité du juge sont susceptibles d'être remises en cause.

Cette situation est similaire à la soumission de la comparution forcée des témoins devant le juge d'instruction aux « conclusions » du magistrat du parquet au sens de l'article 67 du CIC. La Cour de cassation a illustré l'esprit de cette disposition par deux arrêts en ce que la juridiction suprême a subordonné le changement de statut de témoin d'un individu à celui d'inculpé à un « supplément d'information »[1]. Par cette double solution, la Cour de cassation semble vouloir prévenir la liberté individuelle contre l'arbitraire du juge d'instruction au sens des détentions excessives, arbitraires et inutiles.

**803.** Ces arrêts sont attentatoires à l'indépendance du magistrat instructeur en ce qu'il n'est pas nécessaire de subordonner ce changement de statut au réquisitoire supplétif du parquet, le juge étant saisi *in rem*. Une telle soumission peut entraver l'efficacité de l'information judiciaire par la disparition des preuves en raison de l'inertie du parquet ou l'influence politique de la personne concernée sur le parquet. C'est dans ce sens que les arrêts de la Cour de cassation peuvent être remis en cause par les magistrats de degré inférieur au sens de la bonne administration de la justice et de l'évolution du droit. C'est d'ailleurs le sens même du droit romano-germanique, qui permet le revirement de jurisprudence à la différence de la Common Law. Dès lors, le juge d'instruction devrait être habilité à inculper le témoin dans le cadre de l'interrogatoire sans passer par le pouvoir de filtrage du parquet si les nécessités de l'instruction l'exigent ou en cas de charges retenues contre le témoin.

**804.** En réalité, conférer un tel pouvoir au juge d'instruction peut engendrer des détentions abusives, ce qui justifie l'appréhension des juges de la Cour de cassation dans ces deux arrêts. Dans ce contexte, deux voies de solution peuvent se présenter. D'une part, le législateur peut soustraire au juge d'instruction le pouvoir de placement en détention provisoire pour le conférer à une autre autorité judiciaire, d'autant que le projet du code de procédure pénale haïtien prévoit, comme le droit français, la création du juge des libertés et de la détention. D'autre part, il importe d'instaurer une politique publique se rapportant à la probité et la formation continue de qualité des juges haïtiens, notamment ceux de la cour d'appel, pour contrôler les détentions provisoires arbitraires au stade de l'instruction préparatoire. En somme, l'impunité légale instituée par l'article 90 du code pénal peut influer considérablement sur l'efficacité des investigations et l'objectivité de l'ordonnance de clôture du magistrat instructeur. Il importe que le législateur pose un tempérament à l'article 90 du code pénal afin de le mettre en équilibre avec l'article 80 du CIC et permettre

---

[1] C.cass., 1er avril 1942, Bull. 1941-1942, pp. 403 et suiv et C. cass., 23 avril 1947, Gaz du Pal, N° des 15 et 22 juin 1947

l'exercice de la liberté de fonction des magistrats judiciaires dont le juge d'instruction.

Par ailleurs, à l'instar de la confusion des annotations des auteurs concernant l'article 9 de la loi de 1979 sur l'appel pénal susmentionné concernant la notion de délai d'appel de l'ordonnance de clôture du juge d'instruction à l'initiative du parquet, il importe que le Ministère de la Justice et de la Sécurité publique pense à uniformiser la codification de l'article 90 du code pénal en collaboration avec les auteurs au sens de la fonction politique de la justice.

**805.** Contrairement à la procédure pénale haïtienne, l'article 175 du code de procédure pénale français impose la communication du dossier au ministère public et l'avis aux parties aussitôt l'information terminée. Le procureur de la République dispose d'un délai, selon le cas, d'un mois à trois mois, pour adresser ses réquisitions au juge d'instruction par application de l'article 175, II du CPP. La personne détenue dispose de cette même prérogative pour faire connaître au juge son intention d'exercer certains droits. À l'issue de ces délais exigés, le magistrat instructeur peut rendre son ordonnance.

Le ministère public dispose d'une influence dans le contrôle de la clôture de l'information dans la mesure où il est conféré à ce dernier un pouvoir étendu pour influencer l'orientation de l'ordonnance de règlement du magistrat instructeur.

**806.** Les procédures pénales haïtienne et française s'accordent sur une place privilégiée au bénéfice du ministère public dans le cadre du contrôle de l'ordonnance de clôture dans la procédure de l'information. Le ministère public français dispose des avantages non négligeables en matière de mesures privatives de liberté avant jugement dans l'information judiciaire, mais les droits de la personne privée de liberté ne sont pas totalement bafoués dans le cadre du contrôle institutionnel de ces mesures.

Dans la procédure pénale haïtienne, il faut réaliser des exercices difficiles pour interpréter des dispositions répressives ou recourir au droit interaméricain pour déceler la consécration des droits au recours de la personne détenue contre les actes d'instruction. Or, le parquet occupe formellement une place envahissante en la matière. Cette situation inégalitaire ne reflète pas le sens du principe de l'égalité des armes dans les procédures pénales.

**807.** Les politiques criminelles haïtienne et française prescrivent une égalité relative des droits entre le ministère public et la personne détenue en matière d'appel des ordonnances du juge d'instruction. Cette relativité d'égalité de droits s'explique dans le droit haïtien par le droit exclusif de mise en état de l'affaire qui est conféré au ministère public. Cette prérogative peut favoriser la politique temporisatrice du parquet en matière de contrôle de l'ordonnance de clôture du magistrat. Cette place envahissante réservée au parquet dans les deux législations criminelles étudiées exprime le caractère insuffisant du contrôle institutionnel sur les actes d'instruction et de juridiction décidés par le juge d'instruction en cours d'instruction et à la fin de l'information judiciaire.

Il est donc nécessaire que les législateurs haïtien et français pensent à rééquilibrer les droits des parties dans les procédures d'enquête et d'instruction préparatoire en matière de privation de liberté. Ce nécessaire rééquilibrage des droits des parties dans le cadre du contrôle institutionnel facilitera la sauvegarde du principe de la liberté dans l'application des mesures privatives de liberté avant jugement au sens de la justice pénale contemporaine.

# Conclusion générale

**808.** La phase de l'avant-procès pénal se caractérise par la présomption d'innocence dans la mise en œuvre des mesures privatives de liberté avant jugement. Le statut de présumé innocent devrait alors mettre la personne mise en cause d'être à l'abri de la privation de liberté au sens du droit à la liberté. Par souci de sauvegarder la paix sociale et sécuriser le procès pénal, les législations criminelles française et haïtienne instaurent la privation de liberté avant procès à l'encontre des personnes qui commettent des infractions afin de faciliter la manifestation de la vérité. À cet égard, les personnes privées de liberté peuvent céder aux pressions de ces mesures pour faciliter l'obtention des preuves. Dans ce cadre, le principe de la liberté paraît relatif dans les procédures d'enquête et d'instruction.

La relativité du droit à la liberté explique le poids des mesures privatives de liberté avant jugement à la phase préparatoire du procès pénal. L'équilibre institué entre le principe de la liberté et la privation de liberté avant procès traduit le sens des mesures privatives de liberté avant jugement dans les procédures pénales française et haïtienne. Cependant, la mise en œuvre de ces mesures est subordonnée à des conditions préalables. Ainsi, la gravité de l'infraction et le passé criminel de la personne mise en cause jouent un rôle déterminant.

**809.** Les législations criminelles haïtienne et française instituent des garanties judiciaires au bénéfice de la personne suspectée ou poursuivie dans le cadre de la privation de liberté en termes de contrepoids ou de limites de l'accusation dans le but d'éviter des détentions arbitraires au mis en cause bénéficiant de la protection de la présomption d'innocence à la phase de l'avant-procès pénal. Les personnes privées de liberté disposent à ce stade d'un ensemble de droits dont la violation peut être sanctionnée par leur mise en liberté. À ce propos, il existe un décalage important entre la procédure pénale française et celle haïtienne, en ce sens que l'effectivité des droits des personnes privées de liberté à la phase de l'avant- procès pénal n'est pas formellement garantie dans la procédure pénale haïtienne. Contrairement au droit français, le droit haïtien n'instaure pas formellement un droit de nullité en cas de violation des garanties judiciaires dont bénéficie la personne privée de liberté à la phase préparatoire du procès pénal. Même si la pratique judiciaire pallie cette carence juridique, il n'en demeure pas moins que le législateur haïtien doit penser à amender des normes constitutionnelles et législatives afin de garantir efficacement les droits des personnes privées de liberté au stade préparatoire du procès pénal.

**810.** Il est permis aux personnes privées de liberté d'exercer un contrôle institutionnel sur les mesures privatives de liberté avant jugement dans les deux procédures pénales étudiées. Ce contrôle institutionnel s'exerce aussi bien par le contrôle judiciaire que par celui juridictionnel sur la privation de liberté décidée au stade de l'enquête et à la phase d'instruction. À ce titre, la personne suspectée ou poursuivie peut soumettre les mesures privatives de liberté à l'examen d'une autorité publique autre que celle qui a décidé la mesure. Il peut s'agir d'un contrôle exercé sur la mesure de garde à vue aussi bien au stade de l'enquête qu'à la phase d'instruction. De même, le contrôle s'étend sur les mesures privatives de liberté décidées par l'autorité judiciaire à la phase de l'information judiciaire.

**811.** S'agissant de la garde à vue, le contrôle judiciaire s'opère à un double niveau dans la procédure d'enquête au sein des deux systèmes juridiques, en ce sens que le ministère public exerce un contrôle judiciaire sur la régularité ou l'opportunité de la détention policière. D'un autre côté, cette mesure peut être soumise à l'appréciation du juge judiciaire dans le cadre d'un contrôle juridictionnel tant à la phase d'enquête qu'à celle de l'instruction.

S'agissant de la procédure de l'information, les mesures privatives de liberté peuvent être soumises à l'examen d'une juridiction d'instruction du second degré. L'instauration de ce droit de recours permet à la personne mise en cause de faire réexaminer le bien-fondé ou l'opportunité des mesures privatives de liberté avant jugement. L'intéressé peut évoquer des garanties judiciaires dont il bénéficie à ce stade. Ce droit au recours institutionnel offre à la personne mise en cause de contourner la privation de liberté au stade préparatoire du procès pénal. Le non-respect de ce droit au recours peut emporter la mise en liberté de l'intéressé pour respecter les principes des droits de la défense et de la présomption d'innocence.

**812.** La consécration du contrôle institutionnel s'avère insuffisante dans les procédures pénales française et haïtienne du fait qu'il existe un déséquilibre important des droits entre la personne mise en cause et le ministère public. Or, les procédures pénales reposent sur l'égalité des armes entre les parties. Cette inégalité des droits s'explique par l'écart entre la reconnaissance des droits reconnus aux personnes privées de liberté à cette phase et la jouissance réelle de ces droits. Dans ce cadre, les procédures pénales française et haïtienne consacrent la prédominance du ministère public dans le contrôle exercé sur les mesures privatives de liberté dans les procédures d'enquête et d'instruction. Les droits du gardé à vue et de la personne détenue sont mis au placard au profit du ministère public à la phase de l'information.

**813.** Même si l'omniprésence du ministère public dans le champ de contrôle institutionnel est importante, la personne mise en cause n'est pas totalement privée du droit de demander à l'autorité judiciaire de mettre fin à sa privation de liberté. Ainsi, le contrôle institutionnel sur les mesures privatives de liberté avant jugement donne l'impression d'un équilibre relatif dans les procédures pénales haïtienne et française. Il apparaît nécessaire que les politiques criminelles française et haïtienne instaurent un rééquilibrage des droits entre le ministère public et les personnes privées de liberté à la phase préparatoire du procès pénal afin de permettre la jouissance effective des droits de la défense découlant du principe de la présomption d'innocence.

**814.** S'il est vrai que ce rééquilibrage paraît moins complexe dans la procédure pénale française, celui-ci nécessite une réforme en profondeur de la procédure pénale haïtienne en raison de l'absence de régulation de la pratique de la garde à vue et de la non-consécration formelle des principes de l'égalité des armes et du contradictoire entre les parties dans les procédures d'enquête et d'information judiciaire. Pour ce faire, le législateur haïtien doit instituer formellement le principe de la présomption d'innocence et celui des droits de la défense au bénéfice des personnes privées de liberté à la phase de l'avant-procès pénal. Il est donc souhaitable que cette urgence procédurale préoccupe les pouvoirs publics haïtiens, notamment le législateur dès l'avènement du prochain Parlement.

# Résumé de la Thèse

**815.** Nos travaux de recherche portent sur « La privation de liberté avant procès. Regard porté sur le droit haïtien à la lumière du droit français ». Le sujet est choisi en raison des liens historiques et culturels entre la France et la République d'Haïti, ce qui rapproche la législation pénale haïtienne de la philosophie de la politique criminelle française en matière de mesures privatives de liberté avant jugement. Il a été démontré dans les développements que la procédure pénale haïtienne est la transposition de l'ancienne procédure pénale française. C'est dire que la privation de liberté avant procès dans le droit haïtien se traduit par l'imitation systématique de la procédure pénale française.

**816.** La ressemblance procédurale entre ces deux systèmes juridiques repose sur la conception de l'équilibre judiciaire dans le cadre de la recherche de la manifestation de la vérité à la phase préparatoire du procès pénal. Dans ce cadre, l'autorité judiciaire doit concilier les droits des parties dans les procédures d'enquête et d'instruction. Cependant, il est apparu que la politique criminelle haïtienne souffre d'un manque de ressources doctrinales et jurisprudentielles. Cette pauvreté scientifique s'explique par l'inaction des juristes dans la production des réflexions et ouvrages juridiques. En ce sens, la doctrine et la jurisprudence pénales françaises servent généralement de sources dans les argumentaires juridiques des juristes et décisions judiciaires. Le manque d'évolution de la justice pénale haïtienne résulte en grande partie de l'inexistence de laboratoires de recherches dans le système juridique haïtien et de l'absence de politique de service public de la justice dans la chaîne pénale. Le Ministère de la Justice et de la Sécurité publique n'instaure pas des bases de données scientifiques pour faciliter l'accès aux statistiques liées aux gardes à vue et autres mesures privatives de liberté adoptées au stade de l'instruction. Face à ce constat, il apparaît que l'évolution du droit français peut constituer des apports considérables à la modernisation de la législation criminelle haïtienne. L'inverse est tout aussi vrai puisqu'en dépit de son archaïsme, le droit haïtien présente des avantages non négligeables par rapport au droit français.

**817.** Les analyses montrent que la législation criminelle haïtienne comporte des lacunes importantes en matière d'équilibre des droits des parties, c'est-à-dire entre le magistrat du ministère public et la personne mise en cause, dans l'application des mesures privatives de liberté avant jugement. Ces inégalités se constatent dans la stigmatisation du principe de la présomption d'innocence au bénéfice du mis en cause et le caractère ineffectif du contrôle institutionnel des mesures privatives de liberté avant jugement. Le droit français peut constituer un éclairage à la modernisation de la politique criminelle haïtienne. Le législateur haïtien peut s'inspirer de la politique criminelle française pour instaurer le rééquilibrage des droits des parties au sens des principes de l'égalité des armes et du contradictoire dans les procédures pénales.

**818.** Le droit haïtien semble mieux garantir les droits de la défense par la consécration constitutionnelle du droit obligatoire à l'assistance d'avocat lors des interrogatoires des personnes privées de liberté dans les procédures d'enquête et d'information judiciaire, contrairement au législateur français qui permet à la personne mise en cause de se défendre seule au sens de l'article 6 de la Convention européenne de sauvegarde des droits de l'homme. Alors que la rigidité de la répression instituée par le législateur haïtien à la phase préparatoire du procès pénal conforte mieux les justiciables haïtiens sur la question de l'effectivité de la justice pénale, les citoyens français se plaignent davantage du laxisme de la politique criminelle en matière de justice pénale.

**819.** Il découle de ce panorama général que notre étude présente le décalage entre la pratique judiciaire haïtienne en matière de privation de liberté avant procès et la consécration formelle de celle-ci dans la procédure pénale française. Puisque l'avant-procès pénal se caractérise par la présomption d'innocence, la personne mise en cause doit être en principe exemptée de la privation de liberté en raison de son statut de « présumé innocent » au sens du droit à la liberté. Cependant, il est admis dans la procédure pénale contemporaine des mesures privatives de liberté avant jugement dans le but de rechercher la vérité, sauvegarder la paix sociale et sécuriser le procès pénal. Cette dérogation au principe de la liberté exprime la nécessité de la privation de liberté à la phase de l'avant-procès pénal. Dans ce cadre, la procédure pénale moderne repose sur l'équilibre entre le droit à la liberté et la protection de l'intérêt général. C'est ainsi que les législations criminelles française et haïtienne prescrivent des mesures privatives de liberté avant jugement dans le but de relativiser le droit à la liberté dans les procédures d'enquête et d'instruction préparatoire.

**820.** Ce travail de recherche s'inscrit dans cet équilibre judiciaire en matière de privation de liberté avant jugement, Cette étude tend à exposer la nécessité de la privation de liberté avant procès et la corrélation entre la sauvegarde de l'ordre public et la liberté individuelle dans le cadre de la manifestation de la vérité. Pour cela, les politiques criminelles française et haïtienne instituent des contrepoids aux mesures privatives de liberté avant jugement (des mesures privatives de milieu fermé et de milieu ouvert) aux fins de permettre à la personne mise en cause de contrebalancer l'accusation. Dans ce cadre, les personnes privées de liberté doivent bénéficier des garanties judiciaires en vue de contester l'accusation, c'est-à-dire les charges retenues contre elles, dans les procédures d'enquête et d'information par la voie d'un contrôle institutionnel afin d'éviter des détentions excessives, arbitraires et illégales. C'est dans ce contexte que notre étude analyse l'équilibre des droits entre les parties, c'est-à- dire entre le ministère public (magistrat du parquet) et la personne mise en cause dans l'application des mesures privatives de liberté à la phase de l'avant-procès pénal au sein des politiques criminelles française et haïtienne.

# Bibliographie

I - Ouvrages généraux

A - Manuels et Traités


-AMBROISE-CASTÉROT C. et BONFILS P., Procédure pénale, PUF, coll. Thémis , 2011.

-BIOY X., Droits fondamentaux et libertés publiques, 5e Éd., LGDJ, 2018.

-BOULOC B., Procédure pénale, Dalloz, 28e éd., 2022.

-CHAVEAU A. et FAUSTIN H., Théorie du code pénal, 3e Éd., Paris.

-DALBIGNAT-DEHARO G., Vérité scientifique et vérité judiciaire en droit privé, LGDJ, Inst.Tunc, 2004.

-DELMAS-MARTY M., Libertés et sûreté dans un monde dangereux, Éd., Seuil, 2010.

-DEPREZ Ch., La Cour pénale internationale à l'épreuve du droit à la liberté, Coll. Droit & Justice. Anthémis, 2017.

-DESPORTES F. et LAZERGES-COUSQUER L., Traité de Procédure pénale, Économica, 2016.

-DORVAL. M, Droit constitutionnel de la nationalité : Approches diachronique et synchronique, C3 éditions, janv. 2020.

-ELLUL J., L'illusion Politique, Laffont 1965.

-FABRE-MAGNAN M., L'institution de la liberté, PUF, 2018.

-FAUSTIN H., Traité de l'instruction criminelle, Bruylant, 2e Éd., 1866.

-FOUCAULT M., Surveiller et punir, Paris, Gallimard, 1975.

-GARRAUD R., Traité d'instruction criminelle, t.III, Paris 1912.

-GARÇON E. et PELTIER V., Droit de la peine, LexisNexis, Coll. Manuel 2010.

-GUINCHARD S. et BUISSON J., Procédure pénale, LexisNexis, Manuel, 11e Éd., 2018.

-HEBRAUD P., La vérité dans le procès et les pouvoirs d'office du juge, Annales de l'Université des sciences sociales de Toulouse, tome XXVI, 1978.

-HENNEBEL L. et TIGROUDJA H., Traité de droit international des droits de l'homme, 2e Éd., Pedone, 2018.

-JOUANJAN O., Figures de l'État de droit. Le Rechtsstaat dans l'histoire intellectuelle et constitutionnelle de l'Allemagne, Presses Universitaires de Strasbourg, 2001.

-LOMBROSO C., L'Homme criminel. Étude anthropologique et psychiatrique, Paris, Félix alcan, 1895.

-LEVINET. M, Théorie générale des droits et libertés, Anthemis 2012.

-MERLE R. et VITU A., Traité de droit criminel, Problèmes généraux de la science criminelle, Droit pénal général, Tome 1, 7e Éd., Cujas, 1997.

-MONTESQUIEU, De L'Esprit des lois, livre XII, chap. II, in Œuvres complètes, Paris, Gallimard, « Bibliothèque de la Pléiade », 1951.

-PARRAIN-VIAL J., La liberté et les sciences de l'homme, Nouvelle Recherche, Privat, 1973.

-POUGET P., La mise en place de la diversification du traitement des délits à travers la législation, La Réponse pénale, Dix ans de traitement des délits, Coordonné par Jean DANET, PUF, Coll. « L'univers des Normes », 2013.

-PRADEL J. et VARINARD A., Les grands arrêts de la procédure pénale, 10è éd.,Dalloz, 2019

-PRADEL J., La procédure pénale française à l'aube du troisième millénaire, Éd., Cujas, 2006.

-PRADEL J., La montée des droits du délinquant au cours de son procès. Essai d'un bilan, Pug, Grenoble, 1993.

-PRINS A., La défense sociale et les transformations du droit pénal, Bruxelles- Leipzig, Misch et Thron, 1910.

-PUTMAN. E et M. GIACOPELLI, Les droits fondamentaux des personnes privées de liberté, Mare & Martin, 2015

-RICOEUR P., Le Juste, Esprit, 1995.

-SCALIA D., Droit international de la détention, Des droits des prisonniers aux devoirs des États, Helbing Lichtenhahn, Bâle, 2015.

-STIRN B., Les sources constitutionnelles du droit administratif, LGDJ, 2e Éd., 1995.

-VEIL S., oppression et liberté, Éd. Gallimard, 1955.

B - Dictionnaires

-ALLANT. D et RIALS. S, Dictionnaire de la Culture juridique, PUF, 2003.

-CORNU G., Vocabulaire juridique, 13e Éd., PUF, 2018.

-GUINCHARD S., Lexique des Termes juridiques 2018-2019, Dalloz, 2018.

-LOPEZ G. et TZITZIS S, Dictionnaire des Sciences Criminelles, Dalloz, 2004.

-ROBERT. P, Le nouveau Petit Robert, 2018.

II – Ouvrages spéciaux (monographies, thèses)

-BINET-GROSCLAUDE A.,L'avant-procèspénal : étude comparée Angleterre-France, Éd., Bruylant, 2011.

-GALVADA-MOULENAT Ch., Le principe du contradictoire en procédure pénale, Thèse, Université Montpellier 1, 2005.

-JEAUNEAU A., L'ordre public en droit national et en droit de l'Union européenne : essai de systématisation, Thèse, Paris 1, 2015.

-PORTERON C., Droit à l'information et procédure pénale. Contribution à l'étude des droits de la personne poursuivie, Thèse, Nice, 2002.

-SCHENIQUE L., La Réforme de la phase préparatoire du procès pénal, L'Harmattan 2014.

-THERY R., Libéralisme pénal : Principes, contradictions et enjeux d'une institution non idéale, Thèse, Éd., Panthéon-Assas, 18 déc. 2018.

-

III - Chroniques, articles, observations

A – Chroniques

-BUISSON. J, Les présomptions de culpabilité : Procédures déc. 1999, Chron. 15.

-DOUCET J.-P., « la détention préventive : Mesure exceptionnelle » ? (Commentaire de l'article 137 du Code de procédure pénale, Gazette du Palais

- Journal du 10 juin 1966, Recueil 1966 I Doc. 130).

-MATSOPOULOU H., « La surveillance par géolocalisation à l'épreuve de la Convention européenne de sauvegarde des droits de l'homme », D. 2011. 724 s.

-MAYAUD Y., « La mesure de sûreté après la décision du Conseil constitutionnel », Recueil Dalloz, 2008, chr. 1359.

-MERLE R., « Comment devient-on criminel » ? Discours de rentrée universitaire, Annales de la Faculté de Droit de Toulouse, t. XIV, fasc., I, 1966, p. V et S.

-PRADEL J., « Les principes constitutionnels du procès pénal », Cahiers du Conseil constitutionnel N° 14 (Dossier : La justice dans la Constitution) - Mai 2003.

-PRADEL J., « La procédure pénale française à l'aube du troisième millénaire », D 2000, Chronique, p 1 et s. V également FERRARI (I), « L'accès au dossier avant jugement par le prévenu non-assisté », Droit Pénal 1997, Chronique, p 1 et s.

-TRICOT J., Chronique de droit et de jurisprudence de l'Union européenne, RSCDC, 2018, N° 4, pp : 1015-1054.

-

-

B – Articles

-AMRANI-MEKKI. S, « le principe de célérité », RFAP 2008/1, n° 125, pp. 43-53.

-ANDRIANTSIMBAZOVINA. J, « Le droit à la liberté et à la sûreté dans la jurisprudence de la Cour européenne des droits de l'homme », Titre VII, Cahiers du Conseil constitutionnel, N° 7, octobre 2021.

-CHAMBON. P cité par O. Koné, « La problématique de la détention provisoire », Université Nancy II, Diplôme de criminologie 2008.

-BEAUVAIS. P, « La Nouvelle surveillance pénale », Humanisme et Justice, Dalloz, 2016, p. 263.

-BURGUBURU. J.-M, « Garde à vue : explications et mises en garde », Les Echos, 18 mars 1996.

-COLLET. P, « L'insaisissable notion de surveillance en droit pénal », RSCDP- juillet- septembre 2019, pp. 549-566.

-DELAGE. P.-J, « Prolégomènes. Fragments archéologiques de la défenses sociale », in Geneviève Giudicelli- Delage et al., « La dangerosité saisie par le droit pénal, Presses Universitaires de France « Les voies du droit », 2011, pp. 23- 46.

-GARAPON. A et PECH. T, « L'impossible réforme, bilan d'un échec politique » : Esprits, juin 2000, n. 264.

-GUIENNE. V, « Au nom de l'ordre public », L'injustice sociale, Érès, 2006, pp. 19-54.

-GUILHERMONT. E, « Qu'appelle-t-on « présomption d'innocence », APC, 2007, n° 29, pp. 41-57.

-LABORIT. H, « Ce que nous appelons liberté, c'est la possibilité (…) de réaliser notre projet sans nous heurter au projet de l'autre », Éloge de la fuite, essais, folio, 1976.

-PARIZOT. R, « La jurisprudence du Conseil constitutionnel sur l'autorité judiciaire gardienne de la liberté individuelle», Titre VII, Cahiers du Conseil constitutionnel, n° 7, octobre 2021.

-ROBERT. L, « La jurisprudence de la CJUE relative au droit à la liberté et à la sûreté », Titre VII, Cahiers du Conseil constitutionnel, N° 7, octobre 2021.

-VERNY. E, « Des surveillances nouvelles en droit pénal », cité par B. Bouloc, Les droits et le droit, Dalloz 2007, p. 1141.

IV – Avis, colloques et rapports

A – Avis

-CNCDH, « avis sur le projet de loi renforçant la lutte contre le crime organisé, le terrorisme et leur financement, et améliorant l'efficacité et les garanties de la procédure pénale »,1er mars 2016, § 27.

-LAZERGES Ch., « Les grands avis de la Commission Consultative des droits de l'homme », Dalloz, 2016.

-Rapport du Groupe de travail sur les détentions arbitraires du 30 juin 2014, A/HRC/27/48, § 72, tiré de : L.

B – Colloques

-BEN ACHOUR R. et LAGHMANI S., « Les droits de l'homme, une nouvelle cohérence pour le droit international ? », Colloque des 17, 18 et 19 Avril 2008, Éd., A. PEDONE, 2008.

-BERTRAND C., CHAUVOT A., SALAMITO J. et VAILLANCOURT D.,

-« Cancer II, Prison et privation de liberté dans l'Empire romain et l'occident médiéval », Actes du Colloque de Strasbourg, déc. 2000, Collection de l'Université Marc Bloch-Strasbourg, Études d'archéologie et d'histoire ancienne.

-BOLLE P.-H., « Droits fondamentaux et détention provisoire », Human Rights and Pénal Détention, Actes du 7e colloque international de la Fondation Internationale Pénale et Pénitentiaire Neuchâtel, 3 au 7 octobre 1992, Éd. ; Idées et Calendes Neuchâtel.

-DE BOUBÉE G.-R, « Le temps dans la procédure pénale, in le temps dans la procédure », Travaux du XVe Colloque des Instituts d'Études judiciaires, Clermont-Ferrand, 13-15 octobre 1983, Annales de la Faculté de droit et de science politique de Clermont-Ferrand, 1983, fascicule 20, p.91.

-DECAUX E., « L'ONU face à la détention arbitraire, bilan de six années de fonctionnement du Groupe de travail sur la détention arbitraire », Actes & Documents, Actes du colloque international organisé le samedi 7 décembre 1996.

C – Rapports

-AUGUSTE DUCÉNA R., « Rapport du Réseau National de la Défense des Droits des Humains (RNDDH) sur le fonctionnement de l'appareil judiciaire au cours de l'année 2019-2020 », 7 octobre 2020.

-BATUT A.-M., conseillère référendaire à la Cour de cassation « Le contrôle de la garde à vue par la chambre criminelle », Rapport 1997.

-Commission consultative des droits de l'homme, « rapport 2014-2016, Les droits de l'homme en France, regards portés par les instances internationales », La documentation française, 2017.

-Conseil de sécurité des Nations-unies, Résolution des 12 et 28 septembre 2001.

-HYEST J.-J. et CABANET G.-P, « Les conditions de détention dans les établissements pénitentiaires en France (tome 1, rapport) », Sénat de la République française, déposé le 29 juin 2020.

-Le Contrôleur général des lieux privation de liberté, « Les droits fondamentaux à l'épreuve de la surpopulation carcérale », Dalloz, 2018.

-MAGENDIE J.-C., « Célérité et qualité de la justice. La gestion du temps dans le procès. Rapport remis au Garde des sceaux », La documentation française, 2004, spéc. P.19.

-PRI et APT, « Monitoring de la détention : Outil pratique, rapport à la Commission des droits de l'homme des NU, 2013 ».

VII – Normes législatives et réglementaires de droit interne, européen, interaméricain et international

A – Normes législatives et réglementaires françaises

-Constitution française du 4 octobre 1958.

-Préambule de la Constitution de 1946.

-Déclaration des droits de l'homme et du citoyen de 1789.

-Code pénal.

-Code de procédure pénale.

-Code de justice militaire.

-Code de l'entrée et du séjour des étrangers et du droit d'asile.

-Ancien code d'instruction criminelle haïtien.

-Loi n° 2021-218 du 26 février 2021 ratifiant l'ordonnance n° 2019-950 du 11 septembre 2019 portant partie législative du code de la justice pénales des mineurs.

-Loi n° 2021-218 du 26 février 2021 ratifiant l'ordonnance n° 2019-950 du 11 septembre 2019 portant partie législative du code de la justice pénale des mineurs.

-Loi n° 2020-1023 du 10 août 2020 instaurant des mesures de sûreté à l'encontre des auteurs d'infractions terroristes à l'issue de leur peine.

-Loi n° 2020-546 du 11 mai 2020 prorogeant l'état d'urgence sanitaire et complétant ses dispositions.

-Loi n° 2020-290 du 23 mars 2020 d'urgence pour faire face à l'épidémie de Covid-19.

-Loi n° 2019-222 du 23 mars 2019 de programmation 2018-2022 et de réforme pour la justice.

-Loi n° 2016-731 du 3 juin 2016 renforçant la lutte contre le crime organisé, le terrorisme et leur financement, et améliorant l'efficacité et les garanties de la procédure pénale.

-Loi n° 2015-993 du 17 août 2015 portant adaptation de la procédure pénale au droit de l'Union européenne.

-Loi n° 2014-535 du 27 mai 2014 portant transposition de la directive 2012/213UE du Parlement européen et du Conseil, du 22 mai 2012, relative au droit à l'information dans le cadre des procédures pénales.

-Loi n° 2013-711 du 5 août 2013 portant diverses dispositions d'adaptation dans le domaine de la justice en application du droit de l'Union européenne et des engagements internationaux de la France.

-Loi n° 2011-392 du 14 avril 2011 relative à la garde à vue.

-Loi n° 2004-204 du 9 mars 2004 portant adaptation de la justice aux évolutions de la criminalité, dite « Loi Perben II », JO du 10 mars 2004.

-Loi n° 2003-239 du 18 mars 2003 pour la sécurité intérieure, JO du 19 mars 2003 dite « Loi Sarkozy ».

-Loi n° 2002-1138 du 9 sept. 2002 d'orientation et de programmation de la justice, dite « Loi Perben », JO du 10 sept. 2002.

-Loi n° 2002-307 du 4 mars 2002 complétant la loi du 15 juin 2000, JO du 5 mars 2002.

-Loi n° 2000-516 du 15 juin 2000 renforçant la protection de la présomption d'innocence et les droits des victimes, JO du 16 juin 2000.

-Loi n° 99-515 du 23 juin 1999 renforçant l'efficacité de la procédure pénale, JO du 24 juin 1999.

-Loi du 24 août 1993 modifiant la loi du 4 janvier 1993 portant réforme pénale.

-Loi n° 93-2 du 4 janvier 1993 portant réforme de la procédure pénale, JO. 4 janvier 1993, p.215.

-Loi n° 81-82 du 2 février 1981 renforçant la sécurité et protégeant la liberté des personnes, dite « Loi sécurité et liberté ».

-Loi n° 70-643 du 17 juillet 1970 tendant à renforcer la garantie des droits individuels des citoyens.

-Loi du 25 mars 1935 modifiant les garanties de la liberté individuelle.

-La loi du 7 février 1933 sur les garanties de la liberté individuelle.

B - Normes législatives et réglementaires haïtiennes

-Constitution haïtienne du 29 mars 1987.

-Code pénal de 1835.

-Code d'instruction criminelle.

-Projets du Nouveau Code pénal et du Code de procédure pénale de 2017.

-Loi du 13 octobre 2016 modifiant la Loi du 11 novembre 2013 sanctionnant le blanchiment de capitaux et le financement du terrorisme.

-Loi du 9 mai 2014 portant prévention et répression de corruption.

-Loi du 11 novembre 2013 sanctionnant le blanchiment de capitaux et le financement du terrorisme.

-Loi du 20 décembre 2007 portant Statut de la Magistrature, Le Moniteur, N° 112.

-Loi du 20 décembre 2007 relative à l'École de la Magistrature, Le Moniteur, N° 112.

-Loi du 20 décembre 2007 créant le Conseil Supérieur du Pouvoir judicaire, Le Moniteur, N° 112.

-Loi du 29 juillet 1979 sur l'appel pénal.

-Loi du 6 mai 1927 sur la comparution immédiate.

-Loi du 4 décembre 1893 dite Loi Lespinasse relative à la détention préventive.

-Décret du Nouveau code pénal, 175e année, Spécial N°10, J.O Le Moniteur, 24 juin 2020.

-Décret du 22 août 1995 relatif à l'organisation judicaire.

C - Normes européennes

-Conseil de l'Europe, « Projet de recommandation CM/REC (201X) XX concernant la surveillance électronique, Comité européen pour les problèmes criminels, Strasbourg, 17 avr. 2013.

-Charte de l'Union européenne du 7 décembre 2000.

-Directive 2012/213UE du Parlement européen et du Conseil, du 22 mai 2012, relative au droit à l'information dans le cadre des procédures pénales.

-Directive (UE) 2016/343 de l'Union européenne du 9 mars 2016 portant renforcement de certains aspects de la présomption d'innocence et du droit d'assister à son procès dans le cadre des procédures pénales.

-Convention européenne de sauvegarde des droits de l'homme du 4 novembre 1950.

D- Normes interaméricaines

-Convention américaine relative aux droits de l'homme de 1969.

-Charte de l'Organisation des États américains du 10 juin 1993.

E - Normes internationales

-Déclaration Universelle des droits de l'homme 10 décembre 1948.

-Pacte International relatif aux droits civils et politiques du 16 décembre 1966.

## VIII– Jurisprudence

### A–Jurisprudence européenne

#### 1 – CJUE (CJCE)

-CJUE, 28 juil. 2016, J. Z., C-294/16 PPU, pt. 57.
-CJUE, 26 avr. 2012, Health Service Executive, n° C-92/12, pt. 111.
-CJUE, 6 déc. 2011, Achugbabian, aff. C-329/11.
-CJCE, 8 avr. 1976, affaire 48/75, recueil 497.

#### 2 – CEDH

-CEDH, 10 nov. 2020 n° 23199/17, Sabuncu et autres c. Turquie.
-CEDH, 30 janv. 2020, J.M.B c. France, n° 9671/15.
-CEDH, 28 août 2018, Laurent c. France, n° 28798/13.
-CEDH, 9 avr. 2015, A. T. c Luxembourg, n° 30460/13.
-CEDH, 4 déc. 2014, n° 1711/10 et 17301/10, Ali Samatour et autres c. France.
-CEDH, Grande Chambre, 13 déc. 2012, El Masri c. Ex-République Yougoslavie de la Macédoine, n° 39630/09.
-CEDH, 12 janv. 2012, Trymbach c. Ukraine, 5e sect., n° 44385/02.
-CEDH, 30 juin 2011, n° 30754/03, Klouvi c. France, § 41.
-CEDH, 23 novembre 2010, Moulin c. France, n° 37104/06.
-CEDH, 14 octobre 2010, Brusco c. France, n° 1466/07.
-CEDH, 2 sept. 2010, Uzun c/ Allemagne, n° 3562/05.
-CEDH (GC), 29 mars 2010, Medvedyev et autres c. France, n° 3394/03.
-CEDH, 13 oct. 2009, n° 7377/03, Dayanan c. Turquie.
-CEDH, 27 Nov. 2008, n° 36391/02, Salduz c. Turquie.
-CEDH, 20 nov. 2008, Maire d'Église c. France, n° 20335/04.
-CEDH, 22 mai 2008, Gacon c. France, n° 1092/04.
-CEDH, 20 sept. 2007, Sultani c. France, n° 45223/05.
-CEDH, 25 sept. 2006, Bernard c. France, n° 27678/02.
-CEDH,19 janv. 2005, Makhfi c. France, n°59335/00.
-CEDH, 11 avril 2002, Lallement c. France, requête n. 46044/99, §§ 18 et 23.
-CEDH, Grande chambre, 25 mars 1999, Pélissier c. France, n° 25444/94.
-CEDH, 29 nov. 1998, Brogan et autres c. Royaume -Uni, n° 11234/84, 11386/85, § 62.

-CEDH, 18 mars 1997, Foucher c. France, n° 22209/93.
-CEDH, 25 juin 1996, Amuur c/ France, Sec. 1996-III, fasc.11.
-CEDH, 24 nov. 1994, Kemmache c. France, n° 17621/91.
-CEDH, 7 octobre 1988, Salabiaku c. France, A. 141-A, § 28.
-CEDH, 8 juin 1976, Cour plénière, Engel et autres c. Pays-Bas, n° 5100/71 et autres, § 58.

B – Jurisprudence interaméricaine

-CIADH, 26 sept. 2018, Lopez Soto y otros c. Venezuela, Série C n° 362.
-CIADH, 30 juin 2015, Wong c/ Pérou.
-CIADH, 26 novembre 2010, Cabrera García et Montiel Flores c. Méxique, Série C, n° 220, § 184.
-CIADH, 6 mai 2008, Neptune c. Haïti.
-CIADH, 17 nov. 2009, Barreto Leiva c. Venezuela, Série C, n° 206, § 28.
-CIADH, 21 sept. 2006, Servellôn Gracia y otros c. Honduras, série C n° 152, § 86.
-CIADH, 1er juil. 2006, Massacre de Ituango c. Colombie, série C, n° 148, § 193.
-CIADH, 24 juin 2005, Acosta Calderón c. Équateur, Série C, n° 129, § 118.
-CIADH, 25 nov. 2004, Lori Berenson Mejía c. Pérou, Série C, n° 119, § 88.14 et 88.27.
-CIADH, 7 sept. 2004, Tibi c. Équateur, Série C, n° 114, § 187.
-CIADH, 31 janv. 2001, Tribunal Constitutionnel c. Pérou, Série C, n° 71, § 83.
-CIADH, Castillo Petruzzi et autres c. Pérou, décision du 30 mai 1999, Série C, n° 52, § 141.
-CIADH, 12 novembre 1997, Suárez Rosero c. Équateur, Série C, n° 35.
-CIADH, 21 janv. 1994, Gangaram Panday c. Surinam, série C n°16.

C – Jurisprudences internes

1- Conseil constitutionnel

-Décision n° 2021-898 QPC du 16 avril 2021.
-Décision n° 2021-895/901 QPC du 9 avril 2021.

-Décision n° 2020-886 QPC du 4 mars 2021.
-Décision n° 2020-878/879 QPC du 29 janvier 2021.
-Décision n° 2020-872 QPC du 15 janvier 2021.
-Décision n° 2020-858/859 QPC du 2 octobre 2020.
-Décision n° 2020-851/852 QPC du 3 juillet 2020.
-Décision n° 2020-800 DC du 11 mai 2020.
-Décision n° 2019-778 DC du 21 mars 2019.
-Décision n° 2016-555 QPC du 22 juillet 2016.
-Décision n° 2014-420/421 QPC du 9 oct. 2014.
-Décision n°2013-679 DC du 4 déc. 2013.
-Décision n°2011-625 DC du 15 mars 2011.
-Décision n° 2010-71QPC du 26 nov. 2010, Mlle Danielle S.
-Décision, n° 2010-14/22 QPC du 30 juillet 2010.
-Décision n° 2004-492 DC du 2 mars 2004.
-Décision -n°2002-461 DC du 29 août 2002.
-Décision n° 99-411 DC du 16 juin 1999, JO 19 juin 1999.
-Décision n° 93-326 DC du 11 août 1993.
-Décision n° 92-307 DC, 25 févr. 1992, Zones de transit, Rec. p. 48.
-Décision n° 89-260 du 28 juillet 1989.

2 – Cour de cassation

-Crim., 28 sept. 2021, n° 11.82.157.
-Cass. Ass. plén., 2 avr. 2021, n° 19-18.814.
-Crim., 11 mai 2021, n° 21-81.277.
-Crim., 13 avril 2021, n° 603.
-Crim., 10 mars 2021, n° 20-86.919.
-Crim., 2 mars 2021, n° 20-85.491.
-Crim., 24 févr. 2021, n° 20-86.537.
-Crim., 17 févr. 2021, n° 20-81.282.
-Crim., 27 janv. 2021, n° 20-85.990.
-Crim., 14 oct. 2020, n° 20-82.961.
-Crim., 22 juill. 2020, n° 20-82.213.
-Crim,, 8 juillet 2020, n° 20-81.739.
-Crim., 7 janvier 2020, n° 19-87.741.
-Crim., 6 mars 2019, CR00162, n° 18-81.059.
-Crim., 11 déc. 2019, n° 19-86.039.
-Crim., 12 déc. 2018, n° 18-85.154.
-Crim., 24 janv. 2018, n° 17-86.317.
-Crim., 12 sept. 2017, n° 17-83.874.

-Crim., 17 juin 2017, n° 16-87588.
-Crim., 8 juin 2017, n° 17-82.183.
-Crim., 28 mars 2017, n° 16-85.018.
-Crim., 22 mars, 2017, n° 16-83.928.
-Crim., 7 févr. 2017, n° 16-84.353.
-Crim., 6 déc. 2016, n° 16-86.021.
-Crim., 23 nov. 2016, n° 16-81.904.
-Crim., 23 nov. 2016, n° 15-83.649.
-Crim. 12 avr. 2016, n° 15-86.802.
-Crim. 19 janv. 2016, n° 15-81. 039
-Crim. 15 juin 2016, n° 15-86.043.
-Crim. 14 juin 2016, n° 16-81.833.
-Crim. 8 déc. 2015, n° 15-85.895.
-Crim., 1er déc. 2015, n° 15-84.874.
-Crim., 4 nov. 2015, n° 15-84.012.
-Crim., 17 nov. 2015, n° 15-83.437.
-Crim., 4 nov. 2015, n° 15-84.012.
-Crim., 6 oct. 2015, n° 15-82.700.
-Crim., 16 juin 2015, n° 14-87.878.
-Crim. 9 avr. 2015, n° 14-87.660.
-Cass. Ass. Plén., 6 mars 2015, n°14-84339.
-Crim., 28 oct. 20014, n° 14-84.796.
-Crim., 6 nov. 2013, n° 13-85.658.
-Crim., 18 déc. 2012, n° 12-85. 735.
-Crim., 2 oct. 2012, B. n° 202.
-Crim, 19 sept. 2012, n° 11-88.111.
-Crim., 22 août 2012, B. n° 174.
-Crim., 14 févr. 2012, n° 11-81.954.
-Crim., 7 févr. 2012, n° 11-83.676.
-Crim., 1er févr. 2011, n° 10-87.875.
-Crim, 17 janv. 2012, n° 11-86.797, D. 2012.
-Crim., 14 déc. 2011, n° 11-81. 329.
-Crim., Ass. Plén. 15 avr. 2011, n° 1°-30.316, n° 10-30.313, n° 10-30242.
-Crim., 23 févr. 2011, B. n° 36.
-Crim., 18 janv. 2011, n° 10-84.980.
-Crim., 15 déc. 2010, n° 10-83.674.

# TABLE DES MATIÈRES

## Structures éditoriales du groupe L'Harmattan


**L'Harmattan Italie**
Via degli Artisti, 15
10124 Torino
harmattan.italia@gmail.com

**L'Harmattan Hongrie**
Kossuth l. u. 14-16.
1053 Budapest
harmattan@harmattan.hu

---

**L'Harmattan Sénégal**
10 VDN en face Mermoz
BP 45034 Dakar-Fann
senharmattan@gmail.com

**L'Harmattan Cameroun**
TSINGA/FECAFOOT
BP 11486 Yaoundé
inkoukam@gmail.com

**L'Harmattan Burkina Faso**
Achille Somé – tengnule@hotmail.fr

**L'Harmattan Guinée**
Almamya, rue KA 028 OKB Agency
BP 3470 Conakry
harmattanguinee@yahoo.fr

**L'Harmattan RDC**
185, avenue Nyangwe
Commune de Lingwala – Kinshasa
matangilamusadila@yahoo.fr

**L'Harmattan Congo**
219, avenue Nelson Mandela
BP 2874 Brazzaville
harmattan.congo@yahoo.fr

**L'Harmattan Mali**
ACI 2000 - Immeuble Mgr Jean Marie Cisse
Bureau 10
BP 145 Bamako-Mali
mali@harmattan.fr

**L'Harmattan Togo**
Djidjole – Lomé
Maison Amela
face EPP BATOME
ddamela@aol.com

**L'Harmattan Côte d'Ivoire**
Résidence Karl – Cité des Arts
Abidjan-Cocody
03 BP 1588 Abidjan
espace_harmattan.ci@hotmail.fr


---

## Nos librairies en France


**Librairie internationale**
16, rue des Écoles
75005 Paris
librairie.internationale@harmattan.fr
01 40 46 79 11
www.librairieharmattan.com

**Librairie des savoirs**
21, rue des Écoles
75005 Paris
librairie.sh@harmattan.fr
01 46 34 13 71
www.librairieharmattansh.com

**Librairie Le Lucernaire**
53, rue Notre-Dame-des-Champs
75006 Paris
librairie@lucernaire.fr
01 42 22 67 13

www.ingramcontent.com/pod-product-compliance
Lightning Source LLC
LaVergne TN
LVHW011142061026
849535LV00003B/569
* 9 7 8 2 3 3 6 4 2 5 8 5 6 *